新工科·智能电动车辆卓越工程师培养系列教材

智能车辆设计与控制基础

主　编　何智成　黄　智

副主编　陈　丽　边有钢　汪怡平

参　编　钟雄虎　黄梅珊　胡满江　李　洋

彭晓燕　张冠军　刘智军　周子渊

蓝荣福　林志锋　曹启明　高　远

吴光飞　曹文亮　赵启航　林　晨

高　铭

主　审　蒋　平

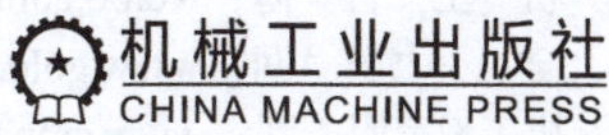

本书以智能车辆为背景，层层递进引入智能车辆设计与控制的技术背景及设计细节。具体来说，本书介绍了智能车辆的概念、发展历程、应用场景以及相关软硬件基础。在此基础上，本书沿着智能车辆设计的技术路线，全面系统地介绍了智能车辆关键技术，重点阐述了感知系统设计、决策系统设计、控制系统设计、智能座舱设计、车辆安全设计以及测试和评价等内容。此外，本书还介绍了上述设计及测试所用的工具以及实际应用案例，帮助读者进行实践。

本书能够帮助读者快速掌握与智能车辆相关的专业知识，适合对智能车辆感兴趣的读者，无论是开发者、设计者、科研工作者还是刚入门的人员均能从书中获益。此外，本书还可作为相关专业本科生、研究生的课程专用教材，以及具有相关知识背景的从业人员的参考用书。

图书在版编目（CIP）数据

智能车辆设计与控制基础 / 何智成，黄智主编.
北京：机械工业出版社，2025. 2. --（新工科·智能电动车辆卓越工程师培养系列教材）. -- ISBN 978-7-111-77887-5

Ⅰ. U46

中国国家版本馆 CIP 数据核字第 2025C9W545 号

机械工业出版社（北京市百万庄大街 22 号　邮政编码 100037）
策划编辑：王兴宇　　　　责任编辑：王兴宇
责任校对：韩佳欣　陈　越　　封面设计：张　静
责任印制：单爱军
北京盛通数码印刷有限公司印刷
2025 年 6 月第 1 版第 1 次印刷
184mm × 260mm · 16.75 印张 · 424 千字
标准书号：ISBN 978-7-111-77887-5
定价：75.00 元

电话服务　　　　　　　　网络服务
客服电话：010-88361066　机　工　官　网：www.cmpbook.com
　　　　　010-88379833　机　工　官　博：weibo.com/cmp1952
　　　　　010-68326294　金　书　网：www.golden-book.com
封底无防伪标均为盗版　机工教育服务网：www.cmpedu.com

指导委员会

主　任：丁荣军（中国工程院院士，湖南大学机械与运载工程学院院长）

委　员：张进华（中国科协常委、中国汽车工程学会理事长）

华　林（教育部高等学校机械类专业教学指导委员会委员，武汉理工大学机电与车辆工程学部主任）

姜　潮（湖南大学党委常委，副校长）

新工科·智能电动车辆卓越工程师培养系列教材

编写委员会

新工科·智能电动车辆卓越工程师培养系列教材

丛书序

党的二十大报告强调“教育、科技、人才是全面建设社会主义现代化国家的基础性、战略性支撑”。当前，新一轮科技革命和产业变革正在重构全球创新版图，重塑全球经济结构。

汽车产业是推动新一轮科技革命和产业变革的重要力量，新能源汽车、智能汽车等战略新兴领域，正成为各国汽车产业竞争的焦点。新一代信息技术、大数据、人工智能、云计算、物联网等先进技术加速在汽车上的应用，引发汽车产品技术、功能、形态等多方面的变化。汽车产品正在从交通工具转变为大型移动智能终端、储能单元和数字移动空间。学科交叉创新、系统集成创新、跨界融合创新对汽车人才培养提出了新挑战，也深刻地影响着车辆学科的教育变革。

教材是人才培养的重要支撑，汽车教材建设必须紧密对接国家发展重大战略需求，不断更新升级知识体系，更好地服务于高水平科技自立自强和创新人才培养。为此，教材建设应能适应科技飞速发展的形势，满足新兴产业的发展和创新的需要，尤其是专业课的教材知识体系更需要契合产业技术的发展，把制造一线应用的新技术、新工艺及时补充到高校的教材中。

在这样的时代背景下，在湖南大学和广汽传祺汽车有限公司诸位领导的大力支持下启动“新工科·智能电动车辆卓越工程师培养系列教材”的编写工作，是响应汽车产业发展的需要，是响应国家战略落地的需要，也是响应时代发展的需要，非常有意义。

本系列教材紧密围绕立德树人根本任务和当前智能新能源汽车行业前沿技术，面向企业对人才的实际需求，由高校教学一线的资深学者与头部汽车企业设计生产一线的资深工程师共同编写，确保了知识体系的系统性和生产实践的前沿性。本系列教材包括《智能车辆设计与控制基础》《电动汽车设计与制造》《新能源汽车制造技术》《汽车开发系统工程》四本书，内容涵盖了智能新能源汽车的设计、控制、制造与系统工程，注重多学科知识的深度融合与设计制造环节的相互约束，理论与实践紧密结合，旨在培养具有创新精神和实践能力的智能新能源领域专业人才。

衷心感谢参与本系列教材出版工作的编委、作者及审稿专家，他们以深厚的学术造诣和丰富的实践经验，为本系列教材提供了高质量的内容与严谨的把关。同时，感谢广汽传祺汽车有限公司及相关企业、机构，正是来自企业无私分享的实践案例和技术支持，使本系列教材更加贴近行业前沿。在此，我们向所有参与和支持本系列教材编写的人们表示最真挚的谢意。正是大家的共同努力，才成就了这套集理论与实践于一体的智能电动车辆卓越工程师培养系列教材。

新工科·智能电动车辆卓越工程师培养系列教材

丛书编委会

2024年11月15日

前 言

随着科技的飞速发展，智能车辆已成为当今交通领域的研究热点。它们集环境感知、规划决策、智能控制等先进技术于一身，正在逐渐改变我们的出行方式，引领交通运输行业进入一个全新的时代。

智能车辆的出现不仅提升了驾驶的安全性和舒适性，还为解决城市交通拥堵、减少能源消耗和降低环境污染等问题提供了有效途径。然而，要实现智能车辆的广泛应用，我们必须首先深入理解其背后的设计与控制原理。

《智能车辆设计与控制基础》一书正是基于这一背景而编写的。本书涵盖了智能车辆的发展，关键硬件基础，软件架构与设计，感知、决策、控制系统设计，还包括智能座舱设计、车辆安全设计及智能驾驶测试和评价技术。因此，对于刚开始智能车辆设计与控制学习的人员，可以参考这些章节弥补知识上的不足。对于智能车辆设计与控制的研究人员，也可以通过阅读本书加深对其他环节的了解，扩展知识面。本书还涵盖了智能车辆目前的发展现状以及趋势，对于智能驾驶的设计和开发人员来说，可以作为很好的借鉴。本书还指出了智能车辆研发过程中的痛点及难点，这对于高校及企业研发人员来说，可以作为科研项目选题的参考。

本书的编写团队汇聚了来自智能网联汽车相关领域的专家，他们凭借丰富的研发经验和深厚的学术造诣，确保了本书内容的准确性和权威性。此外，本书还注重实操性和实用性，旨在为读者提供一本既易于理解又便于应用的教材。

我们相信，《智能车辆设计与控制基础》一书能够成为智能车辆领域研究人员、开发者、设计师以及相关专业学生的重要参考书目。通过阅读本书，读者将不仅能够快速掌握与智能车辆相关的专业知识，还能激发对智能交通领域的兴趣和热情，为推动智能车辆产业的发展贡献力量。

最后，感谢所有参与本书编写和审校的专家学者们，你们的辛勤工作使得本书得以顺利完成。同时，也要感谢广大读者朋友们的支持和关注，希望本书能为你们的学习和工作带来帮助和启发。

编 者

目录

第1章 智能车辆概述

1

在以智能化、网联化为重要特征的全球新一轮科技革命和产业变革影响下，以及人工智能与新一代信息技术的推动下，汽车技术向电动化、智能化、网联化和共享化方向快速发展。汽车“智能化”是汽车产业与信息技术、智能技术等新兴技术的融合，已成为汽车产业发展的战略方向。智能汽车作为汽车技术的发展目标和新技术应用的重要载体，是集环境感知、规划决策、智能控制等功能于一体的综合系统，它集中运用了计算机、现代传感、信息融合、通信、人工智能及自动控制等技术，是典型的高新技术综合体。目前对智能车辆的研究主要致力于提高汽车的安全性、舒适性，以及提升人车交互性能。近年来，智能车辆已经成为世界车辆工程领域研究的热点和汽车工业增长的新动力，很多发达国家都将其纳入各自重点发展的智能交通系统当中。

本章首先介绍智能驾驶定义与智能化分级；其次，针对智能车辆的组成和关键技术进行简要介绍；最后，介绍智能车辆行业发展现状与应用，包括智能汽车的发展历史与现状、发展政策与规划、应用场景和发展趋势。

1.1 智能驾驶定义与智能化分级

1.1.1 智能车辆的定义

2020 年 2 月，在国家发展改革委等十一部委发布的《智能汽车创新发展战略》中，对智能汽车做出了初步定义，即通过搭载先进传感器等装置，运用人工智能等新技术，具有自动驾驶功能，并逐步成为智能移动空间和应用终端的新一代汽车。定义中明确了智能汽车的硬件结构、功能和预期目标。硬件结构方面，智能汽车搭载有先进的传感器、控制器和执行器等装置，同时也应包含支持信息交互的通信与网络设备；在功能方面，智能汽车应当具备环境感知功能、智能决策功能、协同控制功能；在预期目标方面，智能汽车所追求的是更加安全、高效、舒适、节能，最终实现自主感知、决策和执行，代替人类驾驶。

2021 年 9 月 26 日，中国汽车基础软件生态委员会（AUTOSEMO）在发布的《中国汽车基础软件发展白皮书 2.0》中，对智能汽车的定义进行了扩展，即智能汽车由单车智能与车联网组成，是指通过搭载先进传感器、控制器、执行器等装置，融合信息通信、物联网、大数据、云计算、人工智能等新技术，实现车内网、车外网、车际网的智能信息交换、共享，具备信息共享、复杂环境感知、智能化决策以及自动化协同控制功能，与智能公路及辅助设施共同组成智能移动空间和应用终端的新一代智能出行系统。相较于《智能汽车创新发展战略》中的定义，《中国汽车基础软件发展白皮书 2.0》将智能汽车的定义从单车智能延伸到单车智能与多车网联的层面。

智能汽车相较于传统汽车，其核心区别在于具有较为先进的智能驾驶系统、智能座舱系统、智能底盘系统和车联网系统，最显著的特征是智能化、网联化与共享化。智能汽车通过其搭载的软硬件逐步由单纯的交通运输工具向智能移动空间转移，从而最终实现“以人为中心”的智能移动空间。

1.1.2 车辆智能化分级

车辆智能化分级可以健全行业标准，是推动智能驾驶技术落地的重要参考依据，也是促进智能汽车发展的有力补充，让企业监管、技术研发和市场推广有据可依。为此，美国高速公路安全管理局（NHTSA）、国际自动机工程师学会（SAE International）与中国汽车标准化技术委员会等组织先后推出了车辆智能分级标准，表 1-1 为汽车驾驶自动化分级（依据 GB/T 40429—2021）。

表 1-1 汽车驾驶自动化分级

对驾驶环境的监控责任	智能化等级	等级名称	等级定义	控制	监视	失效应对	设计运行范围	典型场景
人与系统监控驾驶环境	L0	应急辅助	不持续地控制横向或纵向运动，但是具备持续执行动态驾驶任务中的部分目标和事件探测与响应的能力	人	人与系统	人	有限制	前碰撞预警、车道偏离预警
	L1	部分驾驶辅助	在特定的设计运行范围内，自动驾驶系统持续执行横向或纵向运动控制的动态驾驶任务（不同时执行横向和纵向运动控制），剩余的动态驾驶任务由驾驶员执行	人与系统	人与系统	人	有限制	自适应巡航、车道保持等
	L2	组合驾驶辅助	在特定的设计运行范围内，自动驾驶系统持续执行横向和纵向运动控制的动态驾驶任务，驾驶员执行失效应对和监视自动驾驶系统	系统	人与系统	人	有限制	交通拥堵辅助、协同式自适应巡航、自动泊车等
驾驶自动化系统（“系统”）监控驾驶环境	L3	有条件自动驾驶	在特定的设计运行范围内，自动驾驶系统持续执行整个动态驾驶任务，当自动驾驶系统发出接管请求或车辆其他系统出现故障时，用户需要接管系统并做出正确响应	系统	系统	人	有限制	高速公路有条件自动驾驶、商用车队列自动驾驶等
	L4	高度自动驾驶	在特定的设计运行范围内，自动驾驶系统持续执行整个动态驾驶任务和负责失效应对，不需要用户接管	系统	系统	系统	有限制	高速公路高度自动驾驶、城郊自动驾驶
	L5	完全自动驾驶	自动驾驶系统无条件（没有特定的设计运行范围限制）执行所有动态驾驶任务与失效应对，无须用户接管	系统	系统	系统	无限制	所有行驶场景

相较于 SAE J3016 标准，GB/T 40429—2021《汽车驾驶自动化分级》更符合国内汽车市场的发展模式，给国内汽车行业提出了更为具体、全面、统一的自动驾驶分类，给政府管理部门、企业产品开发及宣传、消费者提供了可靠的参照标准。

在 GB/T 40429—2021 和 SAE J3016 的分级标准中，L3 级自动驾驶均是技术分界线。对于

L2 级及以下的自动驾驶，由驾驶员主要负责完成环境监测，并在感知出现问题时立即做出修正和响应。而对于 L3 级及以上的自动驾驶，环境监测主要由系统完成，驾驶员可短暂地从驾驶任务中脱离出来。SAE J3016 中的 L3 级自动驾驶未限定场景，这意味着在任何场景下驾驶员都可以暂时脱离驾驶任务，但在系统发出操作请求时驾驶员需要随时能够接手驾驶任务。而 GB/T 40429—2021 更加强调特定场景的限定条件，即驾驶员仅能在特定的设计运行范围内，暂时脱离对环境的监测和驾驶操作，但仍需随时准备着在系统发出操作请求时接手驾驶任务。

下面以 GB/T 40429—2021 汽车智能化分级标准为例，对各个级别的自动驾驶汽车进行介绍。标准中定义驾驶过程中的三个主要参与者为驾驶员、驾驶自动化系统以及其他车辆系统和组件。按照执行动态驾驶任务的能力、执行最小风险策略的能力、失效应对能力以及自动化系统运行的设计适用范围，将自动驾驶汽车分为 L0 ~ L5 六个等级。自动驾驶汽车分级相关术语定义见表 1-2。

表 1-2 自动驾驶汽车分级相关术语定义

定义名称	定义
动态驾驶任务	除策略性功能外的车辆驾驶所需的感知、决策和执行等行为，包括横向和纵向运动控制、目标和事件的探测响应、驾驶决策和车辆照明及信号装置控制等
目标和事件探测与响应	对目标和事件进行探测，并进行适当的响应
最小风险策略	驾驶自动化系统无法继续执行动态驾驶任务时，所采取的是车辆达到最小风险状态的措施
设计运行范围	驾驶自动化系统设计时确定的适用于其功能运行的外部环境条件，如道路、交通、天气和光照等典型外部条件

1. L0 级——应急辅助

车辆横向及纵向运动控制均由驾驶员完成，系统不能持续执行动态驾驶任务中的车辆横向或纵向运动控制，但具备持续执行动态驾驶任务中的部分目标和事件探测与响应能力。在 GB/T 40429—2021 汽车智能化分级标准中的 L0 级自动驾驶中，车辆控制的主体为驾驶员，自动驾驶系统仅提供部分的驾驶辅助，而在 SAE J3016 标准中 L0 级自动驾驶的概念为驾驶员手动驾驶，所有驾驶动作均由驾驶员来完成，汽车只负责执行驾驶员发出的各种操作指令。图 1-1 展示了 L0 级自动驾驶中的车道偏离预警系统与自动紧急制动系统。

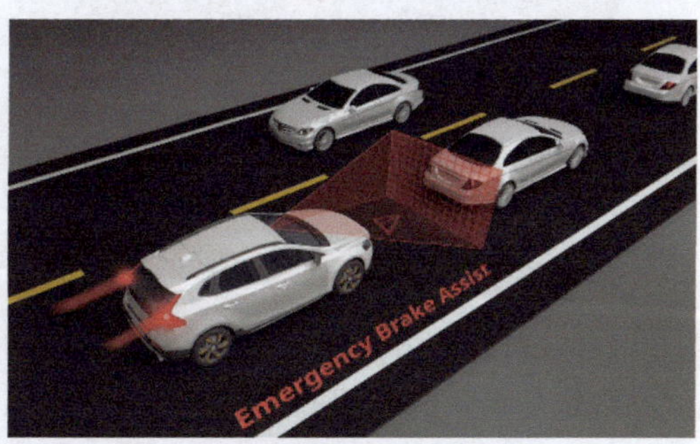

图 1-1 L0 级自动驾驶中的车道偏离预警系统与自动紧急制动系统

2. L1 级——部分驾驶辅助

系统在其设计运行条件下持续地执行动态驾驶任务中的车辆横向或纵向运动控制，且具备与所执行的车辆横向或纵向运动控制相适应的部分目标和事件探测与响应能力。在这一阶段驾驶员与自动驾驶系统可以同时执行车辆的驾驶任务，但是在自动驾驶系统执行自动驾驶任务的过程中，驾驶员需要充当安全员的角色，驾驶员可以随时介入并立即解除自动驾驶系统控制权。如图 1-2 所示，属于 L1 级的自动驾驶功能有自适应巡航、车道保持等。

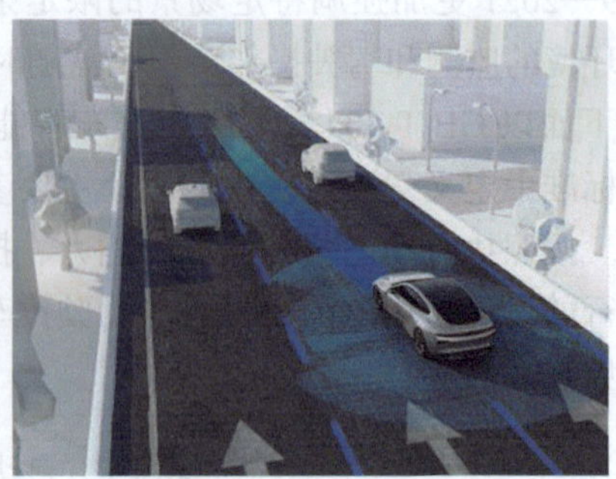

图 1-2　自适应巡航与车道保持

3. L2 级——组合驾驶辅助

系统在其设计运行条件下持续地执行动态驾驶任务中的车辆横向和纵向运动控制，且具备与所执行的车辆横向和纵向运动控制相适应的部分目标和事件探测与响应能力。在这一阶段中自动驾驶系统可以完成更多的驾驶场景，是对 L1 级驾驶自动化功能场景的提升，在 L1 级驾驶自动化中自动驾驶系统只能完成车辆横向或纵向运动控制中的某一驾驶场景，而在 L2 级驾驶自动化中，自动驾驶系统可以完成车辆横向和纵向运动控制中所有的驾驶场景。和 L1 级驾驶自动化相同的是，在这一阶段驾驶员与自动驾驶系统可以同时执行车辆的驾驶任务，驾驶员仍需要充当安全员的角色，监管自动驾驶系统的驾驶行为，驾驶员可以随时介入并立即解除自动驾驶系统控制权。如图 1-3 所示，属于 L2 级的自动驾驶功能有自动泊车、自动变道等。

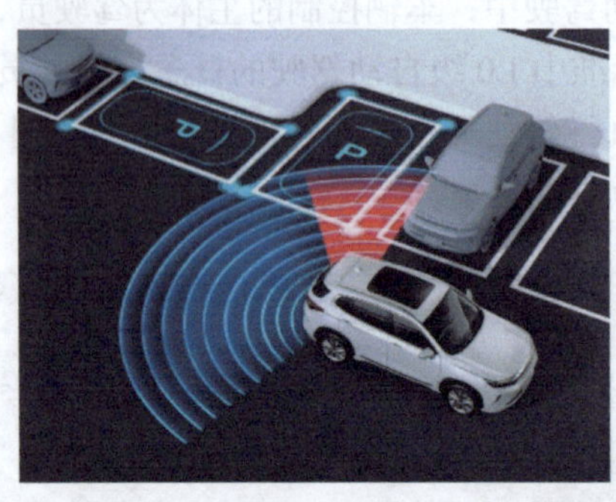
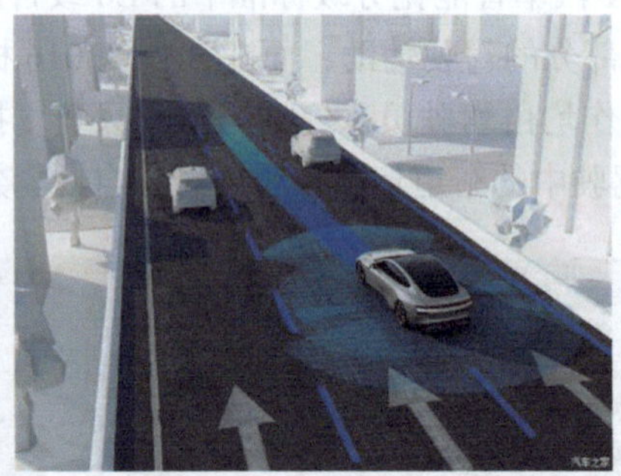

图 1-3　自动泊车与自动变道

4. L3 级——有条件自动驾驶

系统在限定的场景内能够持续地完成全部动态驾驶任务，但是要求驾驶员时刻准备在系统失效或者超出设计运行范围时接管驾驶任务。在这一阶段中自动驾驶系统已经可以独立完成部分驾驶场景中的自动驾驶功能，驾驶员只需要承担安全员的角色，监管自动驾驶系统的驾驶行为。自动驾驶系统仅在遇到不能完成驾驶行为的场景或自动驾驶系统功能失效时向安全员提出请求让其介入驾驶行为。在请求安全员介入驾驶行为过程中，自动驾驶系统还是可以独立完成一段时间的驾驶，以便让安全员做好接管的准备。如果安全员长时间没有根据自动驾驶系统要求接管车辆，自动驾驶系统可以适时采取降低车辆发生危险的措施。市郊公路 Autopilot 自动驾驶如图 1-4 所示，其属于 L3 级自动驾驶功能。

图 1-4 市郊公路 Autopilot 自动驾驶

5. L4 级——高度自动驾驶

系统在其设计运行条件下持续地执行全部动态驾驶任务并自动执行最小风险策略。在这一阶段中自动驾驶系统可以独立完成规定的驾驶场景中（如园区、学校等）的自动驾驶功能，驾驶员依旧需要充当安全员的角色，监管自动驾驶系统的驾驶行为。自动驾驶系统在遇到不能完成驾驶行为的场景或自动驾驶系统功能失效时，会向安全员提出请求让其介入驾驶行为。如果安全员对请求不做响应、安全员不满足驾驶车辆能力或安全员要求自动驾驶系统控制车辆到最小风险状态时，自动驾驶系统可以自行将车辆控制到最小风险状态下。L4 无人出租车和 L4 货车如图 1-5 所示。

图 1-5 L4 无人出租车与 L4 货车

6. L5 级——完全自动驾驶

系统在任何可行驾驶条件下持续地执行全部动态驾驶任务并自动执行最小风险策略，不需要驾驶员介入。在这一阶段自动驾驶系统可以独立完成所有驾驶场景中的自动驾驶功能，保障车内乘客的安全。在遇到不能完成驾驶任务的场景或自动驾驶系统功能失效时，系统会向安全员提出请求让其介入驾驶行为，如果安全员对请求不做响应或安全员要求自动驾驶系统控制车辆到最小风险状态时，自动驾驶系统可以自行将车辆控制到最小风险状态下。L5 级与 L4 级的区别在于典型工况扩大至所有行驶工况，车辆控制、监视和判断、失效应对均由系统完成，典型工况为所有行驶工况。奥迪自动驾驶概念车 Aicon（L5 级）如图 1-6 所示。

图 1-6　奥迪自动驾驶概念车 Aicon（L5 级）

1.2　智能车辆的组成和关键技术

智能化对车辆结构提出了新的发展方向，包括外设传感装置的布置、车身结构的设计和线控底盘的设计。同时，为满足车辆的智能化需求，也衍生出了一系列关键技术，包括电子电气架构、智能座舱和智能驾驶系统等。本节主要针对智能车辆结构和关键技术进行介绍。

1.2.1　智能车辆的组成

智能车辆的系统与传统车辆的系统类似，主要由动力系统、座舱、电气系统、底盘和车身等组成，但智能化也对车辆系统提出了新的发展方向，包括外设传感装置、模块化车身、线控底盘等，如图 1-7 所示。

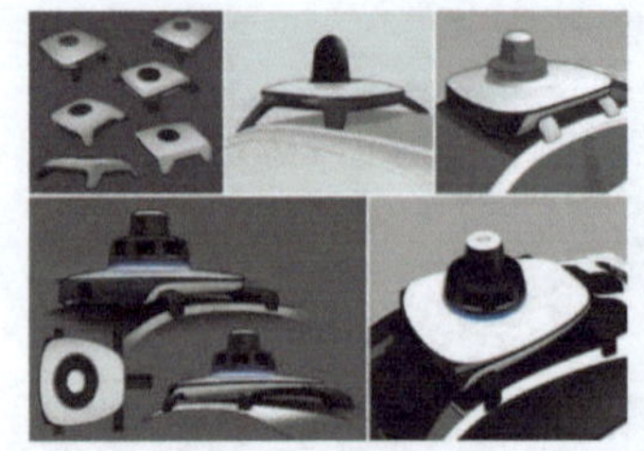

图 1-7　智能车辆外设传感装置、模块化车身、线控底盘

1）智能汽车的车身相较于传统车辆的车身系统，增设了多种用于环境感知的传感器，如激光雷达、摄像头、毫米波雷达与超声波传感器等。这些传感器帮助智能汽车采集周围环境的多维信息和相邻交通参与者状态，引导智能决策系统进行决策。

2）汽车模块化车身设计是一种将汽车划分为若干个独立的功能模块，通过模块的组合与扩展，实现汽车个性化与多样化的设计方法。通过将车身的各个功能模块集成在一起，形成一个高效的整体从而提高汽车的可靠性和稳定性，降低故障率，同时使维护和升级更加便捷。集成化和一体化的车身设计还有助于提高生产效率和质量，降低生产成本。

3）线控底盘是汽车智能化和电动化交汇点，也是智能驾驶汽车主要的控制执行机构。线控底盘通过电信号控制车辆转向、制动以及加减速，相比传统机械的传动结构，线控底盘的响应时间更短，控制精度更高，能够一定程度上弥补智能汽车控制决策算法迭代计算过程中的延时，提高自动驾驶过程中的安全性。在数字化与智能化的不断发展中，线控底盘不断集自动驾驶功能、车联网功能与自主学习能力，形成一套自主完善、便于拓展的智能平台，为智能汽车的升级和个性化服务提供更多可能。

1.2.2 智能车辆电子电气架构

汽车电子电气架构（Electrical/Electronic Architecture，EEA）是把汽车中的传感器、中央处理器、电子电气分配系统、线束拓扑、软件、硬件等通过技术手段整合在一起，将动力总成、驱动信息以及娱乐信息等转化为电源分配的物理布局、信号网络、数据网络、诊断、容错、能量管理等电子电气解决方案。电子电气架构包含了车上所有的硬件、软件、传感器、执行机构、电子电气分配系统等。随着大规模集成电路的发展，汽车电子快速发展，EEA 逐渐从传统的分布式 EEA 发展到域控制 EEA，且随着芯片和通信技术的发展，电子电气架构正逐渐向集中式 EEA 发展。

在传统的分布式 EEA 中，每个电子控制单元（Electronic Control Unit，ECU）通常只负责控制一个单一的功能单元，分别控制着发动机、制动、电池等部件，如发动机控制器、制动控制器、电池管理系统等。各个 ECU 之间通过控制器域网络（Controller Area Network，CAN）总线或者局部互联网络（Local Interconnect Network，LIN）总线连接，通过厂商预先定义好的通信协议交换信息。

随着整车电子电气产品应用的增加，ECU 的数量从几十个快速增加到上百个。ECU 数量越多，对应的总线的线束长度必将越长，线束重量也相应增加，导致整车成本增加、汽车组装过程复杂。因此，域控制 EEA 逐渐被应用推广。域控制 EEA 根据功能将多个 ECU 的功能进行聚类，整车只部署多个域控制器（Domain Control Unit，DCU）作为主控。域控制 EEA 的各 DCU 负责完成各域的数据处理与功能决策，对该域下属的传感器与执行器进行控制管理。域间通过中央网关交换所需数据。这种架构形式不仅保证了域间可以根据需求进行通信和互操作，同时也实现了信息安全与功能安全。

随着智能网联汽车功能越来越复杂，车辆传感器数量越来越多，从而导致数据传输及处理的实时性要求提高，汽车内部网络通信数据量呈指数级增长趋势，传统的 LIN 和 CAN 低速总线已无法提供高带宽通信能力，也无法适应数据传输及处理的实时性要求。为此，集中式 EEA 成为有效解决方案。相较于域控制 EEA，集中式 EEA 进一步将域集中架构中的多个 DCU 融合为一个或多个拥有更强算力的多核异构 SoC 芯片和多种操作系统组合的中央计算平台（Central Computing Platform，CCP），这种架构成为智能汽车电子电气架构的发展趋势。中央集中式电子电气架构分为单中央计算单元的中央集中式架构和多中央计算单元的中央集中式架构，如图 1-8 所示。

中央集中式电子电气架构中，车载传感器与执行器按照物理位置划分，接入区域控制器（Zonal Control Unit，ZCU）。在这种架构中，各采集、执行节点将原始数据通过 ZCU 传输到多个或一个中央计算平台处理，所有数据处理与决策都在 CCP 中完成。ZCU 更多地承担数据采集、通信协议转化与数据传输等功能。多个 ZCU 之间通过以太网组成环形网络，提高了通信冗余及可靠性。

未来一段时间，汽车电子电气架构的升级将主要体现在硬件架构、软件架构、通信架构三方面：硬件架构从分布式向域控制以及中央集中式方向发展，软件架构从软硬件高度耦合向分层解耦方向发展，通信架构由 LIN/CAN 总线向以太网方向发展。图 1-9 所示为某款智能汽车的电子电气架构以及混合动力电子电气架构系统。

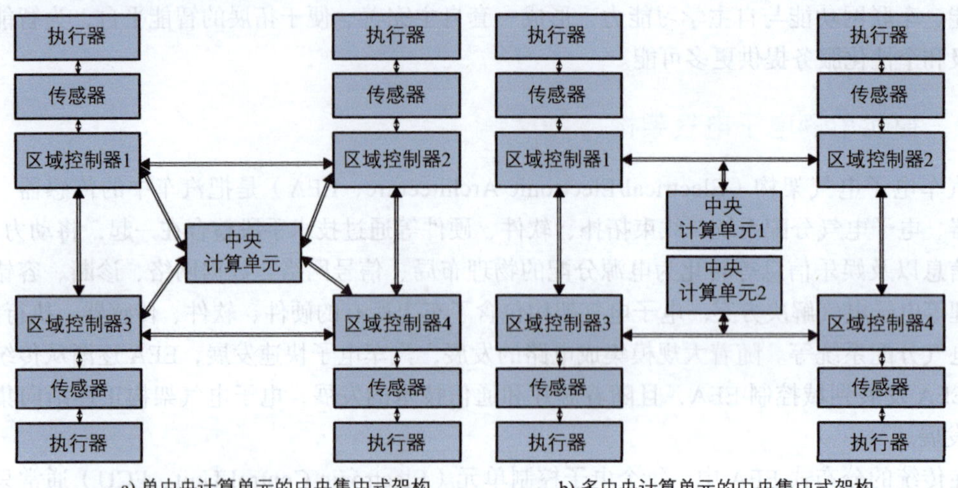

a) 单中央计算单元的中央集中式架构　　b) 多中央计算单元的中央集中式架构

图 1-8　中央集中式架构

a) 某款智能汽车电子电气架构

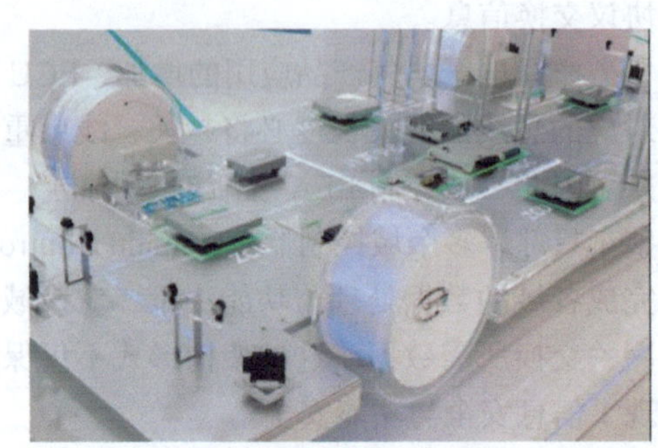

b) 混合动力电子电气架构系统

图 1-9　电子电气架构示意图

1.2.3　智能座舱

智能座舱是基于人工智能与电子通信等技术的车内一体化数字平台，为驾驶员提供智能体验，提高行车安全。智能座舱主要包括智能座舱内饰和智能座舱电子两部分。智能座舱内饰包括座椅、灯光、空调等，而智能座舱电子则是人车交互的中枢，提供了实时导航、在线信息娱乐、紧急救援等功能和服务。这些技术与功能的结合，使得智能座舱能够实现与人、车、路的联动互通，从而提升驾驶的智能化水平和安全性。

智能座舱主要由底层架构、应用软件、座舱电子三部分组成，座舱芯片、操作系统等构成座舱的底层架构，决定整个座舱系统的性能及结构。座舱具体功能由车载地图、语音交互、终端 App 等应用软件以及抬头显示系统、座舱安全舒适系统、座舱域控制器等座舱电子硬件共同实现。与传统座舱相比，智能座舱采用液晶仪表盘和大尺寸中控屏，代替机械仪表盘和传统中控屏，同时通过触控交互替代了物理按键。智能座舱的信息娱乐功能更丰富，安全度、集成度与智能化程度明显提升。图 1-10 所示为某款智能座舱的示意图。

目前通常描述的智能座舱是由信息座舱演化而来。相比信息座舱，智能座舱在软硬件层面存在以下变化：

1）电子电气架构方面：随着算力和通信要求的提升，逐步由分布式架构向域控制器 / 中央集中架构过渡。

2）感知输入层方面：从单一被动输入（如按键）向多模态交互输入（如按键、触控、语音、手势相互协同）转变。多通道的融合可以降低驾驶员的认知负荷，提高驾驶安全性。未来车内系统可以检测用户在不同场景下的驾驶状态，并提供合适的交互方式，打造更加自然的车内交互体验。

图 1-10 智能座舱示意图

3）交互输出层方面：从单一屏幕显示到多维度交互反馈（如语音助手、多屏交互、抬头显示等）发展。未来在信息反馈形态和信息反馈载体上，都会有更大的想象空间。

4）服务生态方面：由以往的预装视听娱乐功能向跨平台娱乐功能、场景模式转化，逐渐形成专属于汽车座舱的服务生态。

1.2.4 智能驾驶系统

智能驾驶系统是指搭载先进的车载传感器、控制器、计算平台，具备复杂的环境感知、智能决策、协同控制等功能，可综合实现安全、高效、舒适、节能的行驶，并最终实现替代人类操作的汽车系统。智能驾驶系统分为感知层、决策层和执行控制层三个层级，如图 1-11 所示。

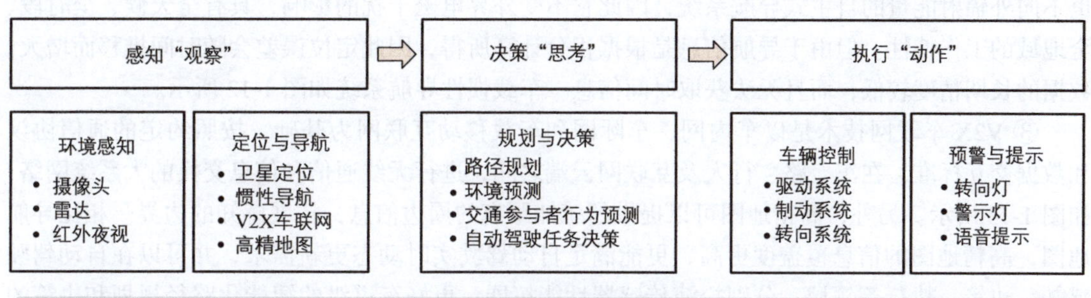

图 1-11 智能驾驶系统关键技术

1. 感知层

智能驾驶系统的感知层主要包括环境感知、定位与导航。

1）环境感知技术是指通过摄像头、毫米波雷达、激光雷达、超声波传感器、红外夜视、GPS（全球定位系统（Global Positioning System，GPS）和惯性测量单元（Intertial Measurement Unit，IMU）等传感器以及高精度地图和 V2X（Vehicle to Everything）车联网技术对车辆行驶环境进行动态感知和认知，为车辆提供驾驶环境信息，为决策模块提供输入信息，是实现自动驾驶功能的必要基础。环境感知功能分工的不同，决定了所需感知设备和感知技术的差异。其中，交通环境感知是车辆对外界环境信息的捕获和处理，主要基于车载传感器和传感感知技术。按照传感器获取的信号类型，主要分为摄像头视觉和雷达传感。

① 视觉传感器相较于其他传感器，安装使用的方法简单、获取的图像信息量大、投入成本

低、作用范围广，并且近些年更是得益于数字图像处理技术的快速发展和计算机硬件性能的提高，对环境的感知能力越来越强。但在复杂交通环境下，视觉传感器依然存在目标检测困难、图像计算量大、算法难以实现的问题，因而在应对复杂道路结构、人车混杂的交通环境时还存在很多不足。视觉感知技术主要包括三种：单目视觉技术、立体视觉技术和全景视觉技术。

② 雷达传感是智能驾驶车辆中重要的传感感知技术。雷达通过对目标发射电磁波并接收目标回波来获得目标的距离、方位、距离变化率等信息，其比视觉感知受外界环境的影响较低。目前常用的雷达传感器包括激光雷达、毫米波雷达和超声波雷达。目前雷达感知技术主要用于障碍物检测与跟踪、路面检测、定位与导航和三维场景重建等。

2）定位与导航是智能驾驶的基础能力。智能汽车不仅需要获取车辆与外界环境的相对位置关系，还需要通过车身状态感知确定车辆的绝对位置，因此定位与导航也是环境感知的关键技术之一。定位与导航包括卫星导航系统、惯性导航系统、V2X 车联网技术和高精地图。

① 卫星导航系统常见的有 GPS、北斗卫星导航系统、GLONASS 和 GALILEO 四大全球卫星导航系统。卫星导航定位技术按照定位方式分为单点定位技术和相对定位技术。单点定位是根据单独一台信号接收机的观测数据确定用户绝对位置的方式，容易受到系统性偏差的影响。相对定位是利用两台以上接收机的观测数据来计算观测点相对位置的方法，定位精度较高。为了解决卫星导航信号覆盖盲区导致无法准确定位的缺陷，惯性导航系统可以实现复杂场景中的定位。

② 惯性导航系统（简称惯导）由陀螺仪和加速度计构成，通过测量运动载体的加速度和角速度数据，从而得到水平姿态、方位、速度、位置、角速度和加速度等全面的导航信息，而且数据更新率高、连续性好、噪点低、短期精度和稳定性高。由于惯导是一种不依赖于外部信息，也不向外辐射能量的自主式导航系统，因此它不受外界电磁干扰的影响，具有全天候、全时段、全地域的工作特性。但由于导航信息是根据积分计算所得，因此定位误差会随时间推移而增大，数据的长期精度较低，而且无法获取时间信息。车载惯性导航系统如图 1-12 所示。

③ V2X 车联网技术是以车内网、车际网和车载移动互联网为基础，按照约定的通信协议和数据交互标准，在车、路、行人及互联网云端之间，进行无线通信和信息交换的大系统网络，如图 1-13 所示。另外，高精地图可以提供超感知距离的周边信息，拓展感知的边界。相比导航地图，高精地图的信息覆盖度更高，更能满足自动驾驶实时动态更新需求，并可以在自动驾驶感知、决策、执行等领域，分别扮演传感器性能拓展、更好车道级的智能化路径规划和决策的角色，是智能驾驶技术不可或缺的感知方案配置。

图 1-12 车载惯性导航系统

图 1-13 V2X 车联网技术示意图

交通环境复杂多变，单一的感知系统方案往往会受限于自身的不足而无法确保车辆安全，因此当前的智能驾驶车辆大多采用冗余的多传感器组合方案。

2. 决策层

智能决策技术是智能驾驶系统的大脑，其包含环境预测、行为决策、动作规划、路径规划等功能。环境预测的作用是对感知层所识别到的物体进行行为预测，并且将预测的结果转化为时间空间维度的轨迹传递给后续模块。通常感知层所输出的物体信息包括位置、速度、方向等物理属性，利用这些输出的物理属性可以对物体做出“瞬时预测”。行为决策模块在智能驾驶系统中扮演“副驾驶”的角色，需根据环境信息和车辆状态决定车辆的行驶策略。路径规划模块是指在一定的环境模型基础上，给定自动驾驶汽车起始点和目标点后，按照性能指标规划出一条无碰撞、能安全到达目标点的有效路径。路径规划主要包含两个步骤：建立包含障碍区域与自由区域的环境地图，以及在环境地图中选择合适的路径搜索算法，快速实时地搜索可行驶路径。图 1-14 展示了智能汽车行人轨迹预测结果和智能汽车路径规划结果。

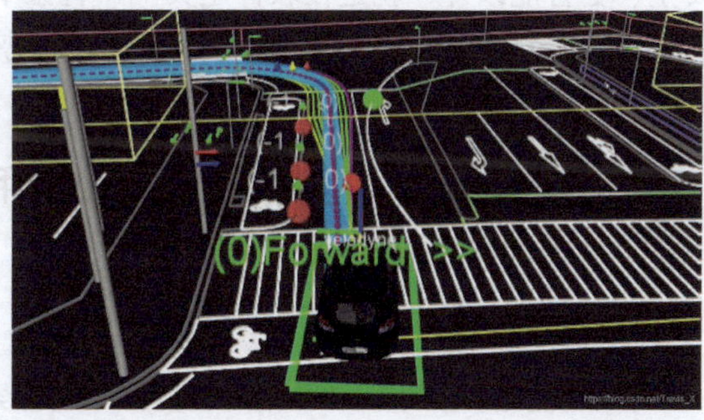

图 1-14　行人轨迹预测和路径规划

人工智能和机器学习的发展为智能汽车决策技术赋予了新的内涵。智能汽车决策技术将以人工智能和机器学习为基础，衍生出拟人化、个性化的决策方法，推动智能汽车决策技术向可信、可靠和安全的方向演进。

3. 执行控制层

控制执行是将行为决策的宏观指令解释为带有时间信息的轨迹曲线，从而控制车辆的速度与行驶方向，使其跟踪规划速度曲线与路径。目前，智能汽车的控制执行技术的研究热点包括：面向驱动 / 制动的纵向运动控制，面向转向的横向运动控制，基于驱动 / 制动 / 转向 / 悬架的底盘一体化控制，融合车联网（V2X）通信及车载传感器的多车队列协同和车路协同控制等。

智能汽车的执行机构采用线控技术取代传统的传动机构。线控技术的主要特征是执行机构与操纵机构没有直接的机械连接，驾驶员的驾驶意图将转换成对应电信号驱动执行机构的精确运动。线控技术主要包括线控驱动、线控转向、线控制动和线控悬架等，通过整合各线控系统，形成集成度高、响应快、控制精度高、能耗低的线控底盘。

线控驱动是利用加速踏板位置传感器，将驾驶行为中的加速踏板物理信号转换成正比的电压信号，发送到驱动相关的控制器进行分析决策，并最终传递给执行机构完成转矩输出。线控转向主要是实现转向盘与转向轮完全分开，将驾驶意图中的转向信号通过电信号的形式发送到转向电机，由转向电机驱动转向轮。线控转向系统可有效消除路面冲击，降低噪声，减少能耗。线控制动是汽车线控技术中关键技术内容，目前常见的有液压式线控制动和机械式线控制动。

液压式线控制动使用电机来替代真空助力器推动主缸活塞，驾驶员的制动动作被转换成电信号，发送到电控单元驱动电机动作，完成液压执行机构的制动动作。而机械式线控制动取消了液压系统，直接用电机驱动机械活塞制动，易与其他电控系统集成到自动驾驶系统。线控悬架又称电控悬架/主动悬架，实际是以空气悬架为基础，进一步增加传感器和电控系统，根据道路实际情况主动调节悬架的高度、刚度和阻尼，以实现行车/驻车姿态的精细化控制系统、提升驾驶舒适度。图 1-15 所示为包括线控驱动、线控转向系统和线控制动的线控底盘。

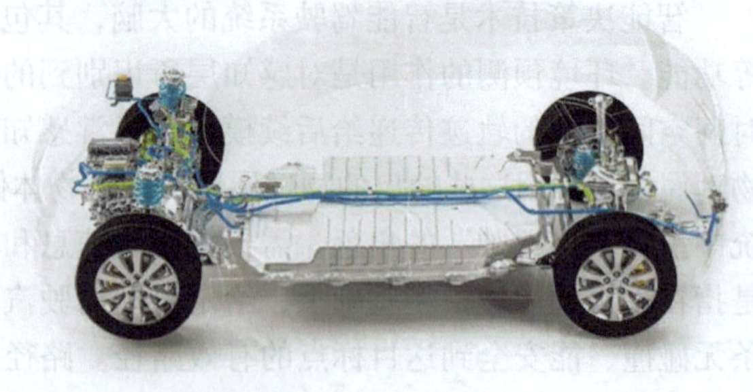
图 1-15 线控底盘

智能电动汽车发展的三大趋势，除了更安全、更智能以外，就是在软件定义汽车背景下的电控架构从分布式向集中式发展、执行机构从集中式向分布式发展，线控底盘就是这一趋势的代表产品。

1.3 智能车辆行业发展现状与应用

1.3.1 智能车辆发展历史与现状

早在 20 世纪，全球就已开始对智能汽车的探索。但由于底层技术、配套产业等不足，直到 20 世纪末相关技术仍然停留在实验室阶段，智能汽车迟迟没有落地。近 20 年来，伴随着半导体、高精度传感器、人工智能算法、移动通信网络等技术的快速发展，智能汽车的落地与应用逐渐成为可能。智能汽车的发展历程如图 1-16 所示。

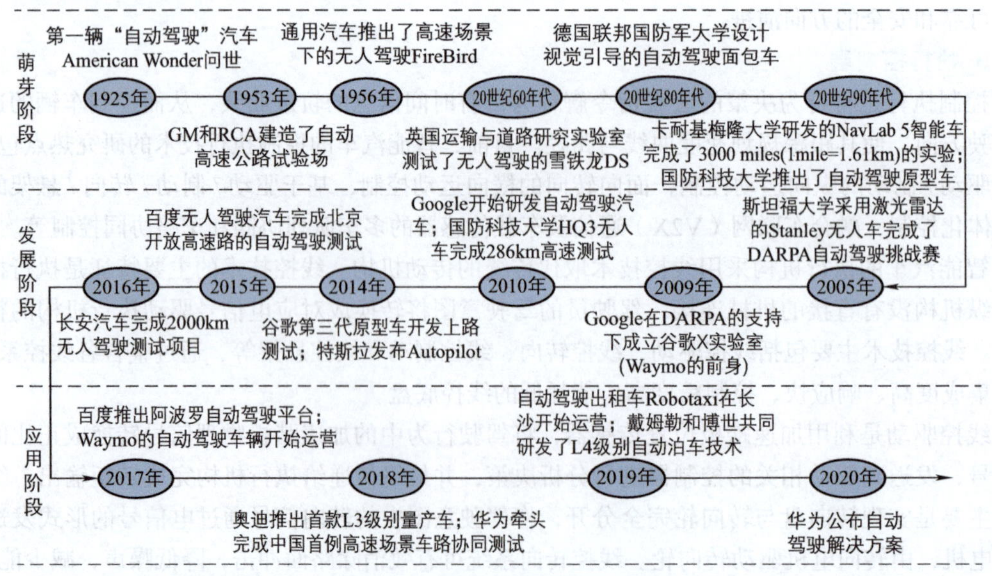

图 1-16 智能汽车的发展历史

智能车辆发展历程可以分为三个阶段：萌芽阶段、发展阶段和应用阶段。

1. 萌芽阶段（1925—20 世纪 90 年代末）

早在 1925 年，无线电设备公司（Houdina Radio Control）就设计了第一辆“无人”驾驶汽车 American Wonder，通过接收无线电信号控制车辆运动，其“无人”主要指“车上无人”，但严格意义上属于“遥控驾驶”。1953 年，美国无线电公司（Radio Corporation of America，RCA）与通用汽车（General Motors Company，GM）合作研发自动公路系统的比例模型，通过嵌入公路的电子设备发出信号，实现车辆加速和转向的自动控制。1956 年，RCA 和 GM 联合对外展示了智能驾驶汽车原型 FireBird，其依赖于预埋线圈的道路设施，车辆可以按电磁信号指示确定其位置与速度，控制转向盘、加速和制动。进入 20 世纪 60 年代，无人驾驶研究的重心仍基于 RCA 和 GM 的自动化高速公路系统的改进和升级。在这一时期，英国运输与道路研究实验室（Transport and Road Research Laboratory）测试了一款雪铁龙 DS 款改造的无人驾驶汽车，通过内嵌的磁力线和汽车的交互作用，使得该车在测试轨道的速度达到了 130km/h。直至 20 世纪 70 年代末，无人驾驶技术的重心仍未转向小型汽车，但自动化高速公路的不断发展证明了这种方式的实施难度。

自 20 世纪 80 年代，在美国国防部先进研究项目局（Defense Advanced Research Projects Agency，DARPA）的支持下掀起了智能车辆技术研究热潮。1984 年由卡耐基梅隆大学研发了全世界第一辆真正意义的智能驾驶车辆，该车利用激光雷达、计算机视觉及自动控制技术完成对周边环境的感知，并据此做出决策，自动控制车辆，在特定道路环境下最高时速可达 31km/h。20 世纪 80 年代，德国联邦国防军大学设计视觉引导的无人驾驶车“VaRoS”。与此同时，中国自动驾驶技术正式开始研发，由北京理工大学、国防科技大学等五家单位联合研制了 ATB-1 无人车，其行驶速度达到 21km/h，标志着中国无人驾驶技术正式起步。1995 年，卡耐基梅隆大学的研究人员驾驶着配备自动驾驶的 NavLab 5 进行了 3000mile 的道路测试，除了一段 80km 的路程外，其余路程自动驾驶，平均时速超过 96km/h。

2. 发展阶段（21 世纪初—2016 年）

2004—2007 年期间，DARPA 相继组织了三届无人驾驶挑战赛，考验无人驾驶在恶劣和复杂环境下的能力。前两届均为沙漠挑战，2004 年第一届挑战赛要求无人驾驶车辆横穿加州莫哈韦沙漠，共驾驶 250km 的越野路线，最终所有参赛队伍都没有跑完全程。2005 年的第二届挑战赛中有 5 支参赛队伍完成了 132mile 的路程，斯坦福大学的 Stanley 获得第一名，它是一辆使用了现代标准摄像头、雷达和激光扫描仪的大众 Touareg。2009 年，Google 在 DARPA 的支持下成立谷歌 X 实验室（如今 Waymo 的前身）也开始无人驾驶汽车项目的研发，谷歌通过一辆改装的丰田普锐斯在太平洋沿岸行驶了 1.4 万 mile，历时 1 年多，该改装车使用了视频系统、雷达和激光自动导航技术。

2013 年，奥迪、宝马、福特、日产和沃尔沃等传统整车厂也纷纷加入智能汽车研发。2014 年，谷歌发布了完全自主设计的无人驾驶汽车 Firefly，第一辆原型车于 2015 年正式亮相，这是一辆没有转向盘和踏板的汽车，并且可以正式上路测试。三年后，这支自动驾驶团队从谷歌分离出来，成立了 Waymo。2015 年，百度对外宣布其无人驾驶车已在国内首次实现城市、环路及高速道路混合路况下的全自动驾驶，测试时最高速度达到 100km/h。2016 年 4 月 17 日，长安汽车宣布完成 2000km 超级无人驾驶测试项目，测试总里程超 2000km，历经 6 天，途经四川、陕西、河南、河北等全国多个省市及地区后，最终抵达北京。

3. 应用阶段（2017 年至今）

经过多年的发展和积累，智能汽车相关的软硬件技术和产业链逐渐形成，为其应用落地奠定了基础，自动驾驶逐渐开始进入应用阶段。2017 年，百度发布基于 Apollo 技术的自动驾驶汽车；2018 年，奥迪发布全球首款搭载 L3 级自动驾驶系统的车型奥迪 A8；2019 年，自动驾驶出租车队 Robotaxi 试运营，首批 45 辆百度 Apollo 与一汽红旗联合研发的“红旗 EV” Robotaxi 车队在长沙部分已开放测试路段开始试运营；2020 年，华为公布了自动驾驶解决方案，并相继推出了 OceanConnect 车联网平台、MDC600 自动驾驶计算平台，以及华为云自动驾驶云服务 Octopus 等方案，并还联手奥迪等完成了全国首例高速公路无人驾驶车的车路协同测试；2021 年，本田研发的全球首款获得法律许可的 L3 级自动驾驶量产车 Legend Hybrid EX 正式上市。

尽管各大汽车厂商均以研发智能驾驶技术为目标，但技术路线随着基础理论和技术的发展逐渐变化。智能驾驶技术在萌芽和发展阶段中，环境感知技术主要以激光雷达为主；随着视觉感知技术和高精度地图技术的发展，以视觉感知为主、激光雷达为辅或以激光雷达为主、视觉感知为辅的环境感知技术路线逐渐形成，并与高精地图综合应用，形成高可靠、高精度的规划决策方案。技术路线的差异化使各厂商的智能驾驶技术侧重点不同，如华为主要采用多激光雷达传感器融合技术进行环境感知和障碍物检测，而特斯拉则弱化激光雷达、毫米波雷达等的传感作用，而主要依赖视觉系统进行目标检测和决策。

这两种技术的差异主要体现在传感器选择上。激光雷达具有高精度和高分辨率的优势，能够提供准确的环境感知和障碍物检测。而视觉系统成本较低，且对光照条件适应性强，在物体识别和分析方面有一定的优势。

1.3.2 智能车辆发展政策与规划

自动驾驶作为一项颠覆性技术，其发展水平直接关系各国汽车产业的国际竞争力和全球产业分工格局，因此世界各汽车大国都高度重视自动驾驶的发展，推出一系列支持自动驾驶的产业政策，以重塑汽车产业竞争格局，保持和强化全球竞争地位。

美国高度重视自动驾驶技术的产业化，为保持自动驾驶的全球领先地位，2010 年起逐步规划自动驾驶技术发展方向，完善相关立法。美国部分自动驾驶相关立法如图 1-17 所示。

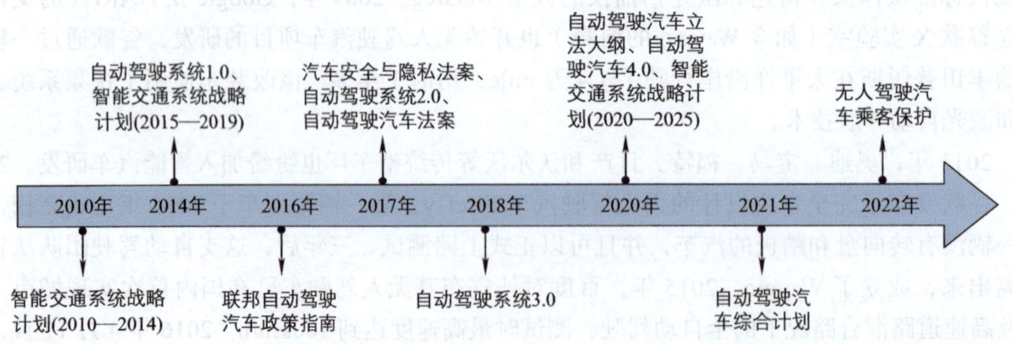

图 1-17　美国部分自动驾驶相关立法

在政府引导性政策和社会需求的激励下，美国智能汽车技术发展迅速。自2009年开始，谷歌、Uber、苹果、特斯拉、通用汽车等开始研发自动驾驶汽车，成果显著。例如，通用汽车开发了具备高安全性的Super Cruise L3级自动驾驶系统，特斯拉开发并应用了Autopilot自动驾驶系统，Waymo建立全球首个L4自动驾驶汽车工厂，Uber推出了自动驾驶出租车服务和自动驾驶物流卡车，英特尔、英伟达等企业推出了自动驾驶技术平台。此外，Wayne、Uber、特斯拉、通用等公司的自动驾驶测试示范工作也逐步完善。截至2023年，美国在底特律和硅谷设置了四个自动驾驶示范区，可测试无人驾驶汽车和V2V/V2I车联网技术，并为5G智能交通系统提供了试验环境。

欧洲在发展单车智能自动驾驶的同时，高度重视与智能交通系统的协同发展。2015年，欧洲道路交通研究咨询委员会发布智能网联汽车技术路线图，以加强顶层规划，促进各国协同推进。2019年3月，欧洲道路交通研究咨询委员会更新发布了智能网联汽车技术路线图，强调自动驾驶的协同互联，明确提出基于数字化基础设施支撑的网联式协同自动驾驶架构。除此之外，欧盟委员会于2018年发布《通往自动化出行之路：欧盟未来出行战略》，文中提出到2020年，可以在商业层面上推出在特定驾驶条件下自动驾驶的首批车辆，能够处理一些低速情况的汽车和货车在城市中心区域实现低速无人驾驶，到2030年，自动驾驶车辆变得普及。2018年5月，法国发布了《无人驾驶汽车的发展—公共行动的战略方向》报告，将自动驾驶汽车的发展列为国家科技发展战略。2021年5月，德国制定《自动驾驶法》，为在常规性道路交通系统中运行L4级自动驾驶汽车建立了监管框架，允许自动驾驶汽车（L4级）在公共道路上以及指定区域内行驶，使德国成为世界上第一个在公共道路上无限制地使用自动驾驶汽车的国家。2022年8月，英国政府发布自动驾驶政策文件《互联和自动出行2025：在英国释放自动驾驶汽车的效益》。该政策文件提出，到2025年在英国实现自动驾驶汽车的商业落地，并阐明了实现这一目标所需要采取的立法和监管举措。图1-18展示了欧洲国家推出的部分自动驾驶政策与法规。

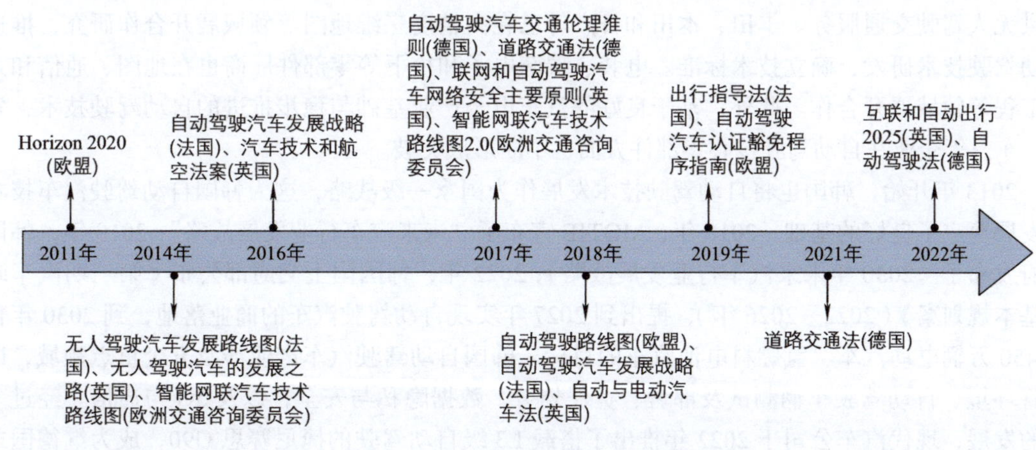

图1-18 欧洲国家推出的部分自动驾驶政策与法规

欧洲汽车工业基础极强，产业链完备，虽然很多初创科技公司在融资规模和体量上总体稍落后于美国，但近两年欧洲传统汽车和零部件厂商已开始加强智能网联领域的对外合作，刺激和推动了智能车辆的发展。2011—2021年期间，欧洲占欧洲专利局所有智能车辆技术相关专利申请的37.2%，远超美国、日本和中国。同时，相关技术开始落地，如奔驰集团于2016年推出CASE战略，加快部署自动驾驶技术；奥迪公司于2018年推出了世界上第一台具备L3级自动驾驶的量产车；宝马集团于2018年在慕尼黑设立了自动驾驶园区；2018年开始，英伟达、戴姆勒与博世公司联合开发L4、L5级的自动驾驶技术。

日本车路云协同基础设施优势明显，通过发展智能交通系统协同推动智能网联汽车产业发展，并将智能交通系统、智能网联汽车纳入国家重点发展战略。2014年开始，日本颁布了一系列自动驾驶政策与法规，如图1-19所示。

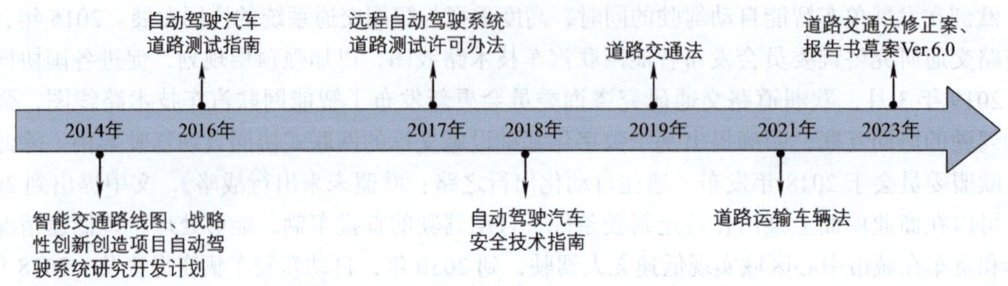

图1-19 日本自动驾驶政策与法规

与专注于自动驾驶技术和组件开发的美国相比，日本的自动驾驶政策更倾向于自动驾驶技术的实际应用，这极大地推动了自动驾驶技术的发展和推广。如小松在2016年开发出了第一款无人驾驶矿用卡车；丰田于2021年在静冈县Kan野市的工厂旧址开始建设示范城市“Woven City”，推动物联网、能源和交通的协同研究；2021年，本田成为日本首家正式提供L3级自动驾驶系统的汽车制造商，其推出了先进的驾驶辅助系统Sensing Elite；2023年，由雅马哈发动机、国立工业科学技术综合研究所和三菱电机联合研发的自动驾驶车辆正式投入使用，向公众提供无人驾驶交通服务。丰田、本田和日产等已在高精度三维地图等领域展开合作研究，推进自动驾驶技术研发，确立技术标准。电装、瑞萨电子和松下等零部件厂商也在地图、通信和人机工程等领域展开合作。此外，基于良好的汽车电子产业基础与稳步推进的自动驾驶技术，索尼、东芝等企业在自动驾驶核心零部件方面也不断形成突破。

2013年开始，韩国也将自动驾驶技术发展作为国家一级战略，这为韩国自动驾驶汽车技术的发展奠定了良好的基础。2018年，MOTIE宣布了“未来汽车行业发展战略”；2019年，韩国政府发布了《2030年未来汽车行业发展战略》；2022年，韩国国土交通部公布《第三期汽车政策基本规划案》（2022—2026年），提出到2027年实现自动驾驶汽车的商业落地，到2030年普及450万辆电动汽车、氢燃料电池汽车的目标。韩国自动驾驶汽车产业涉及五个重点领域，即监管环境、自动驾驶车辆测试及部署、责任划分、数据隐私与安全，以及5G与通信。经过多年的发展，现代汽车公司于2022年推出了搭载L3级自动驾驶的捷尼赛思G90，成为继德国之后的第二个实现L3级自动驾驶的国家。

美国、欧洲、日本和韩国的自动驾驶发展路线均是由自动驾驶的发展演化出单车智能和车路云协同两条技术路线。单车智能基于各种感知信息，通过人工智能技术进行决策和车辆控制，在一定程度上单车本身即可实现自动驾驶。但随着单个车辆自动驾驶技术进步空间的饱和、技术提升的瓶颈以及交通环境复杂性的增加，自动驾驶越来越依赖智能道路设施的进步。智能道路基础设施和智能网联汽车之间的交互与耦合，将逐渐对自动驾驶起辅助甚至主导作用。在此发展背景下，车路协同自动驾驶等相关创新技术的进步，能够加速自动驾驶商业化实现，并促进通信、互联网、汽车电子、路侧设施等领域的加快发展，推动IT、智能制造与交通、汽车产业走向深度融合。

近年来，为了推动汽车行业科技变革、加快汽车产业转型升级，我国出台了一系列智能汽车相关政策，法律法规逐步完善。2019年国务院发布《交通强国建设纲要》，明确提出加强智能网联汽车（智能汽车、自动驾驶、车路协同）研发，形成自主可控完整的产业链；大力发展共享交通，打造基于移动智能终端技术的服务系统，实现出行即服务。2020年2月，国家发展改革委等十一部委联合发布《智能汽车创新发展战略》，明确提出到2025年，中国标准智能汽车的技术创新、产业生态、基础设施、法规标准、产品监管和网络安全体系基本形成，能够实现有条件自动驾驶的智能汽车达到规模化生产，实现高度自动驾驶的智能汽车在特定环境下市场化应用。2021年7月，工业和信息化部、公安部、交通运输部联合发布《智能网联汽车道路测试与示范应用管理规范（试行）》，推动自动驾驶汽车示范应用。2022年4月，交通运输部发布《"十四五"交通领域科技创新规划》，推动智能汽车技术、智慧道路技术和车路协同技术融合发展，提升自动驾驶车辆运行与网络安全保障能力，探索形成自动驾驶技术规模化应用方案。2023年7月，工业和信息化部、国家标准化管理委员会发布的《国家车联网产业标准体系建设指南（智能网联汽车）（2023版）》，充分考虑了智能网联汽车技术深度融合和跨领域协同的发展特点，主要针对智能网联汽车通用规范、核心技术与关键产品应用，构建包括智能网联汽车基础、技术、产品、试验标准等在内的智能网联汽车标准体系，指导车联网产业智能网联汽车领域的相关标准制修订，充分发挥标准对车联网产业关键技术、核心产品和功能应用的引领作用，与《国家车联网产业标准体系建设指南》其他部分共同形成统一、协调的国家车联网产业标准体系架构。2023年11月，工信部等四部委印发《关于开展智能网联汽车准入和上路通行试点工作的通知》，对准入试点的智能网联汽车产品，提出了一系列规划和指导要求，进一步推进了智能网联汽车的发展进程。

在国家大力扶持行业发展的基础上，各省市也结合自身实际情况发布了有关自动驾驶行业的政策。江苏、上海、湖南、重庆等省市，相继制定了各自的发展目标和前景规划，给自动驾驶行业注入了一剂强心剂，有力地推动了行业的发展进程。江苏省2022年6月印发《关于加快推进车联网和智能网联汽车高质量发展指导要求》，提出到2025年建成国内领先的车联网和智能网联汽车产业链与创新链，落地一批车路协同应用服务和自动驾驶典型场景，智能网联汽车驾驶自动化水平进一步提升。2022年8月，上海市出台《上海市加快智能网联汽车创新发展实施方案》，提出到2025年上海市初步建成国内领先的智能网联汽车创新发展体系，产业规模力争达到5000亿元。2022年6月，深圳市发布了《深圳经济特区智能网联汽车管理条例》，在全面贯彻中央战略部署，与国家法律法规相衔接的基础上，在国内首次对智能网联汽车的准入等级、上路行驶等事项做出具体规定，开放了L3以上自动驾驶汽车准入和登记，并对交通违法和责任认定做了具体要求，是国内首部关于智能网联汽车管理的法规，其将有力地推动L3级智能网联汽车在深圳的量产落地，同时也为国内其他城市及国家级法规提供参考。

在国家一系列政策的引导下和汽车技术发展需求的推动下，我国智能网联汽车实现快速发展。2021年，我国乘用车新车市场中具备L2级智能驾驶功能的车型销售476.6万辆，渗透率达到23.5%，同比增长57.2%。2022年，搭载辅助自动驾驶系统的智能网联乘用车新车销售达

700 万辆，同比增长 45.6%，市场渗透率提升至 34.9%。

我国在智能网联汽车核心技术上相继取得突破，智能网联汽车道路测试及示范应用不断拓展。2018 年，百度推出自动驾驶软件平台 Apollo，自动驾驶测试和运营总里程已经超过 7800 万 km，并且每天以 10 万 km 以上速度增长，从未发生过由于自动驾驶造成人员伤亡的重大安全事故。2023 年，华为推出了不依赖高精地图的 L3 高阶智能驾驶系统 ADS 2.0。此外，2020—2023 年期间，蔚来汽车、小鹏汽车、理想汽车、广汽集团先后推出各自的辅助导航驾驶功能 NOP、NGP、NOA 和 NDA，金龙客车的自动驾驶客士、Neolix 的自动配送机器人、一汽集团和北京汽车集团的自动驾驶出租车等都已进入量产阶段。

据工业和信息化部统计，截至 2023 年 6 月，全国已有 17 个测试示范区、16 个“双智”试点城市、7 个国家车联网示范区，完成了 7000 多 km 道路智能化升级改造，装配路侧网联设备 7000 余台套。全国已经有超过 50 个省市出台智能网联汽车测试规定实施细则。广州、长沙、上海、武汉、北京、深圳、重庆等地开展了自动驾驶载人、载物测试，为各类场景的示范运行乃至商业化试运营提供了政策环境。全国 50 多个省市累计发放道路测试和示范应用牌照超过 2000 张，开放测试道路超过 15000km，测试总里程超过 4000 万 km，并针对性地布局载人载物、无人清扫、末端配送等多种场景，测试示范加速向纵深发展，无人化测试、商业化运行加速推进，测试结果互认持续推进。包括北京、上海、广州、深圳、重庆、武汉、长沙在内的 10 余个城市允许自动驾驶汽车在特定区域、特定时段从事出租汽车、城市公共汽（电）车等商业化试运营。已授牌了 17 家国家级封闭测试场，可以按规定支持智能网联汽车自动驾驶功能通用检测项目，并在测试结果互认中取得积极成果。图 1-20 所示为国家智能网联汽车（上海）试点示范区和国家智能交通综合测试基地（江苏）。

a)

b)

图 1-20　国家智能网联汽车（上海）试点示范区和国家智能交通综合测试基地（江苏）

1.3.3　智能车辆的应用场景

当传统车辆转变为智能车辆，最为关键的问题便是如何应对驾驶环境的复杂性、不确定性以及驾驶任务本身的复杂性。自动驾驶系统（ADS）或高级驾驶辅助系统（ADAS）可能遇到的驾驶场景几乎是无限的，因此，基于场景的方法设计智能汽车成为自动驾驶系统研究和工程中的主要方向。例如针对城市出勤的无人出租车、针对港口的无人集卡以及应用于特殊作业的特殊商用车辆。为了应对不同的场景，智能车辆之间的关键技术也存在着差异，这也使得智能车辆应用呈现出多元化的发展趋势。

目前，大部分智能乘用车的应用场景集中于城市交通与自动泊车，前者的场景特点在于结构化道路、交通标志清晰、高速、动态障碍物种类单一，多为其他车辆；后者的场景特点则在于通行空间狭小、低速、以静态障碍物为主，障碍物种类复杂。由于行车和泊车对于驾驶辅助系统的功能要求存在差异，因此在传统乘用车中通常将行车控制器与泊车控制器作为独立系统。随着自动驾驶域控制器不断发展，芯片计算能力提高，行泊一体化方案逐渐在新型智能乘用车上得到应用。

在商业化落地方面，相比价格较为昂贵的私用自动驾驶乘用车，无人出租车作为新型共享出行方案，受到了国内外相关企业的广泛关注。无人出租车降低了传统出租车行业的人力成本，在自动驾驶技术日益发展的当下，自动驾驶每公里的总成本与驾驶员驾驶传统汽车的成本大致持平，并且国家法律也推动着无人出租车行业的商业化应用。交通运输部 2020 年发布《关于促进道路交通自动驾驶技术发展和应用》，提出要稳步推动自动驾驶客运出行服务，鼓励自动驾驶车辆共享、摆渡接驳、智能泊车等试运行与商业运营服务。2022 年 7 月，北京正式开放国内首个无人化出行服务商业化试点，开展常态化收费服务，并允许安全员从驾驶员位置移到前排乘客位置。同年 8 月，重庆、武汉两地发布自动驾驶全无人商业化试点政策，允许车内无安全员的自动驾驶车辆在社会道路上开展商业化服务（图 1-21）。

图 1-21　自动驾驶出租车

与乘用车相比，商用车作为生产工具，在自动驾驶应用上有如下几点优势：首先，商用车不需考虑乘用车注重的性能和舒适性要素，搭载的自动驾驶系统价格敏感度更低；其次，商用车应用于封闭或半封闭等特定区域，使得仿真和测试周期大幅缩减，高精度地图绘制和路侧感知设备等布局也相对容易实现；最后，自动驾驶商用车辆作为可作为“工程设备”进行管理，法律障碍小。在成本、市场、技术和法规四个领域，高级别的自动驾驶在商用车领域更容易落地。

目前，自动驾驶商用车主要应用在干线物流、矿区和港口三大场景。以无人矿卡为例，如图 1-22 所示，矿区属于封闭式场景，场景内路线相对固定，与其他交通参与者交互行为少，法律法规的限制较为宽松，本身落地条件相较于城市环境的自动驾驶车辆而言更简单，并且矿区本身劳动力缺口大，易发生安全事故，无人矿卡的发展逐渐成了刚需。而相对于无人出租车，无人矿卡的关键技术也存在差异，由于矿区行驶环境恶劣，道路多为非结构化道路，路面凹凸不平，存在砂石、坡度、粉尘落石，因此目前无人矿卡的关键技术集中于以下方面：

图 1-22　无人矿卡作业场景

1）非结构化道路的融合感知技术，针对矿区沙土道路边缘识别不清晰、路侧危险状态以及粉尘遮蔽，需要提高无人矿卡的融合感知能力，提高车端感知范围与识别精度。

2）高精度定位与时变场景匹配技术，针对矿区开采排土后场景动态变化多，车辆定位与矿区高精度地图匹配之间存在误差，要求无人矿卡具备多源定位技术以及周围环境 3D 地图采集重构能力。

3）结合数字孪生的云端调度系统作为矿山实现无人驾驶的关键系统，起到云端感知、任务下发、全局以及局部路径规划、车辆状态监测、突发状态预警等功能，必要时通过 V2X 和远程驾驶手动接管无人矿卡。

除了乘用车与商用车外，智能化的趋势也在特种应用车辆上得到体现。根据我国《道路交通管理机动车类型》（GA802—2019）规定，特殊应用车辆是指装置有专用设备或器具，在设计和制造上用于工程专项（包括卫生医疗）作业的汽车，如汽车起重机、消防车、混凝土泵车、清障车、高空作业车、扫路车、吸污车、钻机车、仪器车、检测车、监测车、电源车、通讯车、电视车、采血车、医疗车、体检医疗车等，但不包括装置有专用设备或器具而座位数（包括驾驶人座位）超过 9 个的汽车（消防车除外）。这些特殊应用车辆由于本身的作业场景特殊，场景与场景之间不存在共性，需要对自动驾驶技术进行专业化开发，智能化难度更高。

以无人挖掘车为例，挖掘车作为一种物料搬运工具，被广泛应用于采矿、建筑工地，以及类似疏通运河等应急救援工作，拥有独立且广阔的市场。但是由于工地环境条件恶劣，在某些情境下操作挖掘机有着很高难度，并且可能造成人员伤亡。因此国外厂商卡特彼勒、小松以及国内的三一、徐工、山河智能、百度等一线品牌都研发了自己的无人驾驶产品。图 1-23 所示为百度的无人挖掘机（AES）硬件系统。

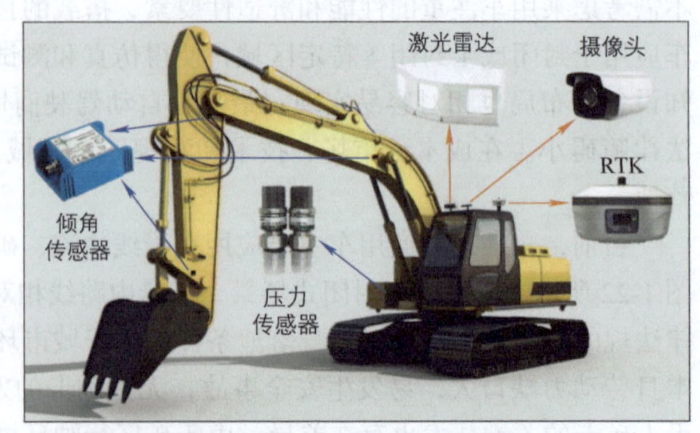

图 1-23　百度的无人挖掘机（AES）硬件系统

相对于传统挖掘机，无人挖掘机实现了三个方面的提升：

1）使用多种传感器融合的感知算法，感知模块可以支持无人挖掘机在不同的工况和恶劣环境下进行无人作业，保证了无人挖机的作业效率、鲁棒性和泛化能力。

2）作业和运动规划模块融合了数据驱动的学习算法和优化算法，可以有效计算挖掘位置和挖掘机的铲斗轨迹。

3）高精度运动控制系统，有效实现挖掘机各机构的精准运动控制。

1.3.4 智能车辆发展趋势

1）以深度学习为代表的人工智能技术在智能网联汽车上正在得到快速应用。尤其在环境感知领域，深度学习技术已凸显出巨大的优势，正在以颠覆性的速度替代传统机器学习方法。深度学习算法需要大量的数据作为学习的样本库，对数据采集和存储提出了较高需求。同时，深度学习技术也存在内在机理不清晰、边界条件不确定和决策可信度难解释等缺点，需要与其他传统方法融合使用以确保可靠性，且目前也受限于车载芯片处理能力的限制。

2）自主式智能与网联式智能技术加速融合。网联式系统能从时间和空间维度突破自主式系统对于车辆周边环境的感知能力。在时间维度，通过 V2X 通信，系统能够提前获知周边车辆的操作信息、交通信号灯等交通控制系统信息以及气象条件、拥堵预测等更长期的未来状态信息。在空间维度，通过 V2X 通信，系统能够感知交叉路口盲区、弯道盲区、车辆遮挡盲区等位置的环境信息，从而帮助自动驾驶系统更全面地掌握周边交通态势。网联式智能技术与自主式智能技术相辅相成，互为补充，正在加速融合发展。

3）自动驾驶汽车测试评价逐渐成熟。目前，自动驾驶汽车的安全性越来越多地受到关注，关于自动驾驶汽车测试评价方法的研究以及测试场、示范区的建设成为全球热点。自动驾驶汽车测试的潜在解决方案是引入“普通人类驾驶员”的抽象概念并建立安全基线，通过一系列定性、定量的关键功能、性能指标，表征自动驾驶系统驾驶汽车的安全程度。如果把自动驾驶系统看作一个驾驶员，对其的考核也可以类比驾驶员的考核过程，包括检查自动驾驶系统对环境感知、车辆控制等的基本能力，测试自动驾驶汽车对交通法规的遵守能力，在特定场景下的自动驾驶测试和开放测试道路内进行实际测试。

习　题

1. 简述智能车辆的定义以及分级方式。
2. 你认为在我国汽车驾驶自动化分级中的分水岭在哪？说说原因。
3. 智能车辆结构的组成有哪些？每部分的具体组成是什么？
4. 简述智能驾驶系统的组成并说明该系统的工作原理。
5. 谈谈你对智能车辆发展前景的展望并说明原因。

第2章 智能车辆系统关键硬件基础

智能车辆系统的关键硬件包括传感器、控制器和执行器。传感器作为智能车辆的“眼睛”和“耳朵”，用于获取车辆周围的环境信息，包括道路边界、车辆和行人等，为后续的决策和控制提供必要的信息。控制器负责接收和处理传感器数据，进行决策和路径规划，并生成控制指令，发送给智能车辆执行器——线控底盘执行器，最终控制车辆的行驶。智能车辆的电子电气架构是车辆内部各种电子和电气系统之间的组织结构和相互关系。这些硬件的优化和整合能够提升智能车辆系统的整体性能和功能。本章内容框架如图 2-1 所示。

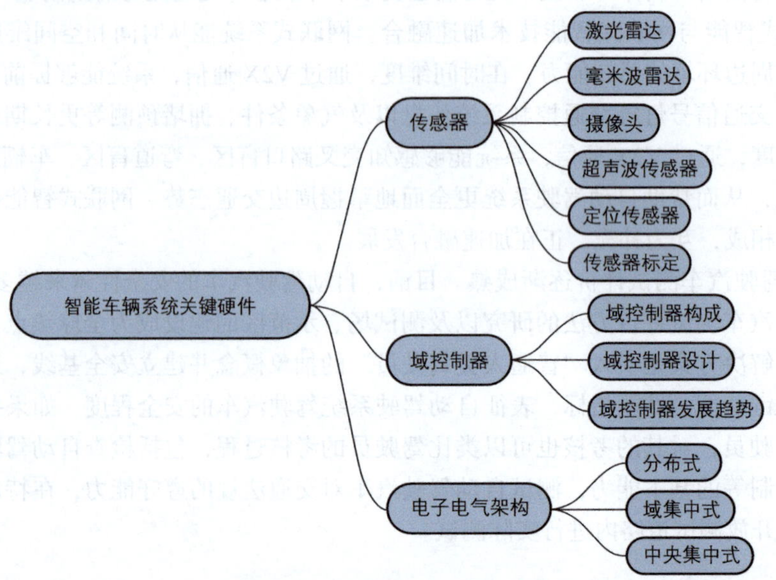

图 2-1 本章内容框架

传感器是智能车辆系统中重要的硬件。传感器的种类多样，包括激光雷达、毫米波雷达、摄像头、超声波传感器以及定位传感器，它们能够实时采集并传输环境信息给系统。这些传感器的应用使得智能车辆系统可以实现对周围环境的全方位感知，为智能驾驶汽车提供更加可靠的支持。随着技术的发展，传感器的性能得到不断改进和完善，使得传感器在环境感知方面的性能不断提升。未来传感器朝着微型化发展，不仅仅具备单一的感知功能，并且能够在单个芯片上集成更多的功能。此外，传感器还将与车辆内部的其他系统进行连接，形成一个高度互联的网络，以实现车辆内部的协同工作和信息共享。

控制器是智能车辆系统的核心组件，主要负责对采集到的数据进行处理和分析，以便系统能够做出相应的决策和控制。控制器的性能，例如计算能力，直接影响着智能车辆系统的响应速度和准确性。随着人工智能和智能驾驶技术的发展，需不断提高对控制器的性能要求，包括更高的计算速度、更低的功耗、更强的并行计算能力等。高性能控制器有助于提高智能车辆控制的准确性和稳定性，以应付复杂的智能驾驶算法和大量的数据处理要求。为保证控制器在恶劣的环境条件下稳定运行，需要控制器具备良好的抗干扰能力、抗震性和耐高温特性。考虑到汽车的行驶里程和散热问题，控制器还需具备较低的功耗，以减少对汽车行驶里程的影响和解决散热问题，这要求控制器采用高效的电路设计和低功耗工艺技术。

智能车辆的电子电气架构是指把汽车里的传感器（Sensor）、中央处理器（Central Processing Unit，CPU）、电子电气系统、软硬件通过技术手段集成在一起。智能车辆的电子电气系统涵盖了诸多方面，包括车辆的动力与底盘控制系统、车身控制系统、驾驶辅助系统、信息娱乐系统等。智能车辆的电子电气架构在不断发展和演进，新的传感器技术、高性能处理器、先进的控制算法等技术的不断应用，使得智能车辆的电子电气架构能够实现更加复杂和先进的功能，为驾驶员和乘客提供更加安全、舒适和便捷的出行体验。

本章帮助读者建立智能车辆的关键硬件架构框架。2.1 节对智能车辆的传感器分别从类型、作用和工作原理进行了介绍；2.2 节从域控制器的构成、控制芯片选型、域控制器设计和发展趋势介绍了智能车辆的控制器。2.3 节简要介绍了整车电子电气架构的发展和开发流程。作为智能车辆执行器的线控底盘系统，将在本书的第 6 章详细介绍。

2.1 智能车辆传感器

目前智能车辆中常见的感知传感器可以完成对汽车周边的环境感知以及汽车自身的运动感知。环境感知传感器是在汽车安全技术从被动安全向主动安全演进的过程中产生的，主要功能为对车辆周身环境进行探测识别，可看作车辆的“眼睛”，主要包括激光雷达、毫米波雷达、车载摄像头、超声波传感器等。运动感知传感器包括全球卫星定位系统、惯性传感器、轮速计等传感器，可以提供车辆位置、速度、加速度和位姿等车辆运动的精确信息，实现车辆对自身运动的感知，帮助车辆做出决策和运动控制，此外激光雷达和相机等一些环境感知传感器在算法的支持下也可以用于运动感知。表 2-1 列出了四种常见的环境感知传感器对比。

表 2-1 四种常见的环境感知传感器对比

	激光雷达	毫米波雷达	视觉传感器	超声波传感器
基本原理	发射及接收激光（电磁波），分析折返时间测距	发射及接收毫米波（电磁波），分析折返时间测距，分析相位差测速	接收外部光线信息，根据算法进行图像识别	发射及接收超声波（机械波）
工作波长	905nm/1550nm	12.5mm/3.89mm	被动接收可见光 390～780nm 红外摄像头 760nm～1000nm	<1.7cm
有效探测距离	<300m	<250m	图像识别 <200m 深度测量 <50m	<5m
角分辨能力	0.1°～1°	0.1°～5°	由图像分辨率和算法决定	无
数据量 /（Mbit/s）	20～255	0.1～15	500～3500，与像素与帧率有关	<0.01
算法要求	较高	一般	实现测距算法要求较高	很低
一般功能	实时三维环境建模、测速测距、物体分类、激光雷达同步定位与建图等	自适应巡航、自动紧急制动，盲点监测等	车道偏离预警、颜色及交通标志识别、目标跟踪、物体分类、视觉同步定位与建图等	自动泊车等
成本	很高	中	中	低

2.1.1 激光雷达

激光雷达是通过发射红外激光束并接收反射光束，测量光束折返的时间差和反射强度，从而确定物体的距离位置和反射率。激光具有极高的角分辨率和距离分辨率，经过计算可以得到返回光束对应测量目标点的三维坐标。激光雷达通过扫描的方式，可以在扫描范围内生成大量测量点坐标，从而获取车辆周围环境的高精度、高分辨率三维点云图像。与其他的传感器相比，激光雷达具有如下优点：

1）可直接产生丰富的空间数据，如点的 3D 坐标和纹理等。

2）分辨率高（距离、角度和速度）。

3）抗干扰能力强，因激光波长较短，一定程度上减少了多路效应。

4）不受光照强度影响。

但激光雷达也存在一些缺点，例如在雨、雪、雾、尘等极端天气下，探测距离会大大缩减，难以有效工作，以及无法识别物体颜色和文字信息、成本较高等。

激光雷达按照扫描方式及有无机械转动部件，可分为机械式、半固态和固态三大类。机械式激光雷达外观和内部结构如图 2-2 所示，将多对激光发射器和接收器在竖直方向上排布，通过电机带动整体结构进行一定频率的 360° 旋转，获取多个不同角度的水平扫描平面。机械式激光雷达一次性发射的激光线数（如 64 线、128 线），取决于排布的激光发射接收器个数，在相同垂直视场下，线数越多，激光雷达的垂直角分辨率越高。机械式激光雷达发展较早、技术较为成熟，具备性能良好和分辨率高、可测距离远的优势，缺点在于核心组件价格昂贵，难以配套量产，且凸出型的产品结构对车辆外观有一定影响。半固态激光雷达分为微机电系统（Micro-Electro-Mechanical System，MEMS）、转镜雷达和棱镜雷达三类，其光源位置固定，但相比纯固态激光雷达仍保留了一些移动部件。MEMS 激光雷达由 MEMS 微镜结构对激光进行反射偏转使其在一定范围内进行扫描，摆脱了伺服电机、多发射与接收器等结构。转镜激光雷达与棱镜激光雷达分别为由电机带动平面镜和棱镜旋转反射激光，优点在于可靠性高，容易达到车规级标准。固态激光雷达可分为 FLASH 雷达（泛光面阵）和光相控阵（Optical Phased Array，OPA）雷达两类，不包含任何可移动部件。FLASH 激光雷达工作模式类似照相机，发射面阵激光照射到目标上，无扫描模块，结构简单。OPA 激光雷达通过控制各光源发射的时间差，合成角度灵活、精密可控的主光束，在一定角度范围内立体扫描物体，可以选择控制在感兴趣的目标区域进行高密度扫描。不同种类激光雷达的性能见表 2-2。

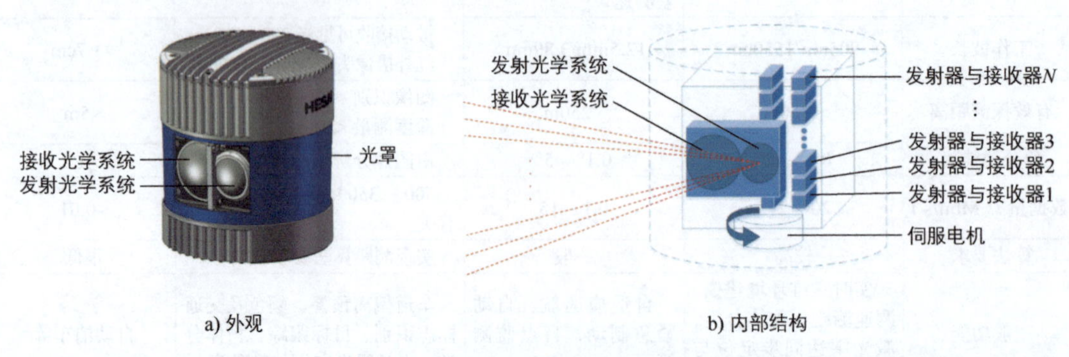

图 2-2 机械式激光雷达示意图

表 2-2 不同种类激光雷达性能对比

激光雷达种类		性能指标						
		最大水平视场范围 / (°)	最大垂直视场范围 / (°)	最远测量距离 /m	水平角分辨率 / (°)	垂直角分辨率 / (°)	精度(典型值)/cm	帧率 /Hz
机械	机械式	360	30 ~ 70	150 ~300	0.1 ~ 0.4	0.1 ~ 1	1 ~ 3	5~20
半固态	MEMS	120	25	200	0.2	0.2	5	10
	转镜	120	25	180	0.1 ~ 0.4	0.2	5	10~20
	棱镜	120	25	150	0.2	0.2	3	10
固态	FLASH	100	75	100	0.6	0.6	5	10
	OPA	100	10	30~150	0.1 ~ 0.5	0.1 ~ 0.5	5	10~60

车载激光雷达通常由激光发射、激光接收、信号处理和扫描模块四个部分组成。激光雷达的工作原理类似于蝙蝠测距，利用回波时间（Time of Flight，TOF）测量方法进行测距。图 2-3 为 MEMS 激光雷达的工作原理，其四部分的功能如下：

1）激光发射模块由激光驱动器、激光器和发射光学系统组成。激光驱动器负责为激光器提供工作电流，激光器通过激励源为工作物质提供能量，光学共振腔将激光加速，并将其定向。发射光学系统则可以调节发射光束的强度、波长和截面积，从而实现激光的有效传输。

2）激光接收模块由接收光学系统、光电探测器和回波检测处理电路等组成。激光器发射的激光照射到障碍物以后，与周围的物体相互作用并产生反射，镜头组将反射激光汇集到接收器上，通常为光电二极管或光传感器来转换反射光束为电信号，从而实现信号的聚焦、滤波、电光变换的任务。

3）信号处理模块由主控模块、模数转换器和数据处理单元组成，负责协调和控制传动机构、激光器、扫描机构以及相关信号处理电路，同时还要处理接收模块的信号。该模块会根据电信号测量激光束从发射到接收所经过的时间，利用光速和时间差来计算物体与激光雷达之间的距离。

4）扫描模块可以改变光束的方向，完成对雷达周围环境的扫描。

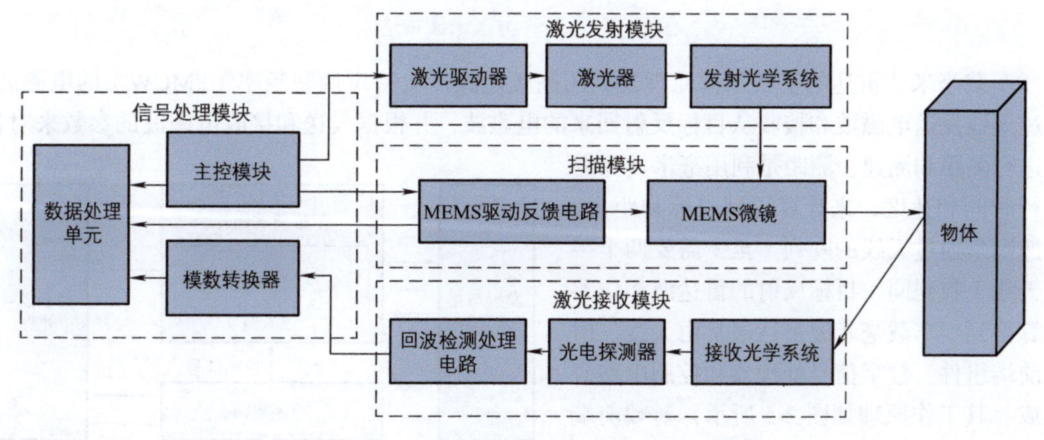

图 2-3 MEMS 激光雷达工作原理

2.1.2 毫米波雷达

毫米波雷达是通过发射毫米波频段的电磁波，测量反射回来的信号来确定物体的距离、速度和角度，从而完成周围环境的感知。与激光雷达类似，毫米波雷达生成的数据也是由坐标点云组成的，每个点除了包含三维或二维坐标和反射率外，还包括径向相对速度。相比于激光雷达，虽然毫米波雷达不具备产生高分辨率图像的能力，对行人等反射面较小的目标难以识别，但可以进行目标速度的估计。此外，毫米波长穿透能力强，可在雾、雪、雨等恶劣的天气条件下可靠探测，且毫米波雷达制造成本低，并易于在车辆上安装。

根据雷达的探测距离，车载毫米波雷达主要可分为短程雷达（SRR）、中程雷达（MRR）、远程雷达（LRR）三种，最大探测距离分别在 50m、150m、250m。按照雷达在汽车上的安装位置，可分为角雷达、前向雷达和后向雷达。如图 2-4 所示，角雷达与后向雷达通常为短程雷达，满足停车辅助（PA）、盲点检测（BSD）、变道辅助（LCA）、后方碰撞预警（RCW）、开门预警（DOW）和后方穿行预警（RCTA）等系统功能。前向雷达通常为中程雷达或远程雷达，满足前方碰撞预警（FCW）、自动紧急制动（AEB）和自适应巡航控制（ACC）等功能。按照雷达的工作频段划分，毫米波雷达又可以分为 24GHz 和 77GHz 毫米波雷达，由于 77GHz 相比 24GHz 有着更强的距离分辨率和更强的穿透性，因此目前 77GHz 已逐渐成为主流。

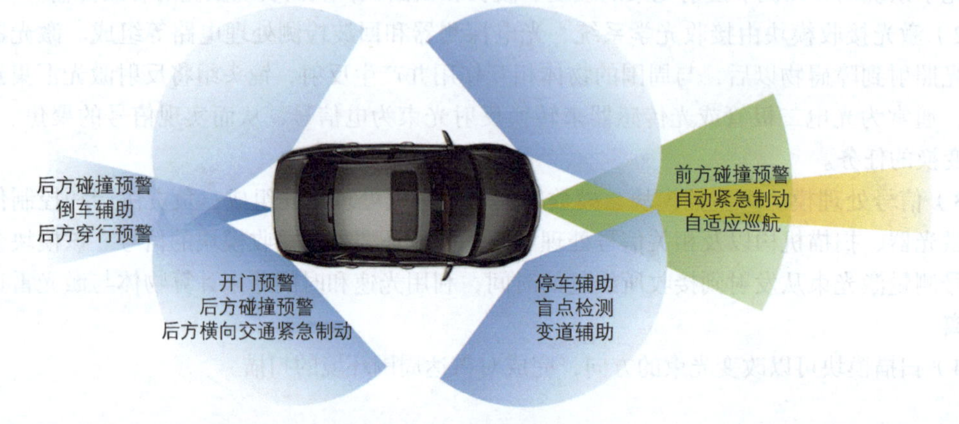

图 2-4 不同种类毫米波雷达

车载毫米波雷达的基本工作原理是利用高频电路产生特定调制频率（FMCW）的电磁波，通过天线发送电磁波和接收从目标反射回来的电磁波，并根据发送和接收电磁波的参数来对目标进行测距和测速。测距是利用毫米波往返飞行时间和速度，来计算得到目标物距离；测速则是通过天线的阵列（至少需要两个接收天线）收到同一目标反射的雷达波相位差计算得到。车载毫米波雷达通常由天线、射频前端组件、数字信号处理器和控制电路等组成。其工作原理如图 2-5 所示，射频前端组件负责毫米波信号调制、发射、接收以及回波信号的解调；数字信号处理器通过嵌入

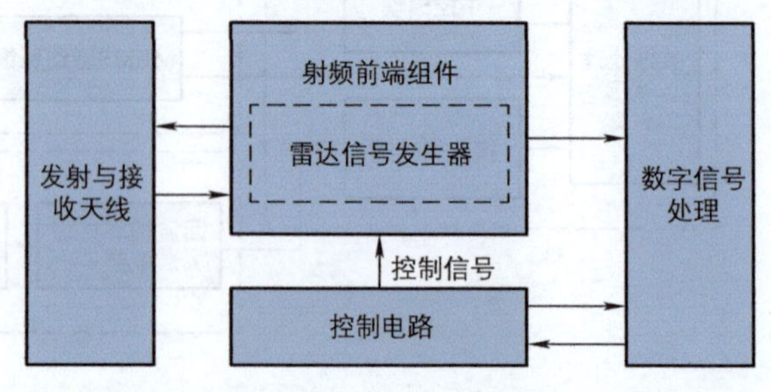

图 2-5 毫米波雷达的工作原理

不同的信号处理算法，提取从前端采集得到的中频信号，获得特定类型的目标信息；天线用于发射和接收毫米波；控制电路根据信号处理器获得的目标信息，结合雷达终端动态信息进行数据融合，最终通过主处理器进行处理，对雷达终端前方出现的障碍物进行分析判断，迅速做出处理和发出指令。

2.1.3 摄像头

视觉传感器是一种模拟人类视觉系统的设备，可以拍摄获取图像或视频数据，通过图像处理和计算机视觉算法来获取车辆周围丰富的环境信息。智能驾驶中主要使用的视觉传感器为摄像头，将摄像头安装在车辆的前、后、侧面等不同位置，可以实现环境感知、盲点监测、倒车辅助、透明底盘等功能。视觉传感器相较于雷达有其独特的优势，能够提供高分辨率、带有颜色的图像信息，对于车道检测、交通标志辨识等任务非常重要。

常见的车载摄像头种类包括普通单目摄像头、双目立体摄像头和多目摄像头，如图 2-6 所示。

1）单目摄像头具有结构简单、算法成熟并且计算量较小的优点，但是无法获取场景目标的深度信息。

2）双目立体摄像头是由两个具有重叠视野的单目摄像头组成，能够对视场范围内目标进行立体成像。通过双目立体图像处理算法获取场景的三维信息，其结果表现为深度图。但是双目摄像头对标定要求非常高，如果无法正确获取图像匹配点，距离的测算就会失效。

3）多目摄像头由多个相同或不同焦距或波段的摄像头（如红外摄像头）组成，各个摄像头相互配合覆盖不同范围的场景，同时保证了探测范围和精度，能够使车辆更加精准地感知周边环境。多目系统主要的难点在于如何处理重叠区域中不一致的感知结果。不同摄像头对于同一场景给出了不同的理解，需要后续的视觉融合算法来进行决策。此外，多目摄像头还可以组成全景环视系统，对安装在汽车不同位置的多个摄像头获取的图像进行拼接可获得全景图像。

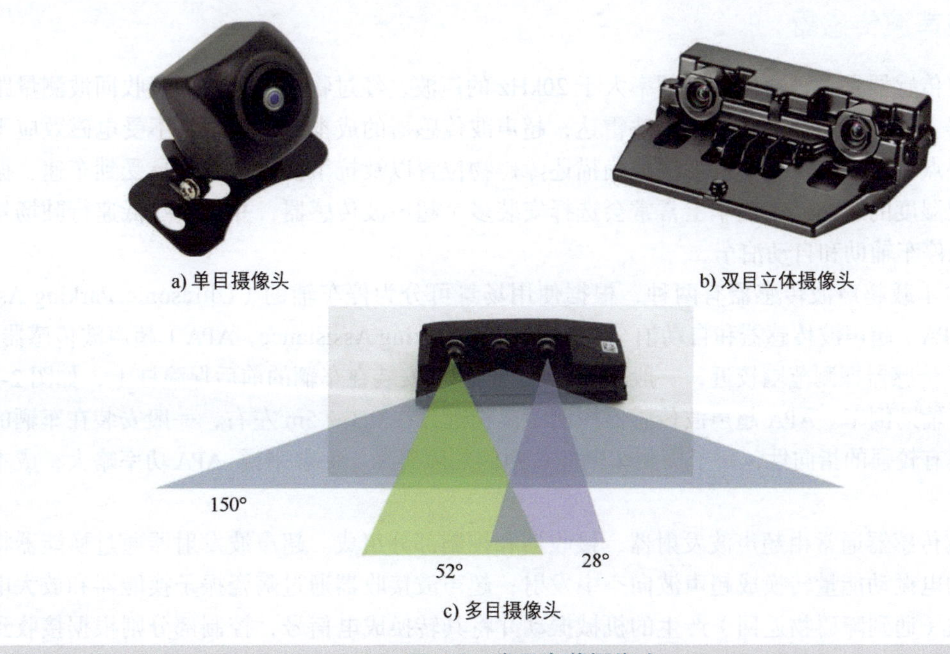

图 2-6 常见车载摄像头

如图 2-7 所示，车载摄像头通常由镜头组、图像传感器和 PCB 三组成。镜头组作为摄像头的眼睛，包括光学镜片、滤光片和保护膜。镜片使光线折射和聚焦到图像传感器上，让摄像头能够采集到清晰的图片。图像传感器负责将光学信息转换为电信号，有 CCD 和 CMOS 两种类型，目前车载摄像头普遍采用 CMOS。PCB 上包括电源管理芯片、图像串行器等部件。有的摄像头还包含图像信号处理器（ISP），其作用是对获取的电信号进行处理和优化，确保输出图像的质量。

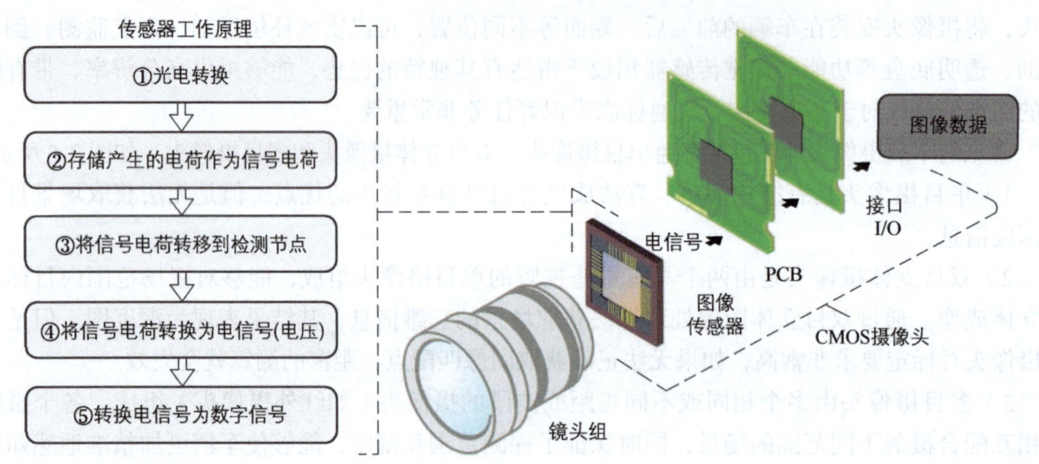

图 2-7　采用 CMOS 传感器摄像头的成像原理

2.1.4　超声波传感器

超声波传感器是一种通过发射频率大于 20kHz 的声波，经过物体的反射后接收回波测量距离的传感器。相比于激光雷达和毫米波雷达，超声波传感器的成本非常低，且不受电磁效应干扰，但其缺点在于检测范围小、无法准确描述障碍物位置以及抗干扰能力差，易受到车速、振动、温度及湿度的影响。一辆车上常常会选择安装多个超声波传感器，并在一些低速行驶场景中使用，如停车辅助和自动泊车。

常用的车载超声波传感器有两种，根据使用场景可分为停车辅助（Ultrasonic Parking Assistance，UPA）超声波传感器和自动泊车（Automatic Parking Assistance，APA）超声波传感器。UPA 超声波传感器探测范围较近，一般在 0.1 ~ 2.5m，常安装在车辆的前后保险杠上，如图 2-8 所示，用于辅助倒车。APA 超声波传感器探测距离稍远，在 0.3 ~ 5m 左右，一般安装在车辆的侧面，且具有较强的指向性，用于探测车辆左右两侧的障碍物。一般来说，APA 功率略大，成本略高。

超声波传感器通常由超声波发射器、接收器和控制部分组成。超声波发射器通过换能器将陶瓷振子的电振动能量转换成超声波向空中发射；超声波接收器通过陶瓷振子换能器和放大电路接收声波（遇到障碍物返回）产生的机械振动并将其转换成电信号；控制部分则根据接收到的信号进行分析得出障碍物的距离，并将信息传输给停车辅助或自动泊车系统。

图 2-8 超声波传感器安装位置

2.1.5 定位传感器

车辆的定位就是让汽车找到自身确切位置。在智能驾驶中，车辆定位的实现主要依赖于多种运动感知传感器，包括全球导航卫星系统（Global Navigation Satellite System，GNSS）、惯性测量单元（Inertial Measurement Unit，IMU）及轮速器，也可以通过高精度地图使用摄像头或激光雷达等传感器来对车辆进行定位。随着定位技术的发展，越来越多的定位方案被提了出来，如最早出现的卫星定位，随着惯性测量单元的发展而出现的惯性定位，以及高精度地图定位等。图 2-9 所示为车辆导航定位系统典型硬件。

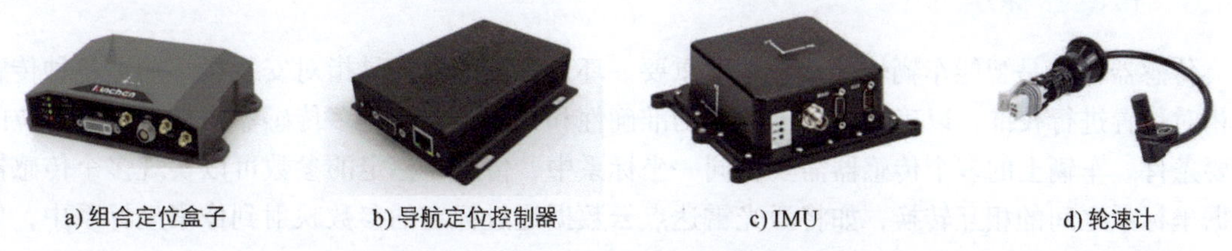

图 2-9 车辆导航定位系统典型硬件

1. GNSS 定位

GNSS 是一种能在地球表面或近地空间的任何地点为用户提供全天候的三维坐标和速度以及时间信息的空基无线电导航定位系统。GNSS 主要由空间卫星、地面监控系统、用户接收机三部分组成。空间卫星按照一定的频率昼夜不停地通过高频载波信号广播自己的位置和发送时间戳。用户接收机安装在车辆上，收到卫星高频载波信号后，通过光速乘以载波传播的时间，便可以计算出与卫星的距离。通常在一个给定的时间点上，最少需要接收到四颗卫星的信号才能确定接收机的三维坐标，若使用更多的卫星，则可以减少定位误差，并提高系统性能。

由于内部和外部误差的存在，包括卫星高频载波穿透电离层和对流层产生的误差、卫星高速移动产生的多普勒效应引起的误差、轨道误差、卫星钟差和星历误差等，单纯 GNSS 的定位精度只能达到米级，无法满足智能驾驶对厘米级的定位需求。而为了更好地消除误差，提高定位精度，GNSS 通常会引入一些天基或地基的辅助手段。目前比较常用的如 RTK 技术，是通过地基的无线通信网络，传送增强修正数据，从而获得厘米级的定位，但在完全遮蔽或严重遮蔽的场景（比如隧道、高层密集建筑、浓密树荫等）仍存在定位不准的情况。

2. INS 定位

惯性导航系统（Inertial Navigation System，INS）是一种自主式导航系统，它不需要从外部接收信号，只靠内部的硬件输出定位和姿态数据。INS 最主要的传感器为 IMU，一般集成了一个三轴加速度计和陀螺仪，俗称六轴 IMU。加速度计可以测量物体在其坐标系下的三轴加速度，陀螺仪可以测量物体在其坐标系下的三轴角速度，对加速度积分一次可得到速度信息，积分两次可得到位移信息，对角速度积分一次可得到方向变化，最终解算出一个相对的定位和姿态数据。IMU 可以输出高频（200Hz 左右）定位和姿态数据，具有优秀的短期定位精度，但是单独使用 IMU 定位时，误差会随着时间的延长而越来越大。

3. 组合定位

由于这些单个系统定位存在不同的缺点，如卫星导航在遮挡的环境下无法精准地定位，惯性导航因其测量元件误差的积累只能在短时间内保证定位精度，因此组合定位系统应运而生，其可以将多种定位技术结合在一起，以实现更准确、更可靠和更稳定的车辆定位。业内常常将组合定位系统硬件称为定位盒子（Position Box，P-Box）。组合定位系统通常由 GNSS、IMU、RTK 和计算芯片组成。通过 GNSS 接收卫星信号实现全局定位，通过 IMU 实现校准，并在 GNSS 信号丢失时继续维持一定时间精度的定位能力，也可以接受车辆轮速计的信号作为输入，提高定位精度。为了满足不同用途的车辆定位要求，车辆组合导航的传感器选择和组合方式也会有所差别，有时可以增加一些辅助测量器件，如高度计、磁力计等，以达到更高的定位精度要求。

2.1.6 传感器标定

传感器标定是智能车辆软件开发中的重要一环，标定的目的是指对安装在车辆上各种传感器相对位置进行校准，以确保传感器数据的准确性和可靠性，也是多传感器信息融合及定位的必要条件。车辆上的多个传感器需要在同一坐标系中，传感器标定的参数可以实现多个传感器数据坐标系之间的相互转换，如将激光雷达点云数据通过标定的参数映射到像素坐标系中，如图 2-10 所示。

图 2-10 将激光雷达点云映射到图像中

传感器的标定工作通常分为内部参数标定和外部参数标定。传感器内部参数标定是对每个传感器进行独立标定，确定传感器的内部参数，保证传感器的基本精度，例如对摄像头的焦距、畸变系数进行标定，可以确定三维点和像素点的映射关系以及去除图像畸变。内参的标定与传感器安装位置无关。传感器外部参数标定则是确定各传感器自身坐标系和其他坐标系之间的转换关系，与传感器在车辆上的安装位置有关，当传感器的安装位置发生变化时，往往需要重新标定外部参数。

一般来说，传感器的内部参数通常是供应厂家在产品出厂时完成标定，且直接提供参数，但有时也会遇到出厂后需要重新标定的场景，可以使用厂家提供的软件重新完成内部参数标定。以摄像头的内部参数标定为例，一种常用的标定方法为张正友标定法，如图 2-11 所示，使用一种二维方格组成的标定板进行标定，使用摄像头采集标定板不同位姿图片，提取图片中方格角点像素坐标，通过对应矩阵计算出摄像头的内外部参数初始值，利用非线性最小二乘法估计畸变系数，最后使用极大似然估计法优化参数，标定摄像头内部参数。

a) 打印并拍摄不同方向的棋盘格照片

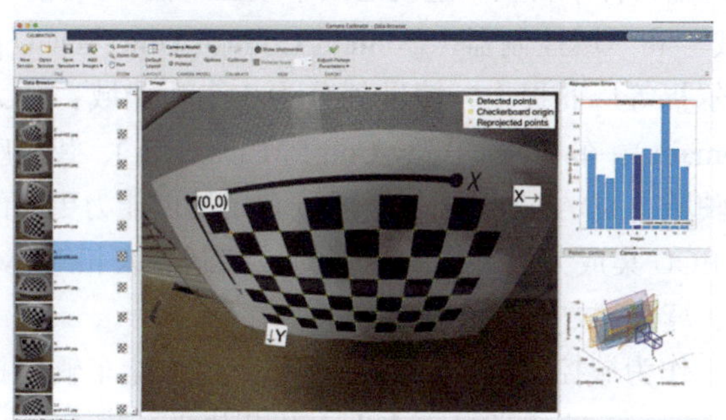

b) 自动提取棋盘格角点并计算相机内部参数

图 2-11　张正友摄像头标定法

传感器的外部参数标定一般是指确定车辆上不同传感器坐标系之间的转换关系，也称传感器联合标定。联合标定的对象通常包括摄像头和摄像头、摄像头和激光雷达、摄像头和 IMU、激光雷达和 IMU、IMU 和 GPS 等，根据传感器实际配置和需求进行传感器外部参数标定。传感器的外部参数标定可以通过使用一个已知尺寸和特征的标定板，来建立两传感器坐标系之间的联系，也可以使用多传感器同步采集的数据，通过传感器之间的相对运动和观测结果匹配，计算传感器的外部参数。以激光雷达和摄像头之间的联合标定为例（图 2-12），摄像头和激光雷达分别在图像上和点云上提取标定板中的角点，利用角点映射信息确定传感器坐标系之间的转换矩阵 $\boldsymbol{T}_{\mathrm{l\_c}}$，矩阵中包含了传感器之间的相对旋转和平移关系，可以将摄像头坐标系下的坐标点转换到激光雷达坐标系下。

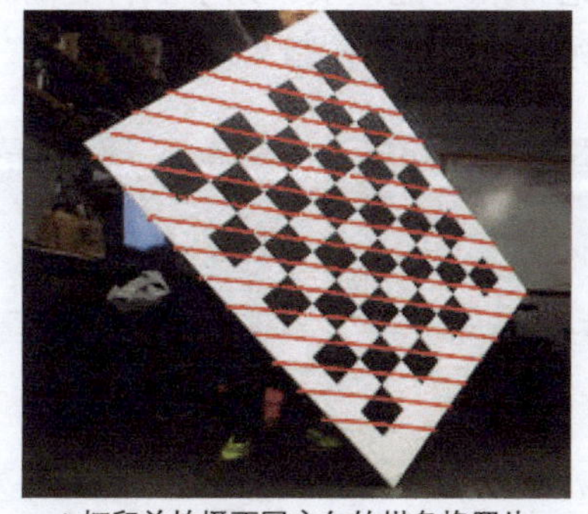

a) 打印并拍摄不同方向的棋盘格照片

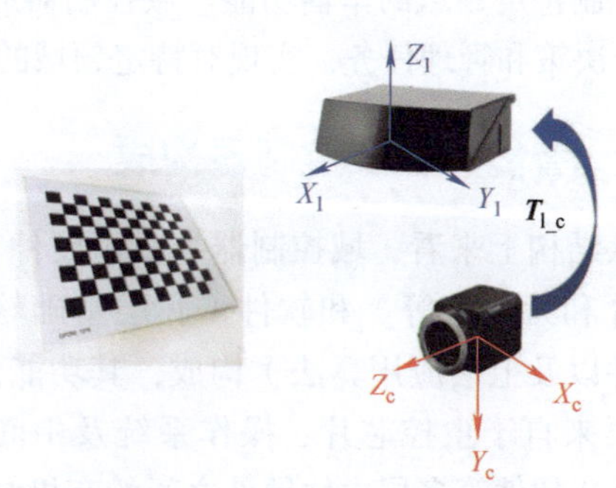

b) 自动提取棋盘格角点并计算相机内部参数

图 2-12　摄像头与激光雷达外部参数标定

2.2 智能车辆域控制器及其主控芯片

2.2.1 概述

传统的电子电气采用分布式架构。在传统的分布式架构下，各个电子控制单元（Electronic Control Unit，ECU）分别负责车辆的不同系统，例如发动机控制、制动控制、座椅控制等，这些 ECU 之间通过总线进行数据传输和通信。随着汽车电子化的发展，汽车电子控制单元的数量越来越多，由于总线带宽有限，难以满足新一代智能车的高速通信需求。在电子化和智能化发展的驱动下，人们开始逐渐把很多功能相似、分离的 ECU 功能集成到一个比 ECU 性能更强的处理器硬件平台上，这就是汽车域控制器，因此，传统的分布式架构逐渐进化为域集中式架构，“域”和“域控制器（Domain Control Unit，DCU）”由此产生。域控制器最早由博世、大陆、德尔福等厂商提出，博世划分为 5 个功能域：动力域（Powertrain Domain）、底盘域（Chassis Domain）、车身域（Body/Comfort Domain）、智能座舱域（Cockpit/Infotainment Domain）、智能驾驶域（ADAS Domain）。通过利用处理能力更强的多核 CPU/GPU 芯片，引入以太网并将分散的 ECU 集成为运算能力更强的域控制器来相对集中地控制每个域，从而解决分布式架构在成本、算力等方面的局限性。

作为域控制器的核心组成部分，智能车辆主控芯片按功能和集成度可分为微控制器单元（Microcontroller Unit，MCU）和芯片级系统（System on a Chip，SoC）两种类型。这两种不同的芯片在智能汽车系统中扮演着不同的角色。MCU 是一种针对特定任务设计的集成电路，通常包含了处理器核心、内存、I/O 接口和外设控制器等，用于执行简单的控制任务，如传感器数据采集、执行器控制、实时计算等。SoC 则是一种更加复杂和集成的芯片，通常集成了多个功能模块，包括 CPU（中央处理器）、GPU（图形处理器）、DSP（数字信号处理器）、加速器、内存控制器、各种接口和外设控制器等。SoC 适用于要求复杂、单个 MCU 无法处理的应用，如图像处理、人工智能算法执行、高性能计算等。SoC 中可能包含多个 MCU，更像是单个芯片上的完整计算机系统，能够执行复杂任务，对资源的要求更高。

随着全球汽车的消费升级，汽车电子化趋势加快，汽车搭载的电子控制单元数量持续增加，MCU 芯片的需求量也不断增加。特别是智能座舱和智能驾驶的发展，推动汽车芯片快速转向搭载算力更强的 SoC 芯片。智能车辆域控制器是一种更高级别、更综合的控制单元，用于管理和控制特定领域的车辆功能。域控制器通过整合这些芯片和功能模块，用于执行更高级别的控制、决策和管理任务，实现对特定领域的集中控制，例如车辆动态控制、自动驾驶等。

2.2.2 智能车辆域控制器构成

从结构上来看，域控制器主要由硬件（主控芯片和元器件等）和软件（底层基础软件、中间件以及上层应用算法）构成，其功能的实现主要来自于主控芯片、操作系统及中间件、应用算法软件等多层次软硬件之间的有机结合，如图 2-13 所示。

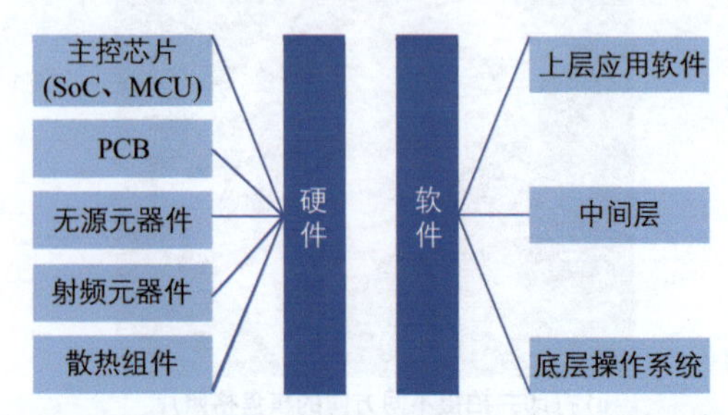

图 2-13　智能车辆域控制器的构成

域控制器硬件主要包括主控芯片、PCB、电阻电容、射频元器件、支架、散热组件、密封性金属外壳等部分，其中主控芯片是核心部件。目前来看，对算力要求较高的智能座舱域和智能驾驶域，其所使用的主控芯片普遍由提供功能控制的MCU芯片和包括中央处理器（CPU）、图像处理器（GPU）、数字信号处理器（DSP）、深度学习加速单元（Neural network Processing Unit，NPU）、图像信号处理器（Image Signal Processing，ISP）、应用型专用集成电路（Application Specific Integrated Circuit，ASIC）、现场可编程门阵列（Field Programmable Gate Array，FPGA）等部件的SoC芯片来共同提供所需算力，以支撑各种场景下的硬件加速需求。而底盘域、车身域、动力域对算力需求较低，出于成本考量，其主控芯片仍然多为较传统的MCU芯片。

SoC芯片包含CPU、GPU、FPGA、ASIC（TPU，Tensor Processing Unit；NPU，Neural network Processing Unit）等多种处理器单元，各处理器特性对比见表2-3。

表2-3　SoC芯片中各处理器特性对比

处理器类型	CPU	GPU	FPGA	ASIC（TPU, NPU）
名称	中央处理器	图像处理器	现场可编程门阵列	专用集成电路
特点	通用处理器	通用处理器	半定制化集成电路	全定制化专用处理器
结构特征	70%晶体管用来构建缓存区，具有部分控制单元，计算单元少	晶体管大部分构建计算单元	通过冗余晶体管和连线实现逻辑可编程	晶体管布局根据算法定制，计算能效高、计算效率高
作用	逻辑运算和任务调度	神经网络计算与机器学习任务	硬件加速器，可编程	AI加速单元，将在自动驾驶算法中凸显价值
产量成本	中	中	最高	较高
算力	最低	较低	较高	最高
能效比	差	中	优	优
适用性	各个领域具有通用性	图形处理、数值模拟、机器习等领域	小规模定制化开发测试场景	适合比较单一的大规模应用场景
优点	最通用、可计算复杂运算、产品成熟	峰值计算能力强、产品成熟	平均性能较高、功耗较低、灵活性强	算力最强、体积更小、性能提高
缺点	计算量小	效率不高、不可编辑、功耗高	量产单价高、峰值计算能力较低、编程难度大	前期投入成本高、不可编辑、研发时间长
代表厂商	英特尔、AMD、IBM	NVIDIA、高通	AMD、英特尔、百度	谷歌、寒武纪

一颗典型SoC芯片的主要组成包括图2-14所示的8大模块，图中各部分的简要介绍见表2-4。

1. ACPU

ACPU（Application CPU）是车载系统中的主要处理器单元，负责运行车辆内部的应用程序和算法。它执行各种功能，包括信息娱乐系统的操作，如音频/视频播放、导航、语音识别、互联网连接等。ACPU也处理车辆对外部服务的通信，如车载系统与云端服务的交互，以及与移动设备的连接。其功能强大且灵活，支持多种应用和服务，具备高性能计算能力、多核处理、系统调度与管理、接口支持、低功耗设计、安全性保护等技术特性，为智能汽车提供了强大的计算和控制能力。

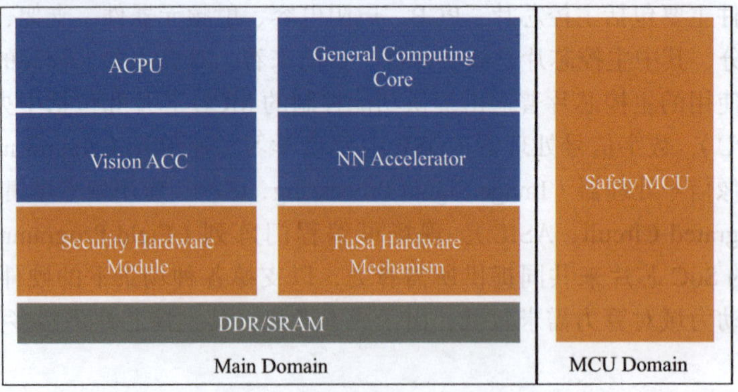

图 2-14　典型 SoC 芯片的主要组成

表 2-4　典型 SoC 各个部分描述

类别	模块	描述	举例
通用计算	ACPU	应用 CPU，安全级别一般为 ASIL B	ARM Cortex A72
算法加速	General Computing Core	通用计算核心，用于算法的并行加速计算	DSP（Digital Signal Processor）/GPU
	Vision ACC	视觉高级巡航控制系统，通常采用 ASIC 或 FPGA 等定制化硬件	Rectify/Pyramid/Depth ACC
	NN Accelerator	深度学习加速器，主要用于矩阵乘加运算	NVIDLA DLA/TI MMA
安全	Safety MCU	功能安全 MCU，安全级别为 ASIL D	Cortex R5F
	Security Hardware Module	用于 Security 的控制器和加速器	对称 / 非对称加密加速器
	FuSa Hardware Mechanism	FuSa 相关的硬件单元，一般会内嵌到各个硬件模块中	ECC/BIST
内存	DDR / SRAM	易失存储单元，用于存储算法的输入、中间结果、输出	—

2. 算法加速

（1）GPU

CPU 的功能模块多，适合复杂的运算场景，大部分晶体管用在控制电路和存储上，少部分用来完成运算工作。GPU 的控制相对简单，且不需要很大的缓存区，大部分晶体管被用于运算，GPU 的计算速度因此大增，拥有强大的浮点运算能力。CPU 与 GPU 架构对比如图 2-15 所示。

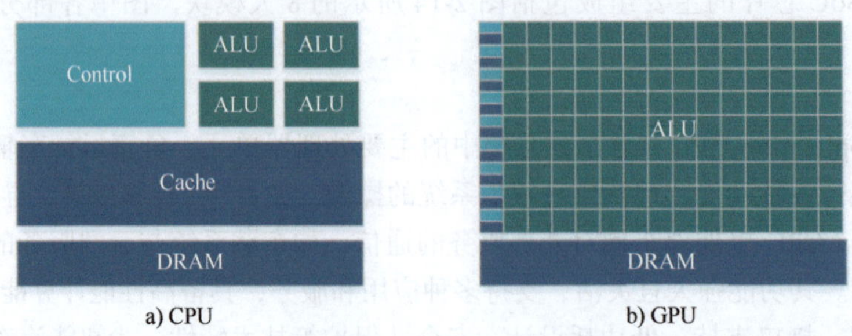

图 2-15　CPU 与 GPU 架构对比示意图

GPU 对大量重复的处理过程有着天生的优势，可以用来做大规模并行数据处理，适合前后计算步骤无依赖性、相互独立的计算场景。很多涉及大量计算的问题基本有这种特性，比如图形学的计算、密码破解等，这些计算可以分解为多个相同的小任务，每个小任务由 GPU 中的单个核处理。GPU 通过众核并发的方式提高同时处理小任务的个数，从而提高计算速度。而 CPU 更适合前后计算步骤严密关联、逻辑依赖较高的计算场景。

（2）Vision ACC 和 NN Accelerator

Vision ACC（Vision Advanced Cruise Control）用于车辆的高级巡航控制，结合了各种传感器数据（如摄像头、雷达等）以实现对车辆的智能化控制。它能够感知车辆周围的环境、检测车辆前方的障碍物，并基于这些数据智能调整车速以保持安全距离。Vision ACC 还能支持高级驾驶辅助功能，如自动变道、自动停车等。通常采用 ASIC 或 FPGA 等定制化硬件实现 Vision ACC。

NN ACC Accelerator 是用于加速神经网络计算的硬件加速器，如 TPU 和 NPU。它通常包含特定的硬件，可以更高效地执行与目标检测、场景识别等有关的深度学习和机器学习算法。这种加速器能够提高神经网络模型的计算速度和效率，从而增强自动驾驶系统的性能。

3. 安全模块

（1）Safety MCU

Safety MCU 是专门设计用于车辆安全系统的微控制器单元。它负责实时监控和管理车辆的安全功能，如制动系统、气囊系统等，具有实时监控功能，能够持续监测系统状态和运行情况，发现异常并采取相应的措施。为了确保车辆系统的安全性和可靠性，Safety MCU 通常具有抗电磁干扰和环境适应性，能够在恶劣的工作环境条件下可靠运行。它们需要采用特殊的设计和材料，以保证在车辆内部的振动、温度变化和电磁辐射等条件下仍能够稳定工作。

（2）Security Hardware Module

Security Hardware Module（安全硬件模块，网络安全）是车辆系统中关键的安全保护组件。它可能包括加密引擎、安全存储、身份验证模块等，用于保护车辆通信、数据传输和存储的安全。该模块为汽车系统提供了防篡改和隐私保护等功能，上层包括面向服务的应用防火墙、对服务访问的鉴权和授权等，中间层包括操作系统的进程访问权限管理、文件系统加密、以太网防火墙、安全通信、调试接口管控、安全审计等，底层包括安全启动、安全升级、安全存储、密钥管理等基础功能。

（3）FuSa Hardware Mechanism

FuSa Hardware Mechanism 模块是汽车电子电气架构中的重要一环，可提供车辆硬件系统的底层支持。它主要具备传感器数据采集、执行器控制、通信管理、电源管理等功能。在自动驾驶领域，它更是发挥着至关重要的作用，为自动驾驶系统的感知、决策、控制等功能提供硬件支持。随着汽车电子电气架构的不断发展，FuSa Hardware Mechanism 模块也将朝着集成度更高、智能化程度更高、安全性更高等方向发展，在未来汽车发展中发挥更加重要的作用。

4. 内存

SoC 内部的 CPU、NN 加速器、GPU 等除了执行指令外，还会从双倍速率同步动态随机存储器（Double Data Rate，DDR）读取指令和读写数据。DDR 和静态随机存储器（Static Random-Access Memory，SRAM）是存储器单元，用于提供 SoC 芯片所需的快速数据存储和缓存。它们具有高速读写和储存数据的特点，用于存储临时数据、中间结果或频繁访问的数据，从而

保证 SoC 芯片的计算过程。

2.2.3 智能车辆域控制器设计

域控制器是汽车每一个功能域的核心，它主要由主控芯片、操作系统和应用软件及算法三部分组成。平台化、高集成度、高性能和良好的兼容性是域控制器的主要核心设计思想。依托高性能的主控芯片、丰富的硬件接口资源以及强大的软件功能特性，域控制器极大提高了系统功能集成度，再加上数据交互的标准化接口，能够极大降低这部分的开发和制造成本。

对于功能域的具体划分，各汽车主机厂家根据自身的设计理念差异，划分的域也有所不同。最经典的是博世提出的 5 域，如图 2-16 所示。

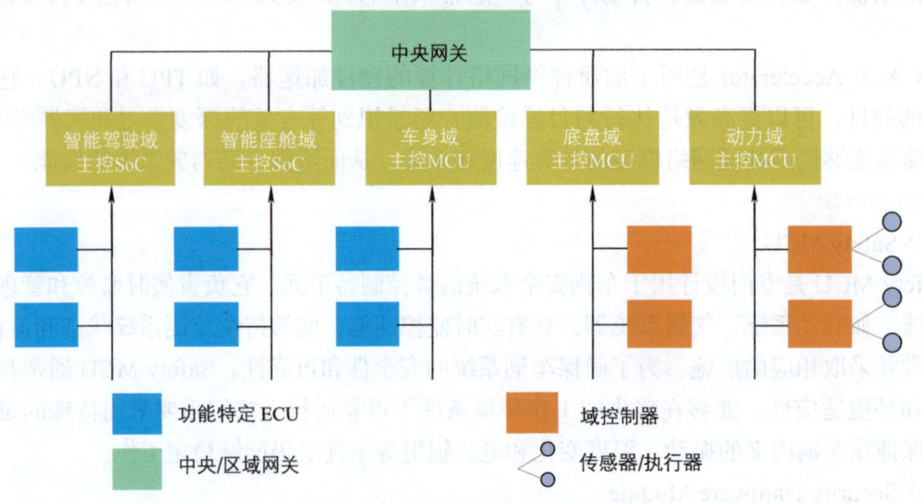

图 2-16 五大功能域架构示意图

五大域控制器的特点见表 2-5。其中，TOPS（Tera Operations Per Second）和 DMIPS（Dhrystone Million Instructions Executed Per Second）是两个衡量芯片运算能力的指标。TOPS 是每秒万亿次运算，描述的芯片浮点数的运算能力；DMIPS 是每秒处理的百万级的机器语言指令数，描述的是芯片整数运算能力。

表 2-5 五大域控制器的特点

域控制器	主控芯片要求	操作系统	功能安全等级	应用场景
动力域	MCU 芯片，算力要求低	符合 AUTOSAR 标准	ASIL-C/D	对动力系统的相关功能进行控制
底盘域	MCU 芯片，算力要求低	符合 AUTOSAR 标准	ASIL-D	对转向 / 制动 / 驱动等底盘执行单元进行控制
车身域	MCU 芯片，算力要求低	符合 AUTOSAR 标准	ASIL-B/C	在原有车身控制器上集成更多的功能
智能座舱域	高性能 SoC 芯片，算力要求 40~200KDMIPS	基于 Linux 内核定制的专属操作系统	ASIL-B/C	实现一芯多屏等智能座舱功能
智能驾驶域	高性能 SoC 芯片，算力要求 30~1000TOPS	基于 Linux 内核定制的专属操作系统	ASIL-D	自动驾驶感知、决策、规划

在五大域中，智能座舱域、智能驾驶域是现阶段承载整车个性化智能体验的关键所在，也是目前行业的竞争焦点和布局重点。这两个域最能体现品牌的智能化差异，同时对传统功能系统供应链依赖度小，所以其迭代速度最快，也是体现汽车智能化的核心域。

1. 智能车辆域控制器功能

动力域控制器主要负责车辆的动力系统控制，对于传统燃油车，主要包括发动机、变速器和动力分配等。该控制器通过采集各种传感器数据，实时监控车辆的动力系统状态，并根据驾驶者的意图和车辆行驶状况，调整发动机的转速、喷油量等参数，以实现最佳的动力性和燃油经济性。此外，动力域控制器还可以实现车辆的排放控制和故障诊断等功能。随着新能源汽车的普及，动力域控制器将逐渐向电动化、智能化方向发展。电动化方面，通过采用电机、电池等电动元件代替传统燃油发动机，实现车辆的电力驱动，提高车辆的能效和环保性能。智能化方面，通过引入先进的控制理论和算法，实现对动力系统的精细控制，提高车辆的动力性和经济性。

底盘域控制器主要负责车辆的底盘控制，通过与其他传感器和执行器配合，实现车辆的稳定性控制、行驶安全性控制以及舒适性控制等功能。传动系统负责把发动机的动力传给驱动轮，可以分为机械式、液力式和电力等；行驶系统把汽车各个部分连成一个整体并对全车起支承撑作用；转向系统保证汽车能按驾驶员的意愿进行直线或转向行驶；制动系统迫使路面在汽车车轮上施加一定的与汽车行驶方向相反的外力，对汽车进行一定程度的强制制动，其功能还包括减速停车、驻车制动。底盘域可在传动系统、行驶系统以及制动系统中集成多种功能，较为常见的有空气弹簧的控制、悬架阻尼器的控制、后轮转向功能、电子稳定杆功能、转向柱位置控制功能等。若提前预留足够的算力，底盘域将集成整车转向、制动、悬架等车辆横向、纵向、垂向相关的控制功能，实现一体化控制。底盘域控制器将向集成化、智能化、安全化和节能环保方面发展，为汽车提供更加智能、安全、舒适和环保的驾乘体验。

车身域控制器主要负责车身及附件的控制，包括车窗、座椅、空调、灯光等。该控制器通过与其他传感器和执行器配合，可以实现车窗的升降、座椅的调节、空调的温度控制等功能。此外，车身域控制器还可以实现车灯的控制、车门的锁止等安全功能。车身域控制器将朝着网络化、智能化、个性化的方向发展。网络化方面，车身域控制通过 CAN、LIN 等总线技术将车身各个子系统连接起来，实现信息的共享和协同控制。智能化方面，车身域控制引入人工智能、机器学习等技术，实现车身设备的智能控制和自主学习。个性化方面，车身域控制通过定制化的设计和服务，满足消费者对车身功能和舒适性的个性化需求。

智能座舱域将抬头显示（Head Up Display，HUD）、仪表、车载信息娱乐等座舱电子集成，实现“一芯多屏”。智能座舱的构成部件主要包括全液晶仪表、大屏中控系统、车载信息娱乐系统、抬头显示系统等，座舱域控制器通过以太网 /MOST/CAN，实现抬头显示、仪表盘、导航等部件的融合，不仅具有传统座舱电子部件，还进一步整合智能驾驶 ADAS 系统和车联网 V2X 系统，从而进一步优化智能驾驶、车载互联、信息娱乐等功能。智能座舱域控制器将朝着高度集成化、智能化的方向发展。高度集成化方面，智能座舱域将车载信息娱乐系统与移动互联网、车联网等技术相结合，实现信息的无缝对接和共享。智能化方面，智能座舱域引入自然语言处理、机器学习等技术，实现语音识别和智能推荐等功能，提高了信息娱乐系统的使用便利性和用户体验。

智能驾驶域能够使车辆具备感知、定位、路径规划、决策控制、高速通信和数据处理的能力。域控制器的输入为各项传感器的数据（如摄像头、毫米波雷达、激光雷达等），所进行的算法处理涵盖了感知、决策、控制三个层面，最终将输出传送至执行机构，进行车辆的横纵向控制。智能驾驶域所集成的功能基本不涉及机械部件，且与座舱域交互密切，对算力要求较高，因此需要匹配核心算力强的芯片，来满足智能驾驶的算力需求。智能驾驶域控制器将朝着高度集成化、智能化、安全化的方向发展。高度集成化方面，智能驾驶域将智能驾驶控制系统与其他汽车电子控制系统进行集成，实现信息的共享和协同控制。智能化方面，智能驾驶引入先进的传感器和算法，提高车辆对周围环境的感知能力和车辆的决策能力。安全化方面，智能驾驶域加强感知能力，提高车辆的主动安全性能。

2. 智能车辆域控制器设计流程

在域集中式架构和软件定义汽车的大趋势下，整车集成能力成为整车企业向前稳定发展的基础，核心零部件软硬件设计能力的重要性愈发凸显。车辆域控制器包含一系列复杂的软硬件设计流程。智能车辆系统无论对安全性能要求较高的动力域、底盘域和车身域，还是对算力要求较高的智能座舱域和智能驾驶域，都具有统一的硬件设计流程，如图 2-17 所示。

立项	需求	计划	总体设计	详细设计	硬件测试	硬件维护
项目计划书	需求收集	整体计划制定	硬件架构设计	硬件详设方案	硬件调试	转维审查
立项评审	需求传递和度量	分层计划制定	需求规格化	原理图绘制	白盒测试	可维护性验收
	需求分析和分配	关键路径识别	关键器件选型	原理图检视	功能测试	可供应性保障
	需求变更管理	计划跟踪监控	硬件逻辑框图	归一化	专业实验	认证管理
			硬件成本测算	软硬件接口文档	长期可靠性测试	产品变更管理
			硬件CBB设计	FMEA分析	量产可靠性测试	EOX管理
			硬件DFx设计	PCB工程需求表单		返还件维修
				PCB布局布线		现网质量保障
				PCB检视		可维护性需求设计
				DFx设计		

图 2-17 域控制器硬件设计流程

（1）需求分析

需求分析是整个项目的关键工作，需要制定需求收集、需求整理、需求传递和需求度量的规则。需求管理贯穿整个硬件开发阶段，整个历程如图 2-18a 所示。

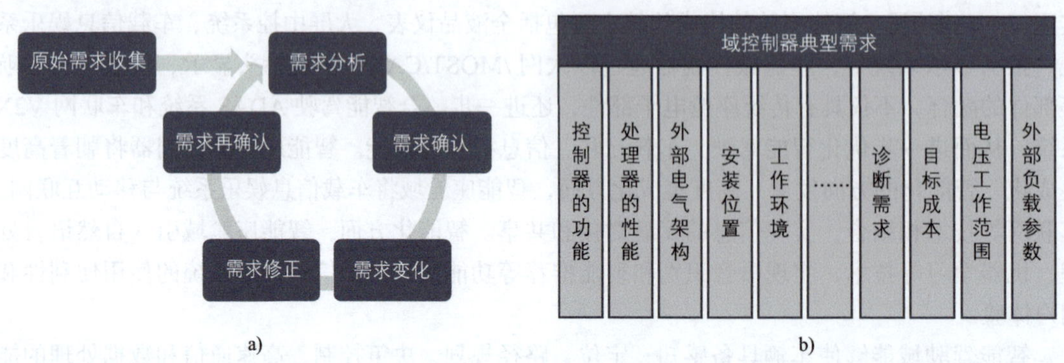

图 2-18 域控制器需求分析

在对域控制器进行设计和测试之前，最关键的一步是制定一份完备的硬件需求，一般包括域控的功能、处理器性能要求、外部电气架构、安装位置、工作环境、工作电压范围、外部负载参数、诊断需求和目标成本等内容，如图 2-18b 所示。基于这些需求，硬件开发人员才能有序地开展设计工作。

（2）总体设计

总体设计是需求确立过渡到实际开发的关键环节，要求对产品的规格定义有一个系统性、全局性的设计过程。在这个阶段，不仅要做好架构设计，同时还要进行硬件专项分析，完成器件选型，为下一阶段的详细设计打好基础。在总体设计阶段，通过关键器件选型、预布局、热设计、结构设计等维度，基本确定电路板的规格和形态。总体设计流程如图 2-19 所示，其中，印制电路板（Printed Circuit Board，PCB）是电子元器件的支撑体，其中有金属导体作为连接电子元器件的线路；硬件 DFx（Design for x）技术是并行工程的支持工具之一，是一种面向产品全生命周期的集成化设计技术。

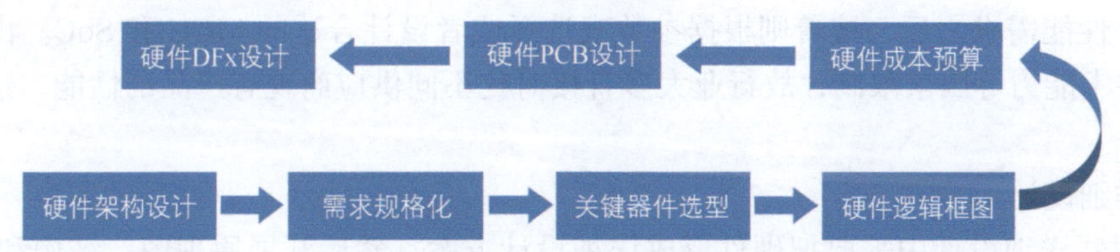

图 2-19 域控制器硬件总体设计流程

比如根据控制器外部的负载和接口需求，基本可以确定出硬件的外设总体方案：模数转换器（Analog to Digital Converter，ADC）路数、数字输入路数、CAN 路数、LIN 路数、高低边驱动路数等；然后根据所需的接口数量和参数进行器件选型，期间需要衡量成本、平台成熟度、芯片供应商配合程度以及供货周期等因素。如智能驾驶域控制器的关键器件就包括 MCU、SoC、LPDDR、GNNS、DSP、电源芯片和功放芯片等。

MCU 和 SoC 作为域控制器的关键器件，通常基于功能需求、计算能力、通信接口、安全性、可靠性和功耗等因素来进行选型（其他域类似）。例如，针对一套拥有 5 个毫米波雷达、12 个超声波传感器和 11 个摄像头配置的智能驾驶系统（图 2-20），目标算力按 20% 预留，AI 算力至少需要 60TOPS，CPU 算力至少需要 100KDMIPS，具体要求见表 2-6。

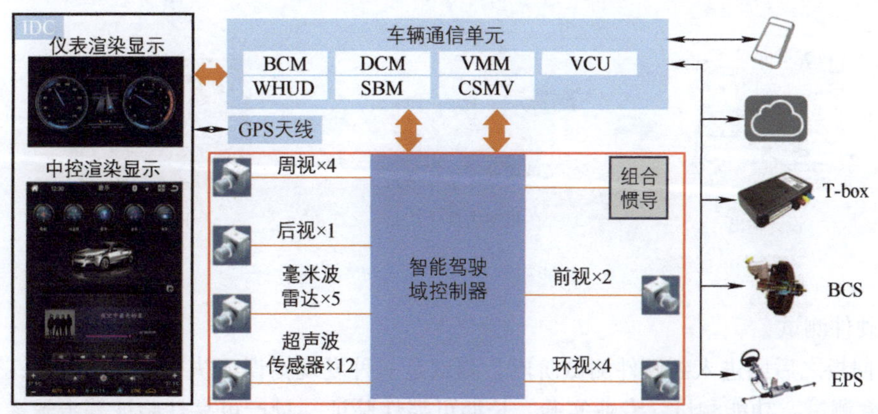

图 2-20 5 个毫米波雷达 +12 个超声波传感器 +11 个摄像头配置的智能驾驶系统

表 2-6 图 2-20 所示智驾方案所需的性能参数

模块	CPU 算力	AI 算力	GPU 算力
地图定位	15KDMIPS	—	—
Image 处理	3KDMIPS	—	—
前视视觉感知	5KDMIPS	25 TOPS	—
周视 & 后视视觉感知	5KDMIPS	15 TOPS	—
后融合	7KDMIPS	—	—
预测推理	5KDMIPS	10 TOPS	—
规划	32KDMIPS	—	—
环视 Image 处理	2KDMIPS	—	—
AVM	10KDMIPS	—	100 GFLOPS
数据回流	4KDMIPS	—	—
总计	88KDMIPS	50 TOPS	100 GFLOPS

确定好性能需求之后，接着则根据参数表选择或者设计合适的 MCU 和 SoC。由于开发时间成本或技术能力等因素限制，故行业大多直接对比不同供应商现有产品的性能，选择合适的主控芯片。

（3）详细设计

域控制器详细设计中需要把硬件形成详细设计方案，然后开展原理图、结构和 PCB 的设计工作。智能车辆域控制器详细设计流程如图 2-21 所示。在开发流程的一些关键节点没有明确定义时，需要把流程的角色转换作为关键节点，例如开发转测试、测试转生产等。但是在硬件开发过程中，只有把控一些关键节点，才可以进入下一个环节，如启动 PCB 设计、PCB 投板、PCB 回板、功能调试完成等关键节点，严格把控进入条件和完成自检可以有效地提升硬件开发项目的质量和效率。

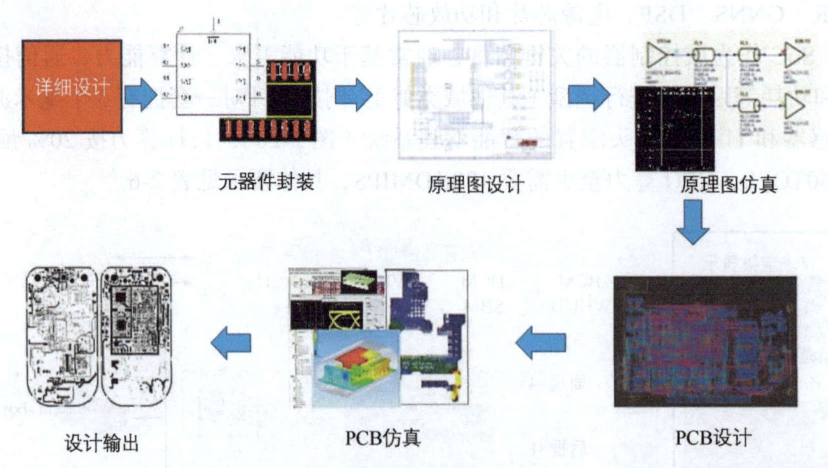

图 2-21 智能车辆域控制器硬件详细设计流程

（4）硬件测试

PCB 回板之后则进入到硬件测试阶段，测试是一种发现错误再执行操作的过程，通过硬件调试、白盒测试、功能测试、专业实验、长期可靠性验证、量产可靠性验证等步骤逐步完成硬件基础质量和产品一致性的评估。不同的硬件开发阶段有不同的测试重点，主要的测试重点包括信号质量、电源指标、时钟指标、产品规格功能的实现、性能指标、可靠性、安全性、可测试性和易用性等。随着硬件质量要求的提高，硬件测试工作在硬件研发阶段的投入比例已经向测试倾斜。在许多知名的国际企业，硬件测试人员的数量已超过了硬件开发人员人数，而且对硬件测试人员的技术水平要求也越来越高。

（5）硬件维护

硬件维护工作在硬件产品生命周期内持续开展，在完成设计开发之前，开发人员需要再次对产品的可维护性和可供应性进行验收。在硬件应用后，要时刻关注其质量表现，保障质量水平稳定。

3. 智能车辆域控制器代表产品

（1）动力域控制器代表产品

在多合一集成化的趋势下，以原有的整车控制单元（Vehicle Control Unit，VCU）为基础，将 VCU、电池管理系统（Battery Management System，BMS）、MCU 等动力总成控制模块的软硬件通过芯片集成、算法融合到一个控制器内，形成动力域控制平台，用更高性能的芯片来支持整车实现面向 SOA 服务架构。动力域控制器将实现动力总成控制的功能集中，而传感器和执行器的功能将下放至各 ECU。

例如，采埃孚的车辆动力域控制器（VMD）是一种中央计算机，旨在整合车辆的跨域功能，包括车身、动力和底盘系统管理，并支持独立功能控制，可以利用单一控制单元协调底盘、车辆、车身控制等功能，而无须额外的电子控制单元，从而降低复杂性。该 VMD 适用于所有类型的底盘平台、车辆运动和车身功能，适合下一代车辆电子电气架构。采埃孚车辆动力域控制器 VMD 实物如图 2-22a 所示。

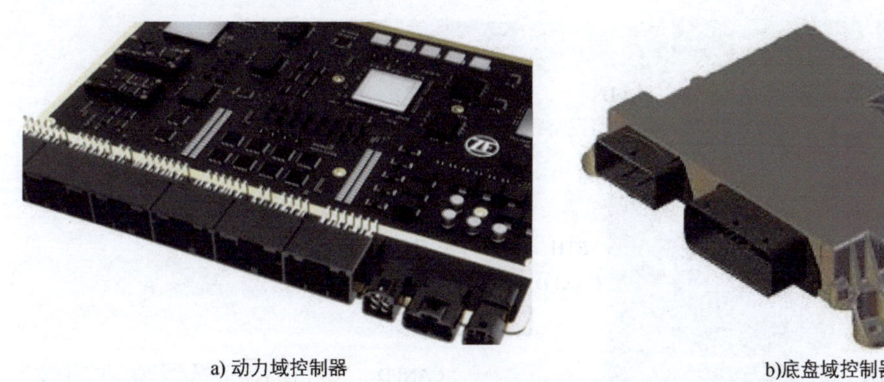

a) 动力域控制器　　b)底盘域控制器

图 2-22　动力域和底盘域控制器

（2）底盘域控制器代表产品

经纬恒润自主研发的底盘域控制器如图 2-22b 所示，集减振器阻尼控制、空气弹簧高度控制、电子驻车冗余控制等功能为一体，简化复杂的底盘控制系统结构。除上述功能外，还可以集成后轮转向功能、电子稳定杆功能、转向柱位置控制功能等。通过与执行器的结合，预留足够算力的底盘域控制器可以支持车辆横向、纵向、垂向相关的控制功能，实现整车的高水平底盘协调控制与车辆运动轨迹控制。

（3）车身域控制器代表产品

车身域控制器是将车身电子电气系统中的多个功能控制器集成在一起的控制器，可以实现车身电子电气系统的集中控制和管理，提高系统效率、降低成本、减轻重量。例如，大陆ADCU系列产品是大陆集团推出的车身域控制器产品，该产品集成了一些高级的车身功能，例如车灯控制、刮水器控制、空调控制等，如图2-23所示。此外还有德赛西威IPU02、华为MDC等车身域控制器产品。

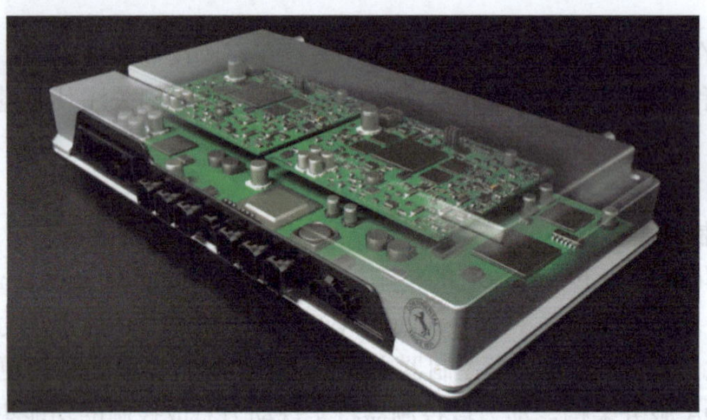

图2-23　车身域控制器

（4）智能座舱域控制器代表产品

智能座舱域控制器是智能汽车中一个重要的电子元器件，它将车内信息娱乐系统、仪表盘系统、空调系统等多个功能集成在一起，通过中央处理器进行统一控制和管理，可以提升人机交互体验，实现多屏联动；支持语音控制、手势控制、面部识别等智能功能，为自动驾驶功提供数据支持。一种典型的智能座舱系统的组成如图2-24所示。

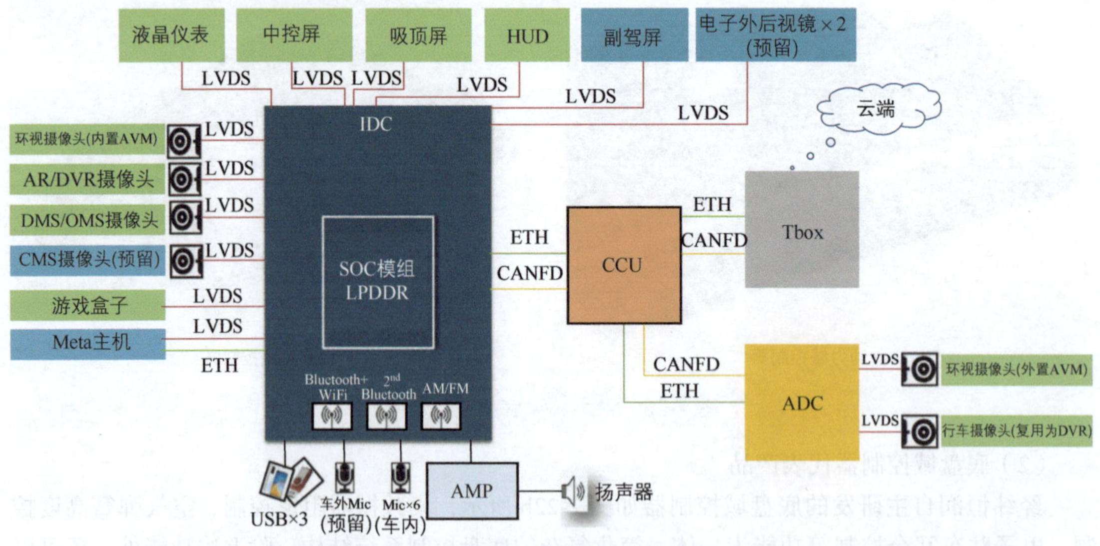

图2-24　一种典型的智能座舱系统的组成

（5）智能驾驶域控制器代表产品

目前市场上主流智能驾驶控制器的SoC芯片架构方案（或技术路线）有三种：英伟达、特斯拉为代表的科技公司，所售卖的智能驾驶SoC芯片采用CPU+GPU+ASIC方案；Mobileye、地平线等新兴科技公司，致力于研发售卖智能驾驶专用AI芯片，采用CPU+ASIC方案；

Waymo 为代表的互联网公司采用 CPU+FPGA（+GPU）方案用于智能驾驶算法研发。

图 2-25a 所示为英伟达智能驾驶域控制器，其主要有 4 个模块：CPU、GPU、DLA 和 Programmable Vision Accelerator（PVA）。占据最大面积的是 GPU，其次是 CPU，最后是两个专用集成电路芯片（ASIC）：一个是用于深度学习神经网络推理加速的 DLA；另一个是加速传统计算机视觉算法的 PVA。图 2-25b 所示为特斯拉 FSD 域控制器，其主要有三个模块：CPU、GPU 和 NPU。其中最重要也是面积最大的是特斯拉自研的 NPU，主要用来运行深度神经网络，GPU 主要是用来运行简单神经网络和模型后处理部分。

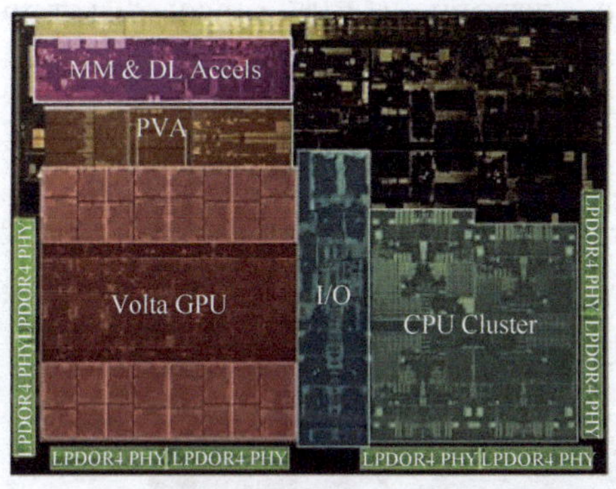

a) 英伟达Xavier 芯片架构图

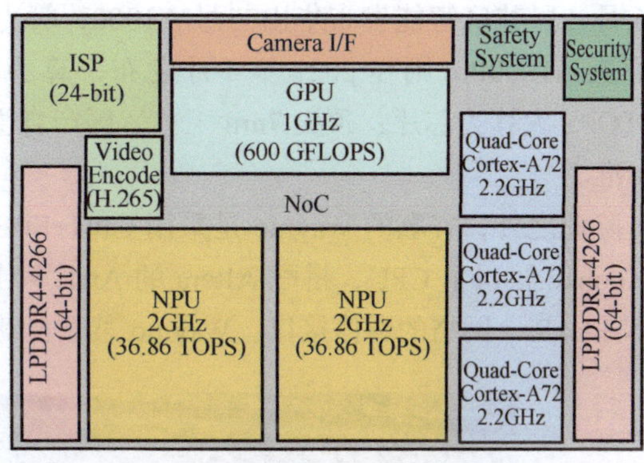

b) 特斯拉FSD 架构图

图 2-25 智能驾驶域控制器

Mobileye 推出的 EyeQ 系列是 CPU+ASIC 方案的典型代表产品，其主要有 4 个模块：CPU、Computer Vision Processors（CVP）、Deep Learning Accelerator（DLA）和 Multithreaded Accelerator（MA）。其中 CVP 是针对很多传统计算机视觉算法设计的 ASIC。Mobileye EyeQ5 的架构如图 2-26 所示。

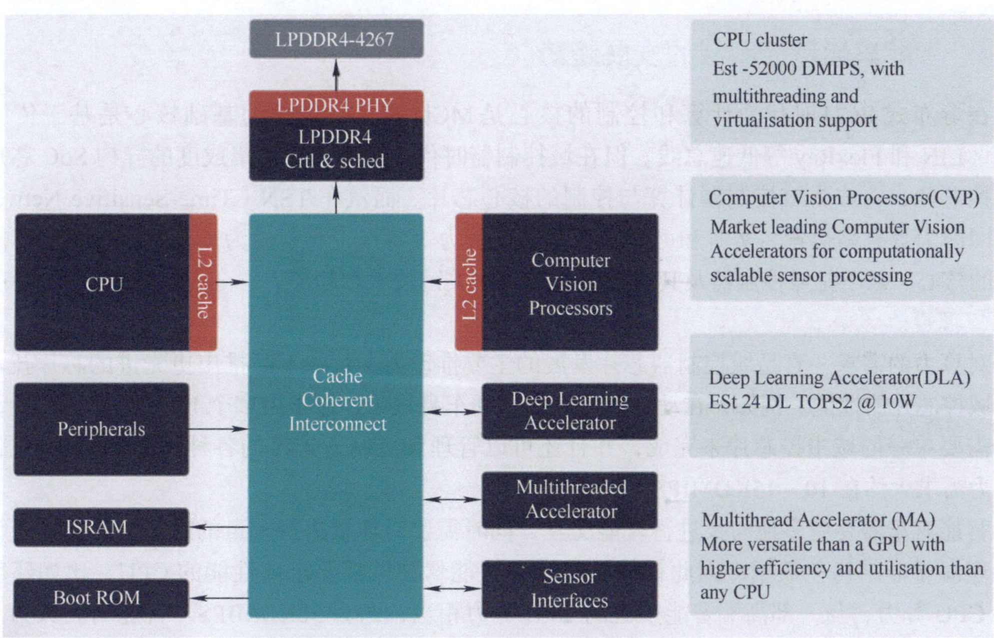

图 2-26 Mobileye EyeQ5 硬件架构

华为于2018年10月首次发布智能驾驶计算平台，支持L3的MDC600、支持L4的MDC300；2020年9月发布支持L2+的MDC210、支持L3～L4的MDC610；2021年4月发布支持L4～L5的MDC810，首搭于北汽极狐阿尔法S华为HI版；2022年推出MDC100。华为MDC所采用的Ascend系列芯片，主要有Ascend310和升级版Ascend910两款芯片。Ascend包括训练和推理芯片，用于训练的是Ascend910，半精度（FP16）算力达256TFLOPS。黑芝麻系列芯片产品包括华山一号A500、华山二号A1000、A1000L、A1000Pro、A2000。

2019年8月，黑芝麻智能发布了华山一号自动驾驶芯片A500，算力5～10TOPS；2020年6月，黑芝麻智能发布华山二号A1000，算力在40～70TOPS，低配版A1000L为16TOPS，高配版A1000Pro则在2021年4月发布，算力达到196TOPS。华山二号A2000是国内首个250TOPS大算力芯片：顶尖7nm工艺、国产自主知识产权核心IP、满足ASIL-B级别的安全认证标准。

除此之外，谷歌的Waymo是采用CPU+FPGA方案的代表厂商之一。其主控芯片采用英特尔Xeon12核以上CPU，搭配Altera的Arria列FPGA，并采用英飞凌的Aurix系列MCU作为CAN/FlexRay网络的通信接口。Waymo某款自动驾驶汽车如图2-27所示。

图2-27 Waymo某款自动驾驶汽车

2.2.4 智能车辆域控制器的发展趋势

在分布式ECU时代，计算和控制的核心是MCU芯片，传输的基础核心是基于传统的CAN、LIN和FlexRay等低速总线。但在域控制器时代，高性能、高集成度的异构SoC芯片作为域控芯片，将成为域控制器计算与控制的核心芯片。而汽车TSN（Time-Sensitive Network）以太网因为具有高带宽、实时和可靠的数据通信能力等特点，有望成为未来整车域控制器之间通信的核心。以下是域控制器及其主控芯片的一些关键技术和趋势。

1. 高性能

对算力的需求一直是域控制器芯片发展的主要推动力，行业不断推出更先进的芯片技术来提高域控芯片的性能。例如，在动力域、底盘域和车身域中，原本由多个ECU完成的功能，现在只需要单一的域主控芯片来完成，并且还可以管理和控制所连接的各种传感器与执行器等，其算力需求大约在10～15KDMIPS。

智能汽车需要更多地与人进行智能交互，同时需要对环境进行大量的感知，故而需要计算和处理海量非结构化数据，因此智能座舱域和智能驾驶域都要求高性能的CPU。比如座舱仪表的CPU算力，与一部高端智能手机的CPU算力相当，约为50KDMIPS。智能驾驶域为了支持L2及更高级别的自动驾驶功能，需要运行很多视觉深度神经网络模型算法，因而需要上百

TOPS 的算力。

2. 高异构性

伴随着 AI 技术在视觉领域的应用，基于视觉的自动驾驶方案逐渐兴起，这就需要在 CPU 的基础上加装擅长视觉算法的 GPU 芯片，从而形成“CPU+GPU”的解决方案。不过，“CPU+GPU”组合也并非最优解决方案，因为 GPU 虽然具备较强的计算能力，但成本高、功耗大，由此又逐步引入了 FPGA 和 ASIC 芯片。

总体来看，单一类型的微处理器，无论是 CPU、GPU、FPGA 还是 ASIC，都无法满足更高阶的自动驾驶需求，域控制器中的主控芯片会走向集成“CPU+xPU”的异构式 SoC（xPU 包括 GPU/FPGA/ASIC 等），其中，“CPU+ASIC”方案将成为主要的发展方向，从而能较好地满足各种场景的硬件加速需求。

3. 高集成度

从功能层面上，域控制器会集成越来越多的功能。比如动力域可能把电机控制、车身控制、车载充电机的控制组合在一起。有些主机厂甚至直接一步到位，将底盘、动力以及车身三大功能域直接整合成一个“整车控制域（Vehicle Domain Controller，VDC）”。

要支持这些功能的整合，作为域控制器的大脑，域主控处理器 SoC 就需要集成尽可能多的接口类型，如 USB、Ethernet、I2C、SPI、CAN、LIN 以及 FlexRay 等，从而能连接和管理各种各样的 ECU、传感器和执行器。

4. 硬件与虚拟化

车载硬件虚拟化技术的核心是 Hypervisor，它是一种运行在物理服务器和操作系统之间的中间层软件，可以允许多个不同虚拟机上的操作系统和应用共享一套基础物理硬件。当系统启动时，首先运行 Hypervisor，由它来负责给每一台虚拟机分配适量的内存、CPU、网络、存储以及其他硬件资源等（也就是对硬件资源进行分区），最后加载并启动所有虚拟机的客户操作系统。

Hypervisor 提供了在同一硬件平台上承载异构操作系统的灵活性，同时实现了高可靠性和良好的故障控制机制，以保证关键用途、实时应用程序和一般用途、不受信任的应用程序之间的安全隔离，实现了车载计算单元整合与算力共享。

5. ISO 26262 功能安全

功能安全是汽车研发流程中非常关键的要素之一。随着系统复杂性的提高，来自系统失效和随机硬件失效的风险日益增加。ISO 26262 标准制定的目的就是更好地规范和标准化汽车全生命周期中的功能安全管理需求，包括概念阶段、系统研发、硬件研发、软件研发、生产和操作过程、售后等环节，尤其在产品设计阶段如何定义和实现功能安全的目标。

汽车功能安全标准 ISO26262-5：2018“产品开发：硬件层面附录 D”对处理器单元的诊断覆盖率推荐的安全技术措施中，双核锁步、非对称冗余和编码计算是三种典型的硬件冗余技术措施。除此之外，硬件 BIST、软硬件 Self-Test 技术、ECC（Error Checking and Correcting）等也是常见的提高处理器安全特性的设计措施。

6. 面向服务的软件架构（Service-Oriented Architecture，SOA）

最早的 ECU 运行的软件大多数是按照 Classic AutoSAR 规范开发的软件系统，其中的应用软件一般都是静态调度模式的，也即在系统运行时，程序中不同功能的函数按照事先定义好的排序文件依次调用、逐个运行。承载计算和控制的底层硬件从分散的多个 ECU 集中到多核、异构的高性能域处理器后，相应的软件也会从分散向集中、从简单向复杂、从静态向动态进化。

车载以太网给整车通信带来一个革命性的变化，在中央集中式汽车电子电气架构下，整个车载系统可以被看作是一个分布式网络系统：中央计算平台是一个小型服务器集群，区域计算平台是边缘计算节点。在互联网或者大型分布式系统中，SOA 架构设计理念已经被广泛使用。因此当 IP 网络技术被广泛应用于汽车后，很多在互联网或者分布式计算中很成熟的软件技术会被借鉴到新的汽车软件架构设计中来，比如 RPC（Remote Procedure Call）技术、事件 / 消息总线、RESTful API 设计等。

域集中式电子电气架构是未来相当长一段时间内占主导地位的汽车电子电气架构，域控制器作为域集中式电子电气架构的核心，会在整个汽车产业链中占据越来越重要的地位。其相应的芯片和硬件方案、操作系统和算法等将会成为整个产业链上下游厂家争夺的焦点。

2.3 整车电子电气架构

2.3.1 智能车辆电子电气架构概述

“架构”是用来描述物理功能和信息功能之间的关联以及形式元素之间的分配。结合汽车属性和汽车电气系统的功能及性能，汽车电子电气架构（Electrical and Electronic Architecture, EEA）可以定义为：把汽车里的传感器、中央处理器、电子电气分配系统、软件硬件通过技术手段整合在一起，将动力总成、驱动信息以及娱乐信息等，转化为实际电源分配的物理布局、信号网络、数据网络、诊断、容错、能量管理等电子电气解决方案。它是整车电子电气系统的顶层设计。如果将汽车比作人体，汽车的机械执行结构相当于人的骨骼，动力、转向机构相当于人的四肢，电子电气架构则相当于人的神经系统和大脑，是指挥汽车实现信息交互和复杂操作的关键，如图 2-28 所示。

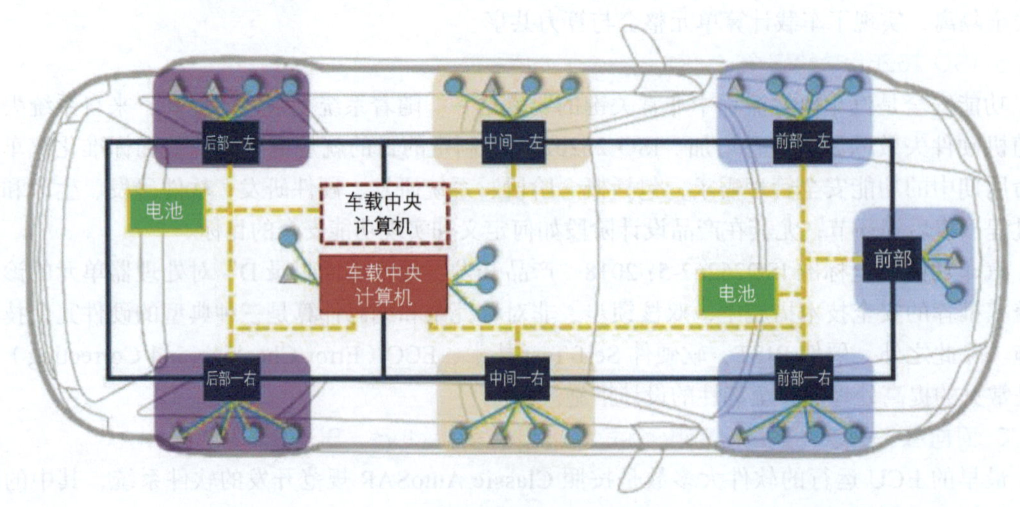

图 2-28　整车电子电气架构示意图

2.3.2 智能车辆电子电气架构设计与发展

汽车诞生之初是个纯机械产品，车上没有蓄电池，车上的设备亦不需要电力。1927 年，博世开发出铅蓄电池，从此车上的电子设备有了可靠的电力来源，同时大规模集成电路的发展使得汽车电子控制技术逐步成熟。从 20 世纪 50 年代中期到 70 年代中期，一些汽车制造商开始探索引入电子零部件，以提升汽车机械部件的性能，并逐步将简单的电子设备用于替代传统的机械构件，以晶体管无触点点火装置为典范。70 年代末到 80 年代初期，集成电路和低位微处理器在汽车上的广泛应用，使得汽车各个系统可以用独立控制部件实现复杂的控制功能，以电子控制汽油喷射技术（Electronic Fuel Injection，EFI）和防抱死制动技术（Anti-lock Braking System，ABS）为典范。80 年代中期到 90 年代初，汽车电子系统开始注重开发能够整合多种功能的综合系统，出现了动力传动控制系统，该系统将发动机控制和自动变速器控制整合在一起，实现了更高效的动力传递和车辆性能优化。90 年代中期后，车辆系统可以进行更为复杂、精确的实时数据处理和决策，提供了更高级的智能化功能。

随着电子电气技术的发展，汽车的电子电气架构发展也可以分为图 2-29 所示的六个阶段：分布式（包括模块化、集成化）、域集中式（包括集中化、域融合）、中央集中式（包括车载计算机、车－云计算）。

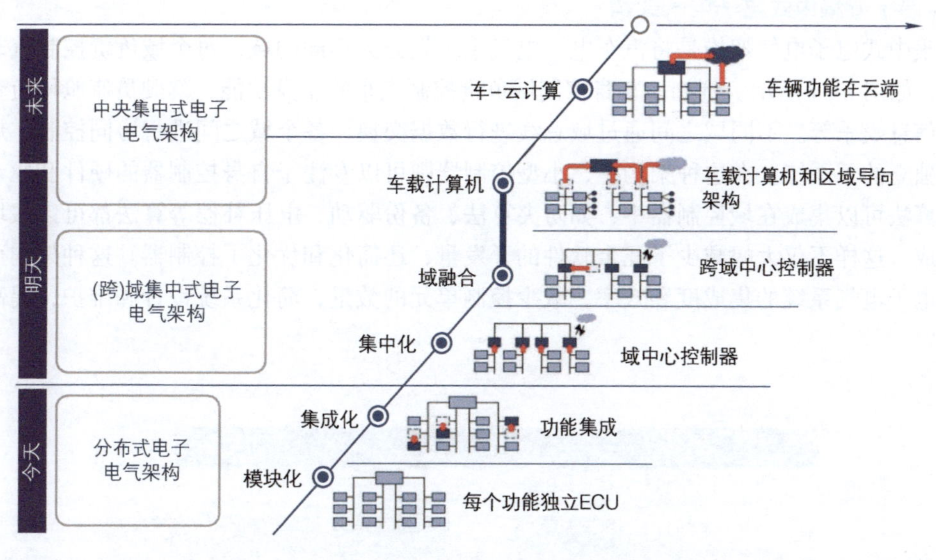

图 2-29　电子电气架构发展路线图

1. 分布式电子电气架构

分布式电子电气架构是汽车电子电气架构的早期形态，在此架构下，汽车电子电气系统由多个独立的控制单元组成，每个控制单元控制着特定的汽车功能，如图 2-30 所示。分布式电子电气架构是将整车电子电气系统划分为多个独立的子系统功能网络，这些子系统内部的电子控制单元 ECU 明确定义了各自之间的网络传输种类，建立了有效的通信链路，使得同一功能子系统内的控制单元可以相互通信和数据共享。智能车辆在功能子系统的基础上引入中央网关（Central Gateway，CGW）作为关键枢纽。这个中央网关主要承担不同网络总线类型之间的协议转换任务，同时参与各个网络段的网络管理。它根据实际需求，精准控制路由时序，从而在不同功能子系统之间实现更广泛、更高效的通信。中央网关的介入能够统筹协调各个子系统之间的数据交换，使得不同功能模块之间的通信更为便捷、高效，同时确保整个系统的稳定性和安全性。但是中央网关仅仅起到的是一个转发消息的功能，其中不包含逻辑算法，因此分布式计算导致了车内信息孤岛、算力浪费、软硬件耦合深，主机厂严重依赖供应商，并且会导致通信带宽瓶颈。

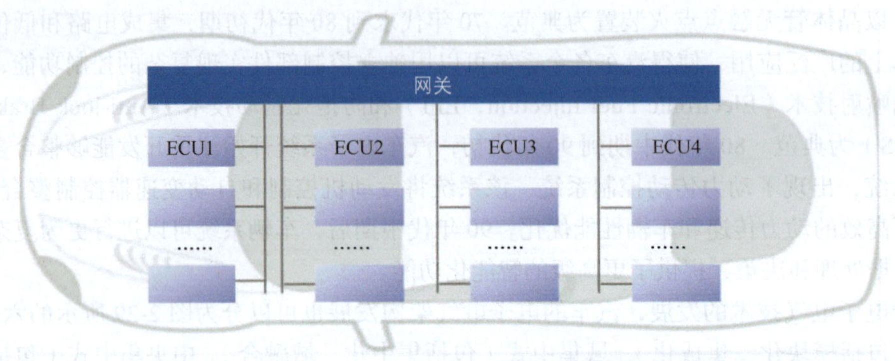

图 2-30　分布式电子电气架构示意图

2.（跨）域集中式电子电气架构

域集中式电子电气架构是将汽车电子电气系统划分为不同的域，每个域负责控制汽车特定的功能，如图 2-31 所示。例如，车身控制域负责控制汽车的车身功能，驾驶员座舱域负责人机交互与信息娱乐等。不同域之间通过域总线进行数据交换，各个域之间进行协同控制，形成一个相对独立的子系统。在这种架构中，小型控制器则可以专注于自身控制器的硬件和驱动，核心复杂算法可以集成在域控制器中，如防夹算法、备份驱动、电压补偿等算法都可以在域控制器中集成。这样不仅大幅减少了冗余软件的开发量，还简化和优化了控制器。这种架构可以提高汽车电子电气系统的集成度和效率，减少控制单元的数量，简化系统设计和维护，提高系统可靠性。

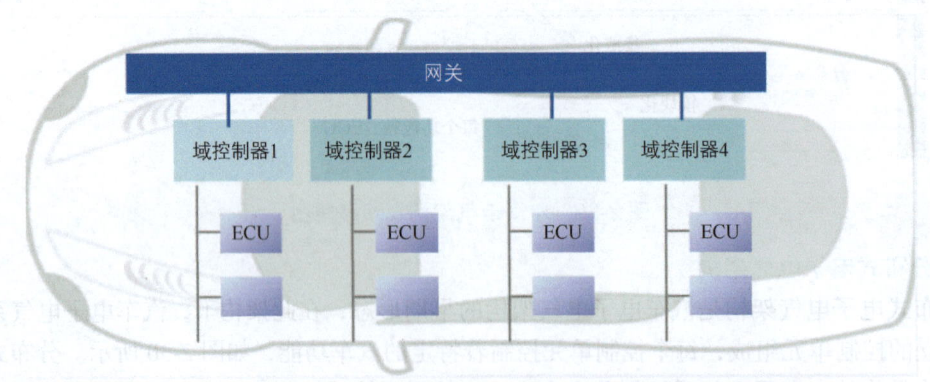

图 2-31　（跨）域集中式电子电气架构示意图

为了进一步减少车辆域控制器的数量，降低线束与控制器成本，采用跨域中心控制器将两个及以上的域控制器进行融合，并将原来属于域控制器的小型控制器都融合到跨域中心控制器下，同时集成核心复杂算法到跨域中心控制器中。

3. 中央集中式电子电气架构

中央集中式电子电气架构是一种将汽车内部的电子控制单元、电路、传感器和执行器等零部件高度集成化的电子控制系统。它采用集中控制的方式，将汽车的所有电子控制单元集成在一个中央计算机中，从而实现汽车的智能化和自动化，如图 2-32 所示。

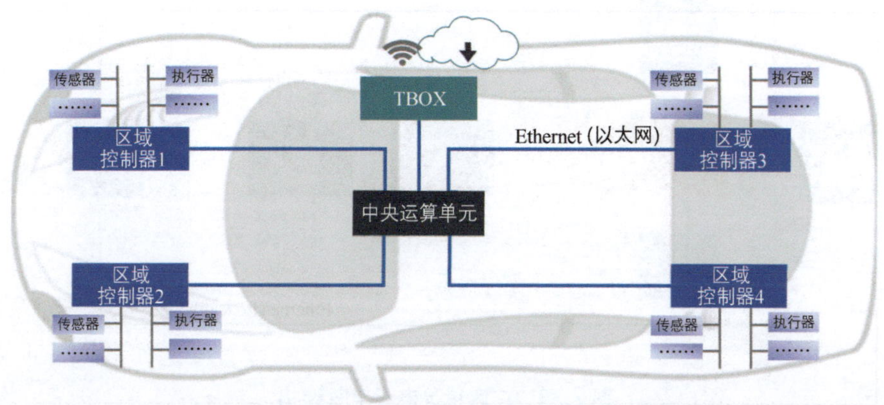

图 2-32 中央集中式电子电气架构示意图

为了解决域中心控制器带来的线束成本增加问题并保留“域”的核心概念，中央集中式电子电气架构取消了传统功能的域控制器，取而代之的是车辆物理空间上的区域控制器（Zone ECU），这种电子电气架构由中央运算单元和多个区域控制器组成。区域控制器按照物理布置方案划分，在车辆中就近布置，通过各区域控制器之间的交互实现整车功能，充分体现了“软件定义汽车”的理念。这种架构通过区域控制器的物理位置优化，实现了更高效的数据交互，同时降低了线束长度和成本，为车辆电气架构带来了新的发展方向。因此，未来汽车的电子电气架构将由分散式、区域式逐渐向集中式的方向发展，最终的理想状态应该是形成一个汽车中央大脑，统一管理各种功能。总而言之，汽车“新四化”技术的快速发展促使了汽车电子电气架构不断进行革新，向着“低耦合，高内聚”的方向发展。汽车电子电气架构从辅助和局部化迈向了更加全面多元化、智能化和网络化的时代。

4. 目前电子电气架构所处的阶段

广汽现阶段电子电气架构称为星灵电子电气架构，如图 2-33 所示，该架构由中央计算机、智能驾驶计算机、信息娱乐计算机三个核心计算机群组，以及四个区域控制器组成，集成了千兆以太网、5G 和信息安全、功能安全等技术。

中央运算单元主要负责动力控制和车身控制，分布于车身前、后、左、右的 4 个区域控制器主要负责供电以及执行中央控制单元的指令，中央计算单元与四个区域控制器之间采用以太网进行通信。在软件结构方面，星灵架构采用了 SOA 软件架构以取代传统软件架构，实现组件服务化、原子化和标准化，只要新增应用模块即可实现新场景。

未来，自动驾驶要求更高的算力和更多的传感器件，尤其是 5G 技术的引入，将加快电子电气架构演进。汽车电子化的需求让传统汽车电子架构不堪重负，如果网络带宽要求足够宽，延迟要求足够低，这一趋势将会更加明显，在高算力的驱动下，汽车电子架构也正朝着集成式，甚至服务器式这一方向前行。

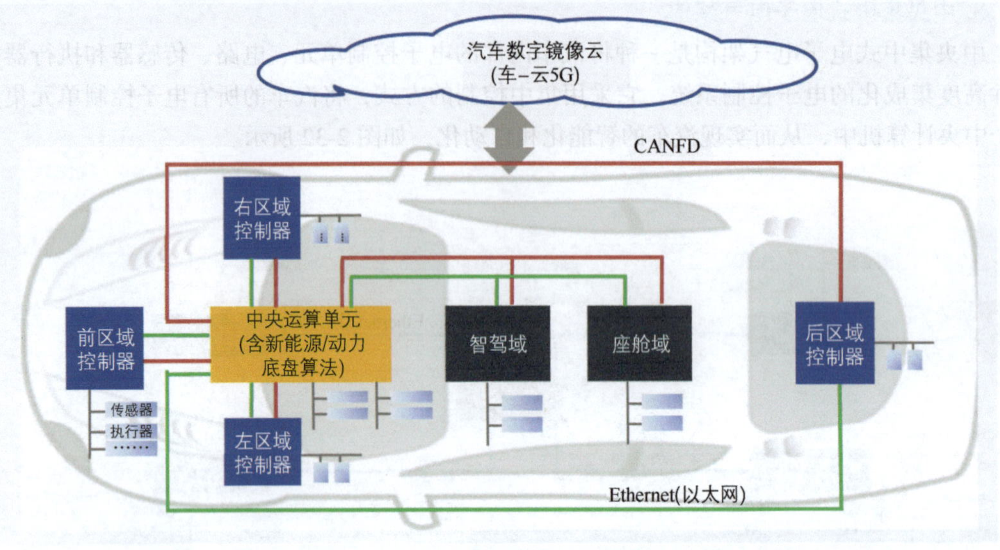

图 2-33　广汽星灵电子电气架构

习　题

一、选择题

1. 以下关于激光雷达的描述，（　　）是正确的。

A. 激光雷达只能探测到物体的距离，无法判断形状

B. 激光雷达不受天气影响，能在任何条件下稳定工作

C. 激光雷达可以区分目标物体的不同材质

D. 激光雷达在夜间无法工作，因为激光不可见

2. 关于毫米波雷达，下列（　　）是正确的。

A. 毫米波雷达的波长很短，因此其探测距离非常有限

B. 毫米波雷达可以穿透雨雾等恶劣天气条件

C. 毫米波雷达主要用于目标识别，而非测距或测速

D. 毫米波雷达的分辨率通常高于激光雷达

3. 以下关于视觉传感器的说法，（　　）是不正确的。

A. 单目视觉传感器无法直接获取物体的深度信息

B. 智能驾驶中一般通过视觉传感器识别车道线

C. 视觉传感器通常与其他传感器（如激光雷达）结合使用可以提高感知精度

D. 视觉传感器受光照条件影响较大，但在夜间也能正常工作

4. 以下关于惯性测量单元（IMU）的说法，（　　）是正确的。

A. IMU 只能提供车辆的加速度信息

B. IMU 不受外部信号干扰，因此总是可靠的

C. IMU 通过测量车辆的加速度和角速度来推算车辆的位置和姿态

D. IMU 的精度通常高于 GPS

5. 在智能车辆五大域中，（ ）不属于其范畴。

A. 动力域 B. 底盘域 C. 智能决策域 D. 智能座舱域

6. SoC 作为智能车辆域控制器的主控芯片，其特点是（ ）。

A. 用于执行简单的控制任务，如传感器数据采集、执行器控制、实时计算等

B. 针对特定任务设计的集成电路，通常包含了处理器核心、I/O 接口和外围设备控制器等

C. 其算力通常比 MCU 差很多，主要用在一些小算力场景

D. 适用于要求过于复杂的应用，如图像处理、人工智能算法执行、高性能计算等

7. 下列（ ）功能不是智能驾驶域特有的。

A. 路径规划 B. 决策控制 C. 感知定位 D. 抬头显示

8.（多选）下列（ ）步骤属于智能车辆域控制器的设计流程。

A. 需求分析 B. 总体设计 C. 详细设计 D. 硬件测试

9.（ ）不属于汽车电子电气架构发展阶段的范畴。

A. 分布式阶段 B. 域集中式阶段 C. 中央集成式阶段 D. 统一式阶段

10. 在汽车电子电气架构中，（ ）不属于其中一部分。

A. 晶体管无触点点火装置 B. 电子控制汽油喷射技术

C. 变速器传动轴 D. 防抱死制动技术

二、填空题

1. 激光雷达通过发射激光束并接收反射信号，返回的信息包括目标的________、________、角度信息和时间戳信息。

2. 智能网联汽车用毫米波雷达按探测距离可分为________、________与________。

3. 车载视觉传感器由于其分辨率较高，且能够感知________，因此在自动驾驶感知系统中具有重要地位。

4. 汽车定位系统当中，GNSS 能够提供车辆的________、________和时间信息，而 IMU 则用于测量车辆的________和________。

5. 传统的分布式架构逐渐进化为域集中式架构，智能车辆域控制器最早由博世（BOSCH）、大陆、德尔福等厂商提出，博世将其划分为 5 个功能域：________、________、________、________和________。

6. 作为域控制器的核心组成部分，智能车辆主控芯片按功能和集成度可分为________和________，它们是两种不同的芯片类型，在智能汽车系统中扮演着不同的角色。

7. 系统级 SoC 主要面向两个领域：________和________。SoC 包含 CPU、GPU、FPGA、ASIC 等多种处理器单元。

8. MCU 和 SoC 作为域控制器的关键器件，通常基于________、________、________、________、________和________等因素来进行选型。

9. 汽车“新四化”技术的不断发展促使了汽车电子电气架构不断革新，向着________和________发展。

三、简答题

1. 激光雷达如何实现 360° 的测距？

2. 请简述毫米波雷达的工作原理。

3. 请简述 CMOS 传感器工作原理。

4. 对地球上任意一点进行准确定位至少需要接收多少颗卫星的信号？为什么？
5. 请简述智能车辆智能座舱域具有的功能及其构成。
6. 简述智能车辆域控制器设计流程。
7. 请简要说明目前市场上主流的智能驾驶 SoC 芯片三种架构方案。
8. 请简要介绍智能车辆域控制器的发展趋势。
9. 请简述汽车电子电气架构的定义与其在整车中的意义。
10. 请简述未来新一代电子电气架构的发展趋势。

第 3 章 智能车辆软件架构与软件设计

软件和信息技术是现代车辆技术的驱动力。现代车辆的控制越来越复杂，控制器对算力、可靠性、安全性、灵活性及扩展性的要求各异，底盘、座舱、智能驾驶域的功能被部署到单独的软件和物理硬件上，同时，V2X 相关的创新功能需要为面向服务的电气架构和云解决方案提供支持。不同于过去控制功能相互独立的电气架构，智能车辆需要多传感器信息交互融合和多执行单元间协调控制。当前智能车辆软件设计所面临的挑战包括软件安全性、软件数量的快速增长、软件的物理分布和协作开发、快速部署等。为应对所述挑战，车辆软件开发需要一个统一、开放的架构和方法。AUTOSAR 即车辆开放系统架构，是在此背景下由车辆制造商、零部件供应商、半导体制造商及研究机构等发起成立，提出了面向信号和面向服务的混合架构的 AUTOSAR Classic Platform 和 AUTOSAR Adaptive Platform 解决方案。

在软件定义汽车的背景下，操作系统、中间件和应用算法是实现智能车辆的核心技术。智能车辆的软件系统架构如图 3-1 所示，由硬件虚拟化、操作系统、中间件和应用层等构成。应用虚拟化隔离技术，将一个 SoC 的资源分配给多个虚拟机，每个虚拟机运行特定的应用，从而满足车辆多元化应用场景需求。车辆操作系统是运行在异构、分布式计算机上，负责管理和调度计算机软硬件资源，并具有一定实时性的计算机操作系统。从底盘域、智能驾驶域到座舱域，应用对操作系统的性能需求不同：底盘域要求微秒级硬实时、极高安全可靠性和微内核的操作系统；智能驾驶域要求支持多核、高算力、高效 IPC、多总线支持、安全可靠和毫秒级实时性的操作系统；座舱域要求支持多核、高算力并具有丰富应用生态的操作系统。中间件是处于应用层和操作系统间的软件组件，负责实现异构网络环境下软件互联和互操作，并为应用层提供标准接口服务。中间件的内涵丰富，包括从面向信号的运行时环境 RTE 和通信服务，到面向服务的自适应运行时环境（ARA）、分布式实时通信（DDS）、功能软件（算法、AI 框架等）和智能驾驶应用框架等。

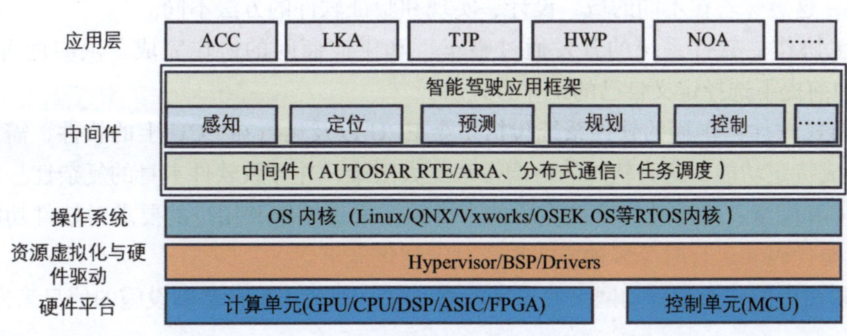

图 3-1 智能车辆的软件系统架构

本章从智能车辆的软件架构开始，首先帮助读者建立基本的软件架构逻辑视图和了解软件开发方法，然后对智能车辆的操作系统、主要特性及其选用原则进行了简要介绍，接着分析了中间件的主要构成以及几种典型的中间件技术，最后简要探讨了智能车辆软件应用层的设计流程。

3.1 智能车辆软件架构

3.1.1 车辆软件的发展

20 世纪 70 年代，随着电子燃油喷射系统的引入，车辆上首次出现软件应用。当时，软件通常嵌入到单一功能的电子部件中，如电子燃油喷射、电子点火、中控锁等。由于车上的电子控制单元数量少，软件是一个独立整体，因此没有软件之间通信的概念。20 世纪 80 年代，可显示车辆数据的中央控制器出现了，其嵌入式软件实现了防抱死制动（ABS）、自动变速等新功能。20 世纪 90 年代，座舱信息娱乐域的一个重要创新应用是导航系统，并且在安全领域出现了大量的电子系统和软件，如自适应巡航（ACC）、车辆稳定控制（ESP）等。随着软件在安全领域的应用，软件故障造成事故的责任问题引起关注。当时的车辆软件架构呈分布式特点，软件也被认为是汽车工业创新的重要因素。进入 21 世纪，软件开始主导汽车工业的创新，先进驾驶辅助系统应运而生。“先进”是指车内集成多个嵌入式系统，辅助驾驶员做出更“复杂”控制行为。此类系统涉及复杂的部件 / 子系统间的交互和优先级协调控制，因此需要更先进的软件体系结构。车辆开放系统架构 AUTOSAR（AUTomotive Open System ARchitecture）标准的提出规范了软件组件间的通信方法，通过解耦软硬件使得硬件平台的升级不受限于软件，制造商之间更容易共享组件，并引入通用的车辆嵌入式操作系统。近几年来，出现了一种全新的车辆电子设计方法——从整车分布式计算网络出发，出现了 V2V、V2I、V2P 和自动驾驶等概念。市场上出现了许多新的参与者，车辆不再是一个最终产品，而是一个可以部署新功能的平台。这些特性需要对来自不同厂商的软件进行更高层次的协调，以便在不需要对车辆进行物理修改的条件下添加新功能。

现代车辆软件系统发展呈现如下特点。

1）软件的异质性：车辆软件在不同域实现不同功能，从关键性安全到以用户体验为中心的功能应用，这意味着在不同的域，设计、实现和验证软件的方法不同。

2）分工协作：软件系统的开发通过整车厂和供应商间的协作完成。供应商可以在遵守 OEM 要求的前提下选择定义自己的工作方式。

3）分布式软件：车辆的软件系统包括多个 ECU 以及运行在 ECU 上的软件，需要 ECU 间配合才能完成特定功能，这为软件的协调带来更大困难，并导致软件本身的复杂性。

4）变体和配置：全球化和高度竞争的市场需要根据国家和用户的要求对软件功能定制化，软件需要以源代码和运行时等多种方式来应对定制化需求。

5）互联和协作：通过移动网络使车辆能够互联，并使用来自基础设施的信息来做出决策。

3.1.2 车辆软件系统的组织

现代车辆制造商和供应商将电气（软件）系统用域和子系统进行组织。图 3-2 给出了车辆软件系统的组织概念。整车电气系统由多个域构成，如底盘域、动力域、座舱域、车身域和智能驾驶域等。每个域都具有一组特定属性，如关键安全、实时系统等。每个域由若干子系统构成，每个子系统具有特定功能，如制动控制、转向控制、侧倾控制等。功能由子系统来实现，它们与子系统、组件和模块的组织是正交的，采用功能结构描述它们之间的依存关系。子系统由多个组件构成，如线控转向子系统由转向力反馈、转向驱动、助力控制、动力学控制等组件构成。组件由若干软件模块构成，通常为描述类、方法和函数的源文件，组件中的函数即为逻辑软件单元。图 3-2 用实例描述了域、子系统、组件、模块和逻辑软件单元间的逻辑关系。

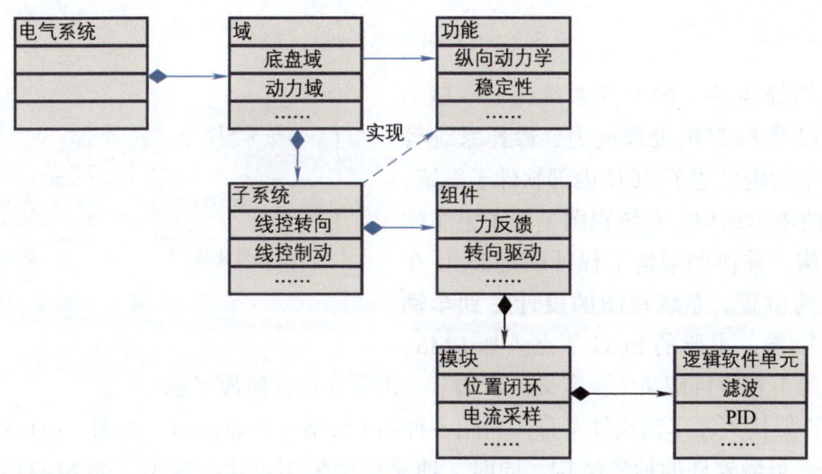

图 3-2　车辆软件组织示例

3.1.3　软件架构与架构视图

软件架构是指软件系统的高级结构、创建这种结构的原则以及结构文档。高级结构包括：

1）软件组件。软件根据逻辑结构封装成子系统和组件，如 C++ 类、C 代码模块、XML 配置文件等。

2）硬件组件。执行软件的嵌入式系统基本设计要素，如 ECU、通信总线、传感器、执行器等。

3）功能。用功能描述的软件逻辑设计元素，功能分布在软件组件中，如程序函数、特性和需求等。

这三类要素构成了车辆的电气和软件系统。软件架构工程师通过定义系统中应该包含哪些组件、每个组件应该具有哪些功能，以及组件间应该如何通信来创建原则。

V 模式流程中，车辆软件系统设计过程如图 3-3 所示。对应功能设计、系统设计和组件设计的是软件架构的功能架构设计、系统架构设计和组件架构设计，以及功能视图、物理系统视图和逻辑视图。

功能设计即规定车辆应具有什么功能，功能架构关注车辆功能及其相互依赖关系。图 3-4 给出了功能视图示例，功能架构有 3 个要素，即域、功能和依赖关系。功能视图清晰地描述了智能驾驶域车道保持功能对底盘域线控转向的依赖关系。功能架构设计从车辆的功能列表及其依赖关系开始，功能列表可以用框图、例图或 SysML 需求图进行描述。建立功能列表和依赖关系后，架构工程师可利用功能视图，按功能属性和各功能间的耦合程度将其归属不同控制域，分类原则为最小跨域依赖。

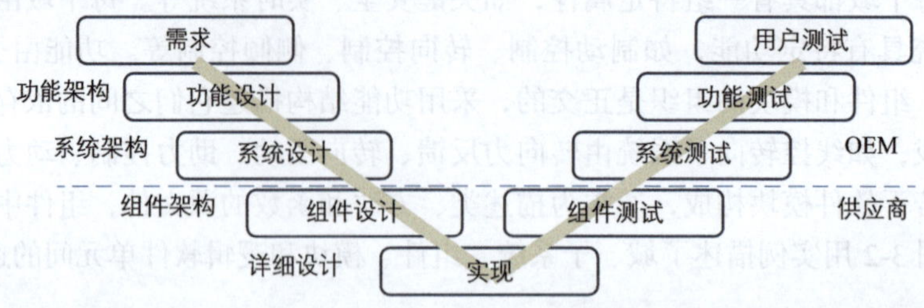

图 3-3　车辆软件系统设计过程

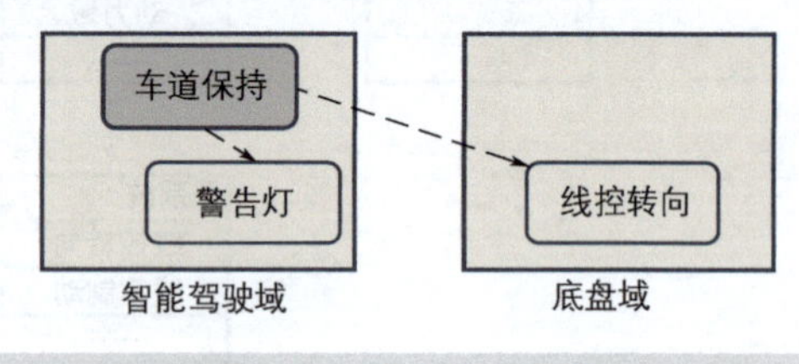

图 3-4　功能视图示例

系统架构描述整车的电气系统拓扑、ECU 的物理架构以及 ECU 的处理能力、操作系统等信息。ECU 架构则描述了 ECU 内部软件子系统、组件和模块的逻辑结构。系统视图呈现了整车的电气拓扑结构，并协助架构工程师确定 ECU 在通信网络上的位置。系统视图的设计受到车辆物理结构的影响，主要的 ECU 节点（如 EMS、TCU、ABS 等）在项目初期已预定义，新增节点需要在设计阶段考虑。

逻辑组件架构关注车辆软件本身，利用各种图 / 模型（如通信图、类图、组件图等），在不同层次上描述车辆软件的抽象结构。同时，抽象模型采用可执行模型（如 MATLAB/Simulink 模型等），定义具体的软件行为。在详细设计阶段，可以直接利用可执行模型生成嵌入式代码。图 3-5 所示为顶层的部分逻辑视图，通过逐层设计软件的逻辑视图，描述软件组件的行为、依赖性和通信关系等。建立软件逻辑视图的流程包括：①识别和确认软件组件；②使用 UML 对组件进行建模；③以关联形式添加组件间的关系。

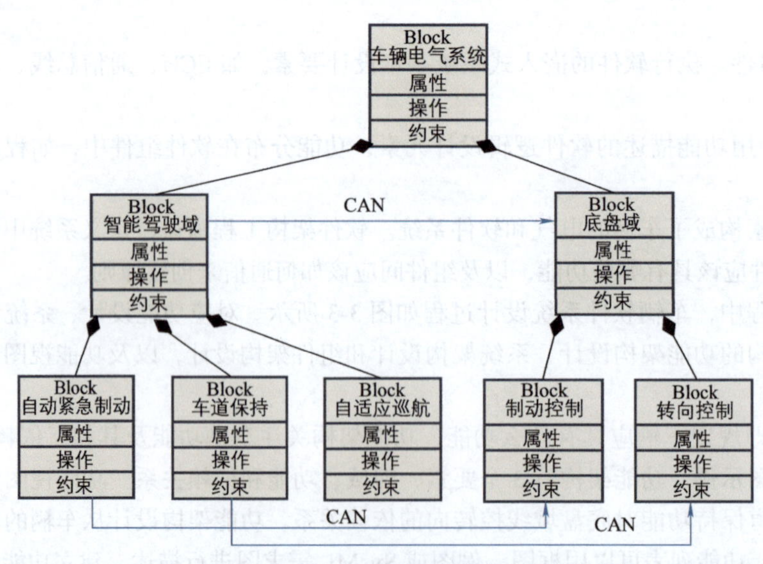

图 3-5　逻辑视图示例

3.1.4 车辆软件开放系统架构

车辆软件的一个重要趋势是分布式，其特征体现在以下两个方面：软件组件分布在互联的ECU上，通过通信实现软件组件间的信息交互和协调；软件的开发分布在车辆制造商和各级供应商之间。这种分布式部署和开发方式为车辆软件的开发和维护带来了挑战，包括软件功能的数量急剧增长、计算平台多样化带来的软件复用问题以及竞争加剧要求缩短开发周期等。应对这些新挑战，需要从以下两个方面开展标准化工作。

1）方法标准化：由于系统设计和验证的责任在车辆制造商，而它的实施通常分布在多级供应商之间，因此需要一种标准化的方法来设计和验证车辆软件系统。

2）架构标准化：标准化的架构可提高软件供应商为不同车辆制造商开发的软件组件的可重用性，从而降低其成本、提高协作开发效率。

AUTOSAR于2003年成立，它制定了一套专门用于车辆软件的开放性框架和行业标准，即AUTOSAR Classic Platform（简称AUTOSAR CP），它是针对硬实时和严格安全要求的嵌入式系统的AUTOSAR标准，解决了方法和架构标准化的问题。随着车辆朝智能化、网联方向进化，车辆的安全性和智能化程度更多地由软件定义与决定。为了支持快速、无缝部署新软件功能，软件开发需要采用敏捷开发方法。2016年，AUTOSAR提出AUTOSAR Adaptive Platform（简称AUTOSAR AP）。需要注意的是，智能车辆仍然需要基于AUTOSAR CP进行传统功能的开发，例如动力总成控制和转向控制。因此，AUTOSAR AP的目的不是取代AUTOSAR CP，而是与之共存，以满足不同功能软件开发的需要。

1. AUTOSAR CP

为便于理解车辆软件的开发过程和AUTODAR CP实现的目标，这里再次明确两个概念：车辆软件系统的逻辑架构和物理架构。

逻辑结构定义和构造车辆功能。以车道保持功能为例，功能由多个逻辑软件组件实现，如车道检测、偏离风险评估与决策、主动转向纠正等，软件组件间通过通信系统交互信息。根据它们实现的功能属性，逻辑软件组件通常被分组为逻辑子系统，逻辑子系统又被分组为逻辑域，如智能驾驶域、底盘域等。

物理架构分布在各个ECU上。ECU通过各类总线互联，执行逻辑架构定义的车辆功能。每个逻辑软件可部署到一个或多个执行相应功能的ECU上，成为ECU上可执行的应用软件组件。每个ECU有各自的物理架构，主要包括：①由多个可执行应用软件组件构成的应用软件；②为应用软件提供服务的中间件；③ECU的硬件单元。

车辆制造商通常负责系统的逻辑和物理设计，各级供应商负责特定ECU的物理设计，实现其应用程序和中间件软件，并提供必要的硬件。为了便于车辆软件系统的分布式开发，AUTOSAR旨在实现如下目标。

1）ECU架构及层次的标准化，以便于软件组件应用于不同的车辆品牌。

2）开发方法的标准化，以便于车辆制造商、供应商之间的高效协作。

3）系统和ECU架构模型语言的标准化，以便架构模型能够在各种建模和代码生成工具之间顺利交换。

4）ECU中间件架构和功能的标准化，以便车辆制造商可以专注于高级应用的开发。

下面分别从ECU参考架构、开发方法、元模型和中间件等4个方面分析AUTOSAR CP如何实现前述目标。

（1）ECU 参考架构

图 3-6 展示了 AUTOSAR CP 的 ECU 参考架构。ECU 软件架构分为三层：基础软件（Basic Software，BSW）层、运行时环境（RTE）和应用层。应用层由实现车辆功能的软件组件构成，基于逻辑架构设计，并通过 AUTOSAR 接口进行数据交换。中间层为运行时环境（RTE），提供软件组件间通信服务。通过 RTE 的抽象，应用层软件组件无须关注与其协作的软件组件的具体部署位置，例如，无论车道检测组件和偏离风险评估与决策组件部署在相同还是不同 ECU 上，其功能设计和通信设计都不受影响。唯一的区别是，RTE 根据组件部署位置的不同，决定将检出的车道信息发送到本地（如果风险评估组件部署在同一 ECU）或通过通信总线发送到目标 ECU（如果风险评估组件部署在其他 ECU）。基础软件层位于 ECU 参考架构的最底层，由大量基础软件模块构成，负责与具体应用无关的基础功能，包括以下几类。

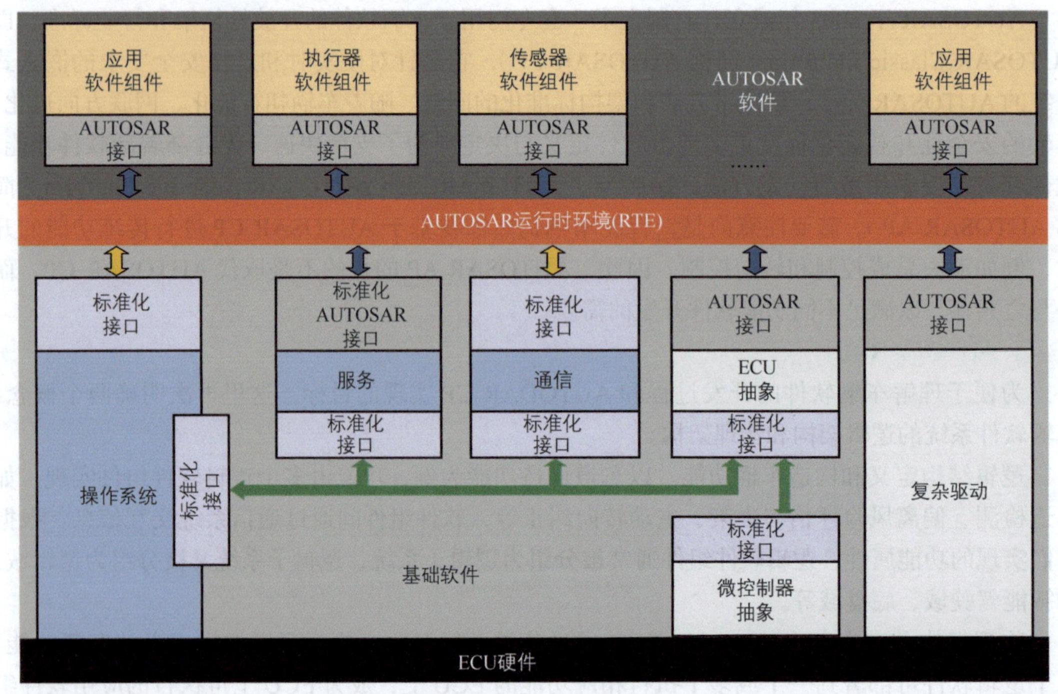

图 3-6 AUTOSAR CP ECU 参考架构

1）ECU 通信：即信号交换，包括负责信号收发的通信管理 COM，负责传输诊断报文的诊断通信管理等。

2）操作系统：负责进程调度和资源管理。

3）硬件驱动：包括与 MCU 硬件直接相关的 MCU 驱动层和屏蔽硬件差异性的 ECU 抽象层。例如 EEPROM 和 DataFLASH 的写操作是不同的，EEPROM 可以直接写，FLASH 则需要取出数据块暂存、擦除、更新暂存数据块、回写 4 个过程。MCU 驱动层根据两个硬件的差异分别设计写驱动，ECU 抽象层则屏蔽不同硬件的差别，为 RTE 层提供统一的、无差别的非易失存储写操作接口。

4）服务：例如诊断事件管理和加密认证服务。

5）复杂驱动：提供应用组件不需要通过 RTE 而直接操作硬件的方法，是一种非标准方法。

BSW 层的大部分模块可以通过物理系统架构的自动配置和生成来实现。除了复杂驱动，RTE 和 BSW 都完全由 AUTOSAR 标准化，AUTOSAR 为每个模块提供了详细的功能规格和配置参数。

这种标准化以及应用层、RTE 层和 BSW 层之间的明确的分层结构使 ECU 设计者能够专注于上层应用功能的实现，而不必关注底层中间件和硬件的具体实现细节。

（2）开发方法

根据 AUTOSAR CP 标准，车辆软件开发涉及 4 种主要角色。

1）原始设备制造商（Original Equipment Manufacturer，OEM）：负责逻辑和物理系统设计，通常为汽车制造商。

2）Tier1：一级供应商，负责物理 ECU 设计和软件组件设计、部署到 ECU 上。

3）Tier2：二级供应商，负责 ECU 的基础软件（BSW）设计。

4）Tier3：三级供应商，负责供应 ECU 硬件，硬件驱动和编译工具等。

AUTOSAR 的软件开发过程如图 3-7 所示。具体开发过程（对应图中序号）如下：

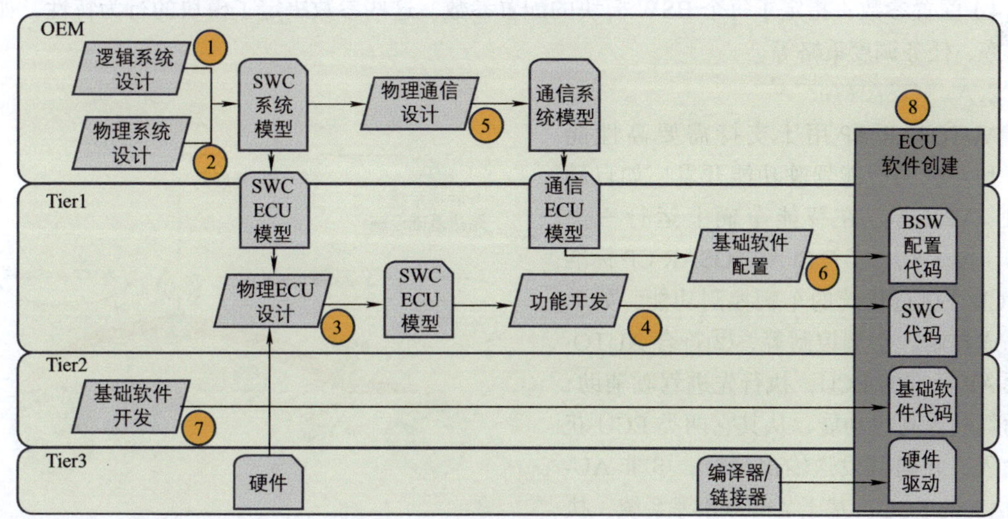

图 3-7　AUTOSAR 的软件开发过程

① OEM 逻辑系统设计：在逻辑系统设计阶段，OEM 定义软件组件和子系统。

② OEM 物理系统设计：在物理系统设计阶段，OEM 定义 ECU 节点、网络拓扑、信号、软件组件的部署方式等。

③ Tier1 物理 ECU 设计：Tier1 设计物理 ECU，并将组合软件组件分解为原子软件组件，然后将其部署到 ECU 上。

④ 功能开发：基于包含原子软件组件的软件组件 ECU 模型，Tier1 进行功能开发。在此过程中，可以利用 MATLAB/Simulink 等建模工具对原子软件组件进行建模，并生成代码。

⑤ 物理通信设计：在进行过程③、④的同时，OEM 进行物理通信设计，定义信号封装层和在总线上传输的报文帧，创建通信 ECU 模型。

⑥ BSW 配置：Tier1 以通信 ECU 模型为输入，配置 ECU 的基础软件（BSW）部分，包括通信部分，诊断服务和操作系统等，生成完整的 BSW 配置代码。

⑦ Tier2 功能代码开发：Tier2 完成实际的 ECU 基础软件功能代码开发。

⑧ ECU 软件创建：在 ECU 软件创建阶段，Tier1 负责编译链接软件组件代码、BSW 配置代码、BSW 功能代码和硬件驱动等。

（3）元模型

由图 3-7 可知，在开发过程中各种架构模型在各个角色之间交换，如软件组件 ECU 模型和通信 ECU 模型等。AUTOSAR 定义了元模型来指定这些交换模型的语言，从而使得 OEM 和 Tier1 能够顺利地交换模型。

（4）中间件

AUTOSAR 为中间件（即基础软件模块）提供了详细的功能规范，包括以下 4 类。

1）功能需求：明确了每个 BSW 模块需要实现的功能要求。

2）API 描述：定义了 BSW 模块的 API，包括输入输出的数据类型、函数调用及其参数等。

3）模块间交互描述：描述了 BSW 模块之间的交互方式，包括消息传递、事件触发、共享资源的访问等。

4）配置参数：指定了每个 BSW 模块的配置参数。这些参数决定了模块的行为特性，如通信速率、任务调度策略等。

2. AUTOSAR AP

AUTOSAR AP 用于支持需要高性能计算和互联的智能驾驶功能开发，如自动驾驶、V2X 等。在智能车辆上运行三类 ECU（图 3-8）：①符合 AUTOSAR CP 标准的 ECU，执行传统的车辆控制功能，如动力总成控制、空调控制等；②符合 AUTOSAR AP 标准的 ECU，执行先进驾驶辅助、自动驾驶等高级功能，从其它两类 ECU 获取输入，并向其发送输出命令；③非 AUTOSAR 的 ECU，基于 Android 等系统，执行信息娱乐、互联网应用。

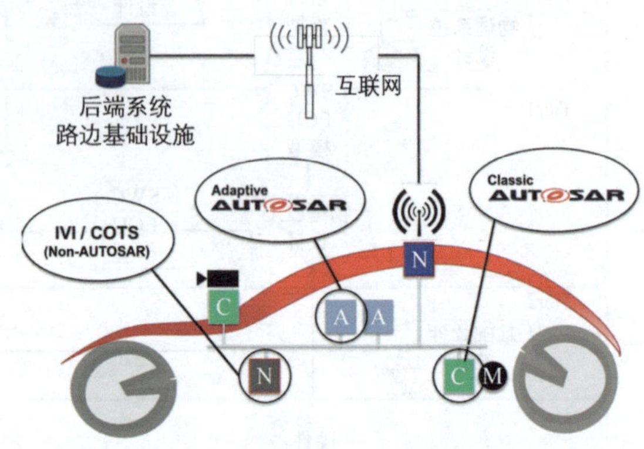

图 3-8　智能网联车辆不同平台的部署

AUTOSAR CP 与 AUTOSAR AP 的主要区别见表 3-1。

表 3-1　AUTOSAR CP 与 AUTOSAR AP 的主要区别

目标或功能	AUTOSAR CP	AUTOSAR AP
使用案例	嵌入式系统	高性能计算
编程语言	C	C++
操作系统	AUTOSAR OS	POSIX
实时性需求	硬实时	软
计算能力	低	高
通信	基于信号	基于事件，面向服务
安全与保护	支持	支持
动态更新	不支持	增量部署和运行时配置可更改
通信总线	CAN/LIN/FlexRay/Ethernet	Ethernet
标准化程度	高——详细规格	低——API 和语义
敏捷开发	不支持	支持

下面同样从参考架构、开发方法、元模型和中间件这 4 个方面分析 AUTOSAR AP 如何实现前述的标准化目标。

（1）参考架构

图 3-9 所示为 AUTOSAR AP 的逻辑架构。自适应应用 AA（Adaptive Application）运行在 AUTOSAR AP 运行时 ARA 之上。ARA 提供了功能簇的 C++ 应用接口，类似于 AUTOSAR CP 的运行时环境（RTE），对应用程序可能运行在不同进程或计算机的事实进行了抽象。不同的是，RTE 通常在设计时链接服务和客户端，ARA 总是在运行时动态链接。

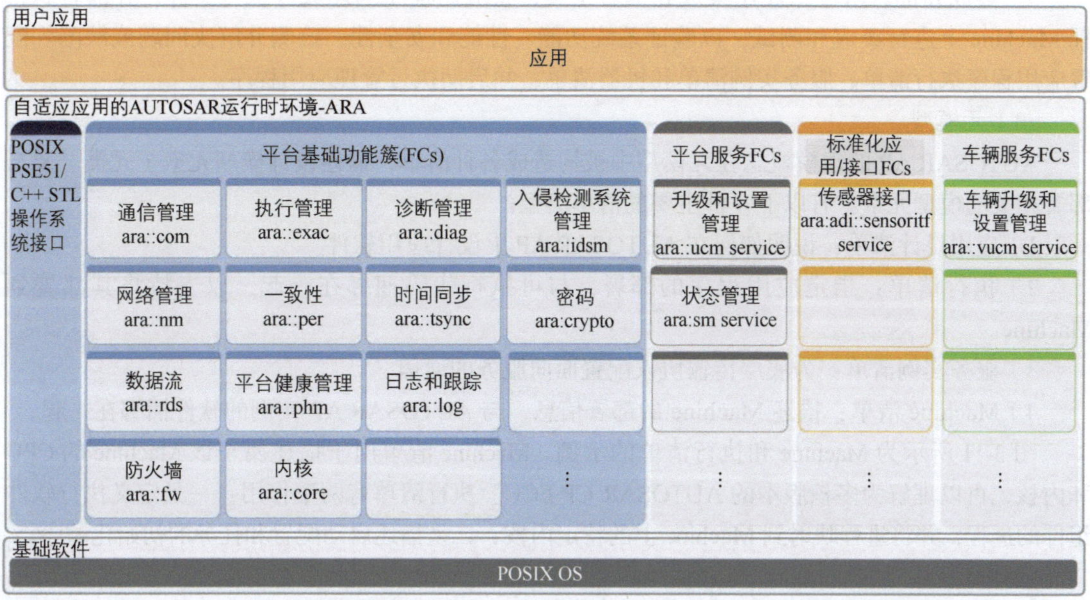

用户应用
应用
自适应应用的AUTOSAR运行时环境-ARA
POSIX PSE51/ C++ STL 操作系统接口
平台基础功能簇(FCs)
通信管理 ara::com
执行管理 ara::exac
诊断管理 ara::diag
入侵检测系统管理 ara::idsm
网络管理 ara::nm
一致性 ara::per
时间同步 ara::tsync
密码 ara:crypto
数据流 ara::rds
平台健康管理 ara::phm
日志和跟踪 ara::log
防火墙 ara::fw
内核 ara::core
平台服务FCs
升级和设置管理 ara::ucm service
状态管理 ara:sm service
标准化应用/接口FCs
传感器接口 ara:adi::sensoritf service
车辆服务FCs
车辆升级和设置管理 ara::vucm service
基础软件
POSIX OS

图 3-9 AUTOSAR AP 的逻辑架构

AUTOSAR AP 的物理架构由一组执行 AA 和功能簇的进程构成。一个 AA 可以包含多个进程，可部署到一个或分布在多个 AUTOSAR AP 实例上。功能簇同样可由单个或多个进程实现。操作系统对进程调度执行。AUTOSAR AP 操作系统仅指定 AA 可以从 POSIX PSE51 兼容的操作系统中使用的接口，可以使用的操作系统包括 Linux、QNX 等。

（2）开发方法

AUTOSAR AP 的开发方法包括三个主要阶段：架构设计阶段、软件开发阶段、集成和部署阶段。图 3-10 所示为基于 AUTOSAR AP 的开发方法。

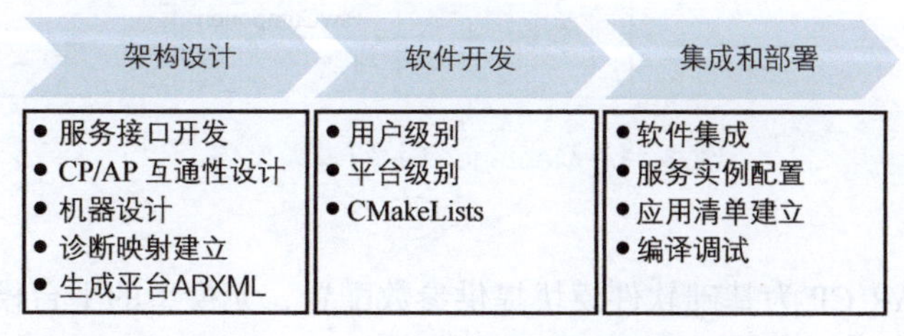

图 3-10 AUTOSAR AP 的开发方法

1）架构设计阶段：确定系统需求、功能和服务，并将其分配到合适的Machine，即运行环境所需的物理资源（含处理器、内存、网络等），一个Machine运行一个AP实例。采用建模工具，如Simulink，Provision等，定义和设计应用程序的功能需求和架构。创建和配置服务接口、CP/AP互通性、软件组件SWC端口等，并生成ARXML文件。

2）软件开发阶段：根据ARXML文件生成代码框架，使用C++语言开发AA，遵循AUTOSAR C++标准，使用CMakeLists文件指定交叉编译工具链和依赖项。此阶段输出是一个应用程序清单，说明AA的属性和依赖关系。

3）集成和部署阶段：使用集成和部署工具，将应用程序编译成可执行文件，并部署到目标Machine上进行集成和测试，以验证系统功能、性能和安全性，检测并解决问题或缺陷。配置应用程序执行清单、服务实例清单和机器清单，并启动执行管理应用程序。

（3）元模型

AUTOSAR AP的建模概念在元模型中被构造成各种清单，描述设计模型元素（元类）及与部署相关的模型元素。有以下4种主要的清单类型。

1）应用设计清单：说明如何在AUTOSAR AP上设计应用软件。

2）执行清单：指定应用程序的部署，与可执行代码捆绑在一起，以支持将其部署到Machine。

3）服务实例清单：为底层传输协议配置面向服务的通信。

4）Machine清单：描述Machine的部署信息，与AUTOSAR AP实例的软件捆绑在一起。

图3-11所示为Machine和执行清单的示例。Machine清单用于描述属于该Machine的CPU和内核，可以理解为多核版本的AUTOSAR CP ECU。执行清单有两个作用：一是定义执行软件组件的进程，并将进程映射到Machine上的特定内核；二是描述启动配置和任务的初始化顺序。

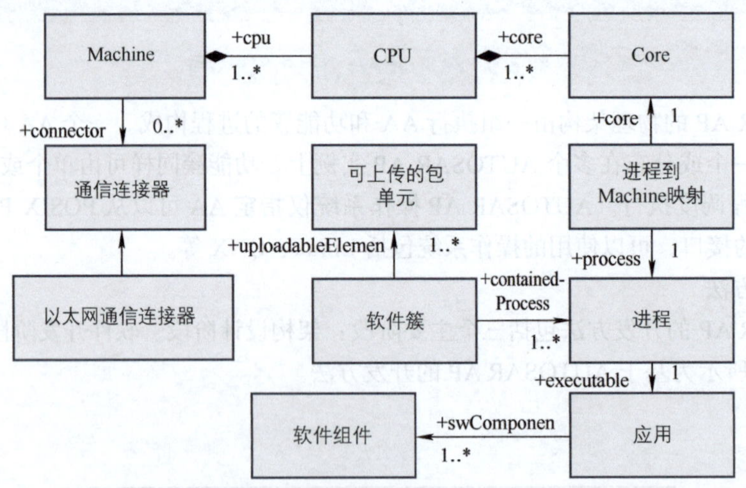

图3-11 Machine和执行清单示例

（4）中间件

不同于AUTOSAR CP为基础软件模块提供参数配置，元模型的平台模块开发部分描述功能簇模块的配置，实际配置直接由元类的实例化实现，不需要像AUTOSAR CP那样在模型间向上映射。

3.2 车辆操作系统

3.2.1 车辆操作系统分类

车辆操作系统（OS）是负责管理车载计算机的硬件和软件资源，实现进程调度和资源分配并提供基本服务的系统软件。车辆 OS 是 AUTOSAR CP 和 AUTOSAR AP 基础软件的重要组成部分。根据其在车辆电子系统中的应用领域分类，分为安全车载操作系统、智能驾驶操作系统和智能座舱操作系统 3 类。

1. 安全车载操作系统

安全车载操作系统主要应用于符合 AUTOSAR CP 标准的 ECU，如底盘线控系统、发动机管理系统等。此类 OS 通常符合 OSEK/VDX 或 AUTOSAR CP 标准，满足底盘、动力控制系统对硬实时性和高可靠性的要求。典型的 OS 产品有 FreeOSEK（开源）、OpenOSEK（开源）、ProOSEK、OSEKTurbo、NucleusOSEK、SmartOSEK 等。安全车载操作系统的特点包括以下 3 点。

1）实时性：底盘、动力控制系统等涉及交通参与者的生命安全，因此操作系统要求具有严格的硬实时性。操作系统通过静态系统配置、占先式调度策略、提供告警和优化系统运行机制以提高中断响应速度等手段保障用户的实时性需求。

2）可移植性：通过 OSEK 和 AUTOSAR CP 详细规定 OS 的运行机制，并指定标准的应用程序接口，从而增强了应用代码的可移植性。通过标准的 OSEK 实现语言 OIL，用户只需更改 OIL 配置文件中的硬件相关部分，即可实现不同微控制器间的程序移植。

3）可扩展性：为适用于各种目标处理器，操作系统具备高度模块化和可灵活配置特点。定义了多种不同的调度机制，不同的 RTOS 能力分类，使得它适用于各种应用程序和硬件。

2. 智能驾驶操作系统

智能驾驶系统中，感知融合、决策规划和控制执行等功能需要运行复杂算法并使用海量数据，因而需要高算力和大带宽通信的支持，以及较高安全性和实时性的操作系统。传统的基于 OSEK/VDX 和 AUTOSAR CP 标准的安全车载操作系统不能满足智能驾驶的需求。在这种背景下，AUTOSAR AP 定义了基于可移植操作系统接口 POSIX（Portable Operating System Interface of UNIX）PSE51 的操作系统。PSE51（最小实时系统配置文件）是为嵌入式实时系统而创建的 POSIX 子集。POSIX 操作系统缺乏车辆应用的常用功能，如诊断、网络管理等。AUTOSAR AP 在 POSIX 的基础上定义了中间件标准，为 AA 提供这些服务。通信机制上，PSE51 并没有定义进程间通信 IPC，因此没有直接的接口可实现进程间交互。AUTOSAR AP 提供的通信管理支持进程间通信，抽象的 ARA 接口可用于 IPC，统一提供机器内和机器之间的面向服务的通信。

应用于智能驾驶的操作系统有 eMCOS、QNX、鸿蒙 OS 等，它们采用分布式和 RTOS 内核架构，且通过嵌入式 OS ISO26262 ASIL-D 认证。中国汽车工业协会软件分会于 2023 年发布中国车用操作系统开源计划，目标是打造一个以开源内核为基础的智能网联车辆软件系统中国方案。

3. 智能座舱操作系统

智能座舱操作系统用于车辆信息娱乐服务以及车内人机交互计算机系统，是车辆实现座舱智能化与多源信息融合的运行环境。由于不涉及对车辆底盘和动力总成的直接控制，因此该类操作系统对安全性、可靠性、实时性要求不如前两种严苛，但对算力有较高需求。典型的座舱操作系统有 QNX、Linux、Android、AliOS、鸿蒙 OS、WinCE 等。近年来智能座舱的娱乐与信息服务属性越发凸显，开源的 Linux 以及在手机端拥有大量信息服务应用的 Android 系统被众多车厂采用。

3.2.2 典型的智能车辆操作系统

1. 鸿蒙 OS

鸿蒙操作系统是一款面向全场景的开源分布式操作系统，基于同一套系统适配多种终端形态，支持在内存 128K ~ 6G+ 的设备上运行，内核通过了 ISO26262 ASIL-D 认证，满足车辆应用环境的高可靠要求。鸿蒙 OS 的技术架构如图 3-12 所示，采用分层结构，从下至上分别是内核层、系统服务层、应用框架层和应用层，支持根据实际需求裁剪某些非必要的子系统或功能 / 模块。

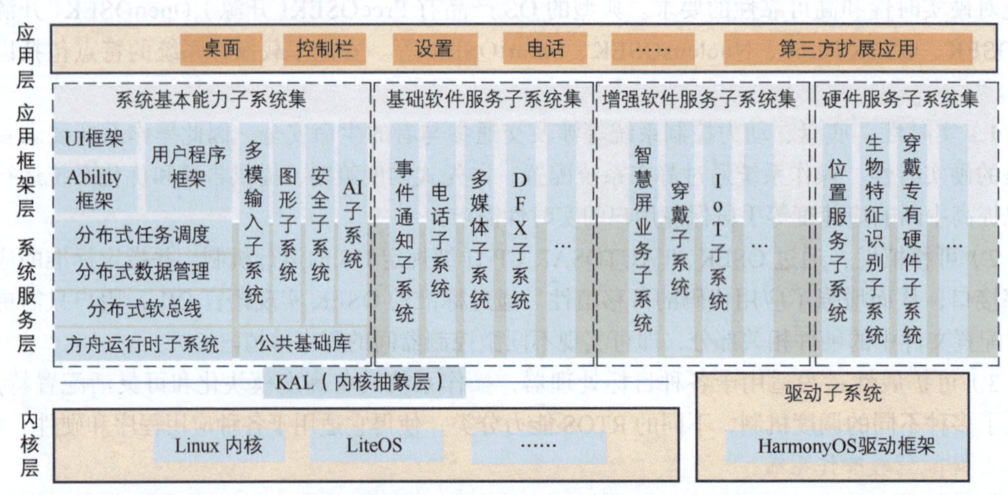

图 3-12 鸿蒙 OS 技术架构

其中内核层包括驱动子系统和内核抽象层。内核抽象层采用多内核（如 Linux 和 LiteOS），其中 LiteOS 为实时内核。内核抽象层屏蔽多内核差异，为上层提供基础的内核能力，如进程 / 线程管理、内存管理、文件系统、网络管理和外设管理等。系统服务层是鸿蒙 OS 的核心能力集合，通过框架层对应用程序提供服务，提供的服务包括：①系统基本能力子系统集，为分布式应用在多设备上的运行、调度、迁移等提供基础能力；②基础软件服务子系统集，提供公共、通用的软件服务；③增强软件服务子系统集，提供针对不同设备的差异化的能力增强型服务；④硬件服务子系统集，提供硬件服务，如位置服务、生物特征服务等。根据不同设备形态的部署环境，基础软件服务子系统集、增强软件服务子系统集、硬件服务子系统集内部可以按子系统粒度裁剪，每个子系统内部又可以按功能粒度裁剪。

鸿蒙 OS 采用分布架构、确定时延引擎、高性能 IPC 和高可信安全内核。分布式软总线为设备间的互联互通提供了统一的分布式通信能力，开发者只需聚焦于应用的业务逻辑实现，无须关注组网方式与底层协议。确定时延引擎通过分配任务优先级和时限实现，高优先级任务被优先调度，降低应用响应延时并保障任务响应的实时性。上述特性使得鸿蒙 OS 能够满足智能驾驶和智能座舱系统对算力、通信能力、安全性和实时性的要求。

2. Linux

Linux 是一款开源操作系统，广泛应用于嵌入式系统、桌面系统和服务器等。Linux 的优势在于开源、定制开发灵活性以及较成熟的应用生态。Linux 有较多的发行版，如 Ubuntu、Debian、Fodora、CentOS、统信 UOS、Deepin 等。各发行版本间存在一些兼容性问题，因而限制了应用代码在各发行版本间的重用、移植。对于车辆软件开发，需要一个标准的开源系统和框架，使车辆制造商和供应商能够快速地开发和部署功能，目前这种多发行版本的局面不满足汽车的应用需求，在此背景下汽车行业推出了 AGL、GENIVI 等项目。

AGL（Automotive Grade Linux）是一个由 Linux 基金会管理的协作开源项目，成员包括车辆制造商、供应商和研究机构等，旨在为车辆应用程序构建基于 Linux 的开源软件平台，并作为事实上的行业标准。AGL 涉及所有的车辆软件，包括信息娱乐、仪表、抬头显示、远程信息服务、驾驶辅助和智能网联等应用。AGL 的主要目标包括：①为整个车辆行业建立单一平台；②为一个项目开发 70% ~ 80% 的基础工作；③通过整合最好的开源项目减小碎片化；④建立一个由开发人员、供应商和专家组成的生态系统，使用一个平台。

通过在整个行业中采用共享平台以减少碎片化，AGL 允许车辆制造商和供应商重复使用相同的代码库，从而实现快速创新并加快新产品上市。

3. QNX

QNX 是一款微内核、嵌入式、非开源的实时操作系统。微内核架构使得 QNX 的内核可以小到几十 KB，驱动程序、协议栈、文件系统、应用程序等都在微内核之外的受内存保护的用户空间内运行，其系统技术架构如图 3-13 所示。组件之间相互独立，组件在出现故障时都能自动重启而不会影响其他组件或内核。QNX 是首款通过 ISO26262 ASIL-D 安全认证的实时操作系统。QNX 通过了 POSIX PSE52 认证，现有运行在兼容 POSIX 的操作系统（如 Linux）上的代码可方便地移植到 QNX 上。QNX 的其他主要特性包括：①全面的多核支持；②可预测的实时性能；③支持各种文件系统；④高可用性，可以检测早期故障，智能重启和透明重连；⑤支持大量的板级支持包；⑥支持 ARM、x86 和 PowerPC 等处理器。上述特性使得 QNX 既可用于实时性要求极高的底盘、动力域嵌入式系统，也适用于信息娱乐、智能驾驶等领域。

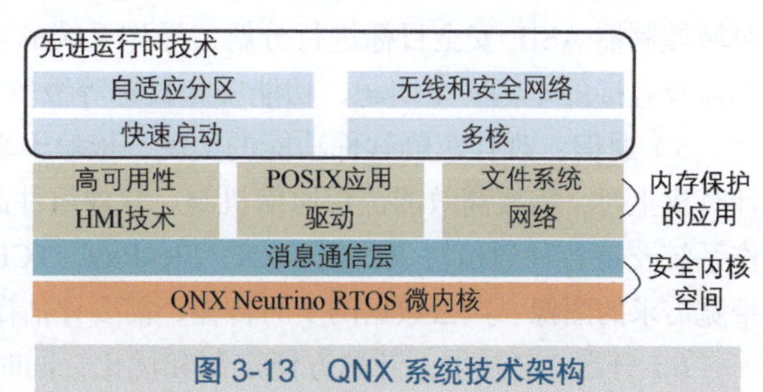

图 3-13 QNX 系统技术架构

基于 QNX 操作系统的车辆域控制平台有车载娱乐系统（QNX Multimidia Suite）、驾驶辅助系统平台（QNX Platform for ADAS）、声学管理平台（QNX Acoustics Management Platform）和车载软件平台（BlackBerry IVY）。以 QNX 驾驶辅助系统平台为例，其硬件支持瑞萨（H3、V3M）、英特尔（Denverton、Appolo Lake）、英伟达 Drive 系统等芯片平台，还支持毫米波雷达、激光雷达、摄像头、GPS 等传感器。

4. Android Automotive

Android Automotive 是一个基础 Android 平台，可运行预装的 Android 桌面及应用程序，以及可选的第三方 Android 应用程序，在原 Android 的系统架构基础上替换为与车辆应用相关的模块。Android Automotive 可为车载信息娱乐系统和车机提供开放性、自定义和规模化特性。

开放性在于免费的开源代码库中提供基本的车载信息娱乐功能，可进一步提升效率。借助自定义特性实现功能的差异化。规模化特性是指通过 Android 的通用框架、语言和 API 来实现的庞大应用生态复用。

3.2.3 车辆操作系统的选用设计

为车辆控制系统选用操作系统时，应主要考虑以下因素。

1）功能 / 应用的实时性：底盘域、动力域控制系统需要微秒或毫秒级的硬实时性能，智能驾驶域需要毫秒级的实时性和可预测的调度延迟，智能座舱域则对实时性要求一般。

2）算力：对于底盘、动力域应用，关注的是控制能力而非计算能力，智能驾驶域需要多核、异构计算平台提供算力支持，OS 需要支持多核、多进程 / 线程，以及支持 TensorFlow 等 AI 框架、OpenCV 等算法库的部署。

3）安全性：底盘、动力域一般采用 ROM 型软件系统，运行的软件组件在开发阶段静态配置，不易受到外部攻击。智能驾驶域应用对安全性具有极高的要求，应避免计算机系统受到攻击和挟持，操作系统需要提供身份验证和访问控制机制、权限访问管理、系统行为监控等。

4）可靠性：底盘域、动力域和智能驾驶域的控制系统均涉及车辆的安全，根据潜在后果的危害事件的严重度、暴露度和可控性进行评估，此类系统的功能安全目标通常为 ASIL-D 级，对域控制器 ASIL 安全目标进行分解，操作系统的功能安全目标为 ASIL-D 级。座舱域控制系统不涉及直接的车辆安全问题，功能安全目标等级较低。

5）通信：现代车辆软件功能的实现，依赖于软件组件间的交互协作。软件组件部署在一台计算机上时，需要高效的进程通信机制。软件组件部署在分布式网络的不同计算机上时，需要操作系统支持各种通信协议，如 CAN、FlexRay、TCP/IP。对于智能驾驶域和智能座舱域，涉及高带宽需求的图像、点云数据的实时传输，需要评估操作系统的 IPC 性能及对通信协议的支持。

6）开源 / 定制化：开源方便定制和优化，同时潜在的安全风险较小，但需要较多的研发投入，开发风险较大。非开源的通常为商业化操作系统，其产品的性能和可靠性高。需要根据应用场景、研发资源等综合评估选用。

7）硬件支持：对拟采用硬件平台的支持和优化，如适配处理器类型、板级支持包 BSP 等。

8）应用生态 / 代码复用：成熟的应用生态可降低软件开发工作量，且成熟的代码可以复用。

9）对 AUTOSAR CP/AP 的兼容性和工具适配。

10）开发成本和使用成本。

3.3 中间件技术

3.3.1 车辆软件的中间件技术

中间件技术应用于分布式计算机系统，用于提供分布式对象间的互操作性。中间件是一个相对概念，在分层的软件系统中，任何一层相对上下两层而言都是“中间件”。在车辆软件领域，中间件特指应用层与操作系统内核间的服务和功能软件组件。图 3-14 所示为中间件在车辆领域的应用拓展，中间件的内涵包括最小核心、车载中间件、智能驾驶中间件和智能驾驶应用框架等 4 个部分。狭义中间件的核心是解决分布式通信问题，最小核心实现远程过程调用（RPC）和消息传递。中间件技术应用于车辆软件时，关注的是提供实时和可靠的通信服务、更多的总线支持和诊断功能等，这些对车辆软件而言是基础功能，称为车载中间件，如 AUTOSAR CP 运行时环境 RTE 和基础软件（图 3-6）。车载中间件应用于智能驾驶时，面临新的要求和挑战：①需要高带宽支持传感器数据传输，具有较低的通信延迟和 CPU 负载；②高效的任务调度和确定性执行，即算法流水线延迟短且波动率低；③对软硬件异构平台的支持；④对智能驾驶开发阶段的支持，如数据的录制、回放、可视化等。对这些要求的实现构成智能驾驶中间件，如 AUTOSAR 自适应运行时环境 ARA（图 3-9）、CyberRT、ICEORYX，ROS 等。更进一步，为了能更快速地开发智能驾驶应用，将自动驾驶应用开发所需的公共部分形成一个应用开发框架，使传感器适配、感知融合、规划决策、地图及定位、控制执行等都有标准的开发模式并提供基础的实现，该开发框架即为智能驾驶应用框架，是对车载中间件在自动驾驶领域的进一步扩展，如 Apollo、NvidiaDrive、ROS 等。

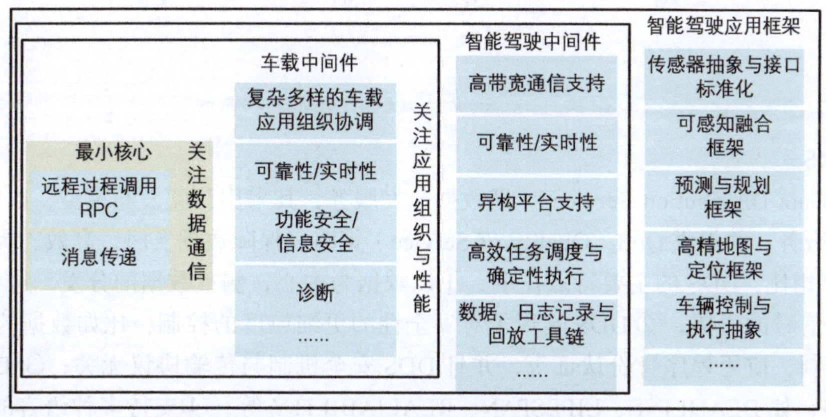

图 3-14 车辆软件领域的中间件内涵

3.3.2 典型的车辆软件中间件

本节围绕中间件在车辆领域应用的四个内涵，即最小核心、车载中间件、智能驾驶中间件和智能驾驶应用框架，介绍其具体的关键技术内容。最小核心的关键技术是通信中间件；AUTOSAR CP RTE 给出了车载中间件的一种具体实现；CyberRT 和 ROS2 是两种典型的智能驾驶中间件技术；Apollo 系统给出了智能驾驶应用框架的实例。中间件的扩展内涵是在继承前者的基础上引入新的功能特性，故在下面的介绍中会出现部分相同的内容，但每节的重点仍是新的功能特性。

1. 通信中间件

通信是中间件的核心功能之一。在面向信号的 AUTOSAR CP 中，RTE 屏蔽了组件间的通信细节，底层采用 CAN/LIN 协议实现分布式软件组件间通信。在面向服务的架构中，CAN、CANFD 及 Flexray 等由于带宽限制，均不能支持快速、海量数据传输，以太网成为标准车载网络之一。相应的，SOME/IP、DDS 及共享内存成为智能车辆通信中间件的主流技术。

（1）SOME/IP

SOME/IP（Scalableservice-Oriented MiddlewarE over IP）是基于以太网、支持面向服务的

通信协议，AUTOSAR CP 和 AUTOSAR AP 中均支持该协议。SOME/IP 的传输层采用 TCP、UDP、SCTP 和 QUICK 等。QUICK 是基于 UDP 实现的可靠数据传输协议，其主要目的是整合 TCP 的可靠性优点和 UDP 的速度及效率优点。在 SOME/IP 的数据链路层甚至可以不使用以太网，例如采用 SPI。如图 3-15 所示，在智能驾驶控制器中为实现功能安全目标，在 SoC 以外配一个满足 ASIL-D 级的 MCU，SoC 与 MCU 之间通过以太网连接，并以 SPI 作为冗余备份。

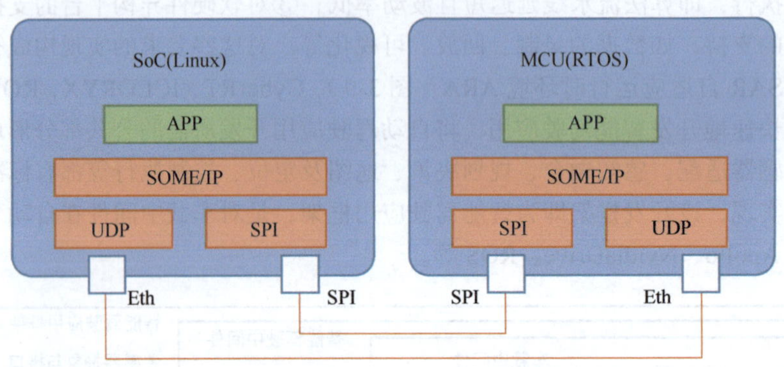

图 3-15　SOME/IP 使用 SPI 作为冗余通道

（2）DDS

DDS（Data Distribution Service），即数据分发服务，其采用订阅发布模型，以中间件的形式提供通信服务，并提供 QoS（Quality of Service）策略，保障数据实时、高效、灵活地分发。与 SOME/IP 相比，DDS 的主要特点在于：①以数据为中心，侧重数据的分发，这种模式类似传统的面向信号的通信；② DDS 实现了对安全性的更细粒度的控制，比如数据的加密传输，读写权限控制，应用程序身份认证等，并且 DDS 安全机制与传输协议无关；③ DDS 提供多种 QoS 策略，如 DEADLINE、LIFESPAN、REALIABILITY 等；④支持多种语言的标准 API；⑤仅获得 AUTOSAR AP 的支持。

（3）共享内存

SOME/IP 和 DDS 均会有通信延迟，由执行协议栈、数据拷贝和物理通道发送等开销造成。例如，200 万像素的图像，数据大小 4MB，通过千兆以太网传输需要 35ms 左右，而通过内存（DDR4，17GB/S）传递数据，约 240μs。为了降低 CPU 开销和通信延迟，采用共享内存加速进程间通信成为智能驾驶通信中间件的主流方法之一。

在操作系统中运行的每个进程都有自己独立的虚拟地址空间，由操作系统把每个进程的虚拟地址空间映射到实际的物理内存。在物理内存上创建一个共享内存区，将进程 A 和 B 的虚拟地址映射到该区域，进程 A 和 B 均可对该内存区域进行访问，如图 3-16 所示。为避免访问冲突，采用互斥锁、信号量等保证只有当一个进程完成对共享内存的读写后，另一个进程才能获得访问权限。共享内存还存在进一步优化的空间：进程 A、B 在访问共享内存时，需要在进程的内存空间和共享内存间进行数据拷贝，当数据量大时，消耗了大量的内存带宽和 CPU 资源。可行的解决办法是，在这块共享内存区中，数据生产者写入，数据消费

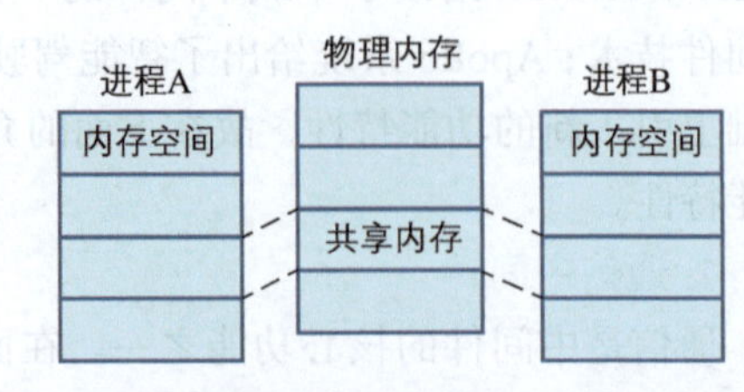

图 3-16　共享内存通信——虚拟地址映射

者读取，数据就在原地，不需要做额外的复制，即所谓的零拷贝技术。

2. AUTOSAR RTE

运行时环境 RTE 是 AUTOSAR ECU 架构的核心，是虚拟功能总线（Virtual Function Bus，VFB）接口的实现，为应用软件组件间、基础软件组件间的通信提供服务。在进行车辆软件设计时，应用软件组件可根据需要在系统配置期间部署到任何可用的 ECU 上，这时需要用 RTE 屏蔽软件组件的信号提供者和信号接收者的细节，并由 RTE 实现信号的收发。例如，在设计车身控制器时，操纵玻璃升降器的按键信号，可以通过硬线连接到车身控制模块上，也可以通过车门按键 ECU 采集，经 LIN 总线发送给车身控制 ECU 中的车窗控制软件组件。在这种情况下，车窗控制组件只需要通过标准的 RTE 接口获取按键信号。对应用组件而言，RTE 将按键信号来源的细节屏蔽，根据配置生成的信号路由，调用基础软件层的通信服务进行信号的收发。图 3-17 所示为车门按键 ECU 提供按键信号的实例的按键信号通信。RTE 支持 CAN、LIN、FlexRay 等常用的车载通信协议。

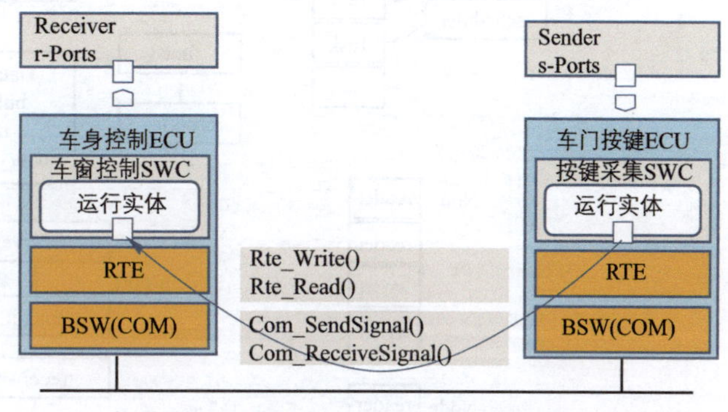

图 3-17　RTE 实现组件间通信

RTE 的另一个作用是通过周期性或事件触发方式调用软件组件的运行实体（即软件组件中的函数等可执行代码），如图 3-18 所示。RTE 生成调用运行实体的任务代码，并将运行实体配置到相应的 OS 任务中，通过 RTE 事件（如定时、信号回调等）触发运行实体的执行。示例中，TASK 通过 RTE_TE_ev1 和 Rte_TE_ev2 两个事件，分别触发 runnable1 和 runnable2 两个运行实体。通过该方式，软件组件不会直接访问 OS 和 BSW，而是通过 RTE 来访问，从而充分解耦应用组件对 ECU 平台（包括硬件和 BSW）的依赖性。

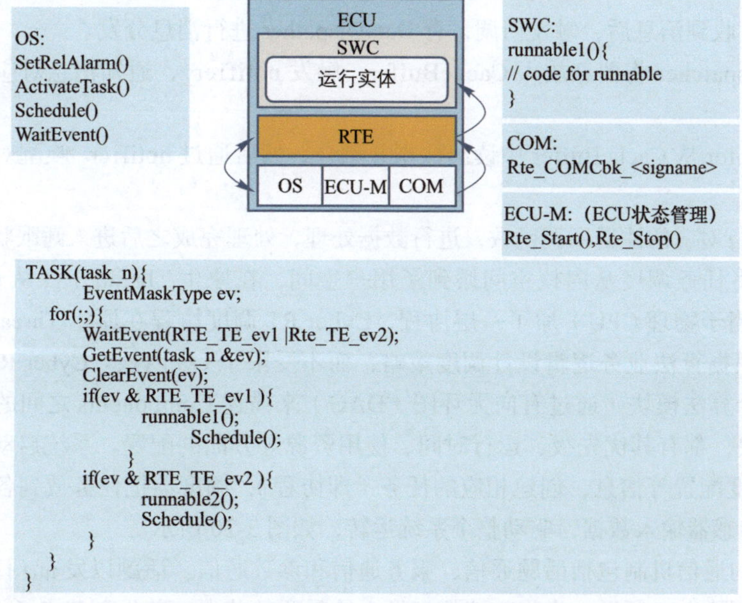


```
TASK(task_n){
        EventMaskType ev;
    for(;;){
        WaitEvent(RTE_TE_ev1 |Rte_TE_ev2);
        GetEvent(task_n &ev);
        ClearEvent(ev);
        if(ev & RTE_TE_ev1 ){
            runnable1();
                Schedule();
        }
        if(ev & RTE_TE_ev2 ){
            runnable2();
            Schedule();
        }
    }
}
```

图 3-18　通过 RTE 调用软件组件的运行实体

3. CyberRT

CyberRT是为智能驾驶定制的高性能、开源的实时通信和任务调度框架，可以解决自动驾驶的高并发、低延迟、高吞吐和任务调度等问题。CyberRT数据通信流程如图3-19所示，具体过程（对应图中数字序号）如下。

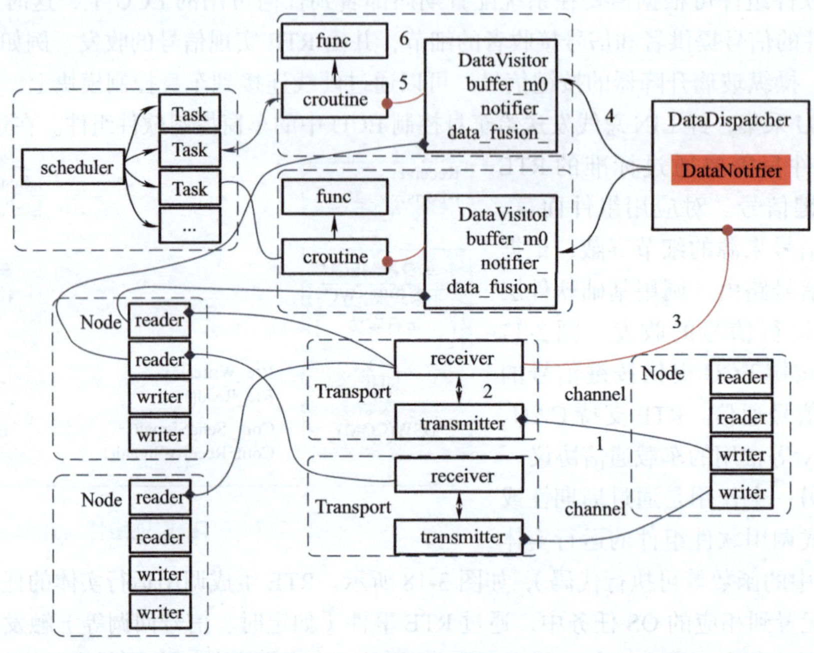

图3-19　CyberRT数据通信流程

1）节点中的writer往通道写数据。

2）通道的transmitter发布消息，通道的receiver接收消息。

3）receiver收到消息后，触发回调，有DataDispather进行消息分发。

4）DataDispatcher将消息放入CacheBuffer，触发notifier_，通知消息对应的DataVisitor处理。

5）DataVisitor从CacheBuffer中读出数据并融合，然后通过notifier_唤醒对应的协程（算法载体）。

6）协程执行对应的注册回调函数，进行数据处理，处理完成之后进入睡眠状态。

Cyber RT将任务调度从内核空间搬到了用户空间，在原生Thread上（从CyberRT角度，原生Thread相当于物理CPU）加了一层协程，Cyber RT调度协程在原生Thread上有序运行，因而可灵活地根据算法业务逻辑设计调度策略，而不受限于OS内核。Cyber RT通过Component来封装每个算法模块，通过有向无环图（DAG）来描述Components之间的逻辑关系。对于每个算法模块，都有其优先级、运行时间、使用资源等方面的配置。系统启动时，系统结合DAG文件、调度配置等信息，创建相应的任务（即协程），调度器把任务放到各个处理器的队列中，最后由传感器输入数据，驱动整个系统运转，如图3-20所示。

Cyber RT的通信机制包括话题通信、服务通信和参数通信。话题以发布/订阅方式实现节点间的通信。如图3-21所示，为将车速信息发送给需要的节点，首先创建Talker和Listener节点，Talker通过Writer对通道进行消息写操作，Listener为实现订阅，通过Reader来对通道进行读操作。

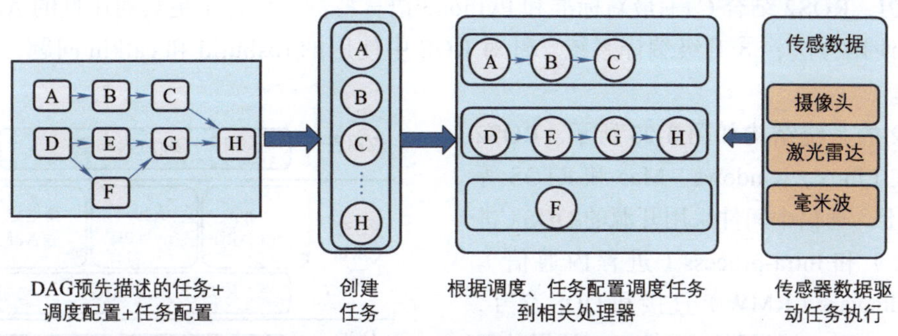

图 3-20　Cyber RT 运行流程

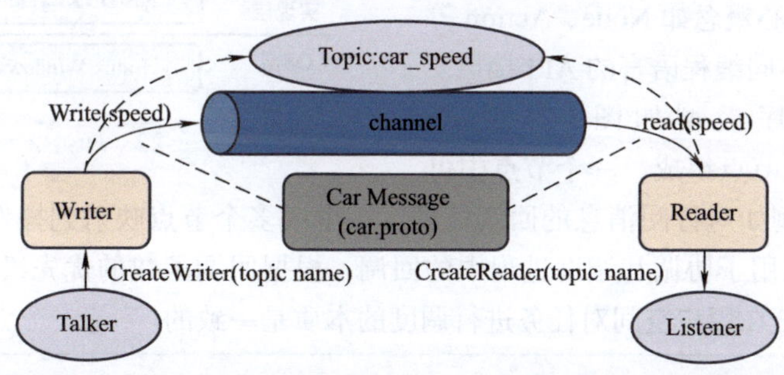

图 3-21　Cyber RT 话题通信

服务通信以请求/响应的方式实现不同节点间数据交互。如图3-22所示，为实现在需要的时候获得车辆的信息（其他时间不需要），创建一个客户端（使用信息）和服务器（提供信息），客户端向服务器发出请求，服务器回应请求，并将客户端所需数据返回给客户端。

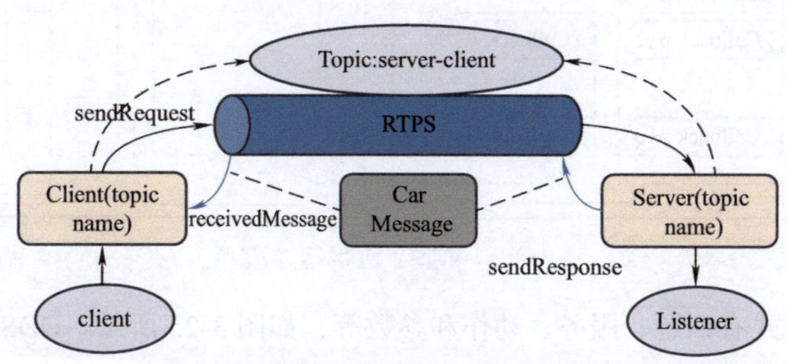

图 3-22　Cyber RT 服务通信

4. ROS2

ROS（Robotic Operation System）最初是为个人服务型机器人设计的软件架构，后来应用领域逐渐拓展到工业机器人、自动驾驶、水下航行器、飞行器等。随着应用领域的延伸，应用场景要求ROS能够支持多机器人系统、嵌入式平台、实时系统，具有增强的网络通信能力，并且能转化为实际应用。为满足上述要求，ROS2应运而生。

ROS2 相对 ROS 的主要改进体现在：①重新设计系统架构，ROS2 实现了真正的分布式，不再有 Master 节点，使用 DDS 的 Discovery 机制，为所有节点通信提供可靠保障；②重新设计软件 API，ROS2 结合 C++ 最新标准和 Python3 语言特性，设计了更具通用性的 API，保留了类似的使用方法；③升级编译系统，针对 ROS 中使用的 rosbuild 和 catkin 问题，ROS2 进行了优化。

ROS2 的系统结构如图 3-23 所示。ROS2 可运行在 Linux、windows、Mac 和 RTOS 等多个平台上。通信中间件采用开源的 DDS（进程间通信）和 Intra-process（进程内通信）。ROS Middleware（RMW）直接和 DDS 交互，并向 ROS2 Client 层提供 API 接口，该层的目的是向用户屏蔽不同厂商 DDS 的差异。ROS2 Client 提供 ROS2 核心概念如 Node、Action 等的具体实现，以及不同编程语言的 API 接口。

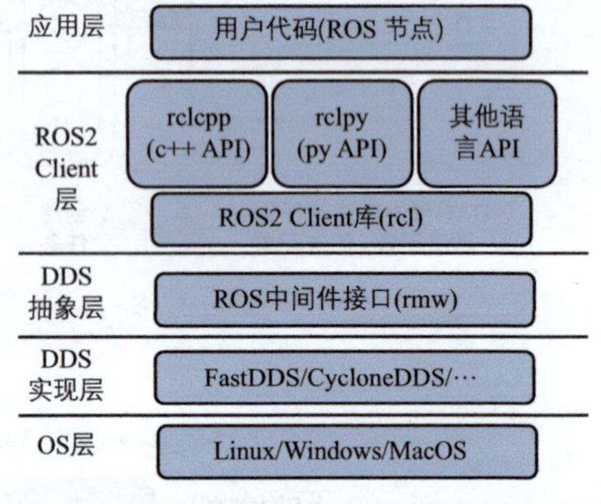

图 3-23　ROS2 系统架构

ROS2 应用程序模型如图 3-24 所示。ROS2 的应用由多个节点组成，一个节点中可有多个回调函数，例如对订阅消息的回调处理。一个或多个节点映射到操作系统的一个进程。ROS2 内置的执行器用于协调和调度进程中的回调，根据回调函数的优先级来决定它们的执行顺序，这与 CyberRT 在用户空间对任务进行调度的本质是一致的。

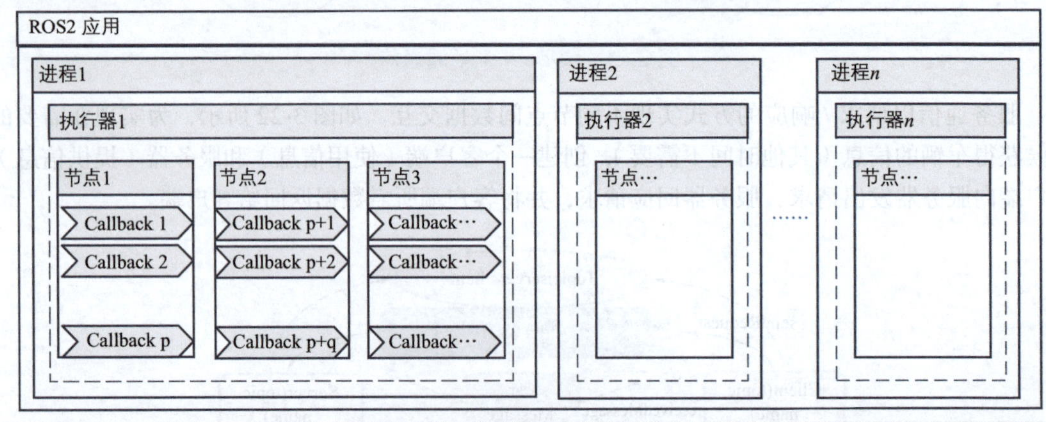

图 3-24　ROS2 应用程序模型

ROS2 的通信方式有话题、服务、动作和参数等，如图 3-25 所示。DDS 基于话题（Topic）来实现发布 / 订阅模式，允许任意两个 DDS 程序之间进行直接通信。去中心化 master 后，节点都是同一个级别，可实现一对多、多对一和多对多的通信。话题机制适合于需要周期处理的传感器数据的收发，是 ROS 中使用频度最高的通信方式，相较其他通信方式，其消息回调函数具有最高优先级。对于有些不需要周期处理的数据（如身份认证服务），可采用服务通信。服务通信基于 C/S 模型，服务只有在客户端发起服务请求时才由服务器提供。多个客户端可以请求同一个服务，但一个服务只能由一个服务器提供。

对于一些只关注任务终点状态的控制，如原地转向。若通过服务将目标角发送给底盘控制节点，由其控制线控转向系统按一定速度移动到目标位置。我们可能关注如下问题：执行节点是否收到指令并在执行、执行进程如何、中途取消执行。动作通信可解决所述问题，它建立在话题和服务基础上。动作通信由目标、反馈和结果三个部分组成。目标即告诉服务器需要做什么，采用服务通信。反馈即服务端告诉客服端当前进度如何，采用话题通信。结果即服务端最终告诉客服端其执行结果，采用服务通信。取消执行也采用服务通信。

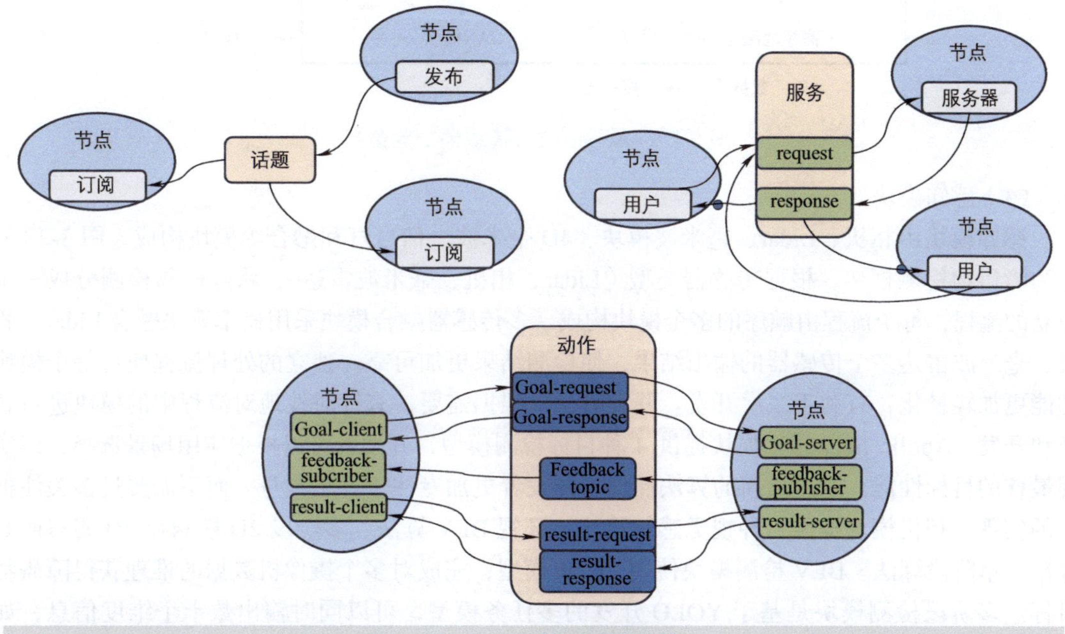

图 3-25　ROS2 的几种通信模式

5. 百度 Apollo 智能驾驶应用框架

Apollo 平台是一套完整的软硬件和服务系统，包括车辆平台、硬件平台、软件平台（应用软件和软件核心）和云端服务等 4 个部分，其系统框架如图 3-26 所示。这里从中间件角度分析其软件平台的智能驾驶应用框架，即图中线框内的定位、感知、预测、规划、控制等核心模块。软件核心层和应用软件层都包括定位、感知、预测等模块，不同的是，核心层实现的是上述模块基本功能，而应用层则是面向应用场景对上述模块的定制化。

图 3-26　Apollo 系统框架

Apollo 核心模块的交互关系如图 3-27 所示。本节介绍感知、规划和控制几个主要模块的功能及框架。

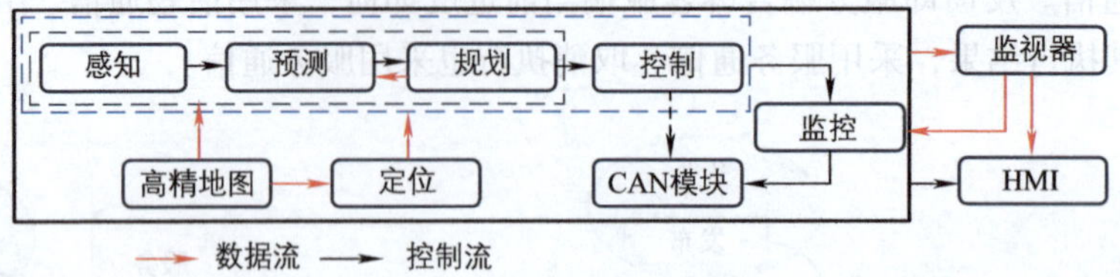

图 3-27 Apollo 核心模块的交互关系

（1）感知模块

感知模块由相机、Lidar、毫米波模块、4D 毫米波、信号灯和融合等模块构成，图 3-28 所示为障碍物检测框架。根据传感器类型（Lidar、相机、毫米波雷达），将障碍物检测分成三个独立的流程，每个流程由顺序的多个模块构成。多传感器融合模块采用概率算法融合 Lidar、相机、毫米波雷达多个传感器的输出结果，使检测结果更加可靠。独立的处理流程使得每个模块功能更加轻量化，有利于二次开发。开发者也可根据需要，有针对性地对流程中的模块进行替换和开发。Apollo lidar 感知模块提供 4 种目标检测模型，开发者可以根据应用场景选择，以实现最佳的目标性能。通过最新的算法插件，开发者更加专注于算法本身，而不需要过多关注框架的实现。相机模块提供三种视觉感知算法：环视 BEV 算法、多阶段 2D 检测及 3D 姿态回归算法、单阶段算法。BEV 检测模块使用 PETR 模型，完成对多个摄像机数据的推理获得障碍物目标。多阶段检测模块是基于 YOLO 开发的多任务模型，可以同时输出数十个维度信息，如“2D”“3D”和车辆转向信息。相机单阶段检测算法包含 Caddn 和 SMOKE 两个模型，可以同时输出目标的 2D 和 3D 信息。上述模块可将结果传输到 camera_tracking 组件实现目标追踪。4D 毫米波模块对毫米波点云进行预处理，使用经典点云 3D 目标检测模型 PointPillars 对目标进行检测，并通过 ROI 过滤和目标跟踪算法输出跟踪后的目标级障碍物。

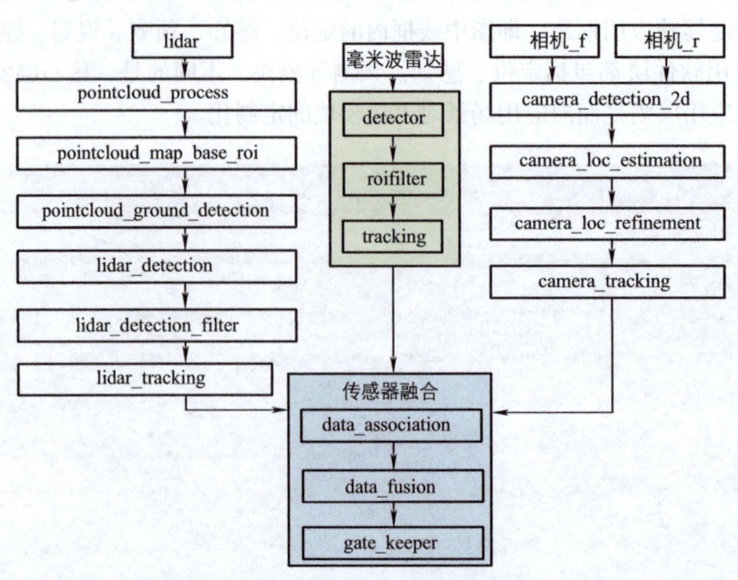

图 3-28 Apollo 障碍物检测框架

信号灯检测流程包括预处理、检测、识别和追踪。预处理阶段查询地图信号灯信息，根据投影关系确定红绿灯在图像中的区域。检测阶段利用卷积神经网络检测红绿灯边界框。识别阶段根据输出的边界框识别信号灯的颜色，输出边界框颜色的概率。当概率足够大时，作为信号灯状态输出。追踪阶段对红绿灯的检测结果进行一定的修正。

（2）决策规划模块

Apollo 将决策规划模块整合到一起，统称为 planning 模块。planning 模块根据上游定位、预测、信号灯、路由等模块的输入信息，为智能车辆规划出一条安全、舒适的运动轨迹（包含坐标、速度、时间、加速度等），然后将这些信息传递给控制模块。规划分 3 种模式：① On-lane Planning，车道规划，用于城区及高速公路等复杂道路；② Navi Planning，导航规划，主要用于高速公路；③ Open Space Planning，主要用于自主泊车和狭窄路段的掉头。Apollo 包含 3 种规划插件：① Public Road Planner，默认规划器，适用于城市道路；② Lattice Planner 和 Navi Planner，主要用于高速公路等简单场景；③ RTK Planner，循迹算法。

决策规划功能基于场景实现，即针对不同场景，planning 模块通过一系列独立任务组合来完成轨迹的规划。开发者可以根据应用需求，调整支持运行的场景列表及场景任务。图 3-29 所示为 Apollo 决策规划架构，并以 Public Road Planner 为例介绍规划器的构成及运行逻辑。决策器基于规则，确定智能车辆换道时机、停车、蠕行等驾驶行为。Public Road Planner 根据导航、环境等信息，利用有限状态机确定驾驶场景。Scenario Manager 根据状态机与车辆相关信息，调用适合当前场景的 Scenario。Scenario 结合上游模块信息，通过一系列任务组合完成智能车辆的轨迹规划。Task 是一组实现决策和优化任务集合。优化器用于优化车辆的轨迹和速度。

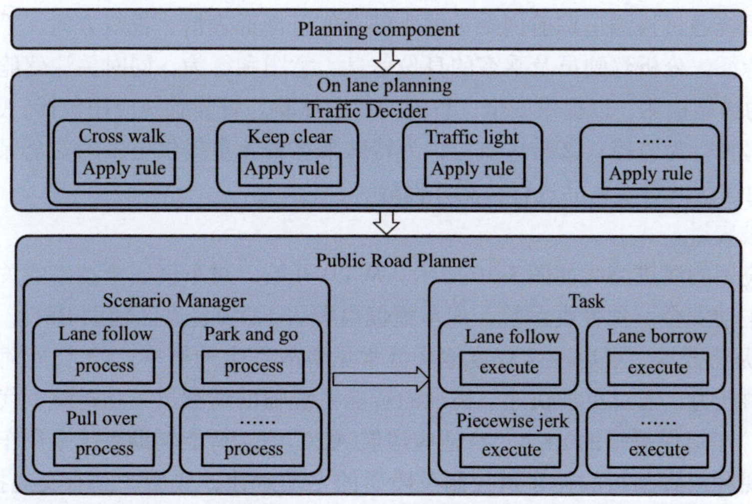

图 3-29　Apollo 决策规划架构

（3）控制模块

控制模块主要由控制组件包和控制器包组成，控制组件包是控制模块的基础组件，包含控制的整体架构和流程。控制器根据规划期望轨迹、当前定位和车辆底盘及车身状态，计算控制车辆的指令（包含转向、加速、制动等）输出给 CAN 总线模块。Apollo 支持的控制器插件有横向控制器（基于 LQR 算法）、纵向控制器（基于 PID 算法）和 MPC 控制器（基于 MPC 完成纵横向控制）。

3.4 智能车辆应用软件设计

3.4.1 智能车辆应用软件

智能车辆应用软件是构建在操作系统和中间件之上、面向场景应用的功能实现，可实现智能座舱和智能驾驶两个域的功能。

1. 智能座舱应用

智能座舱基于语音交互、机器视觉、触觉等多模态实现车内感知和交互，是集社交、娱乐、家庭、工作为一体的“智能移动空间”。智能交互和智能感知是智能座舱的核心功能，智能座舱基于交互和感知能力，实现安全应用、舒适性应用、信息娱乐应用及网联应用等。

智能座舱的交互形式多种多样，如智能语音交互、视觉交互、手势交互、AI 数字情感交互、AR-HUD 抬头显示等，可以实现高效、舒适地对座舱功能进行操作。智能语音是重要的交互方式，其价值在于释放用户的双手，从而提供高效、便捷的交互体验；视觉交互基于机器视觉技术，通过摄像头捕捉用户的面部表情、眼动等信息，进行智能分析和反馈；手势交互利用手势识别技术，使用户可以通过手势控制车内的功能，提高操作的便捷性；AI 数字情感交互使得车辆智能座舱具备情感感知、思考、可进化的能力，通过识别用户的情感和情感变化，调整交互方式、语气和灯光氛围等，提高交互的针对性和舒适度。AR-HUD 将真实世界信息和虚拟世界信息“无缝”集成，在 AR-HUD 技术支持下，用户可以获取更多行驶信息，例如车辆的位置、方向、速度、路况等，以提升驾驶安全性，增强驾驶员的感知、交互能力。

智能感知系统通过检测追踪舱内乘员的头部动作、面部表情、视线方向、手势及肢体关键点等人体视觉特征，分析驾驶员及乘客的身份信息、意图和行为，同时关注驾舱内的人员活动以及与之相关的物品检测，以提供安全、智能的驾乘体验。智能感知应用包括：①驾驶员疲劳、分神和不安全驾驶行为监控；②乘客监控，为特殊乘客如儿童提供更多的安全保障；③舱内物品检测，对舱内遗落的重要物品进行检测并提醒。

2. 智能驾驶应用

智能驾驶应用的演进路线如图 3-30 所示。从 L0 开始，对车辆安全技术的关注重点逐渐从被动安全转向主动安全。预警类系统，如车道偏离警告 LDW、盲区辅助 BSD、车道变换预警 LCA 等，通过提前警示，可以一定程度地降低常见事故发生的概率。L1 智能辅助系统增加纵向或横向的控制能力，通过更加快速、精准的智能系统辅助驾驶员主动避险，代表产品有自动紧急制动 AEB、车道保持辅助 LKA、自适应巡航 ACC。L2 智能辅助系统采用车辆纵向和横向联合控制，实现释放脚踏板的循车道控制及障碍的主动避让，典型产品有交通拥堵辅助 TJA、集成巡航辅助 ICA 和智能自适应巡航 ICC。TJA 是低速 ACC 和 LKA 功能的集成，在车辆低速通过交通拥堵路段时（60km/h 以下），实时监测车辆前方及相邻车道行驶环境，经驾驶员确认后自动对车辆进行横向和纵向控制。ICA 是高速 ACC 和 LKA 功能的集成，应用于车辆高速行驶工况（60km/h 以上）。ICC 是 TJA 和 ICA 功能的集成，在较宽的速度范围内调整行驶速度，并具有减速至停止及从停止状态自动起步的功能，同时保持车辆在原车道内行驶，可实现横向和纵向的控制。

比 L2 的智能程度更高，具有较强变道能力，但仍不能释放转向盘的智能辅助功能称为

L2+智能辅助，典型产品有自动变道辅助ALC、高速公路辅助HWA以及领航驾驶辅助NOA等。较L2及以下的智能辅助功能，L2+具有一定的自主规划能力，在技术上与L2及以下的智能辅助功能出现分界点。ALC在畅通封闭高速公路或城市快速道上（60km/h以上），可按照驾驶员的变道指令（如操作转向灯拨杆），辅助驾驶员进行车道变换。HWA是ACC、LKA和ALC功能的集成，适用于高速公路主干道驾驶（60km/h以上）。当满足变道条件且经驾驶员确认后，系统进行路径规划并自主完成车道变换动作，且系统监控到脱手条件满足时可允许驾驶员一段时间内脱手驾驶。NOA是在ALC和HWA的基础上，具备在多个运行场景下从A到B的规划能力。随着功能和运行设计域ODD的扩展，实现L3自动驾驶功能的系统，如高速公路领航HWP，交通拥堵领航TJP和城市领航City-Pilot等开始批量装车应用。HWP在HWA的基础上实现自动上下匝道功能，是ACC、LKA、ALC和高精度地图功能的集成。TJP是在TJA的基础上实现低速场景下的自动变道辅助ALC，并加入高精度地图预测可行驶走廊。City-Pilot是在城市道路按照导航路径引导车辆抵达目的地的智能驾驶系统，也是ACC、LKA、ALC和高精度地图功能的集成。

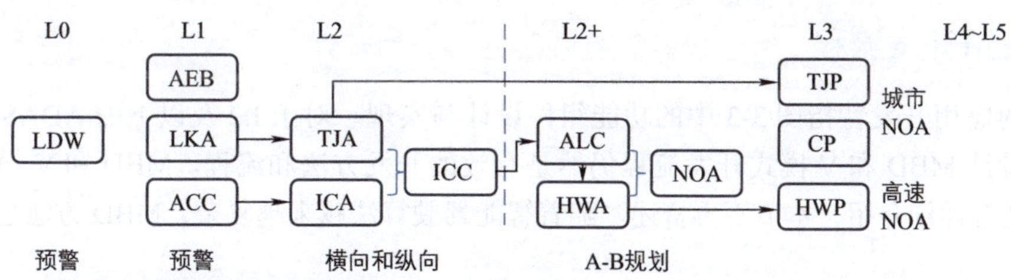

图3-30 智能驾驶应用的演进路线

在NOA和City-Pilot之后，是面向全场景的智能驾驶和全场景辅助驾驶，智能驾驶由L3向L4、L5级发展。全场景智能驾驶应用的功能包括变道超车、施工场地避让、拥堵场景的博弈变道、城市场景路口通行等各种场景下的自主驾驶能力。

3.4.2 应用层组件分解

以City Pilot为例，简要介绍应用层的软件组件分解。

City Pilot主要实现城市开放道路场景通行功能，完成点到点的智能驾驶任务，具体场景包括本车道自由行驶、本车道跟随、本车道起停、遇障停车、本车道避障绕行、超车、避障变道、超车变道、靠边停车、并行驾驶、定点起停、取消变道、变道避障、指定地点停车、开放道路路口通行、无障碍物行驶、交通信号灯起停等。

对City Pilot的功能进行抽象，将应用分解为合适粒度的软件组件以及所需的中间件服务。这里将City Pilot分解为如下应用层软件组件。

1）人机交互组件：实现驾驶员目的地设定、应用的自定义偏好配置、车辆运行状态显示以及驾驶员提醒等人机交互功能。

2）驾驶员状态监测组件：实现驾驶员的疲劳、分神等不安全驾驶行为的检测。

3）车辆状态监测组件：用于监测和评估车辆的运行状态。

4）ODD判断组件：评估车辆、操作者及环境的状态是否在City Pilot应用的ODD范围内，以便采取相应的应对措施。

5）场景状态机组件：该组件为 City Pilot 的核心功能逻辑，可根据交通场景及自车状态判断任务场景，执行对应的场景任务集。

6）诊断组件：监测系统运行状态，检测车辆系统的故障。

7）降级处理组件：City Pilot 的容错逻辑，在车辆系统发生故障或超出 ODD 范围时，采取安全措施并将控制权移交驾驶员。

为实现 CityPilot 的应用功能，应用层软件组件需要使用如下服务，这些服务由智能驾驶应用框架中间件提供。

1）感知服务：包括交通信号灯检测、动态目标跟踪与识别、可通行区域检测、定位与地图、多传感器融合、车辆状态反馈等。

2）预测服务：对动态目标（如行人、骑行者、车辆等）行为和轨迹的预测。

3）导航服务：提供全局路径的规划导航服务。

4）决策与规划：本车的行为决策、轨迹规划与优化服务。

5）控制服务：对规划轨迹的跟踪控制。

3.4.3 应用开发流程

本节的应用开发特指图 3-3 中的功能组件设计与实现。对于 L2 及以下的 ADAS 系统，基于模型的设计 MBD 和 V 模式开发流程仍然是有效的开发方法和流程。MBD 和 V 模式在现有文献中已经有详细介绍，本节不再赘述。随着智能驾驶算法越来越复杂，MBD 方法也存在下列局限性。

1）智能驾驶的代码量及复杂度相对 ADAS、底盘动力域控制软件等提高了若干个数量级。面对复杂的人工智能算法，结构化的工具箱和块组建模方法的灵活度不如直接编程。

2）人工智能的架构、工具链及各种开源代码已经形成强大的生态，利用这些资源直接编程实现比在 Simulink 建模要高效。

3）以深度学习模型为代表的自动驾驶算法，需要持续地收集关键场景以持续迭代。软件的开发测试不只局限于量产装车前的阶段，已经延续到软件的整个生命周期。

基于数据驱动的开发流程在智能驾驶行业的工程实践中被越来越多地采用。应用层开发包括需求定义（图 3-3 的需求部分）、系统架构设计、软件架构设计、核心算法设计、应用编码、测试发布和应用迭代升级七个基本步骤。

1. 需求定义

首先从各渠道获取需求，来源包括对标车型、用户的体验与反馈、开发测试人员的自下而上的反馈、事故反馈和新的法规政策等。根据提出的需求，开展需求分析。

1）必要性：从算力、成本、开发周期、预期收益等来确定是否需要该项功能。在多个功能同时抢占资源时，先实现优先级最高的功能。

2）可行性：对功能实现的可行性进行初步评估，并在算法设计与选型阶段决定。

3）技术指标：功能应用对应的具体技术指标，如探测范围、准召率、设计运行域等。

4）资源分配：包括人、财、物等资源的需求及分配。

在需求分析的基础上，形成需求文档。

2. 系统架构设计

确定功能应用的传感器、执行器、控制器等的物理组成，整车电子电气系统的拓扑结构，各子系统、组件和模块间的通信和逻辑关系，操作系统、硬件、算力等系统资源需求。

3. 软件架构设计

确定应用的中间件、算法模块和应用层组件构成，设计应用层组件间的通信和软件接口定义等。

4. 核心算法设计

确定应用的核心、关键算法并开展预研，即根据最新的研究成果确定多个候选算法，以性能指标为考量点，以自采数据和公开数据集对算法进行测试，确定优选算法集。评估算法集在目标计算平台上的耗时及算子支持情况，选定算法框架。

5. 应用编码

应用框架设计及应用层软件组件编码，如人机交互、ODD 判断、场景状态机、系统诊断、功能降级处理等。根据关键算法框架制定数据标注规范并开展数据标注。开展算法优化设计，优化模型效率和模型精度。针对模型部署开展优化，包括对具体的模型算子的耗时优化，对具体的模型结构给出部署优化建议等。

6. 测试发布

利用智能驾驶仿真测试系统开展算法测试和集成测试。算法测试包括软件在环 SIL、处理器在环 PIL 和车辆在环 VIL 等。SIL 测试针对测试集给出算法的指标，形成算法测试报告。PIL 测试算法在控制器上的稳定性。VIL 测试各种真实场景下算法的表现。集成测试指所有模块集成进行 PIL 和 VIL 测试，验证各种场景下算法的稳定性和泛化能力。各项指标达到设计指标后，可交付第三方开展独立的泛化测试，最后将应用发布上线。

7. 应用迭代升级

采用影子模式，从应用使用过程中采集数据，识别安全关键场景，上传回云端建立路测数据集。基于路测数据集，构建和更新关键测试场景库，在云端对算法模型进行迭代优化，并进行集成测试，形成新的发布版本，通过 OTA 方式升级。

习　题

一、选择题

1. 以下（　　）不属于车辆软件的设计过程之一。

A. 需求分析　　B. 功能设计　　C. 系统设计　　D. 测试标准制定

2. 软件设计中的（　　）与车辆的电子电气架构有关。

A. 功能设计　　B. 用户测试　　C. 系统设计　　D. 组件设计

3. AUTOSAR CP 的 RTE 的作用是（　　）。

A. 硬件抽象化　　B. 任务调度　　C. 软件组件间通信　　D. 诊断服务

4. 基础软件 BSW 的供应商通常是（　　）。

A. OEM　　B. 二级供应商　　C. 一级供应商　　D . 工具链供应商

5. 以下不属于智能驾驶操作系统的有（　　）。

A. uCOS　　B. QNX　　C. Linux　　D. Harmony OS

6. AGL 的主要目标是（　　）。

A. 开发全新的 Linux 操作系统

B. 建立一个单一、成熟的 Linux 平台

C. 解决 Linux 在车载应用中的可靠性问题

7. 以下不属于中间件的是（　　）。

A. BSP　　B. RTE　　C. ARA　　D. CyberRT

8. CyberRT 对任务的调度，使用的是（　　）。

A. 操作系统的任务调度　　B. 在用户空间的协程调度

9.（多选题）Apollo 中的 Planning 模块包括（　　）等规划模式。

A. 车道规划　　B. 导航规划　　C. 路点规划　　D. 全局规划

10. 下面的（　　）操作系统既可用于底盘域控制也可用于智能座舱设计。

A. QNX　　B. linux　　C. Android　　D. Nucleus OSEK

二、填空题

1. 线控底盘 ECU 的操作系统应具有________秒级的实时性。

2. 现代车辆软件的组织层级包括域、________、________、模块、逻辑软件单元等。

3. SBW 控制器的软件应按照________标准来设计。

4. AUTOSAR AP 开发包括三个阶段：架构设计阶段、________、集成和部署阶段。

5. 中间件技术应用于________计算机系统，提供分布式对象间的________。

6. 车辆软件系统分为应用层、________、________和资源虚拟化与硬件驱动构成。

7. 在 AUTOSAR CP 的 ECU 参考架构中，基础软件包括 ECU 通信、操作系统和________。

8. 智能车辆软件中间件的内涵包括最小核心、________、智能驾驶中间件和智能驾驶应用框架等四个部分。

9. 智能车辆通信中间件技术中，________具有最小的通信延迟。

10. 可靠性是车辆操作系统选用时需要考虑的重要因素，对于底盘域应用，操作系统的功能安全等级为________级。

三、问答题

1. 在智能车辆软件系统中，Hypervisor 的作用是什么？

2. 现代车辆软件系统的分布式特点体现在哪些方面？

3. AUTOSAR CP 和 AP 的主要区别是什么？

4. 安全车载操作系统的主要特点是什么？

5. 早期的 Harmony OS 的内核为什么采用 Linux 和 LiteOS 双内核，最新的 Harmony OS 采用的是什么内核？

6. ROS2 相对于 ROS 的主要改进有哪些？

7. 简述智能驾驶应用软件的开发流程。

8. 基于模型的设计 MBD 在智能驾驶软件设计中的局限性有哪些？

第4章 智能车辆感知系统与功能设计

随着智能化、网联化技术的迅猛发展，智能车辆感知系统与功能设计成为汽车行业关注的焦点之一。这一系统是智能网联汽车中至关重要的组成部分，将多种技术有机结合，实现了汽车对周围环境的感知和理解，从而极大地提升了行车安全性、舒适性和效率。在智能化时代，智能车辆感知系统的设计不仅关乎汽车产品的技术升级，更涉及整个汽车产业生态和价值链体系的重塑。通过不断优化和创新，智能车辆感知系统将为汽车行业带来全新的发展机遇和挑战，成为推动未来智能交通系统发展的核心引擎。

本章首先介绍智能车辆系统感知功能需求与系统设计的基本概念，包括车辆感知系统的定义、感知功能需求分析、感知系统功能设计与传感器方案以及基于深度学习的感知原理，使读者对智能车辆感知系统有初步的了解；其次，对视觉感知技术、雷达感知技术、多传感器融合感知技术分别进行了详细介绍，并对不同类型的感知技术以典型算法为例进行原理层面的介绍，便于读者对相关内容的理解与把握；最后，介绍定位技术与交通情景理解，包括视觉 SLAM 技术、激光雷达 SLAM 技术、交通情景理解方法、语义分割等内容。本章框架如图 4-1 所示。

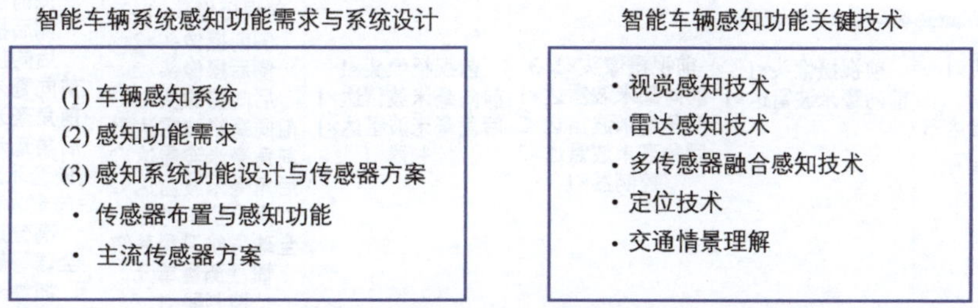

智能车辆系统感知功能需求与系统设计

(1) 车辆感知系统
(2) 感知功能需求
(3) 感知系统功能设计与传感器方案
- 传感器布置与感知功能
- 主流传感器方案

智能车辆感知功能关键技术

- 视觉感知技术
- 雷达感知技术
- 多传感器融合感知技术
- 定位技术
- 交通情景理解

图 4-1 本章框架

4.1 智能车辆系统感知功能需求与系统设计

智能车辆系统感知功能是智能车辆系统的重要组成部分，可以赋予车辆对周围环境进行感知和理解的能力，以实现自主、安全、高效地行驶。智能车辆感知系统主要包括环境感知、车身定位和网联感知三大功能。为了实现这些功能，智能车辆使用车载传感器，例如视觉传感器、激光雷达、毫米波雷达、GPS、里程计等，感知车辆周围环境，从而使得车辆能够在道路上安全、可靠地行驶；并且，智能车辆感知系统作为自动驾驶过程中的首个环节，其为后续智能车辆路径规划与控制提供决策依据，是实现高水平自动化驾驶的重要基础。

4.1.1 车辆感知系统

车辆感知系统利用一系列算法对多种传感器数据与高精度地图信息进行计算及处理，实现智能网联汽车周围环境的精确感知。感知系统是实现智能车辆与外部环境实时交互的关键，它如同自动驾驶汽车的“眼睛”，时刻观察智能车辆周围情况，一旦感知系统出现问题，将会导致下一环节的决策系统无法做出正确的反应。所以，感知系统能够稳定、快速、准确地感知车辆周围的环境是智能车辆安全行驶的基础。

4.1.2 感知功能需求

随着智能驾驶等级的提升，智能车辆系统对感知功能的要求不断提升；相应地对传感器的数量和种类的需求也随之增加。对于简单的自动紧急制动和自适应巡航功能，前视单目摄像头或前向毫米波雷达就可实现。但是随着驾驶场景的复杂化，需要增加传感器对四周的环境进行感知。通常在车尾部两角各增加一个毫米波雷达，实现对车辆侧后方的环境感知。进一步，通过增加车前毫米波雷达，拓展车前环境感知，可以实现路口辅助、紧急车道保持、紧急转向辅助等功能。为了实现城市巡航等完全自动驾驶，需要对车辆周边环境进行全方位感知，同时增加冗余，一般需要增加前视激光雷达、侧视和后视摄像头及毫米波雷达实现增强感知，同时，增加高精地图和惯性导航进行定位。智能驾驶传感器方案发展路线如图 4-2 所示，目前主流传感器方案为“1 ~ 3 个激光雷达 +5 ~ 8 个毫米波雷达 +7 ~ 10 个摄像头”的组合。

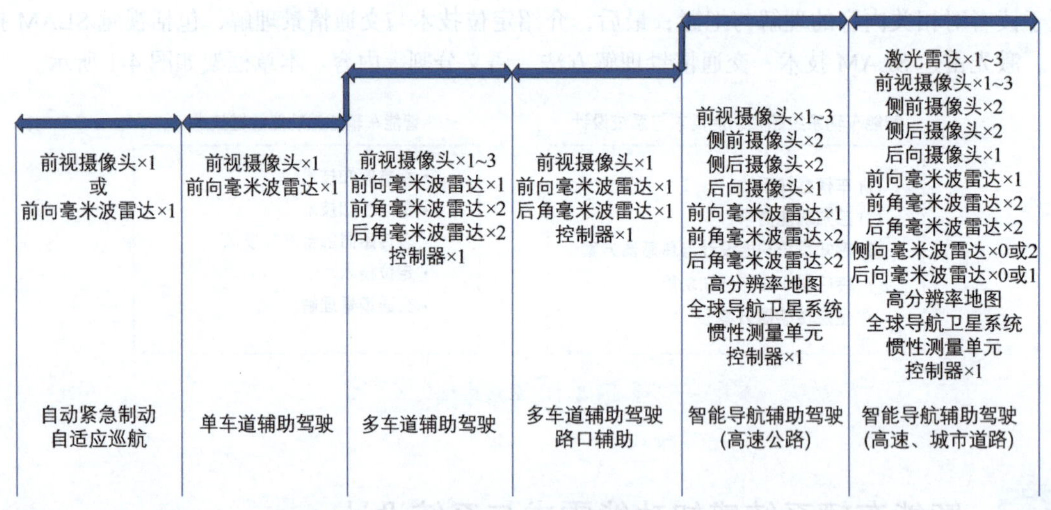

图 4-2 智能驾驶传感器方案发展路线

4.1.3 感知系统功能设计与传感器方案

（1）传感器布置与感知功能

在设计智能车辆感知系统时，为了达到智能车辆感知的需求，需要通过权衡不同传感器的性能、适用场景和成本等因素，制定相应的传感器组合方案。每种传感器在智能车辆系统中有不同的应用。以下对摄像头、激光雷达和毫米波雷达的主要应用进行介绍。

车辆感知系统中摄像头按照视场角可分为标准镜头、远摄镜头、广角镜头、超广角镜头及鱼眼镜头。同样地，按照视野范围，摄像头可分为前视、后视、侧视、环视和内视，随视野范围不同和摄像头类型不同往往可以实现不同的功能。摄像头的典型应用及摄像头类型与安装位置见表 4-1。

表 4-1 摄像头的典型应用及摄像头类型与安装位置

<table>
<tr><th>功能</th><th>摄像头类型</th><th>视野范围</th><th>描述</th><th>具体功能介绍</th></tr>
<tr><td>前向碰撞预警</td><td rowspan="4">单目和双目</td><td rowspan="4">前视</td><td rowspan="4">安装在前风窗玻璃上，视角45° 左右</td><td>双目摄像头检测与前车的距离是否小于安全距离</td></tr>
<tr><td>车道偏离预警</td><td>摄像头检测到车辆即将偏离车道线时发出警告</td></tr>
<tr><td>交通标识识别</td><td>摄像头识别前方和两侧的交通标识</td></tr>
<tr><td>行人碰撞检测</td><td>摄像头检测到车辆与前方行人可能发生碰撞时发出警报</td></tr>
<tr><td>全景泊车</td><td>广角</td><td>环视</td><td>安装在车四周的四个摄像头进行图像拼接以实现全景影像，加入算法实现道路感知</td><td>将摄像头采集的图像进行拼接组成周边全景图</td></tr>
<tr><td>泊车辅助</td><td>广角</td><td>后视</td><td>安装在行李舱，实现泊车辅助</td><td>后视摄像头显示车尾影像和倒车轨迹</td></tr>
<tr><td>盲点检测</td><td>广角</td><td>侧视</td><td>安装在后视镜下方</td><td>侧视摄像头显示后视镜盲区图像</td></tr>
<tr><td>疲劳检测</td><td rowspan="2">广角</td><td rowspan="2">内视</td><td rowspan="2">安装在车内后视镜附近，检测驾驶人状态</td><td>摄像头检测驾驶人是否疲劳</td></tr>
<tr><td>情绪识别</td><td>摄像头检测驾驶人的情绪</td></tr>
</table>

除了摄像头以外，激光雷达和毫米波雷达由于其探测距离远、抗干扰能力强的优点，在智能车辆感知系统中也有很广泛的应用。激光雷达和毫米波雷达的主要应用见表 4-2。

表 4-2 激光雷达和毫米波雷达的主要应用

种类	主要应用
激光雷达	前碰预警系统，自动紧急制动系统
毫米波雷达	自适应巡航控制系统、防碰撞安全系统、自动制动辅助系统

目前各种传感器技术各有优劣势，很难以某单一传感器满足所有感知需求。由图 4-3 可知，一方面，各传感器的特性不一，采用多传感器协同工作，可实现优势互补。另一方面，自动驾驶对行驶安全的高要求决定了感知方案必须满足安全冗余的需求。采用多传感器配置能够为系统提供备用和互补的信息来源，在某一传感器失效时，其他传感器能够继续提供关键的数据，确保车辆能够应对复杂的交通场景。

（2）主流传感器方案

目前大多数智能车辆感知系统通过多传感器融合实现感知，而非使用单种类型的传感器。表 4-3 展示了部分上市车型的传感器搭配。当前，普遍采用的感知技术方案主要包括纯视觉方案、多传感器融合方案和车路协同感知方案。

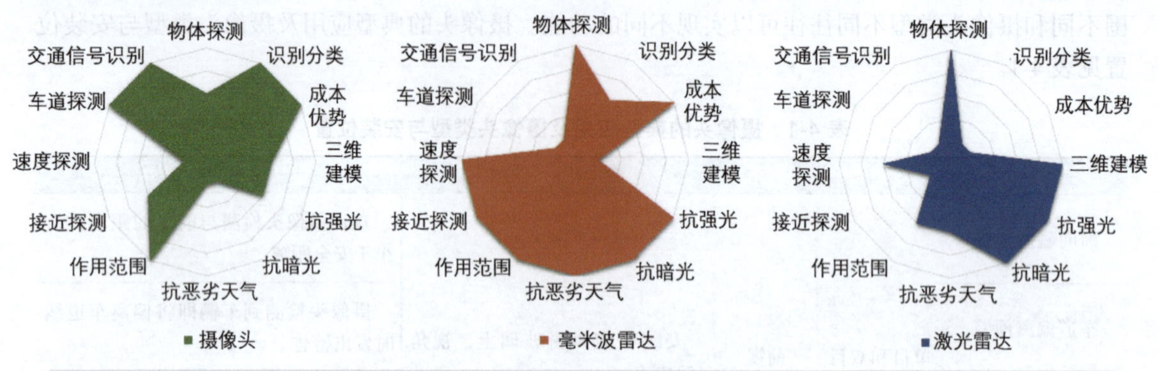

图 4-3 不同车载传感器特性对比

表 4-3 典型车型传感器搭配

典型方案	摄像头	毫米波雷达	激光雷达
特斯拉	8	1	—
小鹏	12	5	2
问界	11	3	1
理想	11	1	1
蔚来	11	5	1
上汽	12	4	4
长安	13	6	3

以摄像头为主的纯视觉技术相对成熟，方案主要应用于辅助驾驶系统。此方案代表企业为特斯拉，其纯视觉传感器方案如图 4-4 所示。纯视觉技术的优点是摄像头价格相对低廉，可依靠计算机视觉技术识别人、车、交通标志等。伴随深度学习技术的快速发展，计算机视觉检测的精度不断提升，计算机视觉所需的摄像头在技术层面的发展越来越成熟，具备了较高的图像稳定性和抗干扰能力，但摄像头属于被动视觉，受光线影响，无法全天实时全路况工作。

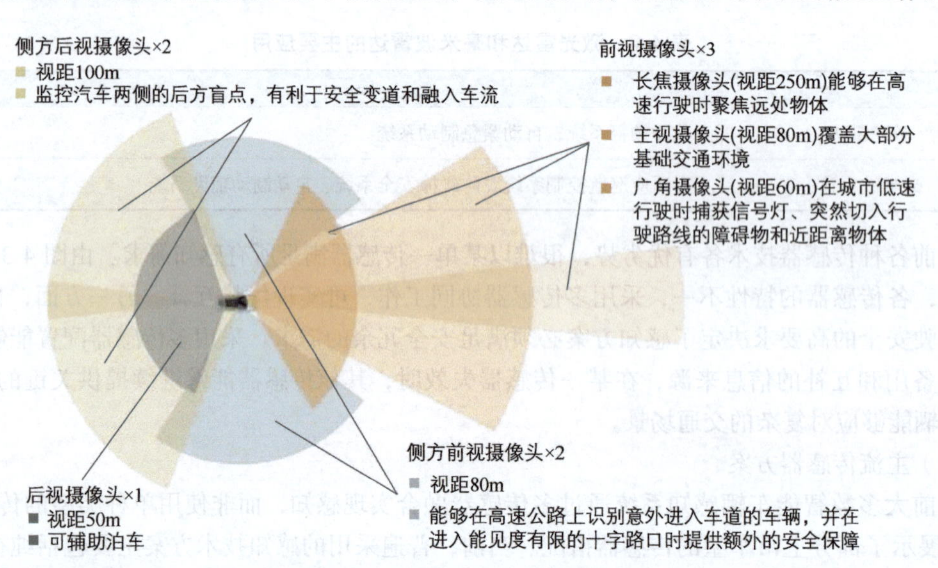

图 4-4 特斯拉纯视觉传感器方案

多传感器融合方案将传感器提供的信息互相补充，减轻单一传感器的局限性。例如，摄像头的硬件技术已相对成熟，但所需的算法识别准确率却仍待提高；激光雷达的检测精度高、范围大，但硬件成本高。因此，各传感器特点不同，采用多传感器协同工作，可实现优势互补。某多传感器融合方案如图4-5所示。自动驾驶对行驶安全的高要求决定了感知方案必须满足安全冗余需求。特斯拉首例致命交通事故的起因就是前置摄像头系统出现问题，Model S未能及时识别到车身较高的拖挂车在横穿马路，证明了单一传感器方案缺乏必要的安全冗余度。可见，自动驾驶汽车要安全运作，必须保证多传感器协同工作和信息冗余。

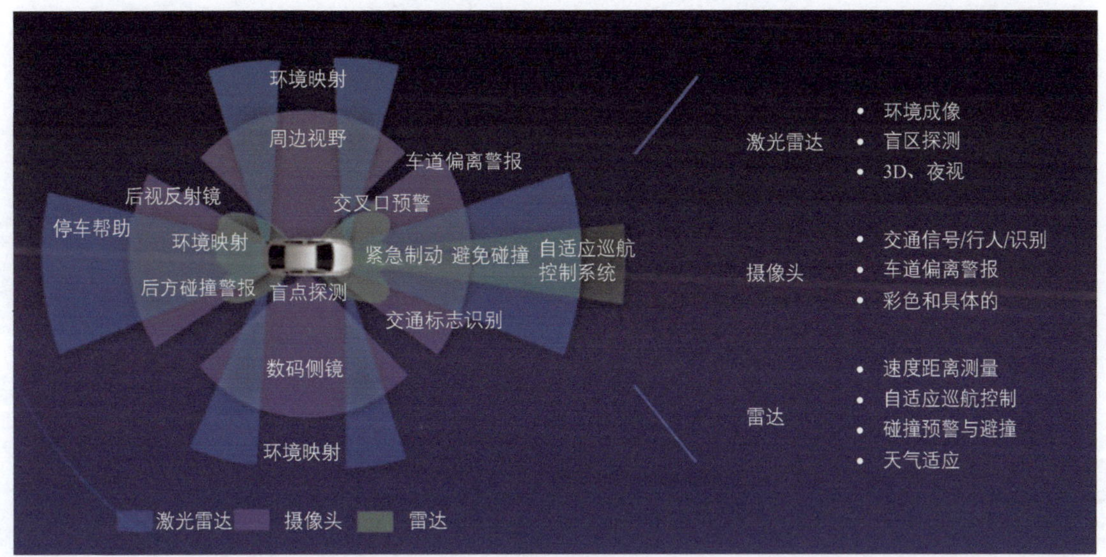

图4-5 多传感器融合方案

车路协同方案通过实时通信与协作，将车辆、道路设施和其他交通参与者连接在一起，从而实现整个交通系统的感知优化。车路协同方案展现了在智能交通系统中的广泛应用前景，主要包括提升交通安全性、提高交通效率以及增强信息服务等方面，图4-6展示了车路协同中一个典型的智能网联环境。车路协同方案能够实现车道变换辅助、前向碰撞预警、紧急车辆警告、错误驾驶警告和交通情况警告等功能，这些功能可以提前预警，降低交通事故发生的可能性。利用速度管理、协同导航以及提供本地信息和地图等手段，车路协同方案可以全局规划，从而提高车辆的通行效率和交通协调能力，最大限度地缓解交通拥堵。此外，车路协同方案还能够提供集成的本地服务和互联网服务，例如通过车对车通信实现交叉口车辆避撞、车辆跟驰、车道变换、异常车道占用警告、紧急制动、电子制动灯警告和交通优化等功能，或基于车对基础设施通信实现车辆安全辅助驾驶信息服务、交通协调控制、障碍物碰撞警告、自适应速度控制、车辆定位和交叉口速度引导等功能。

此外，传感器的布置需要同时考虑功能实现，某智能网联车辆平台传感器布置方案如图4-7所示，其在车辆顶部和后部增加激光雷达来构建周围环境的三维点云信息，并且通过前/侧方的毫米波雷达和顶部的摄像头识别前/侧方的目标和障碍物。

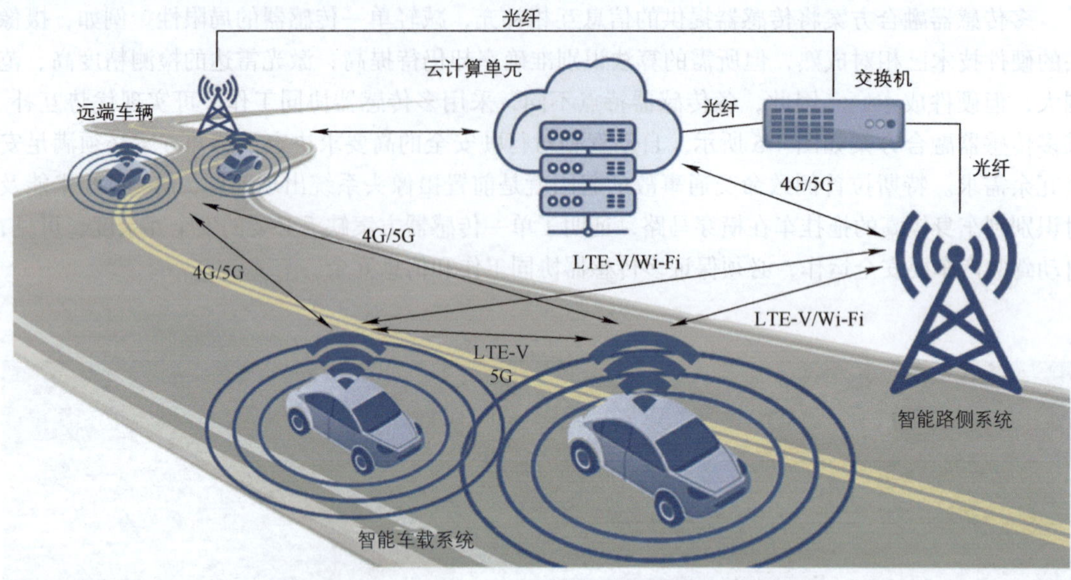

图 4-6 车路协同中典型的智能网联环境

图 4-7 智能网联车辆平台传感器布置方案

4.2 视觉感知技术

智能车辆视觉感知是指通过计算机视觉和图像处理等技术，使车辆能够感知和理解其周围环境的能力。视觉感知技术在智能网联汽车中扮演着关键角色，是获取外部信息的主要途径。该技术利用视觉传感器采集外部环境数据，将摄像头传感器的信息转化为决策系统所需的输入。视觉感知所输出的任何错误感知结果都可能导致决策算法的失效，严重时会造成重大事故。本节将对视觉感知技术的相关算法进行介绍。

视觉感知任务根据传感器的不同可以分为单目感知、双目感知、多目感知等，其中单目感知最为常见，其在行人、车辆、交通标志、车道线标识等任务中发挥着重要的作用。基于单目的视觉感知的技术路线通常包括以下步骤。

1）数据采集：使用摄像头采集包含目标场景的图像数据，一般为 RGB 像素图像。RGB 像素图像是一种数字图像格式，其中每个像素包含三个颜色通道，即红色（Red）、绿色（Green）和蓝色（Blue），每个通道的值为 0～255 之间的整数，通过不同强度的组合来表示颜色。

2）图像预处理：对采集到的图像进行预处理，包括去噪、畸变校正、图像增强等操作，以提高后续处理步骤的效果。

3）视觉感知算法：利用计算机视觉算法进行目标检测和识别等任务。传统视觉检测算法包括 SIFT（Scale Invariant Feature Transform）等，采用手工设计的方式进行特征提取。先进的算法则是采用深度学习的方法，其中，卷积神经网络应用最为广泛。除此之外，Transformer 等形式的神经网络也可以用于单目感知任务。

4）结果输出：按照下游任务需求输出视觉感知结果。

该技术路线具备通用性特征，具体实现会受到应用场景、硬件平台和算法选择等因素的影响。在实际应用中，可能需要不断迭代和优化整个系统，以适应不同的环境和任务需求。

视觉感知运用图像分析和识别技术以识别周围环境。在自动驾驶汽车中，视觉感知技术的核心是目标识别，这是应用最广泛、最为关键的技术之一。传统的目标识别方法需要人工选择图像中的目标区域，并设计相应的特征，同时需要使用大量场景的图像来训练分类器。这种传统方法的步骤烦琐，容易产生识别错误，难以满足复杂多变的驾驶场景。卷积神经网络推动了基于深度学习的目标识别方法的发展，并在机器人、自动驾驶等领域得到了广泛应用。在下面的两小节中，将分别介绍传统的视觉感知技术和基于深度学习的视觉感知。

4.2.1 传统视觉感知技术

在深度学习出现之前，传统计算机视觉检测技术依赖于手工设计的特征提取和基于这些特征的分类器。其使用各种算法提取图像特征，比如边缘特征、角点特征、纹理特征（如 Gabor 滤波器和局部二值模式）、形状特征（如霍夫变换）和局部特征（如 SIFT）。将提取的特征转换为向量或矩阵形式后，选择适当的分类器（如支持向量机、k 近邻算法、决策树、随机森林和朴素贝叶斯分类器）并基于这些特征进行分类；最后，利用训练好的分类器对新图像进行检测和识别，判断是否存在目标物体及其类别。这些传统方法依赖专家知识和经验，特征提取过程复杂且不易泛化，处理复杂大规模场景的能力有限。

在深度学习方法成熟之前的很长一段时间里，传统的视觉算法在智能汽车环境感知任务中占据主流，例如车道线识别任务中常用霍夫变换的方法来实现。其算法主要包括以下两个部分。

1）边缘检测：首先对输入图像进行预处理，如灰度化、高斯模糊等，以减少噪声和突出车道线的边缘特征。其次使用边缘检测算法提取图像边缘，常用的算法有 Canny 边缘检测、Sobel 算子等，通过计算梯度来检测图像中的边缘。

2）霍夫变换：其将传统的图像从 x、y 轴坐标体系变换到霍夫空间中，通过在参数空间或可称为累加空间中计算局部最大值从而确定原始图像直线或圆所在位置。根据累加结果，设定一定的阈值或者其他筛选条件，选取出可能代表车道线的直线。

边缘检测提供了直线检测所需的输入，而霍夫变换则将检测到的边缘转化为参数空间中的直线，从而实现车道线的识别和检测。

在传统的视觉检测方法中，SIFT 算法是最早的检测方法之一，它通过在空间寻找极值点，并通过特征匹配的方式提取目标信息。尽管 SIFT 具有较好的稳定性和能够提取丰富信息的

优点，但由于计算复杂性，无法有效识别目标边缘图像。此外，DPM（Deformable Part-based Model）也是传统目标识别算法中最为经典的算法之一，采用多个组件提取 HOG（Histogram of Oriented Gradients）特征，多尺度、锚点、可变形部件等都对后续深度学习方法带来了巨大的影响。该算法具有较好的实时性和适应变形目标的特点，但其工作复杂性和鲁棒性相对较差。

4.2.2 基于深度学习的感知原理

1. 卷积神经网络的基本原理

卷积神经网络作为典型的深度学习模型，广泛应用于智能车辆感知系统中的目标检测、决策等领域。卷积神经网络的核心是卷积层，此外，还可能有池化层和全连接层等，图 4-8 所示是一个完整的卷积神经网络。

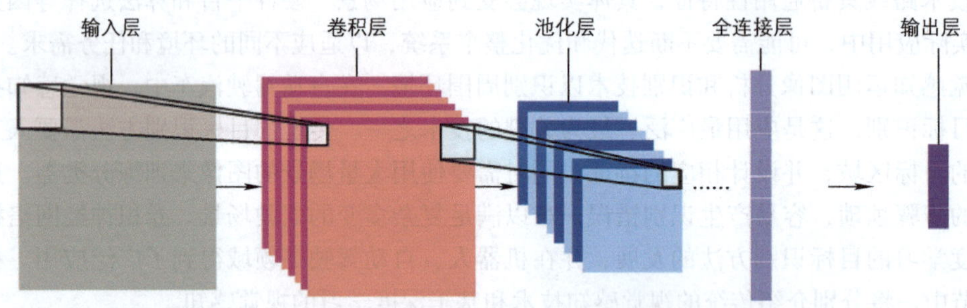

图 4-8 卷积神经网络示意图

卷积层的功能是对输入数据进行特征提取，由若干个特征图组成，每个特征图上的所有神经元共享同一个卷积核的参数，由卷积核对前一层输入图像做卷积运算得到。组成卷积核的每个元素都对应一个权重系数和一个偏差量，类似于一个前馈神经网络的神经元。卷积核在工作时，会有规律地遍历扫过输入特征，对输入特征做线性运算求和并加上偏差。第 l 层的第 j 个特征图矩阵 $\boldsymbol{x}_i^l$ 由前一层若干个特征图卷积加权得到，可以表示为

$$\boldsymbol{x}_j^l = f\left(\sum_{i \in N_j} x_i^{l-1} * \boldsymbol{k}_{ij}^l + \boldsymbol{b}_j^l\right)$$

式中，f 为神经元激活函数；N_j 代表输入特征图的组合；* 表示卷积运算；$\boldsymbol{k}_{ij}^l$ 为卷积核矩阵；$\boldsymbol{b}_j^l$ 为偏置矩阵。

池化层的功能是基于局部相关性原理进行池化采样，从而在减少数据量的同时保留有用信息。采样过程可以表示为

$$x_j^l = f(\mathrm{down}(x_j^{l-1}))$$

式中，down(•) 函数表示下采样，常用的有最大值采样函数和均值采样函数。最大值采样函数是把区块中元素的最大值作为函数输出，其含义是提取特征平面的局部最大值，对输入的特征图选取最显著的特征，通常用于低层特征提取。均值采样函数是计算区块元素的算术平均值作为函数输出，提取特征平面局部响应的均值。下采样过程与卷积过程类似，使用一种不带权参数的采样函数，从输入特征图的左上角开始按一定步长向右（或向下）滑动，对窗口相应区块的像素进行采样后输出。

全连接层一般位于卷积神经网络的最后部分。二维度的特征图在全连接层中会失去空间拓扑结构，被展开为一维特征向量。卷积神经网络中的卷积层和池化层能够对输入数据进行特征提取，全连接层的作用则是对提取的特征进行非线性组合以得到最终输出。全连接层本身并不具有很强的特征提取能力，而是利用现有的高阶特征映射到最终的输出量。

2. 典型的特征提取骨干网络

所谓的特征提取骨干网络（Backbone），是对所有视觉任务通用的一种特征提取网络的简称。目前，已经提出了很多种不同的骨干网络，其中，比较常见的有 AlexNet、VGG（Visual Geometry Group）、ResNet 等。

AlexNet 是由 Alex Krizhevsky 等人在 2012 年 ImageNet 图像分类竞赛中提出的一种卷积神经网络，该网络在竞赛中取得了突破性的性能，也正因如此，AlexNet 开启了深度学习网络研究的新时代。因此，它的出现对深度学习发展具有里程碑式的意义。

AlexNet 模型中，每张输入图像由 224 像素宽、224 像素高，以及三个颜色通道组成，这三个颜色通道分别对应红、绿、蓝三种颜色。每个像素点的颜色是通过调整这三个颜色通道的亮度值来确定的。AlexNet 共包含 5 个卷积层（包含 3 个池化层）和 3 个全连接层。其中，每个卷积层都包含卷积核、偏置项、ReLU 激活函数和局部响应归一化模块。第 1、2、5 个卷积层后面都跟着一个最大池化层，后三个层为全连接层。最终输出层为 softmax，将网络输出转化为概率值，用于预测图像的类别。AlexNet 架构如图 4-9 所示。

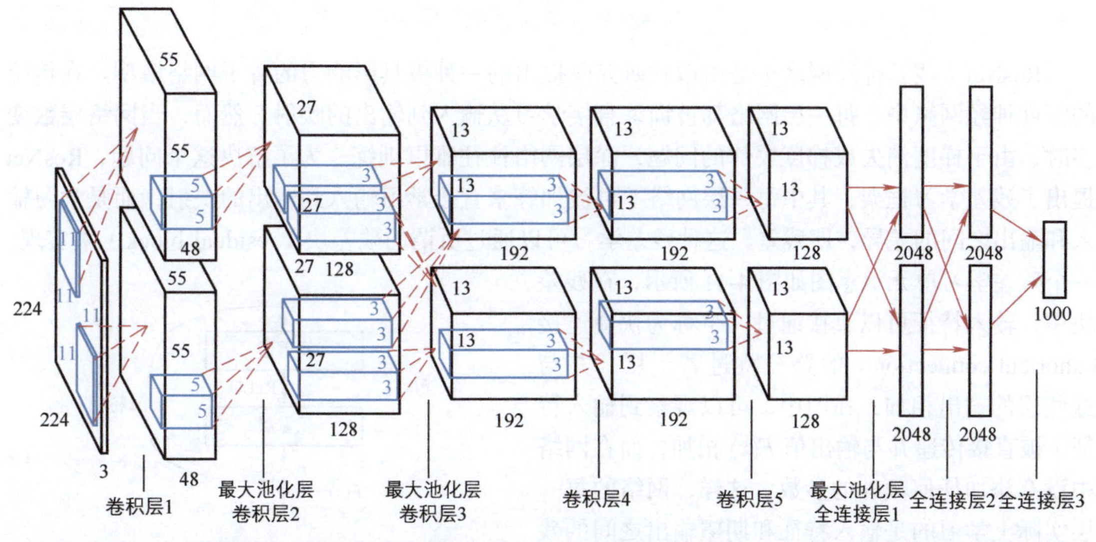

图 4-9 AlexNet 架构图

VGG 是由牛津大学视觉几何小组提出的一种深层卷积网络结构，其证明了增加网络的深度能够在一定程度上影响网络最终的性能。VGG 有 VGG16 和 VGG19 两种架构，这两个数字分别代表了网络的层数，其中 VGG16 比较常用。如图 4-10 所示，VGG16 是指包含 16 层的网络，其中包括 13 个卷积层和 3 个全连接层。VGG16 的结构非常规整，主要由多个卷积块组成，每个卷积块通常包含多个连续的 3×3 卷积层，后面跟随一个 2×2 的最大池化层。这种设计有助于减少参数的数量，同时增加网络的非线性，使得模型能够学习更复杂的特征。在 VGG16 中，所有的卷积层都使用 3×3 的小卷积核，这与 AlexNet 中使用的大尺寸卷积核（如 11×11

和 5×5）形成对比。VGG16 的全连接层包含 4096 个通道，这在所有 VGG 网络中都是一致的。前两个全连接层各有 4096 个神经元，而最后一个全连接层则根据分类任务的需要设置神经元数量，通常等于类的数量。最后一个全连接层后面跟随一个 softmax 激活函数，用于输出每个类别的概率。

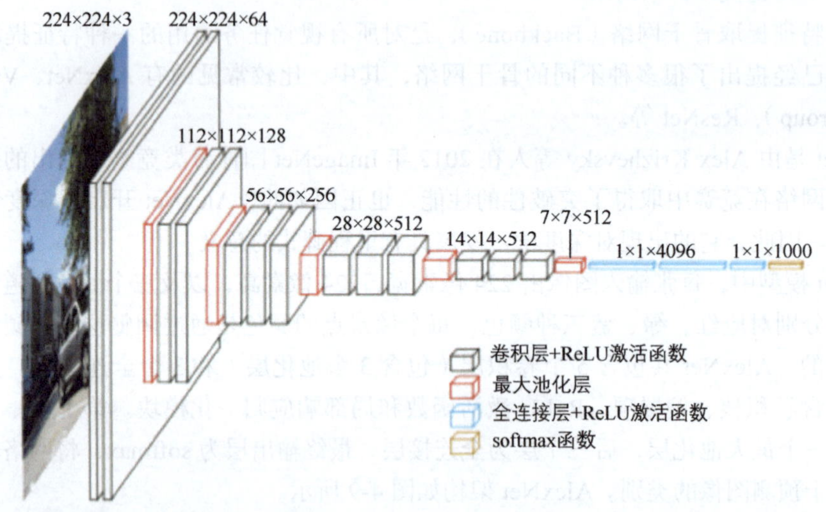

图 4-10　VGG16 架构图

ResNet（残差神经网络）是由微软研究院提出的一种极具影响力的骨干网络模型。在传统的深度神经网络中，每一层网络都被训练直接学习从输入到输出的映射。然而，当网络层数变多时，由于梯度消失或梯度爆炸的问题，深层网络往往难以训练。为了解决这个问题，ResNet 提出了残差学习框架，其中每一层网络不再被训练来直接学习输入到输出的映射，而是学习输入和输出之间的差异，即残差。这种残差学习可以通过所谓的残差块（residual block）来实现。一个残差学习单元示意图如图 4-11 所示，在残差块中，输入特征可以直接通过一个称为快捷连接（shortcut connection）的路径跳过若干层，并与这些层的输出相加，在图中，可以观察到输入特征 x 被直接传递并与输出值 $F(x)$ 相加，而在网络中没有添加任何额外的参数。这样，网络的每一层实际上学习的是输入特征和期望输出之间的残差（即差值），而不是直接学习完整的输出映射。

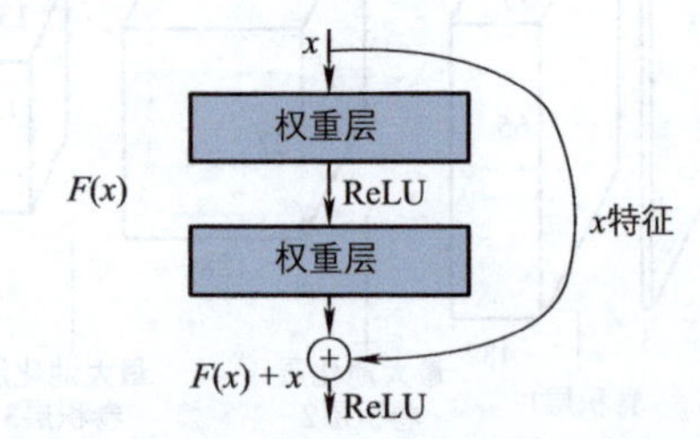

图 4-11　残差学习单元示意图 – 快捷连接路径

4.2.3　基于深度学习的视觉感知技术

传统目标识别方法通过人工设计特征进行目标识别，虽然实现简单，但其鲁棒性较差，在真实场景中容易受到光照条件、遮挡等因素的影响导致识别失效，难以适应各种场景。基于深度学习的方法目前成为视觉感知任务的发展趋势。深度学习的概念最早由 Hinton 首次提出，由于深度学习方法的强大性能，基于深度学习的视觉感知算法已经成为主流的研究热潮。

以视觉感知中的目标检测为例，根据数据处理的流程，可将算法分为单阶段算法和两阶段算法。单阶段算法采用的是端到端的思想，即没有中间候选目标框的预测过程，所以其具有训练简单，推理速度较快的优点，但是其检测精度相比双阶段略差，代表性的算法有 YOLO（You Only Look Once）等。两阶段算法采用了两阶段的设计思想，第一阶段网络用于预测候选框位置，第二阶段网络则基于第一阶段的候选区域，检测识别最终输出目标，双阶段网络需要多次训练，代表性的算法有 R-CNN 等。

由于车辆对算法的实时性有较高要求，而单阶段网络的推理速度具有明显优势，所以，单阶段网络是目前主流的研究方向之一。图 4-12 所示是 YOLOv3 网络的结构拓扑图。

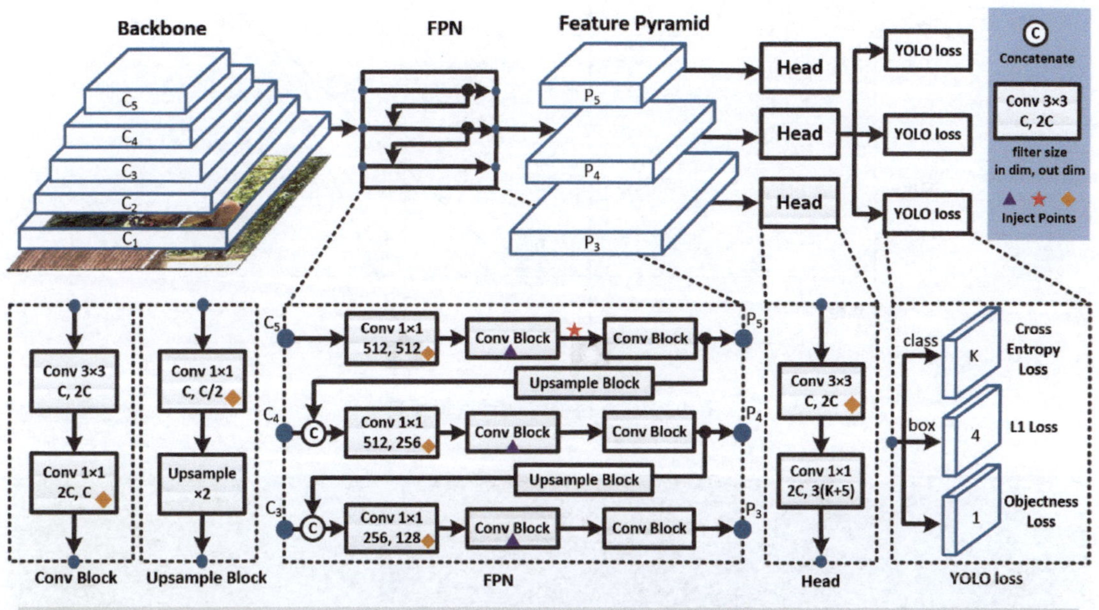

图 4-12　YOLOv3 网络的结构拓扑图

YOLOv3 网络包括 Backbone（骨干网络）、Neck（颈部网络）、Head（检测头）模块，图像数据从左至右依次经过骨干网络、颈部网络和检测头三个模块，分别起到特征提取、特征融合、目标分类回归三种功能。YOLOv3 采用的骨干网络是 Darknet-53，Darknet-53 包含大量串联卷积层模块（Conv Block），其会配合步长为 2 的卷积层进行下采样（Upsample），这样可以逐渐减小特征图的尺寸，同时增加特征的感受野，有助于网络捕捉到更广泛的上下文信息。这种深度的网络能够提取到更为抽象和高层次的特征。图像数据经过骨干网络后，将会获得一个较低分辨率的二维特征图，然后再通过颈部网络得到图像的多尺度特征，图 4-12 中采用的是 FPN（Feature Pyramid Network）结构，这是一种特征金字塔网络，能够结合不同层次的特征图，增强网络对不同大小物体的检测能力。图 4-12 中采用的是自顶向下路径，从最高层的特征图开始，通过上采样操作逐步恢复特征图的尺寸，使其与下层特征图的尺寸匹配。在检测头模块，在完成自顶向下的路径以及横向连接后，得到的特征图经过进一步的处理，如 3×3 的卷积层，以消除上采样过程中可能出现的混叠效应，最终生成用于目标检测的特征图。这些输出包括目标边界框中心点坐标、目标框的高宽、目标的类别和目标类别的概率。图 4-12 中三个检测头是对不同尺寸特征图进行预测，以提高对不同大小目标的检测能力。YOLO 算法目前已经衍生出许多的版本，例如 YOLOv4、YOLOv5、YOLOv6、YOLOX 等，不同版本的 YOLO 都延续着单阶段的检测思想，并且在进一步的发展中。

上述所示均是基于单目的 2D 目标任务，在自动驾驶任务中，有时 2D 目标任务不足以满足感知需求，还需要进行 3D 目标检测。由于单目摄像头图像本身就缺乏深度信息，在进行 3D 目标检测时，很难对物体位置精确预测，虽然可以利用几何约束和先验知识来部分弥补这一缺点，但整体而言，单目 3D 目标检测的性能比较差，难以达到在工程上应用的水平。由于双目摄像头可以通过两个摄像头之间的视差进行深度估计，为 3D 目标的定位提供可靠的基础，所以利用双目进行 3D 感知是目前视觉感知常用的方案之一。图 4-13 和图 4-14 展示了利用双目视差进行深度估计的原理及输出的深度图。

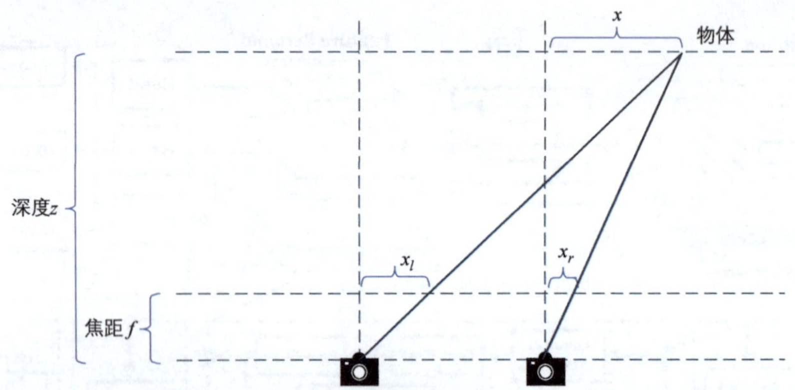

图 4-13　双目视差估计深度原理

图 4-14　深度图示例（由蓝至绿代表深度由深至浅）

有了上述双目视差估计深度的原理，就可以结合深度学习的方法，利用双目进行 3D 目标检测。目前，基于双目的 3D 目标检测模型有很多种，其中，Stereo R-CNN 是比较常见的一种，其网络结构如图 4-15 所示。

Stereo R-CNN 包括独立的特征提取骨干网络与颈部网络（左图部分：Resnet-101+FPN）、双目特征构建网络（图中间部分：Stereo-RFN）、预测网络（右图部分：KeypointPrediction）。首先，采用两个共享权重的基础骨干网络，分别提取左右目的特征。其次，利用左右目的特征，构建双目立体 3D 特征，这个过程中即采用了上述双目视差深度估计原理，构建方式可以是直接串接，也可以是平面扫描法，生成的特征空间属于视锥投影空间。最后，预测网络可以直接使用融合后的视锥空间特征进行预测，也可以将其显式逆投影到三维空间中再进行预测。

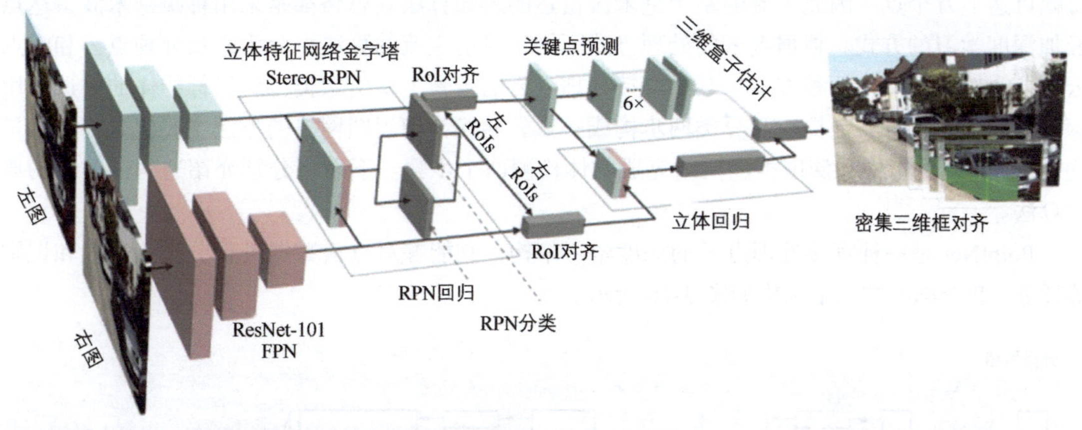

图 4-15 Stereo R-CNN 网络结构

4.3 雷达感知技术

在自动驾驶汽车的传感器中，视觉传感器受环境因素影响较大，如光照、天气、温度等，而且小目标物体在中低分辨率视觉感知系统中可能造成目标漏识别（如减速带、小动物、锥桶），因此往往无法满足自动驾驶感知高精度、高准确率的要求，从而影响行车安全。而雷达传感器因其可以在低光、暗光环境下生成准确且丰富的点云信息这一特性，使得其可以有效弥补视觉传感器的缺点。本节将分别介绍毫米波雷达和激光雷达的感知算法及原理。毫米波雷达波长范围为 1 ~ 10mm，按照工作频率，毫米波雷达可分为 24GHz 和 77GHz，由于国家法律规定，车载毫米波雷达都工作在 77GHz。激光雷达一般工作在光学波段，即几十千赫兹到几百千赫兹之间，激光雷达硬件配合其人工智能感知算法，可以对周围障碍物进行识别、对路边沿进行检测以及进行高精度定位等任务。

4.3.1 基于毫米波雷达的感知技术

1. 基于毫米波雷达的感知算法原理

毫米波雷达采用毫米波作为电磁波发送信号，捕捉并处理电磁波经过路径障碍物的反射信号后可获取目标物体的速度、距离、方位角和高度等信息。通过对多个角度和方向的扫描，毫米波雷达可以生成一个准确的三维点云，其中包含了物体的位置、形状以及相对速度等信息。目前针对毫米波雷达点云数据处理的主流算法大都基于深度学习，算法的实现往往需要大量的数据支撑。毫米波雷达上常用的公开数据库主要分为单模态数据库和多模态数据库。单模态数据库只包含毫米波雷达数据，相对来说应用范围较窄，只能进行毫米波雷达感知算法的研究，并且其很难进行有效的标注。多模态数据库除了毫米波雷达数据外，还包括同步的图像和激光雷达数据，通过这些辅助数据进行标注，然后将标注信息转换到毫米波雷达坐标系下，这样间接完成了对毫米波雷达的标注，其中毫米波雷达数据主要包含底层数据块或点云数据。常见的数据库主要有 NuScenes、CARRADA、SCORP、CRUW 和 SeeingThroughFog。

相较于激光雷达，毫米波雷达点云比较稀疏，每帧只有上百个点；激光雷达点云较为稠密，每帧可达上万个点。因此主流的基于毫米波雷达的感知算法其思路都是采用稀疏毫米波雷达点云加深度学习的方式。根据点云的处理方式不同，目前主流的算法可分为直接处理点云和将点云转换为俯视图网格两种方式。其中直接处理点云的步骤主要由聚类得到目标物体的候选和用深度神经网络进行特征提取和分类两步构成；点云转换为俯视图网格的方法主要包含将点云量化为 2D 的网格结构和深度神经网络完成物体检测两个步骤。下面将分别介绍这两种方法的典型算法。

PointNet 是一种直接处理点云的深度学习架构，它能够对点云数据进行分类、分割和识别等任务。PointNet 的网络结构如图 4-16 所示。

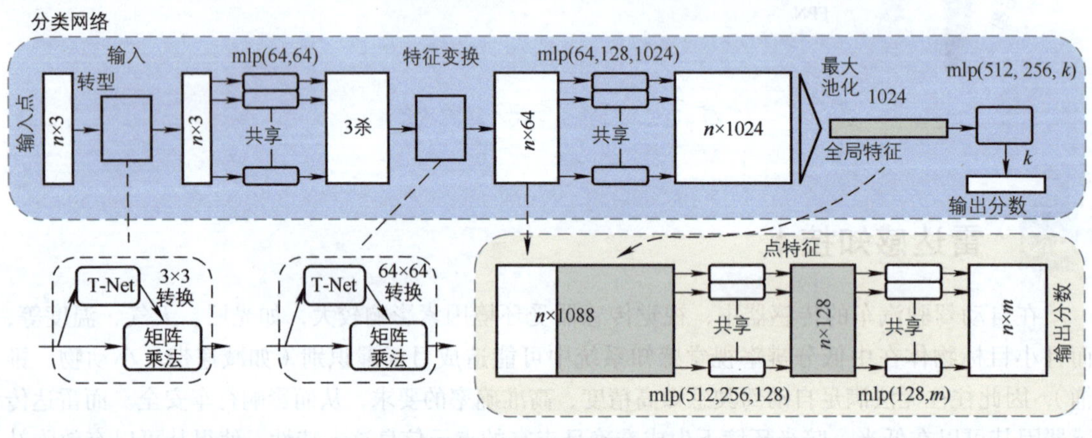

图 4-16　PointNet 的网络结构

该网络根据任务的不同（分类或者分割）可以分别看成两个不同的网络，一是做分类任务的蓝色区域，二是做分割任务的浅黄色区域。当进行分类任务时，如图 4-16 所示蓝色区域，网络输入一个 $n \times 3$ 的张量，其中 n 是点云数据包含的点的个数，3 表示三维空间坐标（x，y，z）。其中输入和特征变换的设计是为了保证输入点云的不变性，输入部分的转换通过对点云数据进行对齐操作来实现这一点，而对齐操作是通过训练一个小型的网络（称为 T-Net）来实现的。T-Net 生成一个转换矩阵，该矩阵与输入点云数据相乘以完成对齐。特征变换也采用类似的方法，但它作用于点云的特征空间。图中的 mlp（Multi-Layer Perceptron）即多层感知机，是一种由多个神经元组成的前馈人工神经网络，它通过构建从输入层到隐藏层再到输出层的连接权重，从而将一组输入向量映射为一组输出向量。在该网络模型中，点云数据首先被输入到一个 mlp 中，将维度为 $n \times 3$ 的数据转换为 $n \times 64$ 的特征表示。接着，这些特征再次通过另一个 mlp，输出维度为 $n \times 1024$ 的特征。最大池化（max pooling）是 PointNet 算法的核心步骤，用于聚合所有点的特征。通过对 $n \times 1024$ 的特征矩阵进行最大池化操作，网络能够提取出全局特征，这些特征不受点云输入顺序的影响。最大池化操作的结果是一个 1×1024 的特征向量。mlp 得到的结果可以看作是维度为 $N \times C1$ 的矩阵，最大池化操作是对该矩阵的 C1 列进行取最大值的操作，得到 $1 \times C1$ 的矩阵。最后将该矩阵经过分类器，得到最终的分类结果。

图 4-16 中的浅黄色区域表示分割任务，当进行分割任务时，网络将蓝色区域中特征变换得到的 $n \times 64$ 的张量和维度为 $n \times 1024$ 的全局特征拼接后得到的 $n \times 1088$ 的张量作为分割网络的

输入再经过两次 mlp 操作，得到最终的分割结果。

点云转换为俯视图网格：一种典型的将点云转换为俯视图网格的模型是 RAD 模型。该模型采用均值池化的方法，分别沿着 D（Doppler）、A（Azimuth）、R（Range）三个维度进行处理，得到 RA（Range-Azimuth）、RD（Range-Doppler）、AD（Azimuth-Doppler）三个 2D 特征图。上述得到的三个 2D 特征图大小是不一样的，将其扩展为同一尺寸后合并为三维 RAD 数据，如图 4-17 中蓝色虚线框部分。随后，对三维的 RAD 数据采用 2D 卷积的方式，分别在 RA、RD、AD 维度上进行处理（另外一个维度当作通道）。经过一系列卷积降采样操作得到 RA、RD、AD 特征图，然后分别在 Doppler、Azimuth、Range 维度上进行重复堆叠（Repeat）操作，使三者恢复为大小相同的 3D 特征，并且沿着 Doppler 维度进行 concat 拼接，得到融合后的 3D 特征。然后，将融合的 3D 特征看成 Doppler 为通道的图像，沿着 Doppler 维度采用 U 型网络的方法对其进行上采样，并与原始的 RA 特征进行融合。网络输出为具有原始分辨率的 RA 特征图，然后将其从极坐标系转换到笛卡儿坐标系。接着，采用 LSTM 进行时序融合，融合多帧信息，以提高检测系统的稳定性。最后，采用检测头删除来完成目标检测任务。

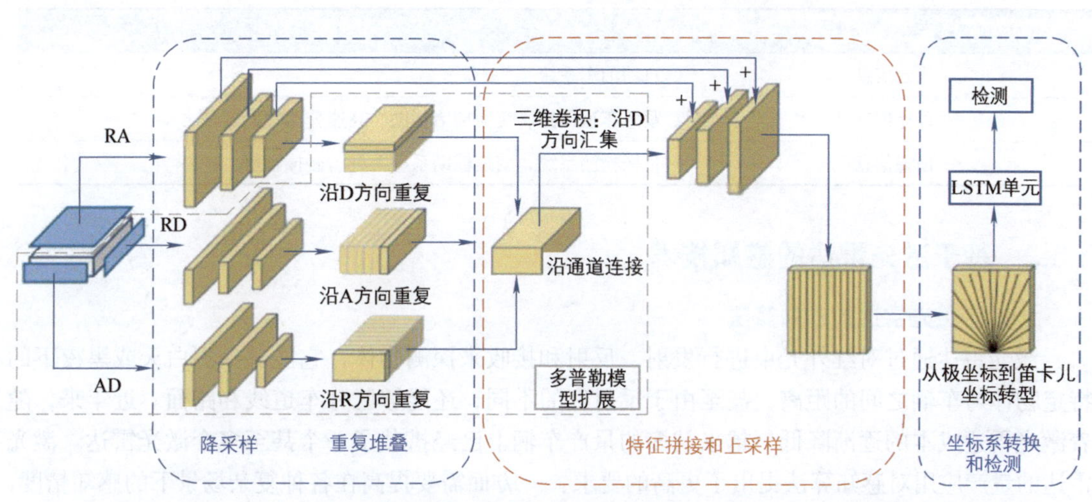

图 4-17　将点云转换为俯视图网格的模型

2. 典型应用

由于可对距离和速度进行精确测定，毫米波雷达在自动驾驶领域得到了广泛的应用，其中包括自适应巡航控制系统、前向碰撞预警系统、自动紧急制动系统和变道辅助系统等。本书以 77GHz 角雷达为例介绍其在 L2+ 自动驾驶中的应用。传感器布置及车辆网络结构如图 4-18 所示。

77GHz 角雷达是毫米波雷达的一种，其被布置在汽车前、后、左、右四个端点上，在高速模式下，输出目标物信息，在低速模式下，输出点云信息，从而支持自动驾驶系统实现高速下的高速公路辅助、交通拥堵辅助等功能，以及低速下的代客泊车功能。同时还可以向下兼容配备 3 个毫米波雷达和 1 个摄像头的系统，输出少量目标物，并独立实现常规预警类雷达的所有预警功能。表 4-4 列出了毫米波雷达输出不同信息时的不同应用。

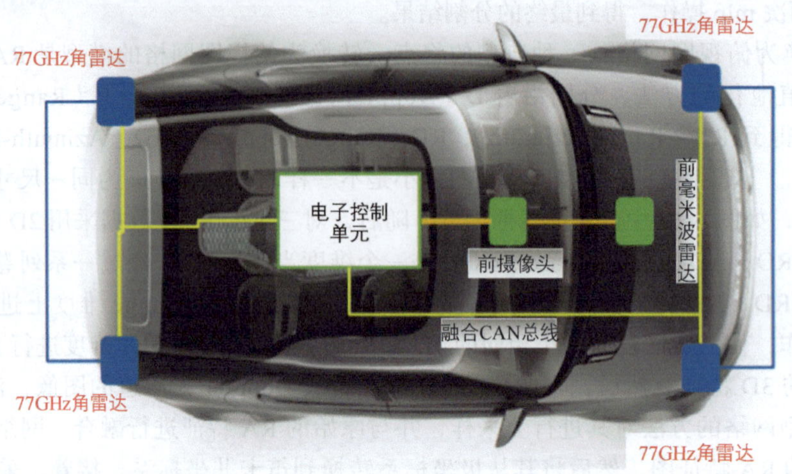

图 4-18 某汽车毫米波雷达布置示意图

表 4-4 77GHz 角雷达输出信息及对应应用

输出信息	应用场景
点云信息	自动泊车系统
目标信息	紧急车道保持、交通拥堵辅助、高速公路辅助驾驶
预警信息	盲区检测系统、变道辅助系统、开门碰撞预警

4.3.2 基于激光雷达的感知技术

1. 基于激光雷达的感知算法

激光雷达通过对红外光束进行发射、反射和接收来探测物体，它能够探测白天或黑夜下的特定物体与车辆之间的距离，甚至由于反射度的不同，还能够区分车道线和路面。近年来，随着激光雷达成本的逐渐降低，越来越多的量产车辆上已经搭载了一个甚至多个激光雷达。激光雷达的量产应用对感知算法提出了更高的要求：一方面需要提高在各种复杂场景下的感知精度，另一方面也要降低计算量并可以同时处理多个感知任务。目前，激光雷达感知主要包括两个常见任务：目标检测和点云语义分割。本小节针对这两个任务的感知算法进行阐述，主要从点云特征提取方面进行基础算法的介绍。

鉴于目前主流算法大多数都是基于深度学习的方法，算法的精度需要大量数据进行支撑。因此在介绍相关算法之前，首先对两个常用的激光雷达数据库进行介绍。在激光雷达研究的早期阶段，最常用的数据库是 KITTI。这个数据库规模较小，数据的采集也不具备多样性，早期主要用于学术界的研究工作。2020 年以来，为了更好地评测面向量产的感知系统，工业界构建了两个更大规模的数据库：NuScenes 和 Waymo Open Dataset，其数据量比 KITTI 高出两个量级。NuScenes 的数据是在新加坡和波士顿两个城市的真实交通环境下采集的，覆盖面积大约 5km^2，包含 1000 个序列，每个序列长度为 20s。采集的数据类型包括可见光图像、激光雷达点云、毫米波雷达点云和地图。NuScenes 数据库采用 1 个激光雷达采集 360° 视野的数据，每帧大约 34K 个点。数据总量大约 400k 帧（帧率为 20Hz），其中 40K 帧有标注信息（也就是每 0.5s 标注一个关键帧）。标注的 3D 物体总量大约为 1.4M，包含 23 个类别。NuScenes 中 3D 目标检测任务的性能指标主要有两个：MAP 和 NDS。MAP（Mean Average Precision）是目标检测中常用的性能指标，它对 Precision-Recall（P-R）曲线进行采样，计算出每个类别平均的 Precision。在计算 P-R 曲线时，需要匹配算法预测的物体框和标注的真值物体框。NuScenes 中采用 BEV 视图下物体框的 2D 中心点距离来进行匹配，而不是传统的 Intersection-of-Union（IoU），这样可以提高小物体的匹配率。NDS（NuScenes Detection Score）在 MAP 的基础上，增加了物体框预测质量的指标。这些指标包括物体框的位置、大小、朝向、速度以及其他属性。与 MAP 相比，NDS 可以更全面地评价 3D 目标检测算法的优劣。

Waymo Open Dataset（WOD）的数据是在美国的多个城市道路场景下采集的，覆盖面积大约 $76km^2$，包含 1150 个序列，每个序列长度为 20s。采集的数据类型包括可见光图像和激光雷达点云。WOD 数据库采用 1 个中距和 4 个近距激光雷达，每帧大约 177K 个点。数据总量大约 230K 帧（帧率为 10Hz），全部包含标注数据。标注的 3D 物体总量大约为 12M，包含 4 个类别。WOD 中目标检测有 3D 和 BEV 两个任务，其中 3D 任务输出 3D 物体框，而 BEV 任务输出俯视平面上带有方向的 2D 物体框。两个任务都采用 AP（Average Precision）和 APH（AP with Heading）两个指标，其中 APH 在 AP 的基础上额外考虑目标框朝向的预测精度。同时，AP 和 APH 会在两个不同的难度 LEVEL1 和 LEVEL2 下进行计算，其难度由标注者和物体统计值来决定。与 NuScenes 相比，WOD 的评测指标没有考虑除了朝向以外的其他属性。

对于激光雷达感知任务来说，从非结构化点云数据中提取目标物体的三维特征是关键步骤之一。点云特征提取可以在“Point”或者“Voxel”上进行。前者直接处理原始点云数据，代表性的方式有上文提到的 PointNet 和 PointNet++。后者将点云转换成 3D 网格后再进行处理，代表性的方式是 VoxelNet。下面具体介绍 VoxelNet 算法的原理。

VoxelNet 整体网络包含三个部分：特征学习网络、中间卷积层和区域选取网络，如图 4-19 所示。特征学习网络是为了提取点云的特征，中间卷积层是为了聚合 Voxel 的特征，同时通过卷积提取更高层次的特征，区域选取网络与 2D 检测中的 RPN（区域生成网络）类似，主要是为了提取建议的区域。

特征学习网络结构如图 4-19 橙色虚线框所示，网络包含网格化体素、点云分组、随机采样、多层的体素特征编码和稀疏张量表示五个组成部分。每个部分具体功能实现如下：

1）体素分块先用大的 3D 空间容纳所有的点云数据，其深度、高度和宽度分别为（D，H，W）。再在其内部自定义体素尺寸（v_D、v_H、v_W），则整个数据的三维体素化结果在各个坐标上生成的体素格（Voxel Grid）的个数为（D/v_D，H/v_H，W/v_W）。

2）点云分组就是将所有的点云数据划分到所定义的体素中，但是因为点云是稀疏的，并且在整个空间中具有高度可变的点密度，所以分组之后体素中的点云个数各不相同，甚至有些体素中就没有点云。

3）随机采样就是抽取上面所定义的体素。因为分出的体素比较多，而且很多就没有点云数据，所以随机采样可以减少计算量，有效降低因为点云数据不平衡带来的信息偏差。

4）多层的体素特征编码就是对点云进行特征编码。

5）虽然一次激光雷达扫描包含接近 10 万个点，但是超过 90% 的体素格都是空的，使用稀疏张量来描述非空体素格能够降低反向传播时的内存和计算消耗。

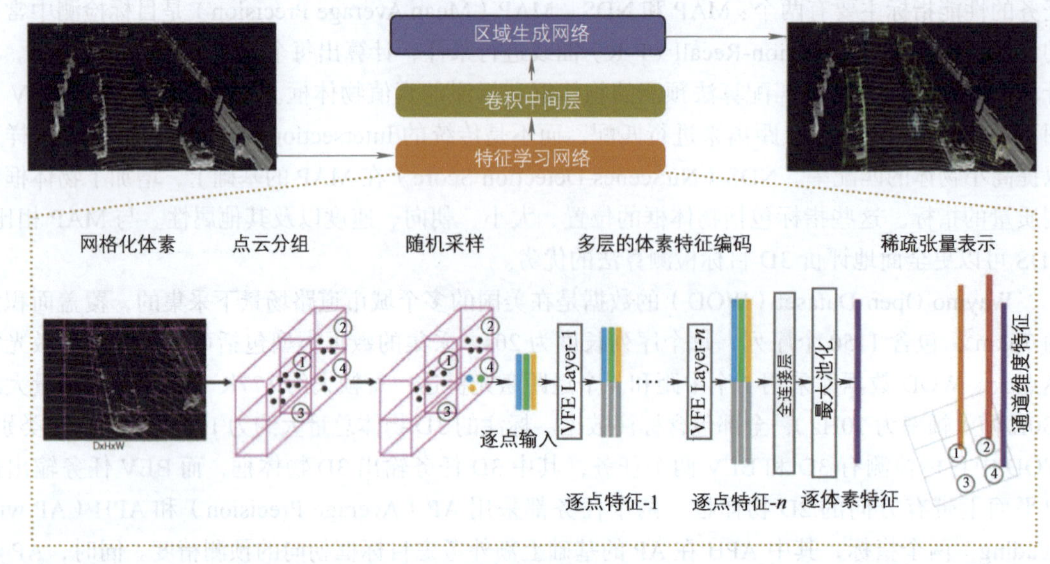

图 4-19 VoxelNet 网络结构

2. 典型应用

在智能驾驶车辆中，激光雷达可以获取周围环境的三维数据，包括道路、建筑物、行人、障碍物等。通过分析激光雷达采集到的数据，智能驾驶系统能够构建高精度的环境地图，实时感知周围物体的位置和特征。这使得车辆能够预测和识别道路上的障碍物，包括其他车辆、行人、自行车等，并做出相应的驾驶决策和规划路径。同时，激光雷达还可以帮助车辆进行精确定位和导航。通过与地面地标的比对，提供高精度的定位信息，使得智能驾驶车辆能够准确地知道自己在道路上的位置，这对于实现准确的导航和路径规划非常重要。此外，激光雷达在智能驾驶中还可以用于目标识别和分类，图 4-20 所示是一种激光雷达基于点云的 3D 检测技术。通过分析目标物体的形状、大小和运动特征，激光雷达可以帮助车辆识别不同类型的障碍物，并做出相应的行为反应，比如避让或停车等。

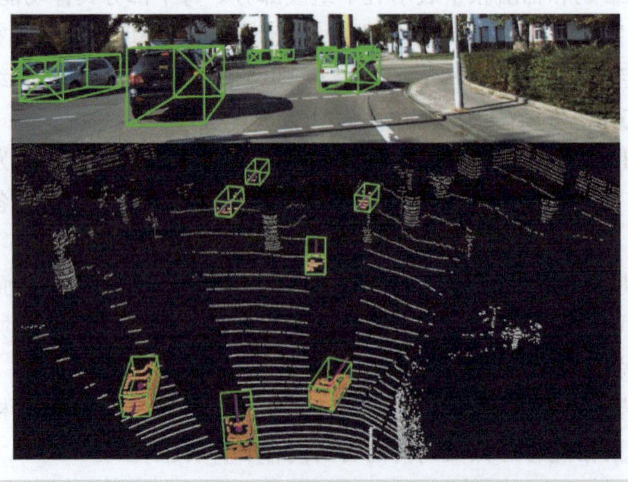

图 4-20 激光雷达基于点云的 3D 检测技术

4.4 多传感器融合感知技术

在智能车辆设计中，传感器是信息来源的关键组成部分。主流的硬件架构中通常采用激光雷达和摄像头作为主要视觉传感器，但二者都有其各自的局限性，例如激光雷达可以提供精准距离信息但缺乏纹理，摄像头可以提供充足的特征信息但缺少精确的空间信息。融合传感器对智能驾驶准确感知至关重要。传感器融合技术通过整合多种传感器信息，能够为车辆提供全面、准确的环境感知，实现更安全、高效的行驶。本节根据融合阶段数据的抽象程度将融合方案分为三类，分别是数据级融合、特征级融合以及决策级融合，并对其进行了详细对比，最后结合具体模型对每类方案进行重点分析与介绍。

4.4.1 多传感器融合技术分类

多传感器融合是一种综合利用来自不同类型传感器的信息以提高感知系统性能的技术。这一过程旨在弥补单一传感器的局限性，通过将多个传感器的输出整合，得到更全面、准确且鲁棒的环境感知结果。自动驾驶技术的实现依赖于多种传感器，它们共同构建了车辆对周围环境的感知系统。自动驾驶系统常用的传感器包括智能摄像头、毫米波雷达和激光雷达。图 4-21 所示为三类常用传感器及其对应的数据可视化样例。

a) 智能摄像头

b) 毫米波雷达

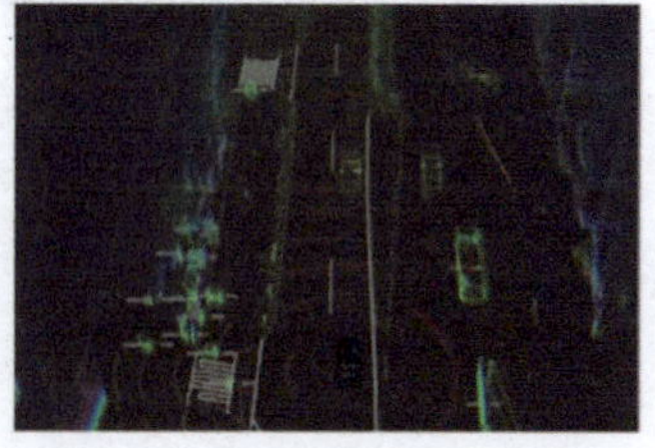

c) 激光雷达

图 4-21　自动驾驶领域常用传感器及其对应数据可视化图片

常见的传感器数据融合方案通常可分为三类，根据融合阶段数据的抽象程度而定，包括数据级融合、特征级融合以及决策级融合，如图 4-22 所示。这些方案在整合传感器信息时注重不同层面的数据抽象，以更好地满足感知系统对环境信息的需求。通过巧妙地应用这些融合策略，车辆能够更好地适应各种复杂场景，提高自动驾驶系统的性能和稳定性。

数据级融合主要在传感器层面整合原始数据，确保不同传感器的数据在时间和空间上同步。这包括解决采样率、坐标系和时间戳等问题。一旦同步完成，传感器数据可在同一时间和坐标系统下共存，为后续处理提供一致的数据源。特征级融合关注从传感器数据中提取特征，例如通过卷积神经网络从摄像头数据中提取物体、车道线等特征。提取的特征通过简单的方式，如拼接或加权平均，形成一个更高层次的抽象特征集，更好地代表环境特征。决策级融合将不同传感器的决策结果融合，用于最终的系统输出。每个传感器基于其信息进行决策，通过加权融合或投票机制等方式整合决策结果，提高系统对外界环境的理解和应对能力。决策级融合是多传感器融合的最终输出阶段，为系统提供综合的决策结果。多传感器融合方案对比见表 4-5。

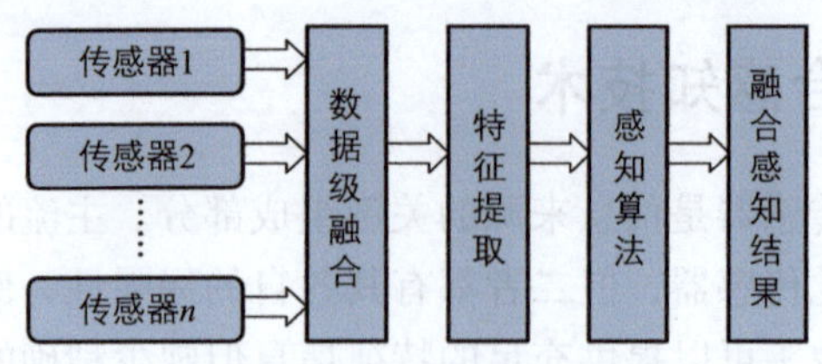

a) 数据级融合

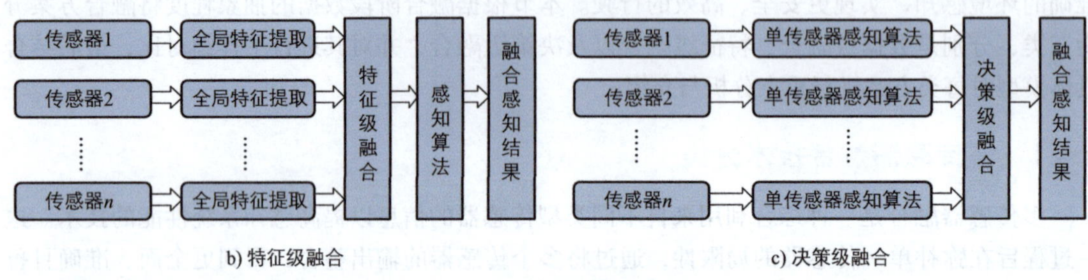

b) 特征级融合 c) 决策级融合

图 4-22 多传感器数据融合分类

表 4-5 多传感器融合方案对比

融合方法	融合阶段	优势	劣势	相关算法
数据级融合	融合传感器原始数据	简单直接，易实施	无法处理非线性关系	PFF3D、Painted PointRCNN、F-PointNet
特征级融合	融合关键特征数据	减少冗余信息，具备高层次的抽象	特征提取需要适配不同传感器的算法	EPNet、MVAF-Net、3D-CVF、BEVFusion
决策级融合	融合决策结果	可靠性强	对系统性能有较高要求	加权平均法、Dempster-Shafer理论、贝叶斯理论

4.4.2 多传感器融合算法原理

1. 数据级融合

数据级融合常用的算法有 PFF3D、Painted PointRCNN、F-PointNet 等，下面以 F-PointNet 算法为例，对点云与图像的数据级融合进行详细介绍。F-PointNet 算法的主要流程可以划分为三个步骤：首先，利用图像进行目标检测，生成视锥体区域；其次，在视锥体区域内对点云实例进行分割；最后，通过回归得到点云物体的边界框。为了提高效率的同时增加准确率，在进行点云处理前，通过图像信息确定先验搜索范围。如图 4-23 左侧所示，首先获取两个传感器之间的旋转矩阵和平移向量，从而获得其位置的对应关系，对图像和点云信息进行标定，即将摄像头图像和激光雷达点云数据关联到同一坐标系中，以便更好地理解和融合这两种传感器的信息。然后确定物体边界框，以摄像头位置作为原点，沿边界框的方向进行扩展，生成图 4-23 右侧所示的视锥体（frustum）。

在这一方法中，每个 2D 候选框都被映射到 3D 空间中形成相应的视椎体，其中包含了与该候选框相关的所有点云信息。为消除前景遮挡物体或背景物体的潜在干扰，采用 PointNet/PointNet++ 网络对视锥体中的点云进行实例分割操作。在此阶段，网络的任务是识别和标记出不同的物体实例，从而净化点云数据，使得后续的处理更加精确。然后，通过神经网络执行点云物体边界框的回归，学习并预测目标物体的准确位置和形状，从而生成更为精确的边界框。F-PointNet 算法发挥了图像和点云数据各自的优势，通过对场景进行综合感知和识别，有效地结合了 2D 图像和 3D 点云信息，为目标检测提供了更加全面和准确的解决方案。

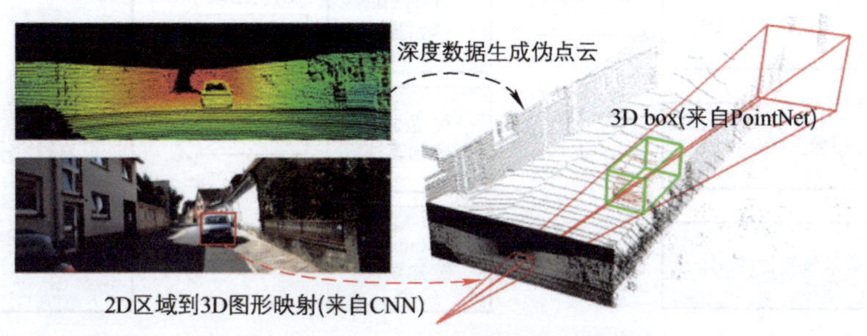

图 4-23 视锥体生成过程

2. 特征级融合

特征级融合常用的算法有 EPNet、MVAF-Net、3D-CVF、BEVFusion，下面以 BEVFusion 算法为例，对点云与图像的特征级融合进行详细介绍。BEVFusion 专注于 Camera 和 LiDAR 的多传感器融合，从多模态输入中提取特征，并使用视图变换将它们高效地转换为共享的鸟瞰图（Birds Eye View，BEV）空间。具体而言，如图 4-24 所示，对于输入的 RGB 图像和 LiDAR 点云，应用针对图像和点云的编码器进行特征提取，将多模态特征转换为 BEV 表示，以保留几何和语义信息。然后使用编码器处理已经完成统一的 BEV 特征，从而减少不同特征之间的错位。最后，添加特定的模块，从而完成不同的任务，如 BEV 地图分割、3D 目标检测等。BEVFusion 是既有效又通用的多任务多传感器 3D 感知框架，它将 Camera 和 LiDAR 功能统一在共享的 BEV 空间中，完全保留了几何和语义信息，为系统提供更全面的环境认知，提高了自动驾驶和驾驶辅助系统的性能和鲁棒性。

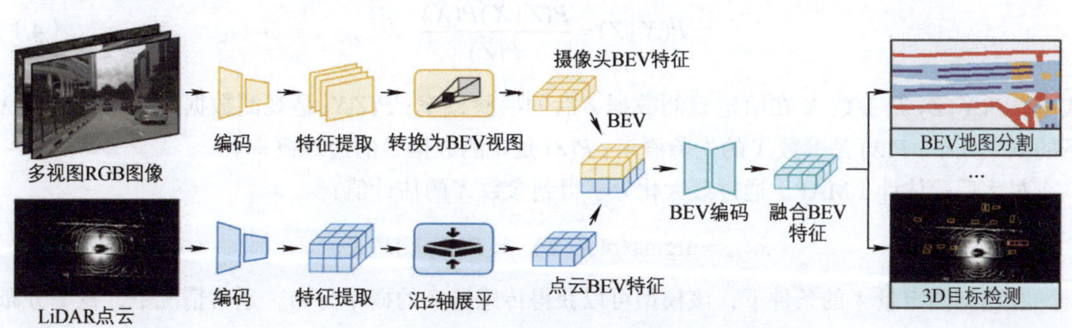

图 4-24 BEVFusion 模型结构

3. 决策级融合

决策级融合通常采用基于概率的方法进行融合。基于概率的融合方法能够针对问题进行有效的建模，为多传感器融合提供了强大的框架，提高了系统对不同来源信息的适应能力，增强了系统的容错性和性能。如图 4-25 所示，系统中的各传感器都以独立的方式进行处理，并生成各自的目标数据。摄像头、激光雷达和毫米波雷达各自具备独立的感知功能，分别捕捉环境中的信息。在全部传感器均完成目标数据的生成后，这些数据会通过主处理器实现融合，从而进行全面而综合的环境感知和目标识别。

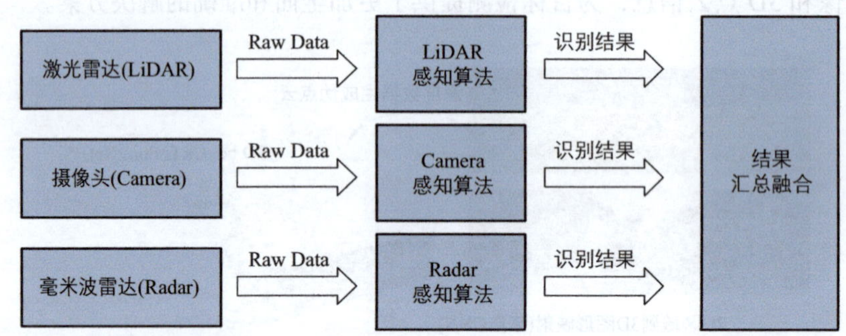

图 4-25　基于概率的后融合一般流程

常见的融合方法有加权平均法、Dempster-Shafer 理论、贝叶斯理论等。贝叶斯估计法基于贝叶斯定理，通过合理地结合观测到的数据和先验知识，计算出后验概率分布，能够灵活地处理不同来源的信息，适用于状态估计、目标跟踪等问题。DS 理论是一种数学方法，用于合并多传感器信息并量化不确定性，从而提高系统对不同来源信息的适应能力和容错性。概率数据关联方法用于解决在多个时间步或多个传感器测量之间的数据关联问题，适用于多目标跟踪等任务。卡尔曼滤波考虑先验信息和测量信息的权衡，以及对不确定性的建模，能够提供最优状态估计，尤其在存在噪声的测量环境中表现良好。

下面以贝叶斯估计算法为例，对点云与图像的决策级融合进行详细介绍。在贝叶斯估计框架中，待估计的参数可被视为随机变量，其分布受先验概率分布的影响。通过观测数据，贝叶斯定理将先验概率密度函数转换为后验概率密度函数，从而修正对参数的初始估计。假设在观测前，参数的先验信息以概率分布 $P(X)$ 的形式独立可得。贝叶斯公式提供基于观测数据更新后的参数后验分布，融合先验信息与观测数据，以提高参数估计的准确性与可靠性。

$$P(X\mid Z)=\frac{P(Z\mid X)P(X)}{P(Z)} \tag{4.1}$$

式中，$P(X\mid Z)$ 是参数 X 在给定观测数据 Z 后的后验概率；$P(Z|X)$ 是观测数据 Z 在给定参数 X 下的概率分布；$P(X)$ 是参数 X 的先验概率；$P(Z)$ 是观测数据 Z 的边缘概率。

最大后验估计（MAP）通过最大化分子得到参数 X 的估计值：

$$\hat{x}_{\mathrm{MAP}}=\operatorname{argmax}p(X\mid Z)\quad\propto P(Z\mid X)P(X) \tag{4.2}$$

在已知测定量 X 的条件下，该模型可以获得传感器 Z 的概率分布，通常情况下，概率分布 $P(Z\mid X)$ 符合正态分布，用于表示传感器的不确定性。

$$P(Z=z_s\mid X)=\frac{1}{\sigma_s\sqrt{2\pi}}\exp\left\{-\frac{1}{2}\frac{(x-z_s)^2}{\sigma_s^2}\right\} \tag{4.3}$$

标准偏差分布 σ 用来量化传感器数据的不确定性。传感器模型（表示为 $S=1$ 和 $S=2$）均由正态似然函数给出，则融合的最大后验（MAP）估计可表示为

$$x_{\text{MAP}} = \text{argmax}[\,P(Z{=}z_1\,|\,X{=}x)P(Z = z_2\,|\,X{=}x)] \tag{4.4}$$

$$x_{\text{MAP}} = \text{argmax}\left\{\frac{1}{\sigma_1\sigma_2 2\pi}\exp\left[\frac{(x-z_1)^2}{2{\sigma_1}^2}+\frac{(x-z_2)^2}{2{\sigma_2}^2}\right]\right\} \tag{4.5}$$

式中，z_1 和 z_2 分别代表两个传感器的观测数据。由此得出：

$$\begin{aligned} x_{\text{MAP}} &= \frac{{\sigma_2}^2}{{\sigma_1}^2+{\sigma_2}^2}z_1+\frac{{\sigma_1}^2}{{\sigma_1}^2+{\sigma_2}^2}z_2 \\ &= \frac{1}{r^2+1}z_1+\frac{1}{\frac{1}{r^2}+1}z_2 \end{aligned} \tag{4.6}$$

对于标准偏差的比 $r=\frac{\sigma_1}{\sigma_2}$，若融合两个正态分布，则融合方差为

$$\sigma_v^2 = \frac{{\sigma_1}^2{\sigma_2}^2}{{\sigma_1}^2+{\sigma_2}^2} = 1/[(\sigma_1)-2+(\sigma_2)-2] \tag{4.7}$$

贝叶斯估计算法通过最大后验估计得到的目标状态的修正值，综合考虑了多个传感器的测量值及其不确定性，提高了估计的准确性和鲁棒性，有助于更精准地获取目标的状态信息。

4.5 定位技术

智能网联汽车导航与定位技术为车辆提供了高精度位置的服务，为实现更安全、高效、便捷的交通系统奠定了基础。导航与定位系统是现代智能系统中不可或缺的关键组成部分，致力于为机器、车辆和移动设备提供准确可靠的位置信息。本节先介绍 GPS、IMU（Inertial Measurement Unit）融合定位，随后深入探讨视觉和激光雷达的 SLAM（Simultaneous Localization And Mapping）技术。

4.5.1 GPS/IMU 融合定位

全球定位系统（Global Positioning System，GPS）和惯性测量单元（Inertial Measurement Unit，IMU）在导航和定位中具有各自的优势和限制。GPS 利用卫星信号提供全球位置信息，但在城市峡谷或高楼大厦附近可能受到信号遮挡和多径效应的干扰，导致定位精度下降。IMU 通过测量加速度和角速度提供高刷新率和短时延的动态信息，但存在漂移问题，导致定位精度在时间累积误差中降低。为了充分发挥两者的优势，GPS 和 IMU 通常被整合成融合定位系统。该系统通过综合 GPS 的绝对位置信息和 IMU 的相对运动信息，利用滤波和融合算法实时校正和修正定位误差，实现更为精准和可靠的定位。这种综合运用在智能驾驶、航空航天、船舶导航等领域得到广泛应用。

GPS/IMU 融合定位的基本步骤通常包括四个步骤。

1）初始估计：在 GPS/IMU 融合定位的过程中，初始估计是至关重要的第一步。这个阶段主要从 GPS 获取初始位置和速度信息。这些信息包括设备的经度、纬度、高度以及相应的速度

矢量。初始状态的确定为后续的状态预测和更新提供了基础，确保系统从一个准确的起点开始。初始估计过程可能还会结合 IMU 的静态数据来提供初始的姿态（如设备的倾斜角和方位角），为整个融合过程提供全面的初始条件。

2）状态预测：在获取初始估计后，下一步是状态预测。这一步利用 IMU 提供的加速度和角速度数据，通过运动学模型预测设备的当前位置和姿态。IMU 传感器可以高频率地测量设备的加速度和角速度，这些数据通过数值积分可以推算出设备的位移和旋转。由于 IMU 的高动态响应能力，状态预测能够快速反映设备的运动变化，是实现实时定位和导航的关键步骤。然而，IMU 数据会逐渐积累误差（称为漂移），因此状态预测仅作为初步估计，后续需要进一步校正。

3）状态更新：状态更新是对状态预测的校正过程。在这一步，结合 GPS 提供的绝对位置信息，对通过 IMU 数据预测的结果进行修正。由于 GPS 提供的位置信息通常具有较高的绝对精度，但其更新频率较低且在遮挡环境下可能会出现信号中断，因此状态更新通过整合两种传感器的数据，利用 GPS 的绝对定位校正 IMU 预测的累积误差，这一过程确保了定位系统的长期稳定性和精度。

4）滤波和优化：最后一步是滤波和优化，这是融合过程的核心。常用的方法是卡尔曼滤波（Kalman Filter，KF）及其变种 [如扩展卡尔曼滤波（EKF）和无迹卡尔曼滤波（UKF）]。滤波器通过结合预测值和观测值，估计系统的真实状态。具体来说，滤波器将状态预测和状态更新的数据进行融合，基于两者的协方差估计，权衡预测不确定性和观测噪声，最终得到更准确的位置信息。滤波和优化过程不仅提高了定位精度，还能通过动态调整系统参数，自适应地应对不同环境条件下的变化，确保定位系统在各种情况下都能提供可靠的位置信息。

通过上述步骤的紧密配合，GPS/IMU 融合定位能够显著提升系统的精度和鲁棒性，实现高效、稳定的定位和导航。这种融合方法广泛应用于无人驾驶、无人机导航、智能手机定位、机器人导航等多个领域。

4.5.2 视觉 SLAM 技术

视觉同时定位与建图（Visual Simultaneous Localization And Mapping，VSLAM）是一种利用视觉信息（通常是来自摄像头的视频流）来实现机器人或其他设备在未知环境中自我定位和构建环境地图的技术。典型的视觉 SLAM 框架包括数据采集、前端匹配、后端优化、回环检测、地图构建 5 个关键步骤。其中数据采集部分主要包括图像信息的读取和预处理；前端匹配部分负责估计相邻两帧图像间车辆的运动过程；后端优化部分根据前述信息对位姿进行优化以减小误差；回环检测部分可判断车辆是否经过了相同位置，用于解决 SLAM 过程中随着时间推移而产生累积误差的问题；地图构建部分根据估计的轨迹和车辆在不同位置采集的图像信息建立环境地图。

1. 数据采集

传感器数据主要指由车载摄像头采集的图像信息。按照传感器的工作原理不同，可将其分为单目摄像头、双目摄像头和深度摄像头三大类。由于单目摄像头所获取的图像是三维空间的一个二维投影，因此为了获取物体的深度信息，需要在摄像头移动过程中观测物体在摄像头视角中的运动来判断它与摄像头的相对距离。对于双目摄像头，其判断物体距离的原理与人眼相似，可通过比较两个摄像头的图像来估计距离。深度摄像头则是通过主动向物体发射一束光并接收反射光来测出物体的距离，根据原理又可分为结构光法与飞行时间法两种。

2. 前端匹配

前端匹配简称前端，也被称为视觉里程计，其任务主要为利用运动中的摄像头在不同时刻采集到的图像帧，估算出相邻两帧之间的摄像头位姿变换，并建立局部地图。在对相邻两帧间的运动进行估计时，不可避免地会存在一定误差，并且这种误差会随着时间不断积累，消除误差的工作主要由后端优化和回环检测来完成。根据是否需要提取特征，前端可分为特征点法和直接法两种。特征点法是从每帧图像中选取有代表性的一些点，这些点在摄像头视角发生变化的过程中依然能够保持其所具有的特征。确定特征点后对两帧图像进行特征匹配，便可根据所匹配的特征点位置变化来反推出自身的运动姿态。

3. 后端优化

后端优化简称后端，主要负责对前端输出的结果进行优化，利用滤波理论和优化理论来处理 SLAM 过程中产生的噪声，进而得到最优的位姿估计。

4. 回环检测

回环检测主要解决 SLAM 过程中随着时间推移而产生的累积误差的问题，算法需要能够辨识所经过的场景地点，通过各帧图像间的相似性来完成回环检测。如果检测成功，则可为后端提供额外的信息，后端据此进一步优化轨迹与地图，减小累积误差。

5. 地图构建

地图构建即根据估计的运动轨迹和采集的图像信息，建立环境地图。根据地图类型，可将其分为度量地图和拓扑地图两大类。度量地图关注地图中各个物体间的位置关系，根据数据量的多少又可细分为稀疏地图和稠密地图。稀疏地图中只对部分物体特征进行建模，由路标组成，其主要用于自身定位。稠密地图则更倾向于对观测到的所有信息进行建模，以某一分辨率作为最小单元，由许多小块组成。二维地图中的基本单元就是一个个正方形的小格子，在三维地图中则对应为小正方体。每个小块都有各自的所属状态，一般可将状态分为占用、空闲和未知三种，用以表述在该小块中是否检测到物体。

4.5.3 激光雷达 SLAM 技术

视觉 SLAM 利用摄像头进行环境感知和定位，具有成本低、体积小、获取丰富视觉信息等优点，但在光照变化、动态场景、纹理稀疏区域等条件下性能受限。相较之下，激光雷达 SLAM 则通过激光雷达获取环境深度信息，不受光照影响，能够在复杂环境中提供更高的精度和鲁棒性，是视觉 SLAM 的重要补充和替代方案。

如图 4-26 所示，激光雷达 SLAM 通过发射激光束并测量其在环境中的反射来获取高精度的距离信息，是一种利用激光雷达传感器进行定位和建图的技术。它通过发射激光束并接收反射回来的信号，测量周围环境的距离和形状，从而构建出环境的三维地图，并实现设备在地图中的精确定位。SLAM 技术旨在使移动系统能够在未知环境中实时构建地图并同时确定自身的位置，这对于自主移动机器人、自动驾驶车辆以及无人飞行器等应用至关重要。这种精确的距离数据能够帮助建立详细且准确的环境地图。与其他传感器相比，激光雷达具有较高的分辨率和测距精度，使其成为 SLAM 系统中不可或缺的组成部分。

激光 SLAM 与视觉 SLAM 类似，其框架同样包括数据采集、前端匹配、后端优化、回环检测、地图构建 5 个关键步骤。

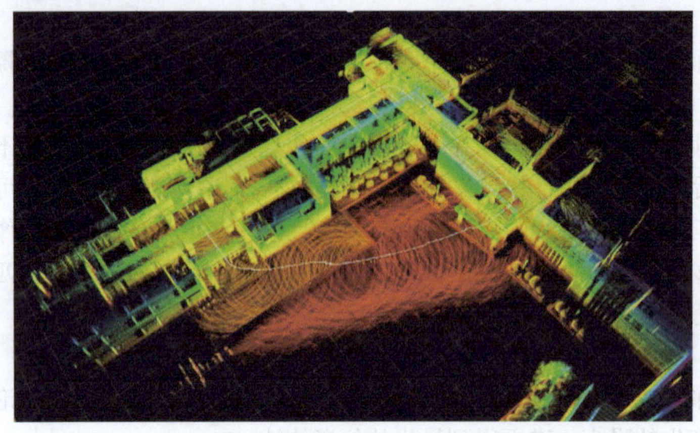

图 4-26　基于激光雷达的地图构建

1. 数据采集

激光 SLAM 所用的传感器一般包括激光雷达、惯性测量单元和里程计。对于室内环境通常采用二维激光雷达，室外环境更为复杂，多采用三维激光雷达。IMU 对角速度的测量精度较高，通常用于计算角度信息。里程计则用于检测车轮在一定时间内转过的角度，进而推算车辆的相对位姿变化。

2. 前端匹配

目前激光 SLAM 主流的前端匹配算法包括迭代最近点法（Iterative Closest Point，ICP）、点到线匹配迭代最近点法（Point-to-Line Iterative Closest Point，PL-ICP）、相关性扫描匹配（Correlation Scan Match，CSM）、基于优化的方法、正态分布变换（Normal Distribution Transformation，NDT）等。

3. 后端优化

激光 SLAM 的后端优化与视觉 SLAM 类似，同样分为基于滤波器的方法和基于图优化的方法。基于滤波器的方法是通过不断的预测和更新迭代进行的。根据滤波器的形式不同，可分为卡尔曼滤波（KF）、扩展卡尔曼滤波（EKF）、无迹卡尔曼滤波（UKF）、粒子滤波（PF）等。基于图优化的方法将车辆的位姿用节点表示，两个节点间的空间约束关系用边表示，利用非线性最小二乘原理进行求解。

4. 回环检测

回环检测是一类数据关联问题，将激光点云数据匹配，可用于生成全局一致的轨迹地图。根据匹配的对象不同，可将回环检测问题分为三类。

1）帧与帧间回环检测。通过位姿变换矩阵 $\boldsymbol{R}$ 和 $\boldsymbol{T}$ 使两帧激光点云间的距离最小，并判断其相似性。其计算量较小，但由于单帧数据的信息量较少，容易产生误匹配的情况。

2）子图与子图间回环检测。这种方法使用了更多的点云信息，将最近 N 帧数据融合为局部子图后再与之前的地图匹配，其计算精度较高，同时计算量也较大。

3）帧与子图间回环检测。利用上一时刻已有的地图和当前帧进行匹配。

5. 地图构建

激光 SLAM 的地图构建同样分为度量地图和拓扑地图两大类。出于实时性的要求，目前二维和三维激光 SLAM 的地图构建通常都采用计算量较小的占据栅格地图。可根据地图中每个小格的状态判断出可通行区域，进而进行导航与避障运动。

激光 SLAM 通过上述五个关键步骤，实现高精度和高鲁棒性的定位与建图。这种技术在无人驾驶、无人机导航、机器人导航等领域有广泛应用，尤其在需要精确环境感知和自主导航的场景中表现出色。尽管面临数据处理复杂度和传感器成本高的挑战，但随着技术进步和成本下降，激光 SLAM 的应用前景将更加广阔。

4.6 交通情景理解

交通情景理解是对交通环境的全面分析和理解。它涉及对道路、车辆、行人、信号灯、交叉口等要素的感知和理解。例如，驾驶、步行或使用其他交通工具时，人们需要持续感知和理解周围的交通情景，以适应不同的情况，保障交通安全和流畅。其中，语义分割是实现交通情景理解的重要任务之一，它通过处理图像等原始感知信息，实现像素级、目标级别或实例级别的精确识别，为交通情景理解提供了重要基础。本小节将重点介绍交通情景理解的基本方法、应用以及未来发展。

4.6.1 交通情景理解方法

交通情景理解依赖于图像与视频处理技术，而特征提取与表示是实现情景理解的重要基础。为了有效利用图像与视频数据，需要先进的图像获取设备、传感器技术和数据处理技术，以及高效的特征提取与表示工具。

图像与视频处理技术在车辆智能系统中得到了广泛应用，这些技术依赖于高性能的图像获取设备，如高分辨率、多视角的摄像头。这些摄像头实时捕捉道路上的视觉信息，为交通情景理解提供实时、准确的数据。此外，随着传感器技术的不断创新，激光雷达和毫米波雷达等传感器能够提供深度信息，进一步增强对交通场景的理解。为了保证数据的可靠性和有效性，各种数据预处理与增强技术得到了广泛研究和应用。例如，去噪与滤波操作可以降低图像噪声，提高分析准确性，而图像增强技术则通过调整对比度和亮度等参数，优化图像质量，以适应复杂多变的环境条件。

在特征提取与表示方面，CNN 是一个重要的工具。CNN 主要包括卷积和池化两种计算操作：首先，卷积操作通过卷积层有效提取图像的局部特征，使得模型能够识别不同区域的关键信息；其次，池化操作通过降采样，减少模型参数数量，提高计算效率，并同时保留重要特征。通过 CNN 生成的特征图包含了图像的高级抽象信息，为后续的交通情景理解提供了丰富的特征表示。

在图像处理方面，语义分割是一种重要技术，它的目的是将图像中的每个像素分配到预定义的语义类别，例如车辆、行人、道路等。语义分割可以实现对图像的像素级别的理解，它不仅提供了详细的视觉信息，还为后续的场景分析和决策提供了坚实的基础。在交通情景理解中，语义分割是一项关键任务，它的目的是对交通场景中的各种目标进行识别、定位、跟踪和预测，以实现对交通场景的深度理解。语义分割的难点在于如何处理图像中的多样性、复杂性和不确定性，以及如何提高分割的效率和精度。为了解决这些难点，语义分割技术需要结合多种方法和技术，如图像分割、目标检测、目标跟踪、目标分割、实例分割、全景分割等，以实现对交通场景中不同层次、不同尺度、不同状态的目标的准确分割。

按照分割任务的层次划分，语义分割可以分为语义级分割、实例级分割和全景级分割。语义级分割是图像分割任务的基础，其主要目标是将图像中的每个像素进行精确分类，从而构建出高分辨率的语义地图。实例级分割是将图像中的每个像素划分到不同的个体，即目标检测和语义级分割的结合。全景级分割是语义级分割和实例级分割的结合，既要将所有目标都检测出来，又要区分出同个类别中的不同实例。图 4-27 展示了语义级分割、实例级分割、全景级分割的示例。其中，语义级分割在图中是指对图像中的每个像素打上类别标签，把图像分为人（红色）、树木（深绿）、草地（浅绿）、天空（蓝色）标签。实例级分割是目标检测和语义分割的结合，在图像中将目标检测出来（目标检测），然后对每个像素打上标签（语义分割）。对比图 4-27a、b，如以人为目标，语义级分割不区分属于相同类别的不同实例（所有人都标为红色），实例级分割区分同类的不同实例（使用不同颜色区分不同的人）。对比图 4-27b、c，实例级分割只对图像中的目标（如图 4-27b 中的人）进行检测和按像素分割，区分不同实例（使用不同颜色），而全景分割是对图中的所有物体包括背景都要进行检测和分割，区分不同实例（使用不同颜色）。

a) 语义级分割　　b) 实例级分割　　c) 全景级分割

图 4-27　语义级分割、实例级分割、全景级分割示例

在交通情景中，实例级语义分割是一种能够提供更细粒度的场景理解的技术，它的应用对于智能车辆的感知和决策具有重要意义。实例级语义分割的目的是将图像中的每个像素分配到不仅包含语义类别，还包含实例标识的标签，从而能够区分出同类目标的不同实例。实例级语义分割的应用使系统能够更好地跟踪同类目标的运动轨迹，为智能车辆提供更为精准的感知能力。例如，通过区分不同车辆的实例，智能车辆能够更准确地进行周围车辆的跟踪和行为预测，从而提高行车安全性。此外，语义分割的应用也涉及对交通标志、道路标线等细粒度交通标识标线信息的提取，这对于智能车辆决策系统至关重要。通过准确识别道路标线、交叉口标识，智能车辆能够更好地规划行车路径，确保驾驶的安全性和稳定性。因此，实例级语义分割是一种高效的交通情景理解方法，它能够为智能车辆提供更丰富的场景信息，从而提升其感知和决策的能力

然而，实现复杂交通环境中的高效语义分割仍然面临着一系列挑战。复杂多变的交通环境、光照变化、遮挡等因素使得语义分割模型需要具备强大的泛化能力和鲁棒性。同时，实时性的要求也使得模型的计算效率成为一项重要考虑因素。在未来的研究中，对于多模态数据的融合以及对抗训练等技术可能成为应对这些挑战的有效途径，进而推动语义分割技术在智能车辆中的应用。

4.6.2 交通情景理解应用

交通情景理解是一种对交通场景中的各种元素进行识别、定位、跟踪和预测的技术，它可以分为静态场景理解和动态场景理解两大类。交通情景理解在智能车辆决策驾驶中有着重要的应用，能够为智能车辆提供更全面、更精准的环境感知信息，从而提高其行车安全性和效率。图 4-28 展示了场景理解在自动驾驶领域的应用。

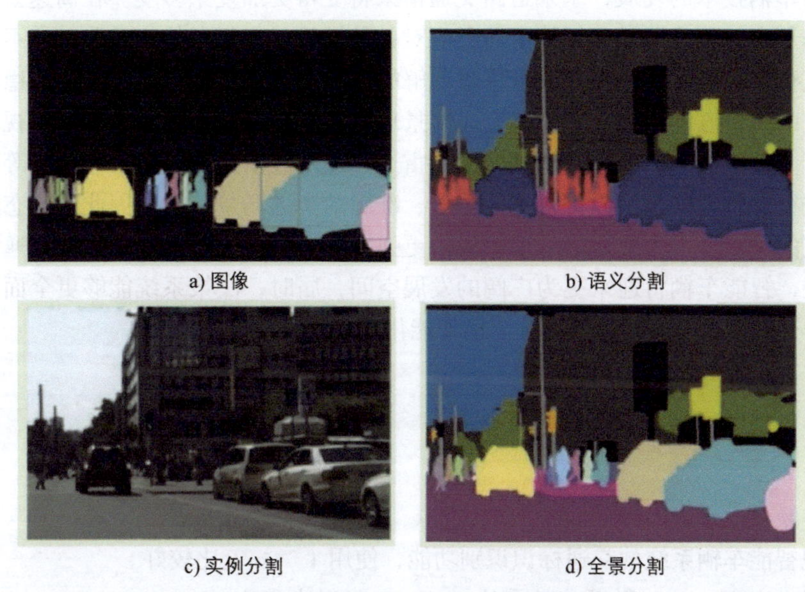

图 4-28 场景理解在自动驾驶领域的应用

静态场景理解是交通情景理解中的关键一环，它主要涉及对停车场和交叉口等静态场景的理解方法。在停车场的场景中，图像与视频处理技术能够识别停车位的分布情况，协助驾驶员寻找合适的停车空间；在交叉口的场景中，静态场景理解涉及交通标志和道路标识的识别，这对于交叉口的规划和管理具有重要意义。静态场景理解的目的是为智能车辆提供基本的道路结构信息，从而为其规划合理的行车路径。

动态场景理解聚焦于车辆、行人、自行车等动态目标的识别。通过深度学习等技术，特别是卷积神经网络，系统能够实时追踪道路上的各种移动目标。具体地，车辆识别与跟踪有助于智能车辆实现实时道路环境感知，提高行车安全性；行人和自行车的准确识别则为智能车辆提供了更全面的环境感知信息；车道线的跟踪与分析也是动态场景理解的重要组成部分，其通过图像处理与计算机视觉技术，实时分析车道线的变化并预测车辆的行驶轨迹，从而提高驾驶的稳定性。动态场景理解的目的是为智能车辆提供更细致的目标状态信息，从而对其进行更灵活的行车决策。

在智能车辆决策系统中，上述交通情景理解技术发挥着重要作用。通过对图像进行语义分割，决策系统能够深度理解道路上的各种元素，例如道路、车辆、行人等，从而为决策提供环境信息支持。特别地，语义分割可以为交通情景理解构建高级别的语义信息，使车辆能够更加智能地适应复杂多变的交通环境，并实现安全高效的行车决策，从而使车辆能够更加安全、高效地行驶。

总之，交通情景理解是一种综合运用图像与视频处理技术、深度学习技术和语义分割技术的方法，它能够为智能车辆提供从静态到动态，从基本到高级的场景理解信息，从而提升其感知和决策的能力。

4.6.3 未来发展与挑战

随着智能车辆技术的发展，未来道路交通情景将变得更加复杂多变。在高速公路、市区交叉口等复杂场景中，交通情景理解技术需要应对各种挑战，如复杂的交叉路口、不同车辆类型的混合交通流行驶等。此时，提升交通情景理解的性能（包括实时性、准确性和稳定性等）是未来技术发展的重要方向。此外，未来交通情景理解不仅需要更好地处理图像和视频数据，还需更好地进行多模态数据的融合，通过对激光雷达、毫米波雷达、超声波传感器等多种传感器产生的数据进行有效的整合，以提供更为全面、准确的交通场景信息，因此跨模态融合技术将成为未来研究的关键，可为交通情景理解提供更强大的认知能力。未来，随着交通情景理解技术的不断发展，智能车辆将迎来更为广阔的发展空间，届时，决策系统能够更全面、精准地分析和响应各种交通情况，从而有效提升车辆智能化水平。

习　题

一、选择题

1. 要实现智能车辆系统的交通标识识别功能，使用（　　）比较好。

A. 摄像头　　B. 毫米波雷达　　C. 激光雷达

2. 智能车辆系统的传感器中，（　　）对恶劣天气条件和光照状况的适应性更强。

A. 摄像头　　B. 激光雷达　　C. 毫米波雷达

3. 在智能车辆系统中，感知传感器的任务是通过多种传感器技术感知外部行驶环境。以下（　　）不属于感知传感器。

A. 摄像头　　B. 惯性导航系统　　C. 毫米波雷达

4. 要实现智能车辆系统的驾驶员疲劳检测功能，需要将摄像头安装在（　　）位置。

A. 内视　　B. 前视　　C. 后视

5. 以下（　　）不是单目视觉感知算法。

A. YOLOv3　　B. YOLOv5　　C. SSD　　D. Pointpillar

6. 双目视觉相比单目视觉感知多了（　　）。

A. 深度信息　　B. 高度信息　　C. 时间信息　　D. 颜色信息

7. 以下（　　）不是智能车辆感知算法常用的深度学习网络结构。

A. CNN　　B. Transformer　　C. RNN　　D. SVM

8. 以下（　　）是 YOLOv3 的骨干网络结构。

A. VGG-16　　B. DarkNET-53　　C. ResNET-50　　D. ResNET-34

9. 以下传感器中，适合近距离场景的是（　　）。

A. 超声波传感器　　B. 毫米波雷达　　C. 激光雷达　　D. 摄像头

10. 以下受气候影响小且探测距离远的传感器是（　　）。

A. 超声波传感器　　B. 毫米波雷达　　C. 激光雷达　　D. 摄像头

11. 以下硬件成本最高的传感器是（　　）。

A. 超声波传感器　　B. 激光雷达　　C. 毫米波雷达　　D. 摄像头

12. 高精度地图呈现出更高的精度，达到（　　）水平。

A. 毫米级　　B. 分米级　　C. 厘米级　　D. 亚米级

13. 高精度地图制作过程为数据采集、数据处理、（　　）、人工验证和地图发布。

A. 语义分割　　B. 数据融合　　C. 地图构建　　D. 目标检测

14. IMU 是惯性导航系统的核心，由（　　）和陀螺仪组成。

A. 卫星接收器　　B. 加速度计　　C. 罗盘　　D. 气压计

二、填空题

1. 智能车辆系统感知功能主要包括________、________和________。

2. 智能车辆系统中，车身感知主要由________、________和________三大组成部分构成。

3. 在智能车辆感知系统设计中，导航定位通常依赖于________、________和________的协同工作。

4. 刚体变换矩阵（也就是外参矩阵）包含________和________。

5. 双目特征构建的方式主要包括________和________。

6. 基于直接视锥空间的双目目标检测包括________和________等。

7. 常见的传感器数据融合方案按抽象程度分为 3 类，分别是数据级融合、特征级融合以及________。

8. 多传感器融合的目的是提高自动驾驶系统对复杂驾驶环境的感知和理解能力，增强整个系统的________和________。

9. 在自动驾驶常用传感器中，毫米波雷达适用于各种天气条件，但其________相对较低。

三、简答题

1. 请简要说明智能车辆系统中多传感器融合感知技术的作用，并列举一个例子说明其优势。

2. 请简要描述智能车辆感知系统中摄像头的不同安装位置及其实现的具体功能。

3. 简要说明毫米波雷达和激光雷达在检测范围、优缺点方面的区别。

4. 请简要说明 YOLO 算法的原理。

5. 请简要说明激光雷达的工作原理。

6. 对比毫米波雷达和激光雷达，分别介绍各自特点及应用。

7. 除了书中的激光雷达和毫米波雷达传感器，你还知道哪些其他传感器，试介绍其中一种的特点和应用。

8. 请简述数据级融合在多传感器融合中的作用以及其优劣势。

9. 请简要说明多传感器融合的目的以及它如何提高自动驾驶系统的性能。

10. 以激光雷达为例，简要说明其优劣势以及主要应用场景。

11. 在基于神经网络的前融合中，为什么 F-PointNet 算法先使用图像信息进行目标检测，并生成相应的锥体区域？

12. 简述基于图优化的 SLAM 方案。

第5章 智能车辆决策系统与设计

5

智能车辆决策系统基于感知系统所获取的周围环境信息及自身传感器所获取的自车位姿信息，并结合自车驾驶任务及目标来进行驾驶行为决策与行车轨迹规划，进而为控制系统提供参考轨迹。决策系统直接决定了智能车辆的智能化水平，是车辆智能化技术研究的核心，同时也是实现高级别无人驾驶的重难点。

本章首先介绍智能车辆决策系统的功能及其研究难点，然后介绍目前主流的两种决策系统设计框架，包括分解式决策框架和集中式决策框架，帮助读者初步了解智能汽车决策系统架构。最后，分别针对两种决策框架所涵盖的关键技术进行详细介绍。本章知识结构图如图5-1所示。

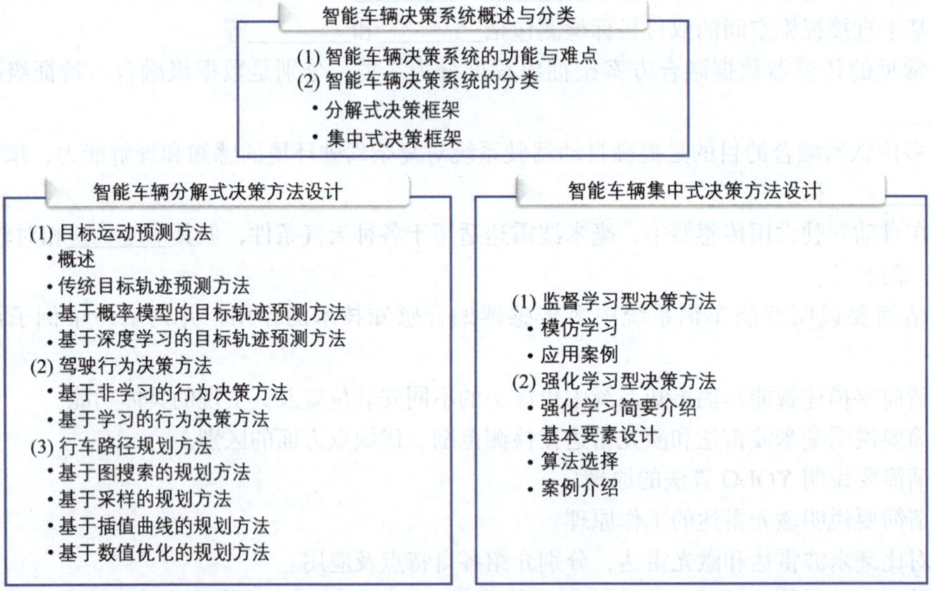

智能车辆决策系统概述与分类

(1) 智能车辆决策系统的功能与难点
(2) 智能车辆决策系统的分类
- 分解式决策框架
- 集中式决策框架

智能车辆分解式决策方法设计

(1) 目标运动预测方法
- 概述
- 传统目标轨迹预测方法
- 基于概率模型的目标轨迹预测方法
- 基于深度学习的目标轨迹预测方法

(2) 驾驶行为决策方法
- 基于非学习的行为决策方法
- 基于学习的行为决策方法

(3) 行车路径规划方法
- 基于图搜索的规划方法
- 基于采样的规划方法
- 基于插值曲线的规划方法
- 基于数值优化的规划方法

智能车辆集中式决策方法设计

(1) 监督学习型决策方法
- 模仿学习
- 应用案例

(2) 强化学习型决策方法
- 强化学习简要介绍
- 基本要素设计
- 算法选择
- 案例介绍

图5-1 本章知识结构图

5.1 智能车辆决策系统概述与分类

智能车辆决策系统有多种功能定义和实现方式，其与决策系统的架构相关。本节首先介绍智能车辆决策系统的功能与难点，然后结合相关案例介绍智能车辆决策系统的分类方式。

5.1.1 智能车辆决策系统的功能与难点

智能车辆决策系统的主要任务是基于所获取的当前状态信息（如天气、环境、导航、交通标识标线、其他交通参与者以及自车位置与姿态的信息等)，实现如下功能：

1）制定当前的驾驶行为策略：如跟车、换道、超车、停车、转弯、掉头等。

2）输出参考行驶轨迹：计算出一条未来一段时间内的平滑、安全的行驶轨迹路线。

如果把智能车辆看作人，则智能车辆的决策系统可以视为人的大脑，其决定了车辆的行驶策略与行为，是智能车辆智能化水平的核心体现。

在设计智能车辆决策系统时，需充分考虑其他交通参与者的行为，以保证行车安全、提升行车效率、节能性与舒适性等，其面临的主要挑战包括以下几个方面：

1）随机性。交通参与者的意图往往是难以准确识别的，导致其行为难以精确预测，例如，周围车辆可能由于即将错过高速出口而突然变道，路边踢球的儿童可能由于足球滚至道路中而突然穿行马路等，这给智能车辆的决策带来了极大的挑战。因此，智能车辆决策系统需要充分考虑交通环境的随机性，以保证在各类随机事件中均能做出正确的决策。

2）动态性。道路交通是一个高动态的系统，其中各类交通参与者的状态都在不断发生变化，例如周车驾驶员的驾驶行为可能会随其心理和生理状态变化而大幅改变，交通流密度也会在早晚高峰时段发生大幅变化。因此，智能车辆决策系统需要充分考虑交通系统的时变性，以实现对外界环境变化的快速响应。

3）复杂性。道路交通系统中存在着大量的各种类型的交通参与者，包括机动车、非机动车、行人、小动物等，导致交通系统的内部成分变得十分复杂。同时，不同的道路类型和交通规则约束也增加了交通系统的复杂性。因此，智能车辆决策系统需要能够准确地认知和理解周围环境，并适应各种复杂的交通场景和行车约束条件，以输出安全、高效的驾驶行为策略及行驶轨迹。

4）博弈性。道路交通参与者之间是在不断进行交互和博弈的，如车辆在切入邻车道时会试探邻车道车辆是否让行，这种交互使得其双方运动相互影响和制约。因此，智能车辆决策系统需要能够与其他交通参与者进行行为博弈并权衡各种冲突，以保证行车安全。

5.1.2 智能车辆决策系统的分类

智能车辆决策系统根据对决策任务分解程度的不同，可以将其框架分为分解式决策框架和集中式决策框架。

1. 分解式决策框架

分解式决策框架通常将决策过程分解为若干独立的子任务，如交通情景理解、目标运动预测、驾驶行为决策、行车路径规划等，如图 5-2 所示。

1）交通情景理解是指对行车周围环境的分析和理解，为安全、高效的决策提供真实的环境特征信息。

2）目标运动预测是指对环境中其他交通参与者或障碍物的运动轨迹进行预测，从而为自车驾驶决策提供未来环境信息预测。

3）驾驶行为决策是指智能车辆依据场景理解和运动预测结果做出宏观的驾驶行为决策，如跟车、换道、超车、让行等。

4）行车路径规划是指依据宏观的驾驶行为策略，规划出面向未来一段时间内的一条安全高效的行车轨迹的详细信息（如轨迹点的坐标、速度及加速度信息等）。

上述分解式决策框架通过将复杂的决策问题分解成若干个子问题，从而实现决策系统的解

耦设计，降低了决策过程中的累积误差，提高了系统的可解释性，同时也可以更有针对性地处理高维复杂环境中的不确定因素。

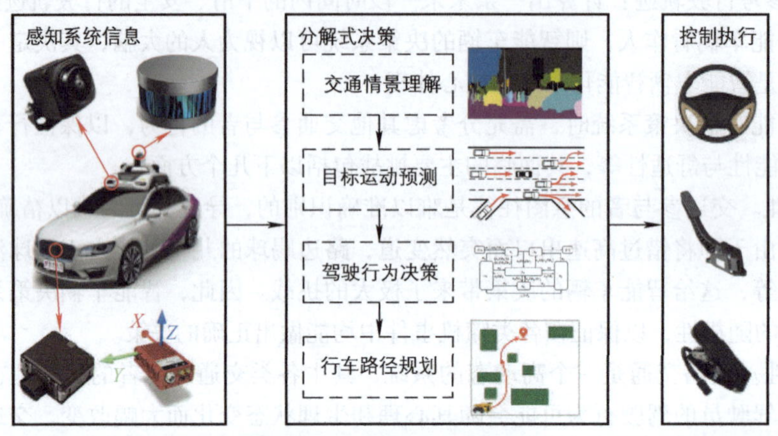

图 5-2 分解式决策框架

截至目前，行业及学术界对分解式决策框架进行了大量研究，获得了丰富的研究成果。斯坦福大学的无人驾驶车辆在 2005 年 DARPA 挑战赛中夺得冠军，其决策系统就是采用的分解式框架；谷歌 Waymo 无人驾驶汽车也采用该分解式决策架构，已完成数千万英里的城市道路场景测试；百度 Apollo 的无人驾驶汽车也采用了分解式决策方案，具体包含场景理解及切换、运动预测、行为决策、路径规划等子任务，截至 2024 年已完成超过 1 亿 km 的测试和示范运营。

2. 集中式决策框架

与分解式决策框架不同，集中式决策框架的核心是建立一个参数模型，以通过传感器获取的环境态势信息（地图、障碍物及车辆状态信息等）为输入，经过参数模型传导后，直接输出自车执行器控制命令，如图 5-3 所示，其本质是将决策过程视为一个不可分解、不可解释的黑箱。通常来说，集中式决策框架主要利用神经网络等机器学习算法对原始的车辆状态信息和环境信息等进行过滤提取和决策计算。

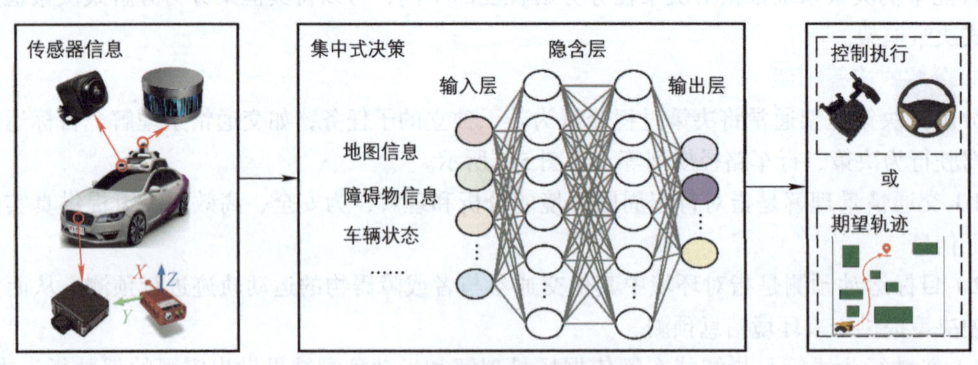

图 5-3 集中式决策框架

目前智能车辆相关领域的多家龙头企业都对集中式决策框架开展了大量研究。英伟达利用卷积神经网络和全连接神经网络设计了智能车辆集中式决策系统，其利用三个摄像头信息作为输入，将转向盘转角作为输出。Wayve 利用强化学习来设计智能车辆决策系统，在稀疏交通流和结构化低速道路中取得了不错的效果。然而，面对高复杂度、强不确定性、时变性、强交互性的交通场景，现有的集中式决策系统还难以实现大规模的商业化应用。

接下来的各节将围绕分解式决策和集中式决策的系统组成、特征、典型方案等多个方面，对两种类型的决策系统进行详细介绍。

5.2 智能车辆分解式决策方法设计

智能车辆分解式决策方法通常将决策过程细分为交通情景理解、目标运动预测、驾驶行为决策和路径规划等若干独立的子任务。关于交通情景理解部分，已在第 4 章的感知部分进行了详细介绍，本节主要针对目标运动预测、驾驶行为决策和行车路径规划这三个子任务进行介绍。

5.2.1 目标运动预测方法

在完成交通情景理解后，智能车辆将对所处环境中的各类交通参与者进行运动预测，以便进行自车行为决策和运动规划。目标运动预测是指运用先进的计算技术，对周围交通参与者未来的运动轨迹进行推测和预测的过程，其具体包含对目标实体的位置、速度、加速度等动态信息进行分析，以便准确预测其未来行为。目标运动预测的核心任务是推测周围交通参与者未来的运动轨迹，为自车驾驶决策提供未来环境信息支撑。这一领域的研究涉及多个学科方向，包括机器学习、认知心理学等，其重要性在于确保智能车辆能够准确理解和适应环境的变化，从而安全、高效地与其他交通参与者进行交互。

目标运动预测不仅需要综合利用车辆周围丰富的传感器信息，还需要借助先进的计算技术，如机器学习和深度学习等，以更好地预测复杂的驾驶场景。本小节将深入探讨不同目标运动预测方法的原理、技术应用以及面临的挑战。通过对传统物理模型和现代机器学习技术的综合分析，并介绍这一领域的基本知识及重要进展，从而帮助读者了解目标运动预测方法的基本原理及其应用。

1. 概述

目标运动预测的目的是为智能车辆决策系统提供及时、准确的环境动态信息，使智能车辆能够适应复杂多变的交通环境，从而安全地与其他参与交通者进行交互。这一领域的关键挑战包括目标运动的不确定性、多模态运动行为，以及预测实时性和准确性等。通过深入理解和应用目标运动预测方法，智能车辆可以更有效地规划路径、避免碰撞，并提高行车安全性和交通通畅度。图 5-4 展示了一种典型的目标运动预测场景，即自车通过运动预测方法对周围车辆的未来运行轨迹进行预测。

依据所采用的具体方法，现有目标运动预测技术主要包括传统目标轨迹预测方法、基于概率模型的目标轨迹预测方法以及基于深度学习的目标轨迹预测方法。下面将对这三类方法进行介绍。

2. 传统目标轨迹预测方法

传统目标轨迹预测方法基于物理模型和统计分析，通过考虑目标实体的历史运动轨迹以及运动学规律来进行预测。以下是一些常见的传统轨迹预测方法：

1）基于物理模型的预测方法：基于目标实体的动力学及运动学特性，如速度、加速度和运动方向，采用物理学的基本原理建立数学模型。这些模型可以是简单的匀速或匀加速模型，也可以更复杂，如考虑车辆转弯半径等因素的多项式模型。运动学模型适用于描述相对简单、规律性的运动情景。

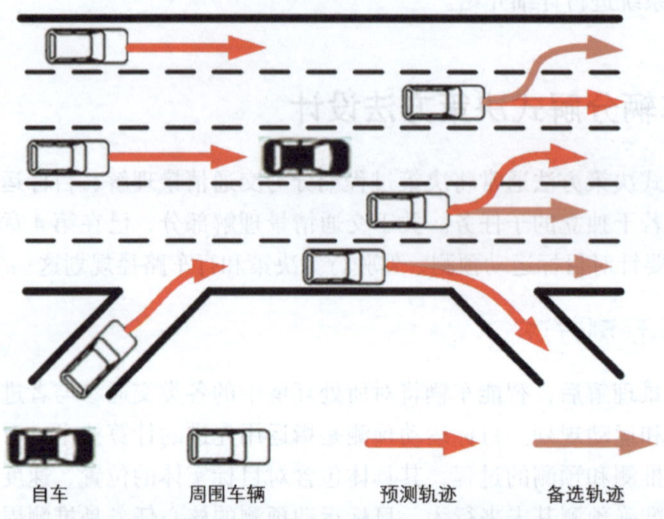

图 5-4　自车对周围车辆的运动预测场景

2）基于行为模型的预测方法：基于行为先验信息或者历史轨迹数据，通过查找与目标实体当前状态最相似的先前运动实例来进行预测。这种方法依赖于对相似性的定义和度量，通常采用欧氏距离或其他相似性度量方法。

下文将着重关注基于运动学模型的轨迹预测方法，此类方法得到了广泛的研究，并且提供了针对基本运动特性的有效建模途径。

车辆正常行驶的状态通常可以分成三类：车道保持（Keep Lane，KL）、换道（Change Lane，CL）和转弯（Turn）。其中，车道保持和转弯因其具有稳定的运动学规律，通常可通过简化的物理模型描述车辆运动行为。在此场景中，通常先将四轮车辆简化为两轮模型，用于描述车辆的横向和纵向运动。图 5-5 所示为简化的二自由度车辆运动学模型，其在运动分析时通常采用线性递推模型。

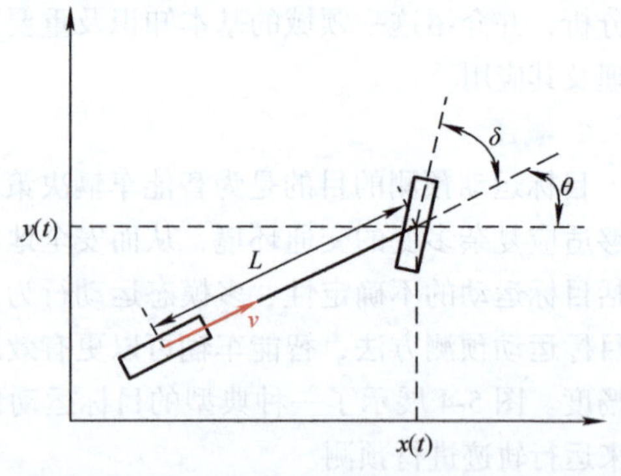

图 5-5　二自由度车辆的运动学模型

在进行轨迹预测之前，需要获取车辆的初始状态。这些初始状态包括：车辆在 t 时刻的位置坐标 $x(t)$ 和 $y(t)$，车辆速度 $v(t)$，车辆航向角 $\theta(t)$，前轮转向角度 $\delta(t)$，车辆轴距 L，时间步长 Δt。这些初始状态可以通过车辆传感器（如 GPS、IMU、轮速传感器、转向盘角度传感器）实时获取。

在车道保持中，二自由度车辆模型考虑车辆在平面上的运动，使用以下基本方程进行状态预测：

车辆在下一时刻的位置和速度为

$$x(t+1)=x(t)+v(t)[\cos\theta(t)]\Delta t \tag{5.1}$$

$$y(t+1)=y(t)+v(t)[\sin\theta(t)]\Delta t \tag{5.2}$$

车辆在下一时刻的航向角为

$$\theta(t+1)=\theta(t)+\frac{v(t)\tan\delta(t)}{L}\Delta t \tag{5.3}$$

式中，$x(t)$ 和 $y(t)$ 是车辆在 t 时刻的位置坐标；$v(t)$ 是车辆速度；$\theta(t)$ 是车辆航向角；$\delta(t)$ 是前轮转向角度；L 是车辆轴距；Δt 是时间步长。车辆通过调整转向角度 $\delta(t)$ 来实现车道保持，以确保车辆在车道中心行驶。

在转弯预测中，考虑车辆在曲线道路上的运动，增加曲率 $\kappa(t)$ 的考虑，具体地，转弯半径和曲率的关系为

$$R(t)=\frac{1}{\kappa(t)},\ \kappa(t)=\frac{\mathrm{d}\theta}{\mathrm{d}s} \tag{5.4}$$

式中，$\kappa(t)$ 是曲率；$R(t)$ 是转弯半径；θ 是车辆行驶方向与道路切线的夹角；s 是行驶的弧长。通过测量道路的几何形状，可以得到车辆在不同位置的曲率，从而计算出转弯半径。

在每个时间步长内，根据以上方程求解得到的位置和姿态更新车辆的轨迹，并记录下来。最后设定预测的终止条件，常见的终止条件包括：

1）总时间：预测一段固定时间后的轨迹，例如未来 5s。

2）距离：预测车辆在行驶一段固定距离后的轨迹。

3）状态变化：例如车辆达到某一速度或转向角。

基于运动学模型的方法简单易理解，计算效率高，适用于规律性强的道路行驶。该方法可较好地预测相对简单的交通环境中的车道保持和转弯运动。然而，该方法通常基于简化的物理假设，难以准确考虑复杂的交通场景和非线性动态情况，在复杂城市环境和高密度交叉路口等区域，这些模型可能难以提供足够的预测精度和适应性。

3. 基于概率模型的目标轨迹预测方法

基于概率模型的目标轨迹预测方法是一种通过概率统计的原理来建模和预测运动目标未来轨迹可能性的方法，为预测的轨迹提供了丰富的概率分布或置信度度量。这类方法关注的不仅是提供单一轨迹的预测结果，而更注重对预测的不确定性进行建模，从而更全面地呈现目标可能的运动行为，因而在面对不确定性和复杂交通场景时具有显著的优势。

在基于概率模型的轨迹预测中，运动目标的轨迹被视为一个随机过程，其未来状态由概率分布来描述。通过融合先验知识、历史轨迹数据和感知观测信息，概率模型能够推断出未来轨迹的可能性分布。通过将轨迹视为可能的分布集合而非确定的某条轨迹，这种方法能够更全面地考虑环境中的随机性和动态变化，从而提高预测对多变因素的适应性，并为决策系统提供更可靠的目标运动信息。

典型的基于概率模型的轨迹预测方法有隐马尔可夫模型（Hidden Markov Model，HMM）、高斯混合模型（Gaussian Mixture Model，GMM）、贝叶斯网络（Bayesian Networks，BN）、卡尔曼滤波器（Kalman Filter，KF）等。其中，卡尔曼滤波在轨迹预测中的重要性体现在平衡实时性、准确性和鲁棒性，接下来将对其进行重点介绍。

卡尔曼滤波是一种递归的状态估计算法，通过对系统的动态模型和测量数据的组合来估计系统的状态。在目标轨迹预测中，卡尔曼滤波的目标是通过融合先验信息和实际测量来对目标未来轨迹进行预测。其主要步骤将通过如下过程来进行展现。

（1）状态空间模型表示

将目标的运动状态表示为一个状态向量，其一般包括位置、速度、方向等，用 $\boldsymbol{x}_k$ 来表示系统在 k 时刻的状态。假设目标的运动状态包括目标的位移 p_k 和速度 v_k，则状态向量为

$$\boldsymbol{x}_k=\begin{bmatrix}p_k\\v_k\end{bmatrix} \tag{5.5}$$

运动状态的计算公式分别为

$$\begin{aligned}p_k&=p_{k-1}+v_{k-1}\Delta t+u_k\frac{\Delta t^2}{2}\\v_k&=v_{k-1}+u_k\Delta t\end{aligned} \tag{5.6}$$

写成状态空间方程的形式为

$$\begin{bmatrix}p_t\\v_t\end{bmatrix}=\begin{bmatrix}1&\Delta t\\0&1\end{bmatrix}\begin{bmatrix}p_{t-1}\\v_{t-1}\end{bmatrix}+\begin{bmatrix}\dfrac{\Delta t^2}{2}\\\Delta t\end{bmatrix}u_t \tag{5.7}$$

基于这个状态向量构建状态转移方程为

$$\boldsymbol{x}_k=\boldsymbol{F}_k\cdot\boldsymbol{x}_{k-1}+\boldsymbol{B}_k\cdot\boldsymbol{u}_k+\boldsymbol{w}_k \tag{5.8}$$

式中，$\boldsymbol{F}_k$ 是状态转移矩阵，描述系统状态如何从一个时刻转移到下一个时刻；$\boldsymbol{B}_k$ 是输入控制矩阵，表示外部控制对系统状态的影响；$\boldsymbol{u}_k$ 是外部输入向量，包含来自传感器的测量值；$\boldsymbol{w}_k$ 是过程噪声，表示系统模型中的不确定性。在此例中，$\boldsymbol{F}_t=\begin{bmatrix}1&\Delta t\\0&1\end{bmatrix}$，$\boldsymbol{B}_t=\begin{bmatrix}\dfrac{\Delta t^2}{2}\\\Delta t\end{bmatrix}$。由此，便可构建目标运动状态模型。

（2）观测模型建模

观测模型描述了传感器测量和实际状态之间的关系。该模型用于将实际状态映射到传感器测量，由观测方程 $\boldsymbol{z}_k=\boldsymbol{H}\boldsymbol{x}_k+\boldsymbol{v}_k$ 表示，其中，$\boldsymbol{z}_k$ 是测量向量，包含来自传感器的测量值；$\boldsymbol{H}$ 是测量矩阵，描述系统状态如何映射到测量空间；$\boldsymbol{v}_k$ 是测量噪声，表示传感器测量的误差。

（3）预测步骤

通过系统模型对车辆状态进行预测，这一步骤利用先前的状态估计和系统状态方程，预测下一个状态估计为

$$\hat{\boldsymbol{x}}_k^-=\boldsymbol{F}\hat{\boldsymbol{x}}_{k-1}+\boldsymbol{B}\boldsymbol{u}_k \tag{5.9}$$

预测协方差矩阵为

$$\boldsymbol{P}_k^-=\boldsymbol{F}\boldsymbol{P}_{k-1}\boldsymbol{F}^{\mathrm{T}}+\boldsymbol{Q}_k \tag{5.10}$$

式中，$\hat{\boldsymbol{x}}_k^-$ 是预测的状态估计；$\boldsymbol{P}_k^-$ 是预测的协方差矩阵；$\boldsymbol{Q}_k$ 是过程噪声的协方差矩阵。

（4）更新步骤

在更新步骤中，利用传感器测量值和观测模型，对预测状态进行修正，得到更新后的状态估计。在这个过程中，卡尔曼增益平衡了预测和测量的信息，从而实现状态修正。

计算卡尔曼增益为

$$\boldsymbol{K}_k = \boldsymbol{P}_k^- \boldsymbol{H}^{\mathrm{T}} (\boldsymbol{H}\boldsymbol{P}_k^- \boldsymbol{H}^{\mathrm{T}} + \boldsymbol{R}_k)^{-1} \tag{5.11}$$

更新状态估计为

$$\hat{\boldsymbol{x}}_k = \hat{\boldsymbol{x}}_k^- + \boldsymbol{K}_k (\boldsymbol{z}_k - \boldsymbol{H}\hat{\boldsymbol{x}}_k^-) \tag{5.12}$$

最后更新协方差矩阵为

$$\boldsymbol{P}_k = (\boldsymbol{I} - \boldsymbol{K}_k \boldsymbol{H}) \boldsymbol{P}_k^- \tag{5.13}$$

式中，$\hat{\boldsymbol{x}}_k$是最终的状态估计；$\boldsymbol{P}_k$是最终的协方差矩阵；$\boldsymbol{R}_k$是测量噪声的协方差矩阵。这一系列更新步骤，考虑了测量误差和预测误差之间的权衡关系，使得卡尔曼滤波能够更加精确地估计目标的实际状态。卡尔曼增益的计算和状态的修正确保了对目标状态的预测更为准确和可靠。

4. 基于深度学习的目标轨迹预测方法

基于深度学习的目标轨迹预测方法是一种利用神经网络等深度学习模型，通过学习大规模轨迹数据中的复杂模式和时空关联性，实现对未来目标轨迹预测的技术。该方法通过端到端学习自动提取数据中的抽象表示形式，而无须手动设计特征，具有适应动态交通场景的优势，但通常需要大量标记数据进行训练。该方法在目标轨迹预测中表现出色，为实现精准灵活的轨迹预测提供了一种良好的解决方案。

基于深度学习的轨迹预测模型常使用如图 5-6 所示的编码器 - 解码器结构，其包含编码器、卷积池化、解码器三个模块，三者共同组合形成了一个图结构，具备适应复杂轨迹模式和动态场景的能力。这种图模型的架构设计旨在充分发挥深度神经网络的强大建模能力，通过这些关键组件的协同作用，实现对目标轨迹数据的高效表示、特征提取和准确预测。在该图模型中，编码器负责将输入的轨迹数据进行有效的编码，并通过长短时记忆神经网络（LSTM）模型捕捉和存储关键的上下文信息。随后，卷积池化模块通过卷积操作和池化操作对编码后的特征进行进一步提取和精炼，而注意力模块则使模型能够有选择性地关注轨迹数据中的重要特征，从而更好地捕捉时空关系；卷积操作和注意力机制的协同作用有助于提取更具代表性的轨迹特征。最后，解码器将处理后的特征映射还原为轨迹数据，以实现对目标未来轨迹的预测。这种图模型的架构在整个预测流程中发挥了关键作用，使其具备适应复杂轨迹模式和动态场景的能力。通过对编码、池化、解码的有效组合，图模型在移动目标轨迹预测领域展现出良好的性能和灵活性。

5.2.2 驾驶行为决策方法

行为决策层（Behavioral Layer）的主要任务是依据从全局路径规划器（Route Planner）接收到的驾驶路线信息，结合环境感知信息，基于相应的驾驶行为决策算法，做出具体的驾驶行为决策（如跟车、换道、超车或并道等）。现有驾驶行为决策方法主要分为基于非学习的方法（Non-Learning-based Methods）和基于学习的方法（Learning-based Methods）。表 5-1 对驾驶行为决策方法进行了简单的分类。

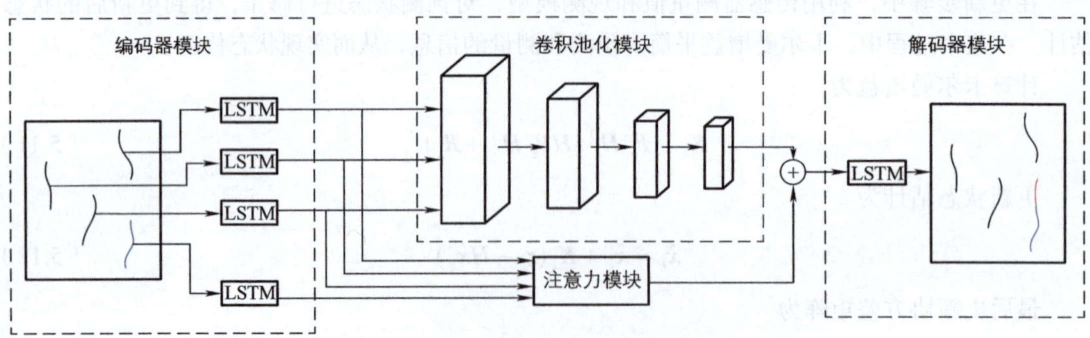

图 5-6　基于深度学习的轨迹预测模型

表 5-1　驾驶行为决策方法分类

方法		优点	缺点
基于非学习的方法	基于规则的方法	可解释性和可调整性 硬件要求低和可行性强 决策广度好	决策深度不足，难以应对复杂的驾驶条件 动态驾驶环境的鲁棒性差
	基于概率的方法	适应性强、能够处理不确定性 方便与其他方法结合使用	计算效率低，难以在复杂环境下产生最优决策
	基于博弈论的方法	可考虑多方决策 能够处理竞争和合作关系	计算复杂度高 需深度了解参与者间相互作用
基于学习的方法	基于统计学习的方法	通用性好 适用于环境信息充足的简单场景	需要大量训练数据集 决策准确率低
	基于深度学习的方法	针对特定场景的决策精度高 端到端系统确保环境信息的充分利用	算法在动态场景下的通用性差 需要大量的训练数据集 数据集质量对算法效果影响大
	基于强化学习的方法	对不确定和动态环境的建模效果好 算法框架灵活，具有高扩展性	奖励函数建立好坏影响大 稳定性差

1. 基于非学习的行为决策方法

基于非学习的行为决策方法又称为传统行为决策方法，指不依赖于机器学习或人工智能算法，而是通过预设的规则或逻辑来指导自动驾驶车辆进行决策的方法。一般可分为如下三类：基于规则的方法（Rule-Based Methods）、基于概率的方法（Probabilistic-Based Methods）和基于博弈论的方法（Game-Theoretic Methods）。最常用的行为决策方法是基于规则的方法，这类方法通常依赖于专家经验和正确规则的设计，其典型的方法有决策树和有限状态机等。此类方法具有应用简单、可解释性强等优点。然而，对于复杂和高不确定性场景，决策规则可能会变得庞大而难以维护，且可能无法涵盖所有情况。基于概率的方法使用概率模型来描述不同决策的可能性，典型方法有贝叶斯网络、马尔可夫决策过程、部分可观察马尔可夫决策过程等，该方法基于统计学原理，通过计算不同决策的概率来选择最有可能的行为，具有适应性强、能够处理不确定性的优点。然而，对于一些复杂决策情况，该方法会变得冗杂且难以解释。基于博弈论的方法考虑多个决策者之间的相互作用，使用博弈论的概念来建模并分析决策者之间的策略和决策选择，以找到最优解或均衡点。

（1）基于规则的方法

基于规则的行为决策方法是指根据大量的交通法规、驾驶经验和驾驶知识构建的规则库，并考虑自动驾驶车辆所处不同状态来进行决策的方法，其主要代表为有限状态机（Finite State Machine，FSM）方法。该方法具有结构简单、可解释性强的特点。FSM 系统由状态、事件、转移条件、动作四大要素组成，其中：状态表示研究对象在特定时间段内存在的一些状况；事件使状态发生转移，即由一种状态变成另一种状态；转移条件即为从某一状态变为另一种状态所需要的条件；动作包括了进入、退出、输入和转移等。根据状态分解以及连接逻辑，FSM 又可分为串联式、并联式、混联式 3 种体系架构，见表 5-2。

表 5-2 有限状态机 FSM 体系架构对比

类型	特征	优点	缺点
串联式	子态串联结构 单向状态传输	良好的遍历深度 适用于简单的决策场景	系统适应性和稳定性差
并联式	子状态以多点连接结构排列以提供并行决策	良好的遍历广度 多个状态的并行处理 系统稳定性和扩展性高	系统复杂度高 缺乏遍历深度
混联式	子状态以串联和并联结构连接	良好的遍历深度和广度 应用场景广泛	系统复杂度高 计算效率低

有限状态机模型是研究最早的自动驾驶车辆决策方法之一，在该模型中，车辆根据当前环境选择合适的驾驶行为，如停车、跟车、换道、超车、并道、避让、缓慢行驶等，状态机模型通过构建有限的有向连通图来描述不同的驾驶状态以及状态之间的转移关系，从而根据驾驶状态的迁移反应生成驾驶动作决策。以一个简单的高速路上自动驾驶行为决策有限状态机 $(\Sigma,\Lambda,S,s_0,\delta,F)$ 为例，表 5-3 表示状态机的状态与触发条件。

表 5-3 状态机的状态与触发条件

触发条件描述	状态描述
a_1：前方区域无车辆和障碍物 a_2：前车（障碍物）处于跟踪范围内 a_3：前车（障碍物）处于避撞范围内 b_1：前车速度高于跟踪速度 b_2：前车速度低于跟踪速度 c_1：相邻车道有车辆行驶 c_2：相邻车道无车辆行驶 d_1：满足车道变换时间阈值 d_2：不满足车道变换时间阈值 e：到达目的地	s_1：超车道定速巡航 s_2：主车道定速巡航 s_3：自适应跟踪 s_4：主车道切换至超车道 s_5：超车道切换至主车道 s_6：主动避撞 s_7：自动驾驶模式切换至人工驾驶模式

如图 5-7 所示，状态机通常由以下几部分构成：

1）输入集合 Σ：状态机的可能输入集合，即$\Sigma=\{a_1,a_2,a_3,b_1,b_1,c_1,c_1,d_1,d_2\}$。

2）输出集合 Λ：状态机能够做出的响应的集合，即$\Lambda=\{$加速,减速,左转,右转$\}$。

3）状态集合 S：状态机所有状态的集合，即$S=\{s_1,s_2,s_3,s_4,s_5,s_6,s_7\}$。

4）初始状态 s_0：状态机默认处于的初始状态$s_0\in S$，即 $s_0=s_1$。

5）结束状态集合 F：状态机终止时的状态集合$F\subset S$，即 $F=\{s_7\}$，在图 5-7 中为退出的状态。

6）状态转移函数δ：$S\times\Sigma\to S$：状态机由一个状态转移到另一个状态的条件，如由状态 s_6 在满足$a_2\cap b_2\cap c_2$条件时即转移到状态 s_3。

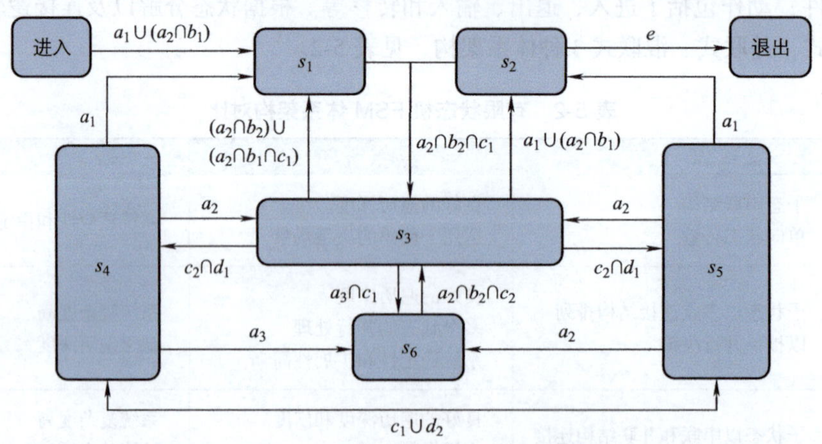

图 5-7　高速路上自动驾驶行为决策有限状态机

有限状态机模型简单易行，是自动驾驶领域研究最早的行为决策模型，然而，该类模型忽略了环境的复杂性、动态性和不确定性。此外，当驾驶场景特征较多时，会导致“状态维度爆炸”，从而导致状态的划分和管理变得非常烦琐。因此，该方法多适用于简单场景，难以胜任具有复杂性、动态性和不确定性的道路环境的行为决策任务。

（2）基于概率的行为决策方法

基于概率的行为决策方法是指考虑环境中不确定性并使用概率模型来指导自动驾驶车辆进行最优决策的方法，其主要代表有马尔可夫决策过程（Markov Decision Process，MDP）。MDP是将环境信息设定为一个有限状态集合，定义环境中的智能体仅根据当前状态选择动作，然后通过执行该动作来实现从当前状态到下一个状态的转变。通常，马尔可夫决策过程的基本要素为状态集 S、动作集 A、状态转移概率函数 P、奖励函数 R 和衰减因子 γ，其具体含义如下：

1）状态集 S：环境信息的有限状态集合 $S=\{s_1, \cdots, s_N\}$，其中状态空间的大小为 N，智能体在某一时刻只会处于 $s_1, \cdots, s_N$ 当中的一种状态下。

2）动作集 A：动作集 A 定义为有限动作空间 $\{a_1, \cdots, a_K\}$，其中动作空间的大小为 K，智能体某一时刻会从中选取一个动作执行。

3）状态转移概率函数 P：转移概率函数$P(s'|s,a)$指状态之间的转移概率，即在采取动作$a\in A$后，系统从当前状态$s\in S$转移到的新状态$s'\in S$的概率。

4）奖励函数 R：奖励函数$R(s,a)$指系统在状态$s\in S$时采取动作$a\in A$后可获得的奖励，其可用来控制智能体朝某个状态转移的倾向性。

5）衰减因子 γ：衰减因子 $\gamma \in (0,1)$ 表示对未来时刻奖励的衰减，每递进一个时刻，奖励函数就多乘一次衰减因子，以表征当前的激励总是比未来的激励重要。

马尔可夫决策过程建模的系统具有马尔可夫性，即系统的未来状态不依赖于过去的状态，而仅依赖于当前的状态，可表示为：

$$P(s_{t+1}|s_t) = P(s_{t+1}|s_1,\cdots,s_t) \tag{5.14}$$

自动驾驶车辆行为决策层需要解决的行为决策问题可由马尔可夫决策过程 MDP 进行建模描述，并且求解该模型的最优策略。在任意给定的状态 s 下，策略会决定产生一个对应的行为，当策略确定后整个 MDP 的行为可以看成一个马尔可夫链。行为决策的策略的优化目标是使从当前时间点开始到未来的累积奖励最大化：

$$\max\sum_{t=0}^{\infty}\gamma^t R_{a_t}(s_t,s_{t+1}) \tag{5.15}$$

在上述马尔可夫决策过程定义下，最优收益的目标函数通常可用动态规划方法求解。假设转移矩阵和奖励分布已知，最优策略的求解通常可通过迭代计算如下两个基于状态 s 的数组来实现：

$$\pi(s_t) \leftarrow \operatorname{argmax}\left\{\sum_{s_{t+1}}P_a(s_t,s_{t+1})\left[R_a(s_t,s_{t+1})+\gamma V(s_{t+1})\right]\right\} \tag{5.16}$$

$$V(s_i) \leftarrow \sum_{s_{t+1}}P_{\pi(s_t)}(s_t,s_{t+1})\left[R_{\pi(s_t)}(s_t,s_{t+1})+\gamma V(s_{t+1})\right] \tag{5.17}$$

式中，$V(s_i)$ 是状态 S_i 的价值函数，代表在状态 S_i 下能够获得的未来衰减叠加的累积奖励的期望。

（3）基于博弈论的行为决策方法

基于博弈论的行为决策方法是指自动驾驶车辆在与其他车辆、行人等交通参与者交互时，使用博弈论原理来制定最优策略的方法。其主要思想是将各交通参与者考虑为互相竞争的博弈玩家，故每一位交通参与者需在设定的规则和限制下选择一个合适的策略，以达到最大限度地提高自身利益并且顺利解决博弈问题的目的。在博弈过程中，其他参与者的行为会对目标参与者的决策产生影响，同时目标参与者的行为也会影响其他参与者的决策，即在博弈过程中各交通参与者之间是一个相互影响的过程，这使得交通参与者之间的关系保持着一种相互制约的复杂状态。

博弈问题的构成要素包括参与者、策略集、信息、收益、均衡和结果，其中，解决博弈问题的三个主要要素是参与者、策略集和收益。各构成要素的具体含义如下：

1）参与者：指参与到博弈中的能够决定自身策略的决策者，一般用集合的形式表示，即 $P=\{p_1, p_2, \cdots, p_n\}$。一个博弈问题中至少存在两个参与者，其既可以是个体，也可以是集体。

2）策略集：指在博弈中参与者可选择的解决方案，一般可用集合的形式表示，例如第 i 个参与者一共有 n 个策略，则可表示为 $S=\{s_1^i,s_2^i,\cdots,s_n^i\}$。博弈问题中的策略通常至少有两个，若所有博弈参与者的策略都是有限个，则该博弈称为有限博弈，否则称为无限博弈。

3）信息：指参与者在博弈时所知道的其他参与者的特性、选择、正在进行的行动等与博弈有关的知识。信息的作用在于帮助参与者在选择策略过程中排除部分情况。

4）收益：指对参与者实施策略的结果的评价，其是参与者进行策略选择的重要依据。每个参与者的收益不仅与其自身选择的策略有关，也与其他参与者选择的策略有关。一般通过收益函数来表示参与者的收益，其需要包含全部参与者的所有动作组合的收益。

5）均衡：指最优策略组合时达到的状态，即对于任何一个参与者，若其他参与者不改变策略，则自己也不改变策略，这是一种较为稳定的博弈结果。

6）结果：博弈结束后，所有参与者最终采取的策略组合所产生的实际情况。

下面以车辆换道为例，介绍基于博弈论方法的决策过程。车辆换道通常可分为强制换道和自由换道，其中，强制换道是指车辆在一定区域内必须换到指定车道内的换道行为，如匝道汇入等；自由换道是指车辆为寻求更高的车速空间或更广阔的距离空间而自发的换道行为。以自动驾驶车辆自由换道过程为例，如图 5-8 所示，车辆 TV 做出从当前车道换道至目标车道的决策过程，即可视为车辆 TV 与其他车辆交互博弈的过程。车辆 TV 为了规避一些潜在发生的风险或寻求更大速度空间、跟车距离等产生了换道意图，其他车辆则要考虑自身所处的环境，决定是否为 TV 让行，周围车辆采取的策略，将影响 TV 最终的决策结果。因此，车辆的换道决策过程可视为一个博弈过程，其包含博弈的所有基本要素，也能够达到博弈的均衡。

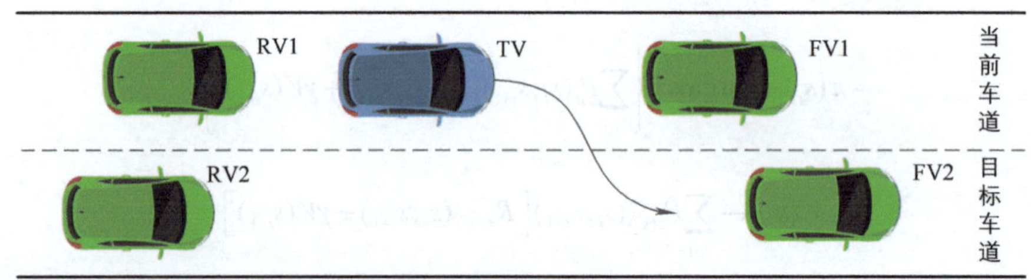

图 5-8　自由换道场景示意图

在该博弈问题中，参与者、策略集和收益分别为：

1）参与者：参与这场博弈的有换道车辆 TV 与其周围车辆，这里主要考虑 TV 与 RV2 之间的博弈现象。

2）策略集：TV 可以选择换道或者在原车道内继续行驶；RV2 可以选择减速避让，为 TV 提供换道空间，也可以选择加速，阻止 TV 的换道行为。

3）收益：TV 与 RV2 的行为决策，都会给双方带来特定的收益，这种收益一般可由安全（距离）收益和速度（时间）收益两个方面组成。其中，安全收益一般使用换道车辆 TV 与当前车道前车 FV1 或者目标车道前车 FV2 间的距离来衡量，而速度收益一般使用换道车辆 TV 与其他障碍物之间的速度差表示。基于以上两种收益，即可构建博弈收益矩阵，见表 5-4。

表 5-4　TV 与 RV2 博弈收益矩阵

策略	RV2 让行	RV2 不让行
TV 换道	(M_1, N_1)	(M_3, N_3)
TV 不换道	(M_2, N_2)	(M_4, N_4)

表中，M 为 TV 的收益，如 M_1 为 TV 换道、RV2 让行情况下，TV 的收益；N 为 RV2 的收益，如 N_2 为 RV2 让行、TV 不换道情况下，RV2 的收益。收益 M 和 N 的具体计算方式，则要根据实际采取的算法和获得的数据确定。

针对上述自动驾驶车辆自由换道博弈模型进行优化求解，可得到最高收益所对应的策略，即最优策略。

2. 基于学习的行为决策方法

基于学习的行为决策方法是指利用机器学习技术来指导自动驾驶车辆进行决策的一类方法，其核心是利用大量数据进行训练使车辆能做出最优决策。通常可分为如下三类：基于统计学习的方法（Statistic Learning-Based Methods）、基于深度学习的方法（Deep Learning-Based Methods）和基于强化学习的方法（Reinforcement Learning-Based Methods）。最简单的基于学习的行为决策方法为基于统计学习的方法，如支持向量机（Support Vector Machine，SVM），该方法通过大量的训练数据使自动驾驶车辆掌握类似人类的决策能力。基于深度学习的方法的框架与传统机器学习类似，其主要区别在于深度学习的方法利用深度神经网络结构学习数据的特征，并生成分类或回归结果，该方法在自动驾驶车辆端到端系统的决策得到广泛应用。基于强化学习的方法通过探索环境和尝试各种行为来学习使收益最大化的策略，是目前研究最多的基于学习的行为决策方法。

下面以 SVM 为例，介绍基于学习的行为决策方法。SVM 的基本思想是将样本点映射到高维空间中，并通过寻找一个最优的分类超平面，将不同类别的样本点以最大间隔分隔开，如图 5-9 所示。通常可通过凸二次规划问题来寻找最优超平面，该问题可通过拉格朗日乘子法转化为对偶问题，从而得到分类决策函数的解析式。对于非线性分类问题，可以通过构造核函数，将原始样本点映射到高维特征空间中，并在高维空间中计算样本点之间的内积，从而实现非线性分类。核函数将原始样本空间中的样本点映射到高维空间中，避免了直接计算高维空间中样本点的复杂性。

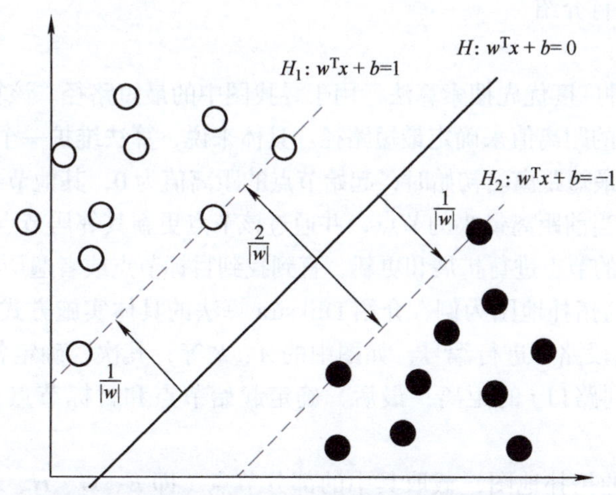

图 5-9 线性可分的最优超平面

以自动驾驶车辆的换道决策为例，图 5-10 给出基于 SVM 的决策模型框架构建过程。首先，对真实驾驶中的换道数据进行提取，并对其中用于训练的数据进行滤波、归一化及驾驶风格分类等预处理；其次，分别对不同驾驶风格的训练数据样本进行训练，同时优化分类模型参数，从而建立不同驾驶行为风格的换道决策模型；最后，通过训练后的模型对每组测试数据样本进行验证。

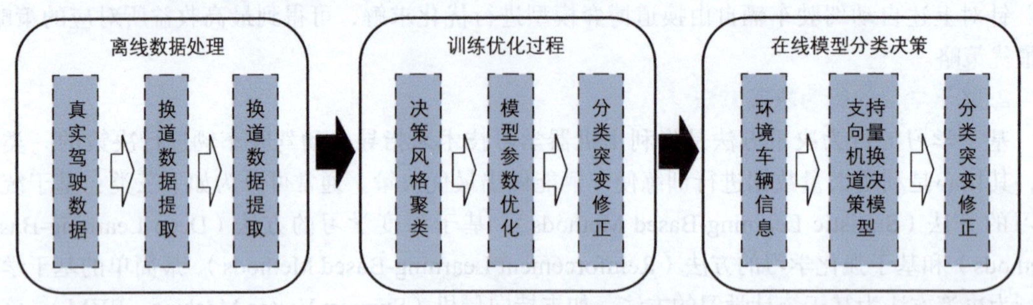

图 5-10　换道行为决策模型框架

关于基于深度学习和强化学习的行为决策方法，后续将会详细介绍。

5.2.3　行车路径规划方法

自动驾驶车辆路径规划是指根据行为决策结果，利用环境感知及自车状态数据，为自动驾驶车辆确定最佳行驶路径的过程，即考虑交通规则、环境条件和车辆动态，以安全和高效为导向，求解一条未来一段时间内车辆行驶的路径。现有自动驾驶路径规划技术大体可分为四类：基于图搜索的规划方法、基于采样的规划方法、基于插值曲线的规划方法以及基于数值优化的规划方法。

1. 基于图搜索的规划方法

基于图搜索的规划方法的基本思想是采用单元分解法或者道路图法建立环境模型，通过遍历环境地图的方式，获得从起点到终点的最优路径。下文对 Dijkstra 算法和 A* 算法两种典型的基于图搜索规划算法进行介绍。

（1）Dijkstra 算法

Dijkstra 算法是一种广度优先搜索算法，用于寻找图中的最短路径。该算法从起始节点开始，通过动态地更新节点间的距离值来确定最短路径。具体来说，算法维护一个距离数组，用于记录每个节点到起始节点的最短距离。初始时，起始节点的距离值为 0，其他节点的距离值为无穷大。在每一次迭代中，选择当前距离最小的节点，并通过该节点更新其邻居节点的距离值。这样，通过不断地选择距离最小的节点进行扩展和更新，直到找到目标节点或者遍历完所有可达节点。

以如图 5-11 所示的拓扑地图为例，介绍 Dijkstra 算法的具体实施方式。首先，对自动驾驶车辆所处环境的周围路段路口进行编号，如图中的 A、B 等；其次，确定各个路口之间的距离，如用 L_{ij} 表示从路口 i 到路口 j 的距离；最后，确定起始节点和目标节点，应用 Dijkstra 算法，规划出行驶路径。

对于图 5-11 所示的拓扑地图，截取其中的部分节点（即 E、G、H、I、J、K 点），并对节点之间的距离进行赋值，可得如图 5-12 所示的加权图。

以下是完整的 Dijkstra 算法步骤：

1）初始化：将起点 I 的距离设置为 0，其他所有节点的距离设置为无穷大（∞）。集合 S 初始为空，集合 U 包含所有节点。

2）选择距离起点 I 最近的节点加入集合 S，并更新集合 U 中的节点距离。

3）对于集合 U 中的每个节点，检查是否可以通过新加入集合 S 的节点找到更短的路径。如果有，则更新该节点的距离值。

4）重复步骤 2）和 3），直到集合 U 为空，即所有节点都被加入集合 S 中。

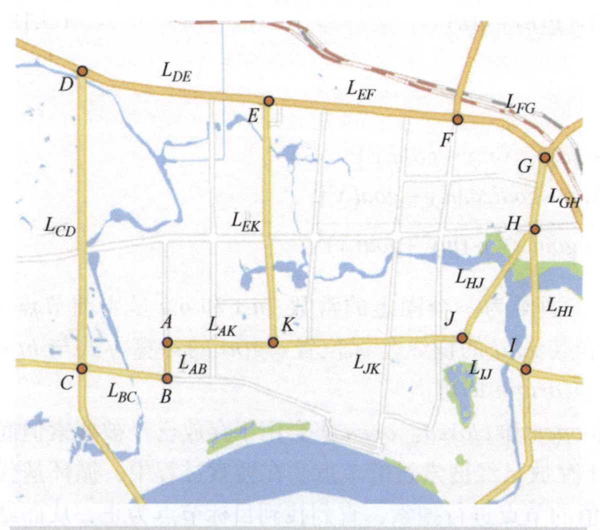

图 5-11　Dijkstra 算法真实场景拓扑地图

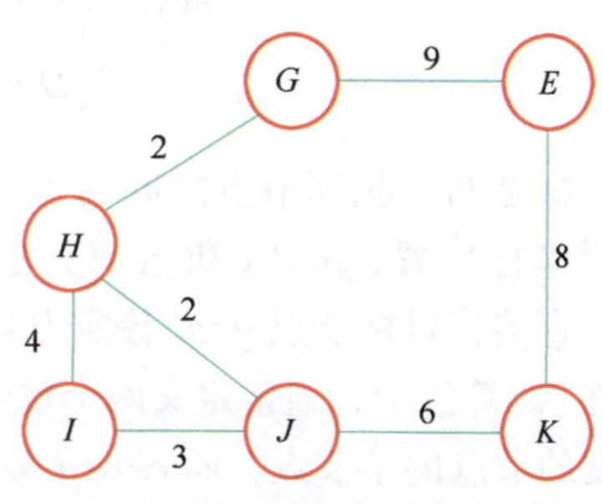

图 5-12　路径加权图

从 Dijkstra 算法求解最短距离过程（表 5-5）可以看到算法的具体执行过程：

第 1 步：起点 I 被加入集合 S，距离为 0。集合 U 中，J 和 H 的距离分别为 3 和 4，其他节点距离为 ∞。

第 2 步：节点 J 被加入集合 S，距离为 3。集合 U 中，H 的距离不变为 4，K 的距离通过 J 更新为 9，G 和 E 的距离仍为 ∞。

第 3 步：节点 H 被加入集合 S，距离为 4。集合 U 中，G 的距离通过 H 更新为 6，E 和 K 的距离不变。

第 4 步：节点 G 被加入集合 S，距离为 6。集合 U 中，E 的距离通过 G 更新为 15，K 的距离不变。

第 5 步：节点 K 被加入集合 S，距离为 9。集合 U 中，E 的距离不变。

第 6 步：节点 E 被加入集合 S，距离为 15。集合 U 变为空。

表 5-5　Dijkstra 算法求解最短距离过程

序号	集合 S	集合 U
1	$I\{0\}$	$J\{3\},H\{4\},G\{\infty\},E\{\infty\},K\{\infty\}$
2	$I\{0\},J\{3\}$	$H\{4\},G\{\infty\},E\{\infty\},K\{9\}$
3	$I\{0\},J\{3\},H\{4\}$	$G\{6\},E\{\infty\},K\{9\}$
4	$I\{0\},J\{3\},H\{4\},G\{6\}$	$E\{15\},K\{9\}$
5	$I\{0\},J\{3\},H\{4\},G\{6\},K\{9\}$	$E\{15\}$
6	$I\{0\},J\{3\},H\{4\},G\{6\},K\{9\},E\{15\}$	/

（2）A* 算法

A* 算法是一种经典的启发式搜索算法，其利用估计函数来评估节点的优先级，并通过选择具有最低估计值的节点进行搜索扩展。该算法的评估函数见式（5.18），其表示当前节点到目标节点的代价，其中，$g(n)$ 是从起始节点到当前节点 n 的实际代价，$h(n)$ 是从当前节点 n 到目标节点的估计代价：

$$f(n)=g(n)+h(n) \tag{5.18}$$

其中，

$$h(n)=\begin{cases} D\cdot[\,|n.x-goal.x|+|n.y-goal.y|], \\ D\cdot\max[\,|n.x-goal.x|,|n.y-goal.y|], \\ D\cdot\sqrt{(n.x-goal.x)^2+(n.y-goal.y)^2}, \end{cases}$$

式中，D 是两个相邻节点之间的移动代价，通常为一个固定的常数；$n.x$ 和 $n.y$ 是当前节点 n 的横纵坐标位置；$goal.x$ 和 $goal.y$ 是目标节点 $goal$ 的横纵坐标位置。$g(n)$ 的计算方式与 $h(n)$ 一致，直接将目标节点 $goal$ 替换为起始节点 $origin$ 即可。

在 A* 算法中，通常定义两个集合，即 *open* 和 *closed*。*open* 集合用于存放已经被搜索但尚未扩展的节点的子节点，而 *closed* 集合用于存放已经搜索过的节点。在搜索过程中，循环迭代从 *open* 集合中选择具有最小评估函数 $f(n)$ 值的节点进行搜索，直到找到目标节点为止，从而结束整个搜索过程。如果 *open* 集合为空且尚未找到目标节点，则意味着无法满足给定条件的路径存在。A* 算法的关键在于启发函数 $h(n)$ 的设计，其用来估计从当前节点到目标节点的代价或距离的函数，以指导算法选择哪些节点进行扩展，从而更快地找到最优解。常用的启发函数多基于曼哈顿距离或欧几里得距离，它们可以根据节点的坐标信息计算出节点间的估计距离。通过综合实际代价和估计代价，A* 算法能够在搜索过程中优先选择邻近目标节点的路径，以更快地找到最短路径。

A* 算法的流程如下：

1）初始化起始节点，并将其加入 *open* 集合。初始化起始节点的实际代价 g 为 0，并计算起始节点到目标节点的估计代价 h。

2）当 *open* 不为空时：

① 从 *open* 中选取一个代价 f 最小的节点，记为当前节点。

② 将当前节点从 *open* 中移除，并将其标记为已访问。

③ 如果当前节点是目标节点，表示已经找到了最短路径，结束算法。

④ 对当前节点的邻节点进行遍历：

a）如果相邻节点是障碍物或已经被访问过，则忽略该节点，继续遍历下一个相邻节点。

b）如果相邻节点已经在 *open* 中，比较通过当前节点到达相邻节点的新路径代价是否更小。如果是，则更新相邻节点的父节点为当前节点，并更新相邻节点的实际代价 g。

c）如果相邻节点不在 *open* 中，将其加入，并设置其相邻节点的父节点为当前节点。然后计算相邻节点的实际代价 g 和估计代价 h，得到相邻节点的 f 值。

3）重复步骤 2）。

下文给出 A* 算法在车辆自动驾驶中的具体示例。自动驾驶车辆从红色点出发，目的地为深绿色点，需要规划一条避免与障碍物（黑色区域）发生碰撞且距离最短的路径。A* 算法搜索结果如图 5-13 所示。浅绿色包裹区域表示已搜索的范围，蓝色的节点表示已经被访问过的节点。从图中可以看出，经过循环搜索，节点遍历的方向逐渐趋于目的地，最后成功地找到了一条无碰撞地满足需求的最短路径。

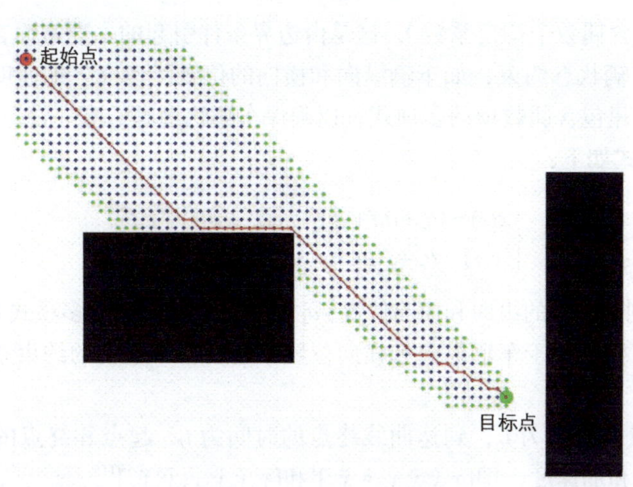

图 5-13　A* 算法示意图

2. 基于采样的规划方法

基于采样的规划方法通过在连续空间中逐步或批量抽样，构建由离散空间样本连接的树或图，从而捕捉解空间的连通性，进而得出可行或最优解。采样空间可以是车辆周围的空间区域，也可以是整个地图范围。然后，根据特定的策略，在采样空间中生成一组路径样本。

快速扩展随机树（Rapidly-exploring Random Trees，RRT）是一种典型的基于采样的快速搜索算法，其以搜索起点作为树的根节点开始，通过随机采样生成新的叶子节点，并将其连接到最近的树节点。通过不断扩展树的结构，RRT 算法能够逐步生成一棵树，直到达到目标节点或接近目标节点的路径。RRT 算法的性能和效果受到随机采样策略的影响，采样策略能够平衡地对采样空间进行全面探索和局部搜索，以提高路径质量和收敛速度。另外，选择合适的距离度量函数和适当的树生长策略对于路径搜索的准确性和效率也至关重要。常用的距离度量函数包括欧几里得距离、曼哈顿距离等。常用的树生长策略包括最近邻节点选择策略、分支扩展策略等。

RRT 算法搜索结果如图 5-14 所示。图中黑色矩形为障碍物，蓝色线条为所扩展的树结构，连接起始点和目标点的红色路径即为 RRT 算法所规划的路径。

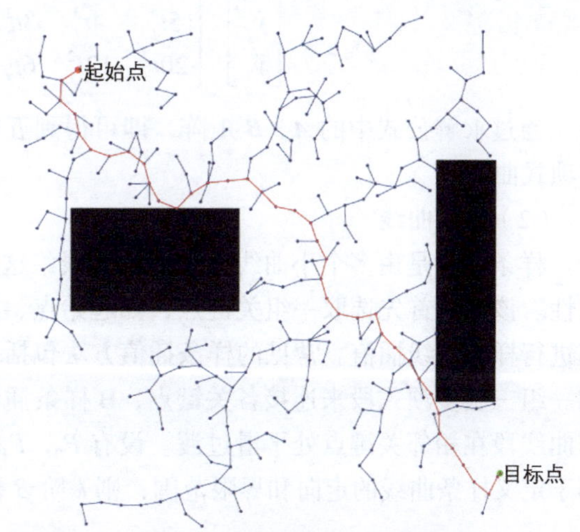

图 5-14　RRT 算法示意图

3. 基于插值曲线的规划方法

基于插值曲线的规划方法通过在已知的离散数据点之间进行插值，并利用已知的车辆状态信息求解相关系数，从而生成连续的路径或轨迹。常用的插值曲线包括多项式曲线、样条曲线以及贝塞尔曲线等。

（1）多项式曲线

基于预先构造的多项式曲线类型，根据车辆期望达到的状态（如要求车辆到达某点的速度和加速度作为期望值），将此期望值作为边界条件代入多项式曲线方程进行求解，获得曲线的相关系数，完成路径规划。多项式曲线的项数一般为偶数（即包含偶数个待定系数），这是由边界条件引起的。通常而言，边界条件涉及路径起点和终点处的车辆状态约束，如车辆纵向和横向的位置、速度、加速度等，这些约束的个数为偶数，则需要构建包含偶数项的多项式，以确保车辆轨迹解的唯一性。车辆位置（x, y）关于时间 t 的五次多项式如下：

$$\begin{cases} x(t)=a_0+a_1t+a_2t^2+a_3t^3+a_4t^4+a_5t^5 \\ y(t)=b_0+b_1t+b_2t^2+b_3t^3+b_4t^4+b_5t^5 \end{cases} \tag{5.19}$$

式中，$x(t)$ 和 $y(t)$ 分别是车辆的纵向和横向位置；a_i 和 b_i 是需要求解的多项式系数，$i=0,1,2,3,4,5$。基于该多项式，即可构建关于车辆纵向和横向位置、速度和加速度的约束条件，且约束条件个数为 12 个。

定义车辆在起点的时间为 t_0，到达曲线终点的时间为 t_f，起点和终点的车辆状态包括横纵向的期望位置、速度和加速度，即$[x_0\dot{x}_0\ddot{x}_0x_f\dot{x}_f\ddot{x}_f]^{\mathrm{T}}$和$[y_0\dot{y}_0\ddot{y}_0y_f\dot{y}_f\ddot{y}_f]^{\mathrm{T}}$。

将起点和终点的横纵向运动方程统一用矩阵来表示：

$$\boldsymbol{X}=\begin{bmatrix} x_0 \\ \dot{x}_0 \\ \ddot{x}_0 \\ x_f \\ \dot{x}_f \\ \ddot{x}_f \end{bmatrix}=\begin{bmatrix} t_0^5 & t_0^4 & t_0^3 & t_0^2 & t_0 & 1 \\ 5t_0^4 & 4t_0^3 & 3t_0^2 & 2t_0 & 1 & 0 \\ 20t_0^3 & 12t_0^2 & 6t_0 & 2 & 0 & 0 \\ t_f^5 & t_f^4 & t_f^3 & t_f^2 & t_f & 1 \\ 5t_f^4 & 4t_f^3 & 3t_f^2 & 2t_f & 1 & 0 \\ 20t_f^3 & 12t_f^2 & 6t_f & 2 & 0 & 0 \end{bmatrix}\begin{bmatrix} a_5 \\ a_4 \\ a_3 \\ a_2 \\ a_1 \\ a_0 \end{bmatrix}=\boldsymbol{T}\times\boldsymbol{A} \tag{5.20}$$

$$\boldsymbol{Y}=\begin{bmatrix} y_0 \\ \dot{y}_0 \\ \ddot{y}_0 \\ y_f \\ \dot{y}_f \\ \ddot{y}_f \end{bmatrix}=\begin{bmatrix} t_0^5 & t_0^4 & t_0^3 & t_0^2 & t_0 & 1 \\ 5t_0^4 & 4t_0^3 & 3t_0^2 & 2t_0 & 1 & 0 \\ 20t_0^3 & 12t_0^2 & 6t_0 & 2 & 0 & 0 \\ t_f^5 & t_f^4 & t_f^3 & t_f^2 & t_f & 1 \\ 5t_f^4 & 4t_f^3 & 3t_f^2 & 2t_f & 1 & 0 \\ 20t_f^3 & 12t_f^2 & 6t_f & 2 & 0 & 0 \end{bmatrix}\begin{bmatrix} b_5 \\ b_4 \\ b_3 \\ b_2 \\ b_1 \\ b_0 \end{bmatrix}=\boldsymbol{T}\times\boldsymbol{B} \tag{5.21}$$

通过求解公式中的 $\boldsymbol{A}$、$\boldsymbol{B}$ 矩阵，即可得到五次多项式的系数，进而得到车辆横纵向的五次多项式曲线。

（2）样条曲线

样条曲线是由多个小曲线段组成的曲线，这些小曲线段在连接点处具有一定的平滑性和连续性。该方法首先选取一组关键点，如起始点、目标点和中间的路径点，而后在这些关键点之间进行样条曲线插值。常见的样条插值方法包括三次样条插值和 B 样条插值。三次样条插值使用一组三次多项式段来连接各关键点，B 样条插值使用 B 样条基函数来构造连续的曲线段，每个曲线段在相邻关键点处平滑过渡。设有 P_0，P_1，P_2，…，P_n 等共 n+1 个控制点，这些控制点用于定义样条曲线的走向和界限范围，则 k 阶 B 样条曲线可表示为：

$$\boldsymbol{P}(u)=[P_0P_1\cdots P_n]\begin{bmatrix} B_{0,k}(u) \\ B_{1,k}(u) \\ \vdots \\ B_{n,k}(u) \end{bmatrix}=\sum_{i=0}^{n}P_iB_{i,k}(u) \tag{5.22}$$

式中，$B_{i,k}(u)$ 是第 i 个 k 阶 B 样条基函数，与控制点 P_i 相对应，$k \geqslant 1$；u 是自变量。其中，基函数可通过如下递推式求得：

$$B_{i,k}(u)=\begin{cases}\begin{cases}1, & u_i \leqslant u < u_{i+1} \\ 0, & \text{其他}\end{cases}, k=1 \\ \dfrac{u-u_i}{u_{i+k-1}-u_i}B_{i,k-1}(u)+\dfrac{u_{i+k}-u}{u_{i+k}-u_{i+1}}B_{i+1,k-1}(u), k \geqslant 2\end{cases} \tag{5.23}$$

式中，u_i 是一组连续变化值，首末值定义为 0 和 1。

（3）贝塞尔曲线

贝塞尔曲线是一种在二维图形应用中使用的数学曲线，其形状由一系列向量组成的控制点决定，这些控制点按照特定的顺序相互连接，形成一个控制多边形。贝塞尔曲线近似于这个多边形的形状，该曲线的外观可通过调整控制点的位置来进行调整。对于给定的 n+1 个数据点 p_0~p_n，可生成一条贝塞尔曲线，如下式所示：

$$p_n(t)=\sum_{i=0}^{n}C_n^i(1-t)^{n-i}t^iP_i \tag{5.24}$$

式中，n 是贝塞尔曲线的阶数；C_n^i是从 n 个不同元素中取出 i 个元素的组合数。

4. 基于数值优化的规划方法

基于数值优化的规划方法将连续的决策变量（如车辆的速度或转向角）转化为离散的变量，然后将决策问题转化为选择最佳离散值序列的优化问题。该优化问题的目标函数用于衡量生成的路径或轨迹的质量，通常是最小化或最大化的性能指标，如行驶距离、时间、能耗等，如城市驾驶的目标函数可以是最小化总行驶时间或燃料消耗。该优化问题的约束条件可确保生成的路径满足安全性、曲率约束、动力学约束、交通规则等方面的限制，这些约束可能包括车辆的最大加速度、最大转向角度、最小转弯半径、避免碰撞等。根据问题的特点和要求，可选择合适的数值优化算法以求解该优化问题，常见的算法包括梯度下降法、牛顿法、内点法等。根据优化求解得到的最优决策变量，即可生成驾驶路径，进而可通过插值等方法将离散的决策变量转化为平滑的路径。

现有一个狭窄通道场景如图 5-15 所示。狭窄通道信息包括有通道左边界 P_l、通道右边界 P_r 和通道中心线 P_c。

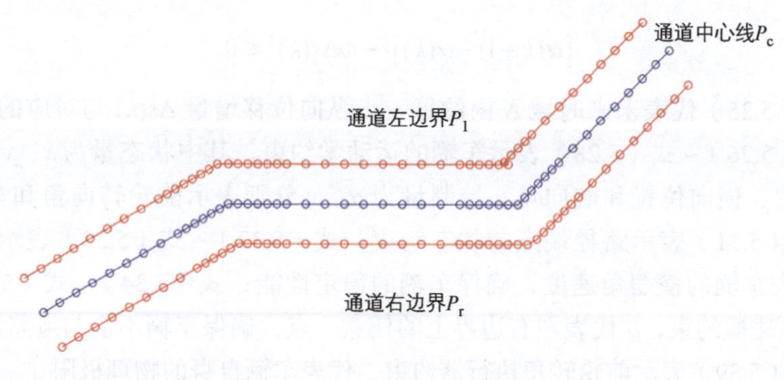

图 5-15 狭窄通道示意图

针对上述狭窄通道规划问题，构造如下优化问题：

$$J=\min\sum_{k=1}^{N-1}\frac{\Delta s(k)}{v(s(k))} \tag{5.25}$$

约束条件为

$$x(k+1)-x(k)-\Delta s(k)\cos\varphi(k)=0 \tag{5.26}$$

$$y(k+1)-y(k)-\Delta s(k)\sin\varphi(k)=0 \tag{5.27}$$

$$\varphi(k+1)-\varphi(k)-\frac{\Delta s(k)\tan\alpha(k)}{L}=0 \tag{5.28}$$

$$x(1)-x_{\text{int}}=0;x(N)-x_{\text{end}}=0 \tag{5.29}$$

$$y(1)-y_{\text{int}}=0;y(N)-y_{\text{end}}=0 \tag{5.30}$$

$$\varphi(1)-\varphi_{\text{int}}=0;\varphi(N)-\varphi_{\text{end}}=0 \tag{5.31}$$

$$v(k)^2-v_{\max}^2\leqslant 0 \tag{5.32}$$

$$v(k)^2(v(k+1)-v(k))^2-\Delta s(k)^2\omega_{\max}^2\leqslant 0 \tag{5.33}$$

$$\left[(x_p-x_a),(y_p-y_a)\right]\left(\frac{-A_1}{B_1},-1\right)<0 \tag{5.34}$$

$$\left[(x_p-x_d),(y_p-y_d)\right]\left(\frac{-A_1}{B_1},-1\right)<0 \tag{5.35}$$

$$\left[(x_p-x_b),(y_p-y_b)\right]\left(\frac{-A_r}{B_r},-1\right)>0 \tag{5.36}$$

$$\left[(x_p-x_c),(y_p-y_c)\right]\left(\frac{-A_r}{B_r},-1\right)>0 \tag{5.37}$$

$$\alpha(k)^2-\alpha_{\max}^2\leqslant 0 \tag{5.38}$$

$$\left[\alpha(k+1)-\alpha(k)\right]^2-\omega\Delta s(k)^2\leqslant 0 \tag{5.39}$$

代价函数（5.25）代表未来时域 N 内的每一步纵向位移增量 $\Delta s(k)$ 与对应的速度 $v(s(k))$ 的比值之和；式（5.26）~式（5.28）表示车辆的运动学约束，其中状态量为 x、y 和 φ 分别表示车辆的纵向位置、横向位置和航向角，控制量为 α、v 分别表示前轮转向角和车辆纵向速度；式（5.29）~式（5.31）表示路径端点的状态约束；式（5.32）~式（5.33）表示车辆的侧滑约束，其中 ω 代表车辆的横摆角速度，确保车辆的稳定性能；式（5.34）~式（5.37）表示基于矢量相乘的车辆碰撞约束，p 代表左右边界上的任意一点，确保车辆不会与道路边界发生碰撞；式（5.38）~式（5.39）表示前轮转角执行器约束，代表车辆自身的物理极限。

通过求解上述优化问题，可以得到如图 5-16 所示的一条无碰撞且满足各项约束的路径。

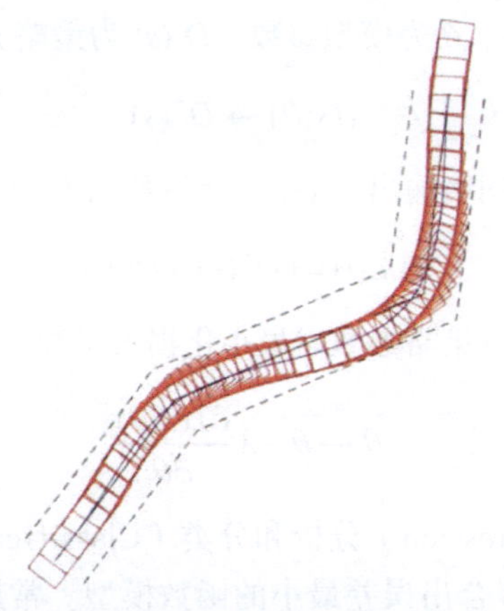

图 5-16　基于数值优化的规划结果

5.3 智能车辆集中式决策方法设计

5.2 节介绍了分解式决策方法设计，本节针对智能车辆集中式决策方法设计进行介绍，重点介绍监督学习型决策方法和强化学习型决策方法。

5.3.1　监督学习型决策方法

监督学习型决策的基本原理是利用环境感知信息（输入）以及对应的驾驶员操作（输出）的数据，训练深度神经网络模型来模仿优秀驾驶员的驾驶行为，如图 5-17 所示。其核心在于监督学习算法。

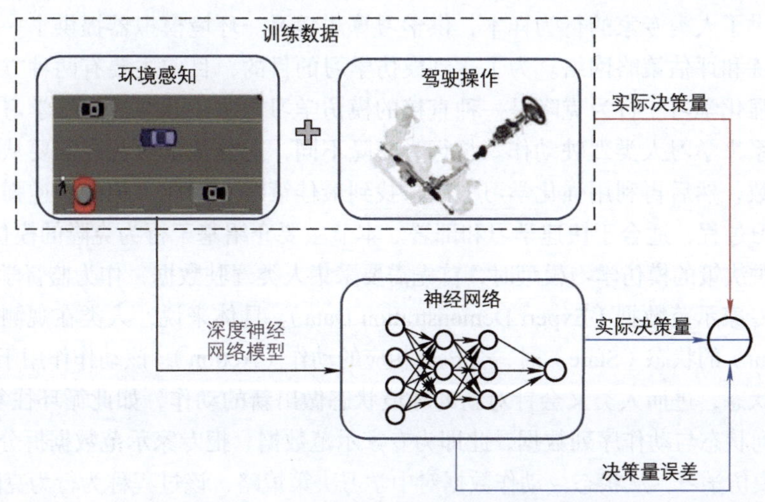

图 5-17　监督学习型决策方法示意图

监督学习是目前应用最广泛的一种机器学习方法，其基于给定状态 s 的数据标签 $D(s)$，通过最小化策略输出 $D^{\pi}(s)$ 与标签数据 $D(s)$ 的差异求解最优策略 π。监督学习主要步骤包含：

1）选取策略模型：选择神经网络等参数化模型，构建从状态 s 到数据标签 $D(s)$ 的映射，如下式所示，其中 π 为策略模型，θ 为模型参数，$D^{\pi}(s)$ 为策略 π 下的映射结果。

$$\pi(s;\theta) \to D^{\pi}(s) \tag{5.40}$$

2）确定损失函数：即策略网络输出 $D^{\pi}(s)$ 与标签数据 $D(s)$ 的差异。

$$J(s,\theta) = (D^{\pi}(s) - D(s))^2 \tag{5.41}$$

3）迭代更新：通过下式求解策略参数以最小化损失函数。

$$\theta \leftarrow \theta - \lambda \frac{\partial J(s,\theta)}{\partial \theta} \tag{5.42}$$

监督学习可分为回归（Regression）分析和分类（Classification）两种模型。回归分析是通过对训练数据进行分析，从而拟合出误差最小的函数模型。常用的回归方法有线性回归、决策树、贝叶斯网络、模糊分类、神经网络等。分类模型的训练数据为特征向量及其对应的标签，同样通过计算新的特征向量得到所属标签，常用方法如逻辑回归、分类树、支持向量机、随机森林、神经网络等。需要注意的是，回归分析模型和分类模型的输出不同，其中，回归分析的输出值是连续的，而分类模型的输出值是离散的，即固定的标签；此外，回归分析和分类的目的也不同，其中，回归分析是为了寻找最优拟合，分类是为了寻找决策边界。

在监督学习型决策方法中，基于模仿学习的方法得到了广泛应用。该方法基于大量人类驾驶员数据进行监督训练，并通过模仿学习拟合决策过程。下面将对基于模仿学习的方法进行详细阐述。

1. 模仿学习

模仿学习通过学习人类的驾驶动作，进而实现模仿驾驶员决策的目的。模仿学习主要由三个部分组成，首先是策略神经网络（Policy Network），其次是动作示范（Behavior Demonstration），第三就是环境模拟器（Simulator）。其中，策略神经网络是模仿学习中的决策引擎，它的目标是学习一个策略 π，实现从观测状态到动作的映射关系。动作示范是模仿学习中的训练数据部分，它提供了人类专家的行为样本，供学习算法学习。环境模拟器提供了一个虚拟的驾驶环境，用于训练和评估策略网络。为了达到模仿学习的目的，目前主要有两种方法，一是行为克隆，二是逆强化学习。行为克隆是一种直接的模仿学习方法，其通过直接学习从观测状态到动作的映射关系来学习人类驾驶动作。与行为克隆不同，逆强化学习首先需要从专家的行为中推断出奖励函数，然后再利用强化学习方法来找到最佳策略。因此，相较于逆强化学习，行为克隆简化了学习过程，适合于快速学习和部署。本节主要介绍基于行为克隆的模仿学习方法。

在构建驾驶决策的模仿学习模型时，首先需要采集人类驾驶数据，作为监督学习的真值，这些数据被称为专家示范数据（Expert Demonstration Data）。具体来说，人类在观测到当前时刻环境（Environment）的状态（State）时，会执行相应的动作（Action），该动作作用于环境后会使环境进入下一个状态，进而人类又会针对新的环境状态做出新的动作，如此循环往复地进行下去，则可得到一系列状态与动作序列数据，此即为专家示范数据。把专家示范数据拆分成状态和动作对，即可进行模仿学习，从状态 - 动作数据对中学习决策策略，该过程称为行为克隆。

（1）行为克隆（Behavior Cloning, BC）概述

将专家示范数据拆分成状态和动作对后，就得到了有标记（Label）的数据，此时，便可采用监督学习的方式进行驾驶决策的学习。具体地，把状态作为监督学习的样本输入，把动作作为监督学习的标记输出，通过机器学习建立状态和动作之间的对应关系。最简单的行为克隆就是直接采用监督学习算法来实现。

行为克隆需要一个事先准备好的数据集，其包含由状态和对应动作构成二元组序列，记作：

$$B=\{(s_1,a_1)\cdots(s_n,a_n)\} \tag{5.43}$$

式中，s_j 是某个状态；a_j 是该状态下人类采取的动作。

行为克隆的学习目标是调节参数 θ 以实现特定性能指标的优化，如：

$$\theta^*=\underset{\theta}{\operatorname{argmin}}\, E_{(s,a)B}[\,L(\pi_\theta(s),a)] \tag{5.44}$$

式中，B 是专家数据集；L 是对应监督学习框架下的损失函数。若动作是离散的，则该损失函数可以利用最大似然估计得到；若动作是连续的，则该损失函数可以是均方误差函数。

行为克隆存在一定的局限性，尤其在数据量比较小的时候。这是因为，用于模仿学习的专家数据是有限的，因此行为克隆只能在所训练的专家数据的状态分布范围内取得较准的预测。然而，面对未曾遇到的状态时，该模型可能会选择错误的动作，并且会不断累积，最终导致智能车辆行为出现较大偏差。随着偏差不断累积，最终会使得智能车辆的决策行为偏离预期。

（2）数据聚合（Data Aggregation）

针对行为克隆训练数据与实际数据分布不一致所导致的决策失误问题，通常采用数据聚合的方法进行缓解。该方法的主要原理是当车辆进入未学习过的状态时，人为地为该状态设定一个标签，并将该状态放入数据库中进行策略网络的重新训练。这样，就可以在实际部署策略后，持续采集更多的数据，完善数据库，从而提高训练效果。数据聚合算法的流程为：

1）从专家数据集$B=\{(s_1,a_1)\cdots(s_n,a_n)\}$中训练一个策略$\pi_\theta(a_t\mid s_t)$。

2）运行策略$\pi_\theta(a_t\mid s_t)$以获得新的状态数据集$B_\pi=\{s_1,\cdots,s_m\}$。

3）对数据集 B_π 进行标记，以获得新的数据集$B'_\pi=\{(s_1,a_1)\cdots(s_m,a_m)\}$。

4）数据融合：$B\leftarrow B\cup B'_\pi$。

5）重复以上 4 个步骤。

上述数据聚合方法可以在一定程度上缓解有限训练数据集带来误差增大的问题，但其效率较低，且难以从根本上解决复杂场景下近乎无限的情况，仍需要持续研究。

2. 应用案例

基于模仿学习的决策方法，英伟达（NVDIA）于 2016 年提出 PilotNet 模型，以实现端到端学习的自动驾驶。该网络可学习识别道路上的相关物体，并调整转向盘的角度。网络的训练数据来自人类驾驶员操作数据并与道路图像进行配对，学习人类驾驶经验。这种方式免去人工建立规则的麻烦，也无须提前预想所有安全驾驶情况的过程，大大提高了训练效率。实验证明该网络可实现车辆在多种驾驶环境下的安全驾驶。

5.3.2　强化学习型决策方法

监督学习型决策方法的局限性在于：①模型训练需要对数据集进行标注，因此算法迭代效率存在瓶颈；②模型能力受限于专家的表现，且难以从理论上保证所训练模型的最优性。因此，为解决上述困难，有学者提出了强化学习型决策方法。

强化学习（Reinforcement Learning，RL）是通过让智能体与环境不断交互，以最大化长期累积折扣奖励为优化目标的一类优化算法，其整体架构如图 5-18 所示。强化学习模型根据获取的环境状态信息和奖励函数，通过价值评估和动作选择模型，输出要执行的动作。

本小节首先对强化学习及其常用算法进行概述，其次详细介绍智能决策系统设计中常见的状态空间、动作空间、奖励函数的设计，最后简要介绍强化学习领域的前沿知识。

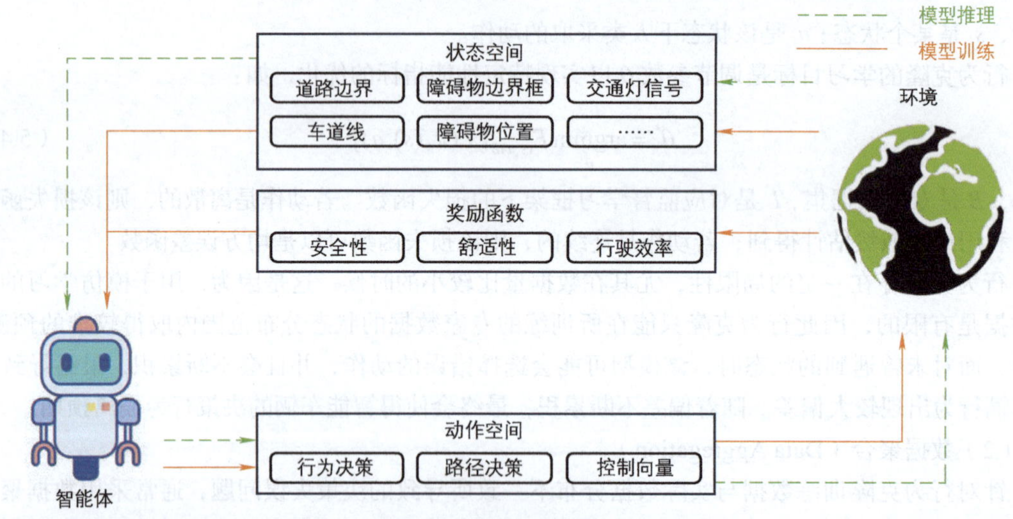

图 5-18　强化学习型决策方法训练与推理框架

1. 强化学习简要介绍

强化学习是机器学习与自动化控制领域重要的研究方向，具有实现强人工智能的潜力。近十年间，强化学习受到学术界和工业界的持续关注，并且涌现出诸多研究成果与商业化的成功案例。强化学习的目标是使智能体（Agent）通过与环境（Environment）的交互来进行学习，以最大化累积奖励。与监督学习不同，强化学习不需要标记好的训练样本，而是通过智能体尝试不同的动作，并根据环境的反馈（奖励或惩罚）来调整其行为，逐步改进其策略。强化学习的核心要素包括：策略、状态、动作奖励以及环境，其作用及缩写符号见表 5-6。

表 5-6　强化学习的核心要素

要素名称	数学符号	定义
策略（Policy）	π	从状态 s 到动作 a 的映射关系
状态（State）	s	包含环境信息的数据载体（数值向量或图片等）
动作（Action）	a	智能体的控制输出量
奖励（Reward）	$r(s, a)$	评估智能体在状态 s 下执行动作 a 能够带来的价值回报
环境（Environment）	—	获取智能体在状态 s 执行动作 a 后下一个状态 s' 和奖励值的模型

策略 $\pi(a|s)$ 用于表述智能体在当前状态 s 下采取动作 a 的条件概率。策略又分为确定性策略和随机性策略：确定性策略是指在相同状态下，智能体每次都会输出一个确定的动作，没有随机性；随机性策略是指即便在相同状态下，智能体输出执行动作集合的概率分布，然后基于概率分布选择一个动作执行，存在随机性。

状态 s 用于描述智能体对环境的观测，通常从感知模块获取。其数据格式可以是具体的数值向量，也可以是图片信息。动作 a 是从策略根据当前状态获得的，其直接作用于智能体，使智能体在环境中向前仿真一步。所定义的动作可以是离散变量，如加速、减速、向左变道、向右变道等，也可以是连续变量，如加速度、前轮转角等。

通常情况下，通过马尔可夫决策过程（Markov Decision Process，MDP）对强化学习问题进行建模，其中最重要的假设为在任意时刻 t 下的状态仅受前一时刻 $t-1$ 下的状态 s_{t-1} 和动作 a_{t-1} 决定。最常见的 MDP 模型为折扣无限时域马尔可夫决策过程（Discounted Infinite Horizon MDP），在该问题中，决策过程在无限时间步长上进行，并引入了一个折扣因子 $\gamma \in (0,1)$ 来衡量未来奖励对即时奖励 $r(s_t, a_t)$ 的影响，折扣因子越接近 0，代表未来奖励对即时奖励的影响越低。该问题的优化目标为找到一个最优策略 π^*，以最大化目标函数 $J(\pi) \coloneqq \mathbb{E}\left[\sum_{t=0}^{\infty} \gamma^t r(s_t, a_t)\right]$。

智能体的训练过程可简要描述为，智能体在给定的初始策略和初始状态下，不断和环境进行交互，收集状态转移向量 $[s, a, s', r, d]$，其中 s' 和 d 分别表示下一状态和当前回合是否结束（如发生碰撞），如果结束，则重新初始化状态。$s' \sim P(\cdot \mid s_t, a_t)$，其中 $P(\cdot \mid s_t, a_t)$ 表示从当前状态 s_t 采取动作 a_t 后到下一状态 s' 的概率。将状态转移向量存入数据库 D 中，当满足策略更新条件后，利用随机梯度下降（Stochastic Gradient Descent，SGD）的方式，实现策略的更新。近几年，深度学习技术研究多通过多层感知器（Multi-Layer Perception，MLP）神经网络来进行策略表征，其称为策略网络（Actor Network），同时，通过一个多层感知机神经网络对状态进行价值评估，该网络被称为价值网络（Value Network）。

2. 基本要素设计

状态空间、动作空间和奖励函数是强化学习的基本要素，在智能车辆决策中，其设计方法如下。

（1）状态空间设计

状态空间设计主要分为数据矩阵状态以及图像状态。数据矩阵状态指将周围车辆的相对位置信息、相对速度信息以及道路边界信息等数据拼接组成矩阵，然后展开成行向量，作为策略网络的输入。图像状态则需要将感知模块生成的鸟瞰图进行处理，首先转换成黑白图像，然后分离出车道信息、自车历史轨迹以及周围车辆的历史位置信息等，通过卷积神经网络（Convolution Neural Network，CNN）处理后再输入多层感知器中。整个过程如图 5-19 所示。

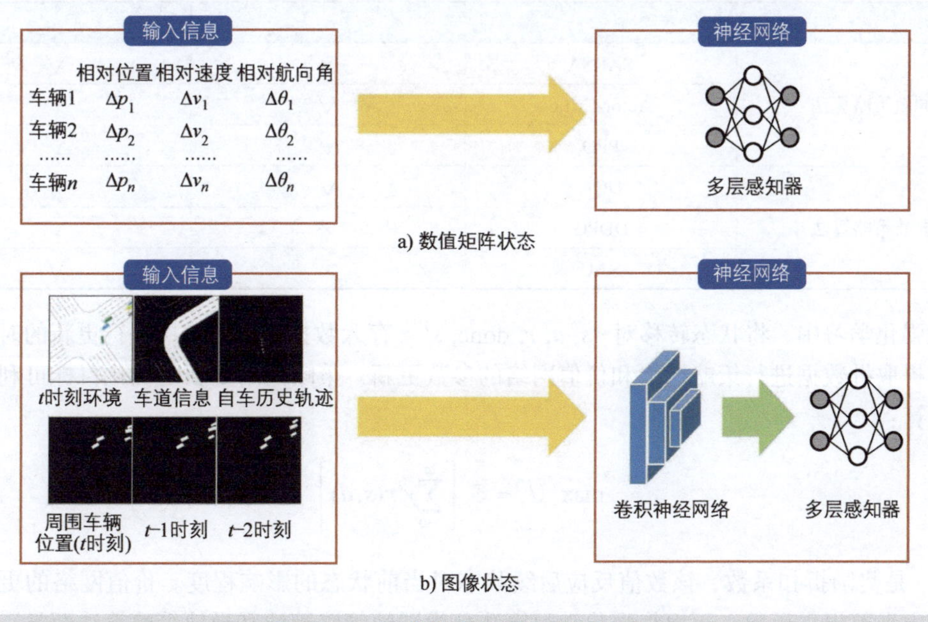

图 5-19 两类状态空间设计过程图

与数值矩阵相比，图像状态的信息量更大，表征能力也更强；但模型训练耗时更长，且对计算资源要求更高；数值矩阵的状态构造计算更加高效，且能够处理一定复杂度的问题。

（2）动作空间设计

动作空间可分为离散动作空间、连续动作空间以及混合动作空间。离散动作空间是指动作为离散变量，比如加速、减速、匀速、向左变道、向右变道等。连续动作空间是指动作为连续变量，比如转向盘转角和加速度。混合动作空间指同时包含离散动作及连续动作。动作空间的设计需保证智能体能够在环境中充分探索，不存在"状态盲区"。同时，动作空间的设计需和具体任务相联系。若用强化学习解决决策类问题，则适合将动作定义为具有离散变量的行为决策；若用强化学习解决控制类问题，则将动作定义为连续动作空间更加合适。

（3）奖励函数设计

奖励函数设计需保证安全性、效率性以及舒适性。对安全性的主要考虑方法，是在智能体发生碰撞以及不合理的驾驶行为时，给予较大的负奖励；同时，在智能体完成某些安全指标，比如能够保持车道居中、到达目标点时，给予较大的正奖励。效率性是指希望智能体可以在较少的步长内完成定义的任务（比如到达目标位置），因此可对每一个时间步添加一定的负奖励来进行实现。舒适性是指在智能体行驶过程中，需要尽可能保证车辆行驶的稳定性，可通过在车辆出现较大的加速度变化、违反最大速度限制以及违反曲率约束等行为时施加负奖励的方式进行实现。

3. 算法选择

强化学习算法分为同轨策略更新算法和异轨策略更新算法。目前较为常用的算法见表 5-7，需要注意的是，各类算法支持的动作空间选型有所不同。在实际应用时，要根据任务以及动作空间设计（连续动作空间或离散动作空间）选择不同的算法。

表 5-7　不同强化学习算法动作分类

算法类型	算法名称	连续动作空间	离散动作空间
同轨策略算法	SARSA	×	√
	Actor-Critic	√	√
	PPO	√	√
异轨策略算法	DQN	√	×
	DDPG	×	√
	SAC	×	√

在强化学习中，将状态转移对 $<s, a, r, \text{done}, s'>$ 存入数据库中，每次进行更新的时候从数据库中提取批数据进行策略网络和价值网络的参数更新。策略网络更新的优化目标可利用下式进行计算：

$$\max \ J_\pi = \mathbb{E}_\pi\left[\sum_{t=0}^{\infty}\gamma^t r(s,a)\right] \tag{5.45}$$

式中，γ 是奖励折扣系数，该数值反应后续状态对当前状态的影响程度。价值网络的更新通常使用均方误差损失函数。下面将强化学习算法分为同轨策略算法和异轨策略算法两类，并分别进行介绍。

（1）同轨策略（on-Policy）更新算法

同轨策略更新是强化学习中的一种方法，其在智能体与环境交互时，当前策略更新使用的下一步状态下的动作会在转移到下一步状态下后实际执行，可以理解为脑中思考的下一状态下执行的动作与实际转移至下一状态下后执行的动作相同。以下是几种常见的在线策略更新算法：

1）SARSA（State Action Reward State Action）：SARSA 是一种基于状态—动作对的在线学习算法。它通过在环境中不断采样经验，根据当前策略更新状态—动作对的值函数，并根据新的值函数进行策略更新。SARSA 算法基于时序差分学习进行更新，它在每一步都考虑了当前状态、采取的动作、获得的奖励、下一个状态和下一步采取的动作。

2）Actor-Critic：Actor-Critic 结合了策略优化和值函数估计。其中，Actor 表征策略，Critic 表征值函数。Actor-Critic 使用时序差分来更新值函数，然后通过梯度上升来优化策略。这种算法能够结合策略和值函数的优点，提高学习的稳定性和效率。

3）PPO（Proximal Policy Optimization）：PPO 是一种基于策略优化的强化学习算法，既可适用于连续动作空间，又可解决离散动作空间的强化学习问题。它在优化目标函数的同时，引入了信任区域的概念，通过限制每次更新中新旧策略之间的差异，从而控制策略更新的幅度，避免策略更新引起的剧烈变化。其中，通过 KL 散度（Kullback-Leibler Divergence）来度量更新前后的策略差异。该算法具有较好的稳定性和收敛性。

在上述三种算法中，PPO 算法的效果最好且参数量较少，可扩展性强，收敛速度快且较为稳定，可在工程实践中优先考虑使用该算法来求解相关的强化学习问题。

（2）异轨策略（off-Policy）更新算法

异轨策略更新算法的特点是在策略更新时被评估的目标策略与和环境交互的行为策略不同，可以理解为脑中思考的下一状态下执行的动作与实际转移至下一状态下后执行的动作不同。下面是常见的异轨策略更新算法：

1）DQN（Deep Q-Learning Network）：Q-learning 是一种基于动作值函数的在线学习算法，适用于离散动作空间。它通过在环境中采样经验，根据最优值函数（通常称为 Q 值）来更新策略。Q-learning 的更新规则也是基于时序差分学习，但与 SARSA 不同，Q-learning 使用下一个状态中的最大动作值来进行更新，而不考虑智能体在下一步采取的具体动作。DQN 将深度神经网络用于近似 Q 值函数，从而能够处理具有高维状态空间的复杂环境。

2）DDPG（Deep Deterministic Policy Gradient）：DDPG 是一种连续动作空间下的异轨策略算法，它使用确定性策略梯度来进行策略更新，即策略网络的输出是一个确定性的动作，而不是一个概率分布。这有助于在连续动作空间中更准确地进行策略优化。此外，它利用经验回放缓冲区来存储和抽样离线数据，并引入目标网络（Target Networks）来提高训练的稳定性。

3）SAC（Soft Actor Critic）：SAC 算法被设计用于解决连续动作空间下的强化学习问题。其目标是在探索和利用之间找到平衡，并在训练过程中保持对环境的探索，以提高学习的效率。SAC 算法引入了熵正则化项，通过最大化策略的熵来促使策略生成更加随机的动作。此外，该算法保持对环境的不确定性，从而更全面地探索动作空间，这有助于在学习初期更有效地进行探索，防止陷入局部最优解。

4. 案例介绍

目前在工业界，基于强化学习的决策方法仍然在探索阶段，并未大规模应用。清华大学的智能驾驶实验室在强化学习的算法设计以及部署方面开展了诸多工作。例如，在十字路口这一复杂场景下，基于强化学习的决策算法能够实现无碰撞高效率通行，如图 5-20 所示。

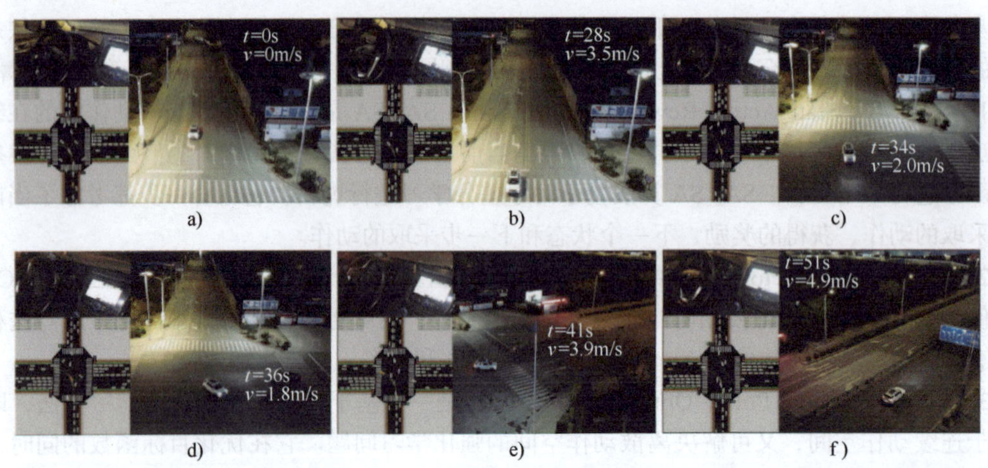

图 5-20 强化学习型决策方法实车部署

习 题

一、选择题

1. 在智能车辆决策系统中，（ ）不属于行为决策的范畴。

A. 跟车　B. 超车　C. 掉头　D. 速度规划

2. 分解式决策框架与集中式决策框架相比，其特点是（ ）。

A. 将决策过程建模为一个不可解释的黑箱

B. 直接利用神经网络等机器学习算法对车辆状态信息进行决策计算

C. 将复杂的决策问题分解成若干个子问题，实现决策系统的解耦设计

D. 利用摄像头信息作为输入，将转向盘转角作为输入

3. 下列（ ）不是目标运动预测中的常见技术。

A. 运动学模型　B. 最近邻方法　C. 卡尔曼滤波器　D. 线性规划

4. 基于概率模型的目标轨迹预测方法的主要特点是（ ）。

A. 依赖于物理模型进行轨迹预测

B. 需要大量的标记数据进行训练

C. 对预测的不确定性进行建模，提供概率分布或置信度度量

D. 直接从数据中提取特征进行学习

5. 基于非学习的行为决策方法中，最常用的决策方法是（ ）。

A. 支持向量机　B. 有限状态机　C. 马尔可夫决策过程　D. 强化学习

6. 基于学习的行为决策方法中，（ ）利用神经网络结构学习数据的特征，并生成分类或回归结果。

A. 支持向量机　B. 统计学习方法　C. 深度学习方法　D. 强化学习方法

7. 在自动驾驶车辆路径规划中，(　　)通过随机采样生成新的叶子节点并将其连接到最近的树节点。

A. Dijkstra 算法　　B. A* 算法

C. 快速扩展随机树（RRT）算法　　D. 基于数值优化的规划方法

8. 贝塞尔曲线的形状由(　　)决定。

A. 控制点的位置　　B. 障碍物的位置

C. 起始点和终点的速度　　D. 起始点和终点的加速度

9. 在强化学习中，(　　)是奖励函数的作用。

A. 指导智能体选择合适的行为　　B. 描述环境中的状态

C. 衡量智能体的学习速度　　D. 控制智能体的探索程度

10. 在强化学习中，(　　)是 Q-learning 算法的主要目标。

A. 最小化累积奖励　　B. 最大化状态值函数

C. 学习最优策略的动作值函数　　D. 减少动作空间的大小

二、填空题

1. 依据决策框架中各个子问题的组成和信号流动关系，智能车辆决策系统可以分为________和________。

2. 轨迹规划问题可以解耦成为________和________两个子问题。

3. 现有目标运动预测技术除了基于运动学模型的传统方法外，还有________、________。

4. 深度学习方法在目标轨迹预测领域可以分为两大类：________方法、________方法。

5. 有限状态机的四大要素包括状态、________、转移、________。

6. 支持向量机通过凸二次规划问题来寻找最优超平面，这个问题可以通过________转化为对偶问题。

7. 常用的插值曲线包括________曲线、________曲线、________曲线。

8. A* 算法是一种经典的________算法，其利用________来评估节点的优先级。

9. 强化学习的四大要素：________、________、________、________。

10. 强化学习是将问题建模为________过程。

三、简答题

1. 请简述智能车辆决策系统的设计主要面临哪些挑战。

2. 请简述分解式决策框架中各个子问题的功能。

3. 简述使用卡尔曼滤波实现目标轨迹预测的原理。

4. 简述传统轨迹预测方法与基于深度学习的轨迹预测方法之间的主要区别。

5. 请简要说明马尔可夫决策过程（MDP）的基本组成要素及其每个元素作用。

6. 简要比较基于规则的方法和基于强化学习的方法在驾驶行为决策中的优缺点。

7. 简述数值优化在运动规划中的作用是什么以及其基本思路是怎样的。

8. 解释为什么 A* 算法适用于自动驾驶车辆的路径规划。

9. PPO（Proximal Policy Optimization）是一种常用的强化学习算法。请简要解释 PPO 算法的主要思想和核心原理。

10. 简要概述监督学习型车辆决策方法。

第6章 智能车辆控制系统设计

6

随着车辆智能化水平的不断提高，路径跟踪等功能的出现需要车辆具备执行复杂控制任务的能力，包括纵向控制、横向控制、垂向控制以及多目标协同控制等。智能车辆控制涵盖了感知、决策和执行等多个层面，其中底层执行元件扮演着至关重要的角色，智能底盘作为智能驾驶上层指令的执行系统，是确保车辆在各种道路和环境条件下稳定、高效和安全运行的关键，智能车辆控制系统如图 6-1 所示。智能车辆控制需要依赖智能底盘来实现具体的控制功能，例如，自适应巡航控制（ACC）需要依靠智能底盘的制动系统控制和驱动系统控制来实现；车道保持辅助（LKA）需要依靠智能底盘的转向系统控制来实现。智能底盘的功能是实现智能车辆控制的基础。

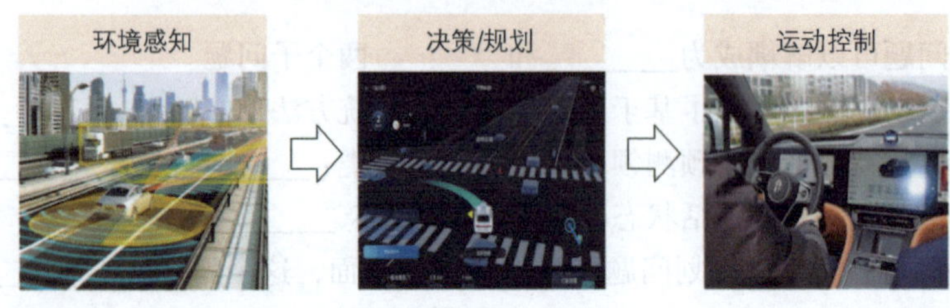

图 6-1　智能车辆控制系统

本章围绕智能底盘控制技术，从智能车辆线控技术开始，介绍智能车辆执行器即智能底盘技术，然后简要介绍智能车辆的动力学模型和参数估计方法，并且探讨了智能车辆的控制方法，包括纵向、横向和垂向控制功能以及车辆多向协同控制和域控，最后介绍部分自动驾驶前沿控制技术。

6.1 智能底盘系统构成

智能底盘是指通过采用先进的传感器、控制器和执行器等技术手段，实现对汽车底盘各子系统的实时、自动化控制，以提高行驶安全、降低能源消耗。线控系统是智能底盘的主要执行部件，其是指通过传感器采集驾驶员的驱制动或转向等意图，并由控制单元综合决策后，将控制指令以电信号的形式输入给最终的驱动系统、制动系统与转向系统等执行机构。这项技术的关键在于整合传感器、控制算法和执行器，以实现对车辆驱动、制动、转向等部件的精确控制，从而提高车辆的操控性、稳定性和安全性。

目前汽车所采用的线控技术主要包括线控驱动、线控转向、线控制动以及线控悬架等。这些技术通过分布在汽车各处的传感器，实时捕获驾驶员的操作意图以及车辆在行驶过程中产生的各种参数信息，并将其传输至控制器，控制器对这些数据进行分析和处理，得出相应的控制参数，并将其传送至各个执行机构。通过这种方式，实现对车辆的精准控制，提升汽车的动力性、转向性、制动性以及平顺性。

智能底盘的发展可以划分为三个阶段（图 6-2）：智能底盘 1.0 采用前 / 后桥单电机驱动和前后桥双集中电机驱动的构型，实现了线控制动和转向，普及了 ESC、eBooster、EPS 等技术，空气弹簧在乘用车中得到批量应用，同时实现了电控减振器关键零部件的国产化和标准化，*X*、*Y* 方向实现了部分线控化和协同控制。智能底盘 2.0 升级了驱动构型，包括三电机驱动、四电机驱动，引入了冗余 EPS、RWS、DAS 等先进技术，国产化的多腔气囊和连续阻尼可变减振器可以批量应用，在 *X*、*Y*、*Z* 方向实现了三方向线控化和协同控制。智能底盘 3.0 引入了高度集成化的轮端驱动构型（轮毂电机）和智能轮胎技术，线控制动和转向在执行器冗余备份、主干网络通信速率、网络安全和电气系统架构等方面都得到升级，电控悬架进一步发展，实现了主动悬架的国产。此外，智能底盘还具备了主动控制、自适应和自学习能力。

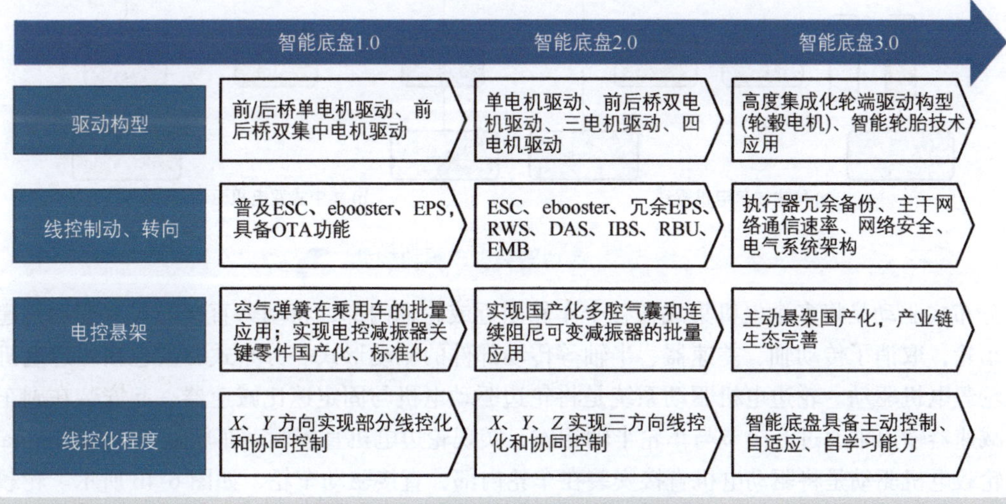

图 6-2　智能底盘控制技术发展路线

目前线控技术在行业中已有部分产业化应用，针对传统燃油汽车，线控驱动技术在乘用车和商用车上已普遍应用，市场占有率达 99% 以上。针对新能源汽车，线控驱动技术已经全面应用，现在正处于集中电机驱动阶段。随着电气化水平的提高，未来将向轮边电机和轮毂电机为代表的分布式驱动发展。线控制动技术的主流路线是电子液压制动（EHB）系统，且已经有多款量产产品，如博世的 iBooster、大陆的 MKC1 等。电子机械制动（EMB）系统由于技术不够成熟，目前仍处于研发阶段。线控转向技术目前主要处于研发阶段，仅有少量已搭载该技术的量产车型。线控悬架技术由于重量、成本和可靠性的原因，目前属于非刚需配置，主要在高端车型中配备。

6.1.1　线控驱动系统

1. 定义及构型

线控驱动系统是一种通过电机通信向驱动电机发送目标转矩请求，实现整车纵向速度控制的系统。线控驱动系统的构型主要分为集中式、分布式两种。集中式驱动构型主要源于传统燃油车辆，其动力传递需要经过离合器、变速器、传动轴、差速器、半轴等传动部件，最终作用于车轮。新能源汽车的集中式驱动主要分为纯电动车辆和混动车辆。纯电驱动车辆是使用单一电池或其他蓄电方式作为唯一动力来源；而混动车辆则使用两个或多个不同的驱动方式，即发动机和电机。

纯电动车辆的集中式驱动构型由电机、减速器、传动半轴和差速器等结构组成，无须离合器和变速器，包含单电机驱动、双电机单轴驱动、双电机全轮驱动，如图 6-3 所示。单电机驱动、双电机单轴驱动构型的整车总布置与传统燃油车辆接近，结构紧凑，便于处理电机隔振、电磁噪声等问题；缺点是通常要求使用高转速大功率电机，传动链长，传动效率低等。混动车辆因为包含发动机、发电机、电机，其集中式驱动构型方式较为多样，其主要区别在于有无发电机，电机布置位置与形式以及电机个数。

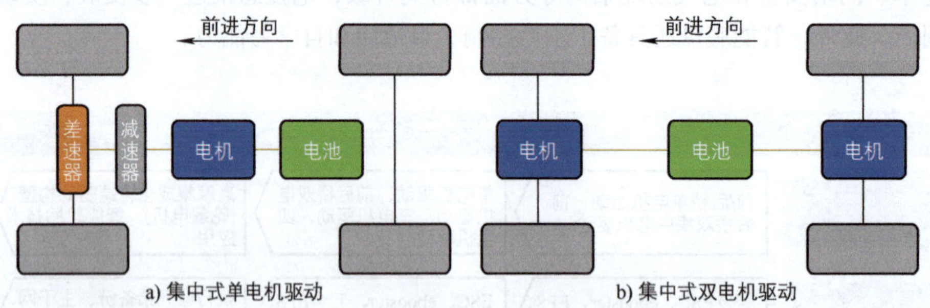

图 6-3　典型的集中式驱动构型

分布式驱动是将多个电机集成在各个车轮附近或轮辋内部，将动力直接通过减速器传递给相应车轮，取消了传动轴、差速器、半轴等传动部件的驱动形式。分布式驱动包括轮边电机驱动和轮毂电机驱动。轮边电机驱动系统是将轮边驱动电机与固定速比减速器一起安装在副车架上，减速器输出轴通过万向节与车轮半轴相连，实现轮边电机直接驱动车轮运动，如图 6-4a 所示。轮毂电机驱动是将驱动电机直接安装在车轮内部，直接驱动车轮，如图 6-4b 所示。轮毂电机分内转子式与外转子式，外转子式采用低速外转子电机，无减速装置，车轮的转速与电机相同；内转子式则采用高速内转子电机，在电机与车轮之间配备固定传动比的减速器。分布式驱动系统具有结构紧凑、易于实现底盘模块化设计，同时各轮驱动 / 制动转矩独立可控、主动安全控制性能好等显著优势，是新一代智能底盘的理想驱动形式，是电动车辆的重要发展方向，如比亚迪仰望 U8 车型采用了易四方架构，通过中央控制器与动力域控制器，实现四个驱动电机独立控制轮端转矩大小、方向，如图 6-5 所示。

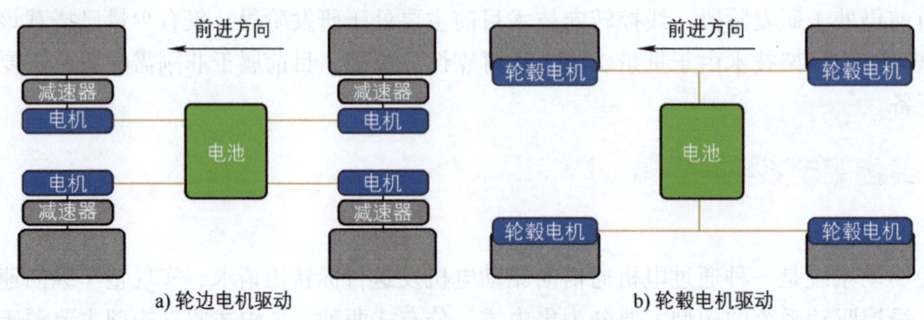

图 6-4　分布式驱动构型

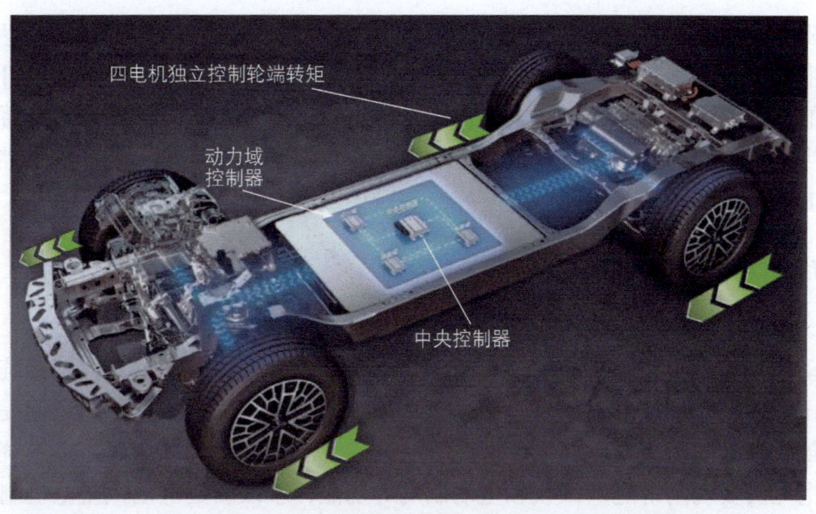

图 6-5　比亚迪仰望 U8 分布式驱动

2. 核心部件

电机驱动系统是电动车辆的核心部件之一，主要由电机控制器、驱动电机、功率转换器、各种检测传感器等部分构成，如图 6-6 所示。

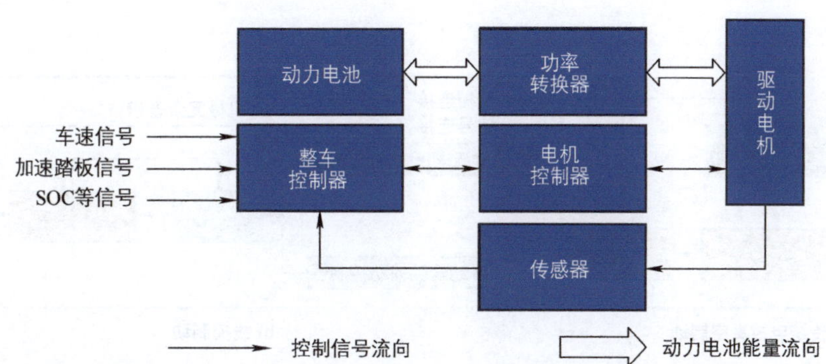

图 6-6　电机驱动系统框图

电机驱动系统工作原理：整车控制器（VCU）接收多种信号和信息，包括车速信号、加速踏板信号、电池电压、电池荷电状态（SOC）以及驱动电机的状态信息等。基于这些数据，VCU 判断车辆的当前工况，并决定在各工况下驱动电机的目标转矩。然后，VCU 通过 CAN 总线将目标值发送给电机控制器（MCU）。电机控制器根据接收到的指令控制电机，实时调节驱动电机的输出状态，以实现整车的怠速、加速、能量回收等功能。

电机控制器的功能是根据 VCU 的指令，将动力电池所存储的电能转化为驱动电机所需的电能，来控制电动车辆的起动运行、进退速度、爬坡力度等行驶状态，或者实现车辆制动，并在制动或下坡时进行能量回收。同时，电机控制器可以监控驱动电机的运行状态，如温度、电流、电压等，以预防过载、过热或其他潜在的故障。驱动电机将动力电池的电能转化为机械能，为车轮提供所需转矩。驱动电机主要分为直流电机和交流电机两大类。其中，交流电机按转子磁场与定子磁场的转速是否相同，可以分为同步电机和异步电机两大类。同步电机包括永磁同

步电机、磁阻同步电机和励磁同步电机。异步电机则分为三相异步电机和单相异步电机两种。在电动汽车中，主要使用的是永磁同步电机和三相异步电机。功率变换器是一种可以将某种电流转换为其他类型电流的电子设备，主要作用是根据所选电机驱动电流要求，将蓄电池的直流电转换为适当电压等级的直流、交流或脉冲电源。根据所选电机类型，功率变换器可分为DC/DC变换器和DC/AC变换器等不同形式。

6.1.2 线控制动系统

1. 定义、原理及结构与分类

线控制动技术（Brake-by-Wire）使用精确的电子传感器和执行元件，代替传统制动系统中的机械和液压元件，这项技术不仅可以帮助车辆进行助力制动和回收能量，还能提供制动失效保护，弥补传统液压制动在真空源失效情况下的缺陷（图6-7）。传统液压制动系统无法实时调节制动力，也无法实现制动能量回收和主动制动等功能，难以满足电动汽车电机制动特性及回收能量最大化的需求。线控制动技术摒弃了真空助力器，取消部分或全部液压管路，采用电缆和信号线缆传递能量和信号。电子制动踏板将机械信号转化为电控信号，通过电控模块实现制动力控制，并模拟踩踏感觉反馈给驾驶员。线控制动系统结构简单、响应速度快、制动力精准可调、能够实现四轮独立制动，可以有效满足智能汽车驾驶辅助系统的需求，大幅提高车辆行驶的稳定性和安全性。随着新能源汽车市场的不断增长，线控制动能量回收的优势突显，应用前景广阔。

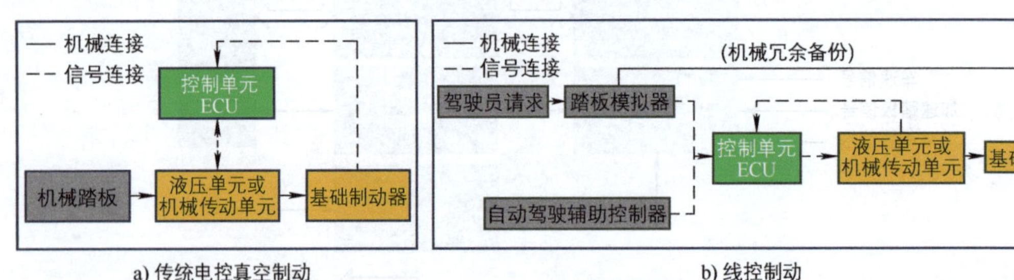

图6-7 传统制动与线控制动工作原理

如图6-8所示，线控制动系统主要分为两类：电子液压制动系统（Electro-Hydraulic Brake System，EHB）和电子机械制动系统（Electro-Mechanical Brake System，EMB）。

EHB系统基于传统的液压制动系统，通过电子助力器取代真空助力器，并使用制动液作为动力传递媒介，同时配备液压备份制动系统以满足冗余安全需求。根据集成度的不同，EHB系统又可以分为Two-Box和One-Box两种技术方案。

二者的主要区别在于电子稳定系统（ESC）是否与电子助力器集成在一起，如图6-9所示，Two-Box方案采用"电子助力器+ESC"的组合，电子助力器和ESC分别实现基础制动功能和稳定性功能。而One-Box方案则将基础制动功能和稳定性功能集成在一个系统中，仅需一个ECU和一个制动单元，并实现了与踏板的完全解耦，支持多功能泊车和自动驾驶的扩展。截至2023年年底，Two-Box的研究已逐渐成熟，并实现了大规模量产和应用，各供应商产品已陆续更新迭代至One-Box方案。One-box方案因集成度更高、成本更低且提升了系统响应速度，故而取代Two-Box系统成为线控制动的主流。

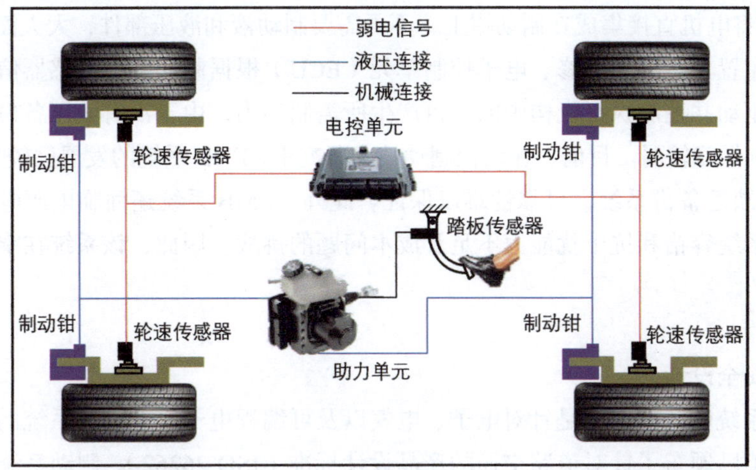

a) EHB系统

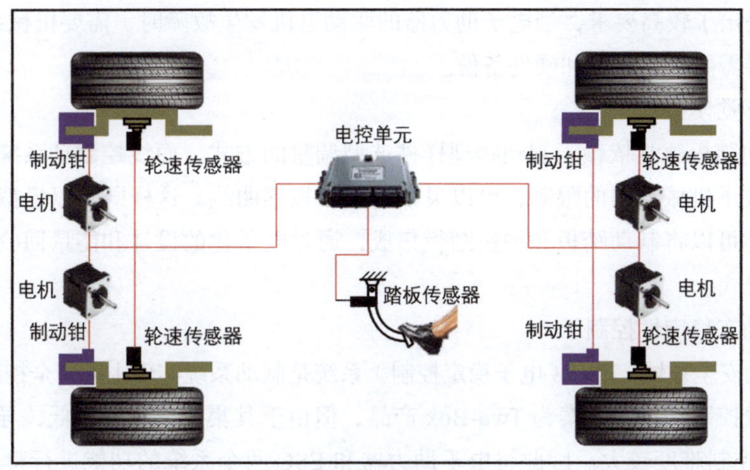

b) EMB系统

图 6-8　EHB 系统和 EMB 系统组成架构

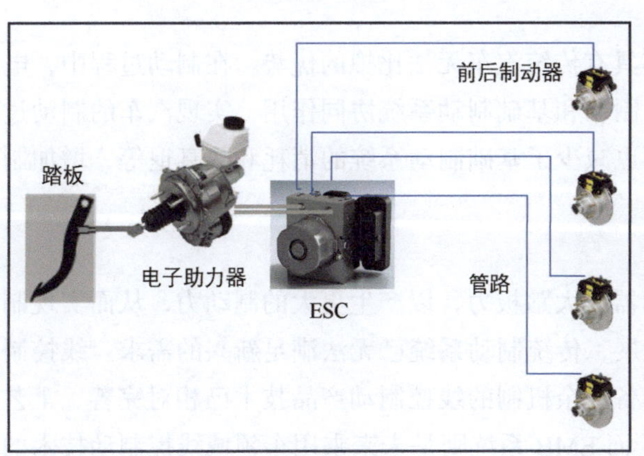

a) Two-Box

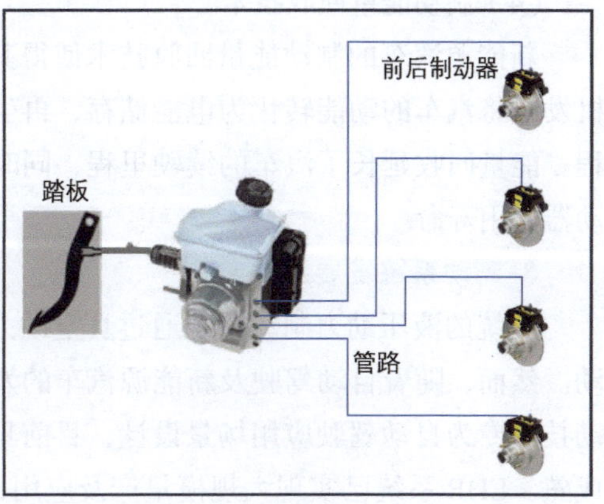

b) One-Box

图 6-9　Two-Box 与 One-Box 结构图

EMB 系统将电机直接集成在制动钳上，不再需要制动液和液压部件，大大简化了制动系统的结构，便于布置、装配和维修。电子控制单元（ECU）根据制动踏板传感器信号及车速等车辆状态信号，驱动并控制执行机构中的电机产生所需制动力，由于没有液压备份制动系统，该系统的冗余安全保障较弱。目前，在线控制动技术研究中，EHB 系统的发展已较为成熟。然而，EMB 系统由于缺乏备份系统，可靠性难以保证。此外，EMB 系统还面临电源电压与车载常用电源不匹配、系统容错和抗干扰能力不足及成本问题的挑战。因此，该系统在乘用车领域尚未实现大规模量产。

2. 核心技术

（1）功能安全设计

线控制动系统的功能安全是针对电子、电气以及可编程电子安全控制系统的产品安全设计指导规范。欧美已颁布了针对道路交通的产品设计标准（ISO 26262）。制动系统是汽车安全设计的关键系统，线控制动系统需要设计冗余备份以保障高可靠性。例如：在复杂及极限工况下对系统耐久性提出了较高要求，当电子助力器的驱动电机发生故障时，需要机械系统作为备份，同时电机驱动器需要具备软件和硬件备份。

（2）踏板感觉模拟

传统的制动踏板感觉依赖于制动物理样件选型调整的方式，而线控制动系统通过数字化建模来实现，突破了机械结构的限制，可以灵活调整踏板感曲线。这样既可以模拟传统制动系统的踏板感觉，还可以将制动踏板和加速踏板集成，通过电子化的设计和能量回收的配合，建立全新的单踏板模式。

（3）车辆动态稳定性控制

在汽车主动安全领域，ESC（电子稳定控制）系统是制动系统实现主动安全控制的核心载体。目前，主流的线控制动技术方案为 Two-Box 产品，但由于其集成化程度较低，导致电子助力器与 ESC 的协调控制难度较大。因此将电子助力器和 ESC 两个系统的功能进行整合匹配的 One-Box 方案，在体积、质量和成本等方面相较 Two-Box 具有较大优势，这也是底盘控制器的关键技术。

（4）制动能量回收技术

新能源汽车的制动能量回收技术使得其具有传统汽车无法比拟的优势。在制动过程中，电机发电将汽车的动能转化为电能储存，再生制动和基础制动系统协同作用，实现汽车的制动过程。能量回收延长了汽车的续驶里程，同时也减少了基础制动系统的消耗和热衰退等，增加制动器使用寿命。

3. 制动系统发展路线

传统的液压助力制动系统通过真空助力器放大踏板力，以产生更大的制动力，从而实现制动。然而，随着自动驾驶及新能源汽车的发展，传统制动系统已无法满足新兴的需求。线控制动技术专为自动驾驶应用场景设计，目前具备冗余机制的线控制动产品技术已相对完善、工艺成熟。EHB 系统已实现大规模量产及应用，而 EMB 系统则是未来乘用车领域线控制动技术的主要发展趋势及方向。图 6-10 简述了乘用车制动系统的发展路线，比较了不同发展阶段的制动系统的结构组成、性能、功能及应用程度。

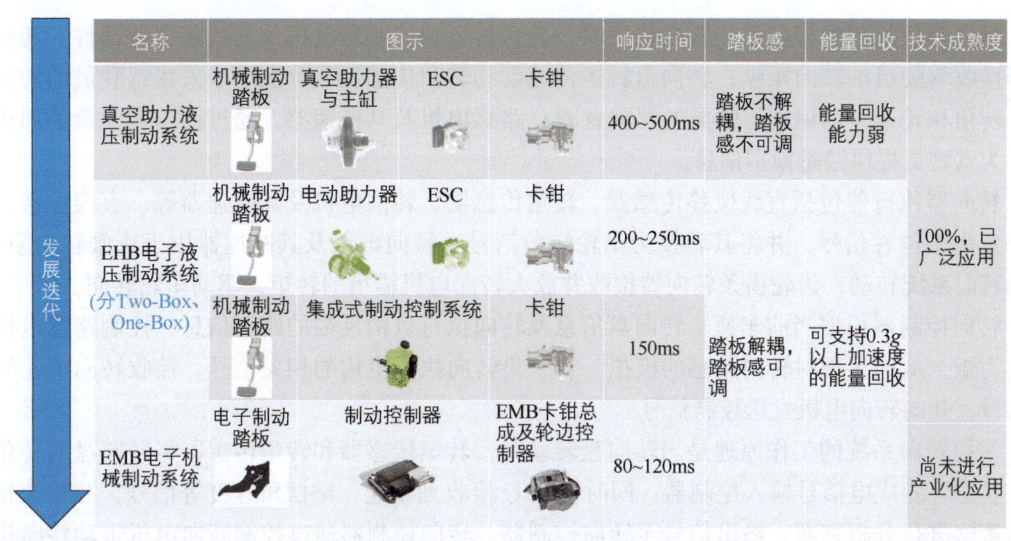

名称	图示				响应时间	踏板感	能量回收	技术成熟度
真空助力液压制动系统	机械制动踏板	真空助力器与主缸	ESC	卡钳	400~500ms	踏板不解耦，踏板感不可调	能量回收能力弱	
EHB电子液压制动系统（分Two-Box、One-Box）	机械制动踏板	电动助力器	ESC	卡钳	200~250ms			100%，已广泛应用
	机械制动踏板	集成式制动控制系统		卡钳	150ms	踏板解耦，踏板感可调	可支持0.3g以上加速度的能量回收	
EMB电子机械制动系统	电子制动踏板	制动控制器		EMB卡钳总成及轮边控制器	80~120ms			尚未进行产业化应用

图 6-10　乘用车制动系统发展路线

6.1.3　线控转向系统

线控转向（Steering-By-Wire，SBW）系统是指转向执行机构与驾驶员之间没有直接的物理力矩传输路径，通过电信号传输驾驶员的控制指令，完全由供能装置提供转向力的转向系统。作为线控底盘的关键执行系统，线控转向系统取消了传统转向系统的中间轴，通过转向盘与转向轮之间的电气连接，使底盘与车身的设计完全解耦，实现了底盘与车身相互独立设计。线控转向系统可以提高汽车碰撞安全性，并根据需要安全隔离路面颠簸或传递部分路面信息，实现个性化路感反馈。同时，随速可变传动比为车辆提供高速稳定和低速轻便的驾驶体验。

1. 线控转向系统基本结构与工作原理

线控转向系统主要由转向盘模块、控制器和转向执行器构成，基本结构如图 6-11 所示。

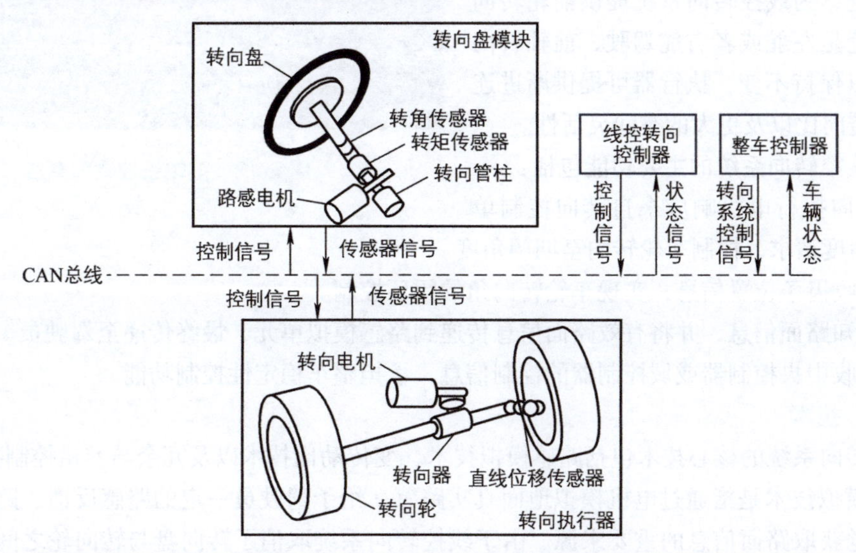

图 6-11　线控转向系统基本结构

转向盘模块包含转向盘、转矩传感器、转角传感器、路感电机及其减速器等部件。转向盘用于接收驾驶员的转向操纵；转向盘转矩传感器和转角传感器，分别用于采集驾驶员的转向力矩、转角和转速，以识别驾驶员的驾驶意图；路感电机及其减速器，通过输出转向盘的回正力矩，为驾驶员提供路感模拟信息。

转向器执行器包括直线位移传感器、转角传感器、转向电机及其减速器等，直线位移传感器采集齿条位移信号，并将其转换为车轮转角信号；转向电机及其减速器用于克服转向阻力，带动转向系统转动；齿轮齿条转向器接收并放大转向电机输出的转矩，驱动车轮转向。

转向控制器根据当前车速、转向盘信息及转向执行机构反馈的路感信息，控制路感电机的输出力矩，从而实现对转向路感的模拟。它采集转向执行机构的相关信号，接收转向车轮的转角信号，并向转向电机发送控制信号。

线控转向系统的工作原理是当转向盘转动时，转矩传感器和转角传感器将转向盘的转角和转矩状态转变成电信号输入控制器。同时，ECU 接收到车速、横摆角速度等信号，并结合相应控制策略进行分析判断，输出信号至转向控制器。转向控制器通过控制转向电机带动转向执行器进行车轮转向。同时，转向控制器将车轮转角信息和轮胎与地面的阻力信息传输给路感反馈控制器，后者结合车辆主控制器发送相应力矩指令给路感电机，为驾驶员提供相对应的路感反馈。线控系统代替了转向盘与执行机构间的机械连接，通过电信号控制车辆完成转向，实现了转向盘与转向轮的解耦。

2. 核心部件

前轴线控转向系统属于完全线控转向，其主要部件为转向盘执行器和前轴转向执行器，如图 6-12 所示。转向盘执行器包含力矩反馈单元和电动可调管柱。力矩反馈单元的主要功能包括计算转向角度、提供触觉反馈力矩、提供可变转向速比等。电动可调管柱可以实现径向和垂向电动调节、转向盘伸缩功能以及碰撞溃缩功能。前轴转向执行器是一套全动力助力转向系统，为线控转向系统提供前轮转向能力。无论是左舵或者右舵驾驶，前轴转向执行器可以保持不变。执行器可提供渐进连续的可变转向比以及更大的空间灵活性。

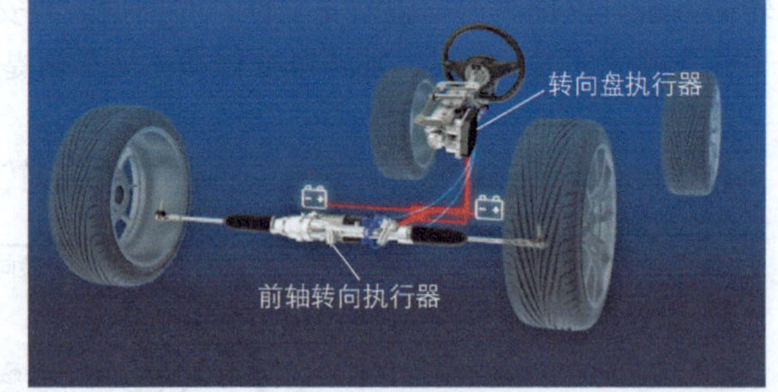

图 6-12　前轴线控转向系统

前轴线控转向系统的主要功能包括：

1）转向执行电机响应来自转向控制单元的转向角度请求，控制车轮转向至期望角度。

2）接收齿条位置信息，实现车轮转向角的闭环控制。

3）感知路面信息，并将有效路面信息传递到路感模拟单元，最终传递至驾驶员。

4）接收中央控制器或域控制器的控制信息，承担整车稳定性控制功能。

3. 核心技术

线控转向系统的核心技术包括路感模拟技术、变传动比技术以及冗余与容错控制技术。

路感模拟技术是指通过电机模拟地面真实路感，给予驾驶员一定的路感反馈。路感是驾驶员通过触觉获取路面信息的重要来源。由于线控转向系统取消了转向盘与转向轮之间的机械连接，路面状况无法像传统转向系统一样通过机械结构直接传递给驾驶员，需要通过电控单元，根据当前路面情况、车辆行驶状态及驾驶员转向角和力矩，计算出能够反映路感的转向盘反馈力矩，然后由路感模拟机构生成并传递给驾驶员。线控转向系统的路感控制通常包括两个方面，其一为路感反馈力矩估计，即通过建模分析出能够反映当前实时路感的转向盘反馈力矩；其二为路感跟踪控制，即根据已规划出的路感，采用有效的控制策略和合适的控制算法，通过电控单元控制路感电机输出相应的力矩至转向盘，传递给驾驶员。

变传动比技术是指通过调整转向系统角传动比，使其在高速时提供转向稳定性，在低速时提供转向灵活性。一般而言，传动比在低速时取值较小，在高速时取值较大。传统转向系统由于机械耦合限制，角传递特性的设计范围较窄，而线控转向系统与机械结构解耦，解放了传动比设计的限制，可以自由设计转向盘转角与前轮转角之间的关系。线控转向系统变传动比技术可以参考当前车速，控制上下层的转角关系，使传动比随着车速的增大而增加，从而实现低速转向轻便灵活、高速转向稳定的目标。

冗余与容错控制是指对线控转向系统重要元器件的冗余备份和容错控制策略，确保系统在部分元件故障时仍能维持基本功能，从而保证线控转向系统的功能安全。线控转向系统因其信号传递方式和控制方式，对元器件故障及信号干扰十分敏感。从结构上而言，线控转向系统的故障类型可以分为执行器故障、传感器故障、控制器故障及通信故障。以执行器故障为例，包括转向电机故障和路感电机故障，可以通过转向电机等执行器的冗余备份，在执行器发生故障时启动备份执行器以保证功能正常实现；或者通过车辆其余执行部分的解析补偿实现容错控制，例如利用分布式驱动车辆的差动转向来保证车辆的转向功能，从而实现容错控制。而针对传感器故障、控制器故障以及通信故障等情况，可以通过电子单元的冗余备份来保证线控转向系统的冗余安全，或者通过故障诊断技术与主动容错控制策略等方式来实现线控转向系统的容错控制。

6.1.4　线控悬架系统

1. 线控悬架系统的概念

线控悬架是一种基于电子控制技术的悬架系统，通过传感器和控制器调节车辆的悬架高度和减振效果，从而提高汽车的行驶稳定性和舒适性。悬架系统通常由储能元件弹簧、耗能元件减振器和机械连杆元件组成，传统被动悬架系统具有确定的弹簧刚度和阻尼系数，并以悬架行程作为附加约束条件，实现舒适性与操纵性之间平衡，与传统悬架相比，线控悬架能够动态调整减振器的阻尼力、弹性元件刚度、车身高度以及车辆姿态，极大地提升了车辆乘坐舒适性。

线控悬架可分为主动悬架和半主动悬架。主动悬架配备直接产生悬架作用力的执行器，可以根据输入与输出进行最优的主动控制，从而提供最佳的减振特性，提高汽车的平顺性和操纵稳定性。半主动悬架使用具有可调阻尼的减振器代替传统减振器，虽然它不能根据外界的输入对悬架力进行直接控制，但可以根据预先设计的控制策略，在各种条件下调节减振器的阻尼状态，使悬架系统能够适应复杂多变的路面状况。

2. 线控悬架系统的工作原理

线控悬架系统有很多不同的技术方案，下面以一种常见的连续减振控制系统（Continuous Damping Control，CDC）空气悬架为例进行介绍。CDC 空气悬架将传统的“钢质弹簧 + 被动减振器”改变为“空气弹簧 +CDC 减振器（电磁阀减振器）”，属于慢主动悬架（区别于全主动悬架），主要由空气弹簧、CDC 减振器、分配阀、传感器（高度传感器和车身加速度传感器等）、悬架控制单元（ECU）和供气系统（打气泵、储气罐、气管）等组成，如图 6-13 所示。

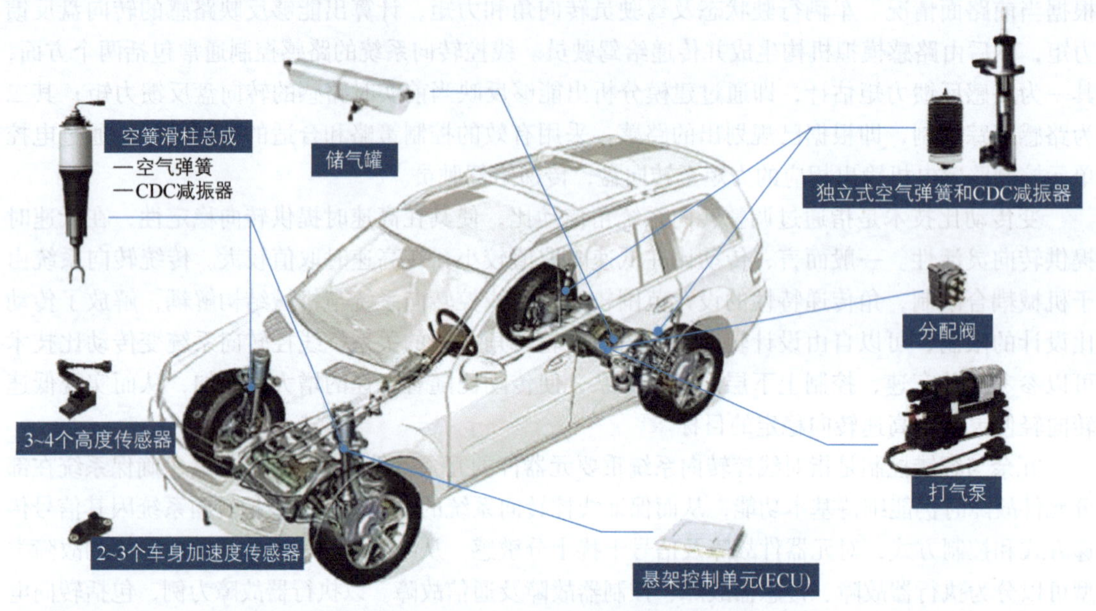

图 6-13　CDC 空气悬架系统组成

CDC 空气悬架使用空气弹簧代替传统悬架的螺旋弹簧或钢板弹簧，利用橡胶气囊内部压缩空气的反力作为弹性恢复力，通过向空气弹簧充气或放气，可以改变其长度和内部气压，从而调整车辆悬架的高度和刚度。空气弹簧在其工作行程内具有优秀的非线性刚度特性，当载荷量增加时，弹簧高度降低，气囊容积减小，有效承载面积加大，从而导致空气弹簧的刚度增加，承载能力增大；当载荷量减小时，弹簧高度升高，气囊容积增大，有效承载面积减少，从而导致空气弹簧的刚度减少，承载能力减小。根据整车需求，可以通过调整气囊截面将空气弹簧的刚度特性曲线设计成理想的悬架刚度曲线。首先，可以保证空气弹簧在悬架标准高度附近具有较低的刚度，提升车辆平稳行驶时乘坐舒适性；同时，在车轮上跳、悬架压缩过程中，空气弹簧刚度增大，可以有效抑制路面通过车轮传递给车身的冲击，防止缓冲块被击穿。此外，配合具有可变阻尼的 CDC 减振器，车辆还可以实现阻尼的连续调节，显著提高了车辆的操控性能和乘坐舒适性。

CDC 空气悬架控制原理如图 6-14 所示。ECU 是 CDC 空气悬架的控制核心，其根据车速、转向、加速、制动、车身高度等信号，通过控制打气泵、分配阀和排气阀进行充气或排气，使空气弹簧伸长或压缩进而达到控制车辆高度的目的，并通过控制 CDC 减振器中电磁阀的通或断，改变节流孔的流量，使阀体中减振液的流通快慢发生变化，从而改变减振器的阻尼系数。

3. 线控悬架系统的发展

随着汽车智能控制技术的发展，线控悬架技术不仅提高了舒适性还带来了更安全和稳定的驾驶体验。通过实时监测车辆的高度和行驶状态，线控悬架在紧急情况下可以快速调整悬架高度，防止车辆翻覆或失控，这在高速行驶和恶劣天气下尤为重要。然而，线控悬架技术也面临着一些挑战。首先，线控悬架系统的复杂度较高，需要更高的技术和成本投入。其次，安装和维护悬架系统也需要更高要求的专业技能和经验。因此，实现线控悬架技术的全面普及需要车企和供应商加强合作，降低技术成本，提高用户体验。

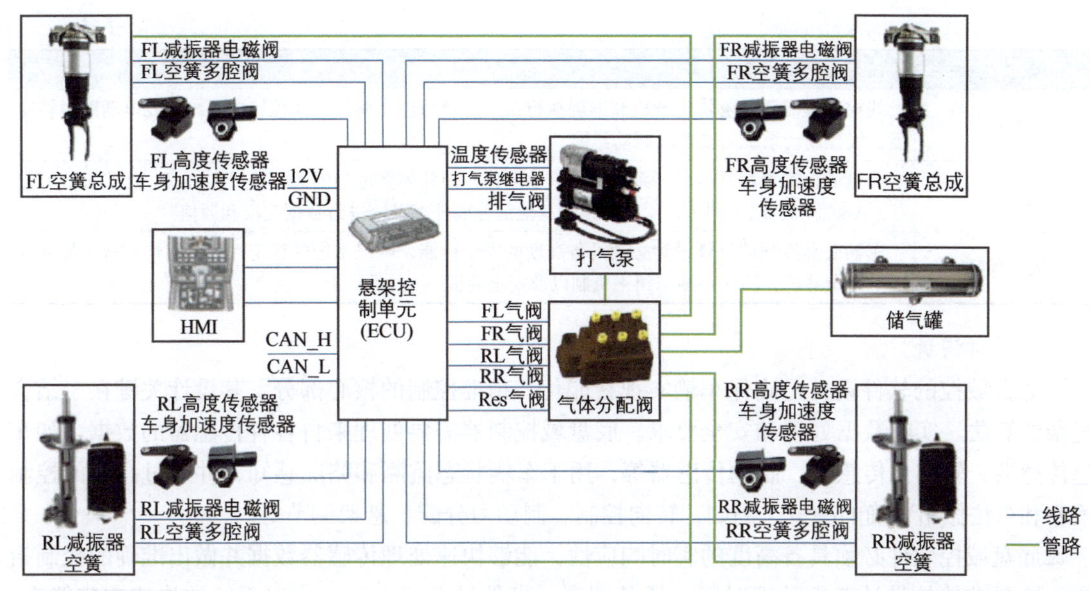

图 6-14　CDC 空气悬架控制原理图

6.1.5　底盘域控系统

传统底盘采用分布式电气架构，各底盘功能基本在单个零部件上实现，每个零部件需要相应的芯片支持，考虑到失效问题，冗余性增加，造成资源浪费和成本上升，同时，底盘控制基于传统的 CAN、LIN 和 FlexRay 等低速总线进行数据传输，而不断增加 ECU 数量可能导致信息传输上限问题，存在安全隐患。

随着硬件架构、软件架构和通信架构的不断发展与升级，传统汽车的分布式架构正在逐渐被域集中电子电气架构取代。底盘域控制器集成整车驱动、制动、转向、悬架等车辆纵向、横向、垂向相关的控制功能，实现底盘一体化控制，通过 CAN 网络接收操纵指令和传感器信息，计算线控驱动、线控制动、线控转向和线控悬架的控制指令，使底盘快速响应，并适应各种地形路况。底盘域控制器不仅需要执行驾驶员和上层决策层的指令，更需要发挥自动驾驶“小脑”的作用，结合整车状态进行综合判断，决策出更优的控制指令。

1. 硬件设计

底盘域控的硬件设计是关键，因为它直接影响着车辆的性能和智能化水平，需要综合考虑性能、稳定性、安全性和智能化等多个方面，确保其有效地控制车辆并适应不同路况的需求。底盘域控的硬件设计项目及内容见表 6-1。

表 6-1　底盘域控的硬件设计

项目	内　容
控制器	控制器是底盘域控制的核心，负责接收、处理和执行来自传感器和驱动器的信号和指令，需要具备高性能的处理器、合适的存储空间和充足的接口，以确保快速响应和准确控制
传感器网络	底盘域控制需要可靠的传感器网络来收集车辆各部分的数据。传感器可能包括转向角传感器、轮速传感器、制动压力传感器等，用于实时监测车辆状态和环境变化

（续）

项目	内　　容
执行器	线控底盘需要能够快速响应和准确执行指令的执行器。例如，线控转向系统需要电动助力转向器，线控制动系统需要电动制动器等
通信接口	底盘域控需要与其他车辆系统进行有效通信，因此需要适当的通信接口和协议。这些接口可包括 CAN 总线、以太网等，用于与车辆其他部分或外部系统进行数据交换和通信
安全保障	车辆底盘控制的硬件设计必须具备高度的安全性能，确保系统的稳定性和可靠性。这可能涉及双重冗余系统、错误检测与纠正机制以及安全验证

2. 软件设计

底盘域控的软件设计是确保车辆实现智能化、精准控制的核心部分，其设计关键在于结合复杂的算法、实时数据处理和安全要求。底盘域控制器需要处理来自各种传感器的数据，如车速传感器、转向角传感器、制动传感器等，用于车辆状态监测和路况感知，并通过高效的控制策略和算法做出精确的决策，例如，转向控制、制动力分配、悬架调节等。

底盘域控软件必须具备高度的实时响应性，能够快速处理传感器数据并做出准确的控制指令，这要求软件设计考虑处理时间、任务调度、事件触发等方面，确保系统的快速响应能力。同时，软件设计需要具备安全保障机制，包括故障检测、容错处理和安全控制策略，以应对潜在的系统故障或异常情况。此外，设计可扩展和可维护的软件架构对于长期运行和系统升级至关重要，合理的软件架构能够简化维护和更新过程，同时提高系统的灵活性和可靠性。

3. 抗干扰设计与热设计

底盘域控制的抗干扰设计与热设计是确保车辆底盘系统在各种复杂环境和情况下稳定运行的重要性能，通过综合考虑表 6-2 中的因素，底盘域控制系统可以更好地适应不同的工作环境，提高其稳定性、可靠性和抗干扰能力。

表 6-2　底盘域控制的抗干扰设计与热设计

项目	内　　容
电磁兼容性	车辆在运行过程中会受到各种电磁干扰，如来自电机、无线电设备等的辐射，底盘域控制器和传感器必须具备良好的电磁屏蔽和抗干扰能力，以避免外部电磁干扰对其性能造成影响
温度和湿度环境适应性	车辆在不同的气候和环境条件下运行，底盘域控制器和相关硬件必须能够适应广泛的温度和湿度范围，确保其稳定运行和长期可靠性
散热设计	底盘域控制器和相关设备可能会在车辆运行过程中产生热量，良好的散热设计是确保这些设备在运行过程中保持适宜温度的重要因素，采用有效的散热器、风扇和散热结构来排除热量是关键
温度监测与控制	采用温度传感器和热敏元件来实时监测温度，并在达到设定的临界温度时，采取措施降低温度，如调整风扇转速或者增加散热面积
抗振性	车辆在行驶过程中会受到来自不同路面的振动和冲击，底盘域控制器及相关设备需要具备良好的抗振设计
数据传输可靠性	传感器信号的传输对底盘域控制至关重要。因此，通信线路和数据传输必须具备高可靠性和鲁棒性，以应对可能出现的干扰、延迟或数据丢失问题
故障检测和容错机制	底盘域控制系统应该具备故障检测和容错机制，能够及时识别并应对可能的故障情况，确保即使在部分组件出现问题的情况下，整个系统仍能够安全可靠地运行
综合测试与验证	在开发过程中进行综合测试和验证是确保底盘域控制系统抗干扰设计有效的关键步骤。通过模拟各种环境条件和极端情况下的测试，确保系统在各种情况下都能够稳定工作

6.2 智能车辆动力学模型与车辆状态估计

智能车辆控制系统通过对车辆制动、驱动、转向以及悬架的控制，使得车辆运动性能达到最优状态，提升车辆的稳定性、安全性和舒适性。要实现对车辆的有效控制，首先需要获取车辆的实时运动姿态和动力学特性。车辆配置的传感器所获取的信号有限，不足以全面反映车辆的实际运动状态。一些关键动力学参数，如质心侧偏角，是判断控制系统是否介入调整车辆运动状态的重要依据，但这些关键参数往往无法直接获得。为了得到这些参数，需要基于现有传感器的信号，运用状态参数估计方法进行估计。

车辆相关参数如图 6-15 所示，在现代车辆中轮速、纵向加速度、侧向加速度、转向盘转角、横摆角速度、电机转矩、EBS 压力等参数可以通过车辆搭载的传感器直接获得；而车速、车身侧倾角、车轮垂向力、驱动力矩、制动力矩等参数需要通过现有的传感器信号利用参数估计方法计算得到；轮胎滑移率、轮胎侧向力、轮胎纵向力、质心侧偏角、路面附着系数等参数，则需要结合传感器信号和其他估计得到的车辆参数进行计算。因此，通过建立车辆动力学模型并进行状态估计是底盘控制的重要基础，也是开发智能控制系统必不可少的一环。

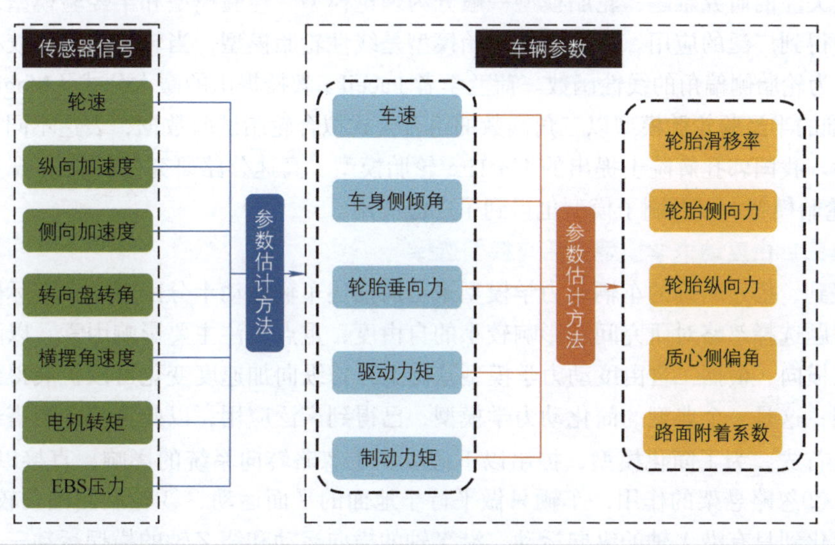

图 6-15 车辆相关参数

6.2.1 车辆动力学模型

车辆动力学模型描述车辆受力与运动间的关系，通过建立微分方程描述相应的自由度，考虑车辆转向、驱动、制动、悬架系统之间的机械连接以及运动约束，将各个自由度的微分方程关联起来，反映车辆性能与动力学参数的内在联系和规律。整车系统复杂、联结关系繁多，且随着车辆的行驶环境和驾驶员操作行为的变化，车辆的运行工况也会不断变化。在建模过程中，既要考虑车辆本身的构成以及技术参数，如车辆的质量、质心、轴距、轮胎参数、K&C 特性等；还要考虑路面环境以及驾驶员对车辆系统的影响。因此，搭建精确的车辆动力学模型来全面描述车辆运动十分困难。在实际研究中，往往需要提出一定的前提假设，以减少考虑的因素，降低模型复杂程度、提升计算效率。

1. 动力学模型

搭建动力学模型有两个基本的要求。首先，建立的模型应尽可能反映车辆的真实动态特性。为实现这一点，模型需要考虑到整车及子系统的多体动力学和运动学关系，以及车辆悬架和轮胎的受力情况。其次，建立的模型必须保持可控性，确保模型在线解算时间不超过其控制循环的时间。搭建模型前需要进行前提假设以简化模型，然后应用力学和物理学知识进行动力学分析，建立微分方程。在完成模型搭建后，需要进行模型验证，仿真验证能够快速地验证模型的准确性，方便且高效，而实车测试则更加科学严谨。根据建模场景的要求制定验证通过的标准指标，验证通过则可进入下一阶段的应用。

在搭建动力学模型时，有一个重要的部件需要考虑其动态特性——轮胎。轮胎与地面直接接触，保证与路面的附着力，是车辆能够运动的基础。由于其材料特性，轮胎在行驶过程中能够一定程度减轻和吸收汽车的振动和冲击，保证行驶的安全性、操纵稳定性和舒适性。为开发出轮胎模型，使用测试台测试轮胎的力学特性，并进行轮胎力特征的理论与试验研究。轮胎模型描述轮胎六分力与车轮运动参数之间的关系，将轮胎的运动参数如滑移率、轮胎侧偏角等输入轮胎模型可以得到轮胎力，用于动力学模型建模。如何建立精确的轮胎动力学数学模型一直是一个备受关注的研究难题，轮胎模型一般分为理论模型、经验模型和半经验模型，在车辆动力学建模中得到广泛的应用。最简单的轮胎模型是线性轮胎模型，当轮胎侧偏角较小时，轮胎侧向力近似为轮胎侧偏角的线性函数。荷兰学者 Pacejka 教授提出的魔术公式（Magic Formula，MF）为基础的半经验轮胎模型以三角函数的组合公式拟合轮胎试验数据，表达不同驱动情况时的轮胎特性。我国郭孔辉院士提出的 UniTire 轮胎模型、高速公路研究所轮胎模型（HSRI，又称 Dugoff 轮胎模型）以及刷子模型也得到了广泛应用。

2. 经典三自由度动力学模型介绍与模型选择

前文提到，搭建精确的车辆动力学模型来全面描述车辆运动十分困难，在实际研究中需要根据研究课题选择忽略对研究问题影响较小的自由度，重点关注主要影响因素，以降低模型复杂程度。在横向、横摆二自由度动力学模型基础上考虑纵向加速度变化可以扩展得到三自由度动力学模型，这是一个典型的简化动力学模型，已得到广泛应用，以此为例介绍搭建动力学模型的过程。首先，为了简化模型，提出以下假设：①忽略转向系统的影响，直接以前轮转角δ作为输入；②忽略悬架的作用，车辆只做平行于地面的平面运动；③轮胎侧偏角较小。由此，车辆模型简化到只有沿 X 轴的纵向运动、沿 Y 轴的横向运动和绕 Z 轴的横摆运动三个自由度的两轮车模型，其轮胎刚度近似不变（图 6-16）。

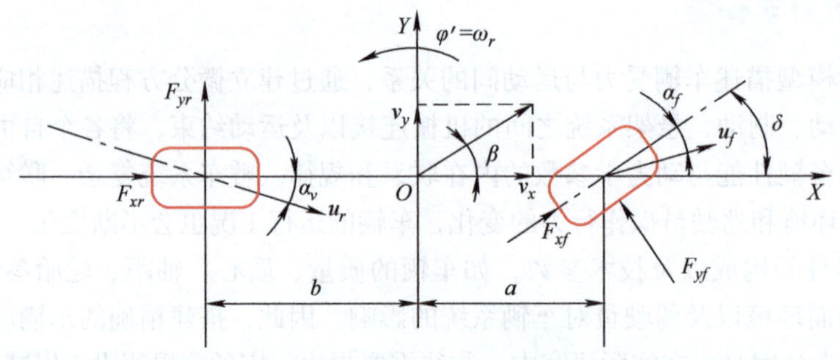

图 6-16　三自由度动力学模型

对车辆进行纵向、横向力分析与横摆力矩分析，并进行近似处理得到式（6.1）：

$$
\begin{aligned}
m(\dot{v}_x - v_y\omega_r) &= \sum F_X = F_{xf}\cos\delta - F_{yf}\sin\delta + F_{xr} \\
m(\dot{v}_y + v_x\omega_r) &= \sum F_Y = F_{xf}\sin\delta + F_{yf}\cos\delta + F_{yr} \\
I_z\dot{\omega}_r &= \sum M_Z = a(F_{xf}\sin\delta + F_{yf}\cos\delta) - bF_{yr}
\end{aligned}
\tag{6.1}
$$

由于轮胎的侧偏角很小，根据几何关系得到前后轮侧偏角如式（6.2），β 为侧偏角：

$$
\begin{aligned}
\alpha_f &= \arctan\frac{v_y + a\omega_r}{v_x} - \delta \approx \frac{v_y + a\omega_r}{v_x} - \delta = \beta + \frac{a\omega_r}{v_x} - \delta \\
\alpha_r &= \arctan\frac{v_y - b\omega_r}{v_x} \approx \frac{v_y - b\omega_r}{v_x} = \beta - \frac{b\omega_r}{v_x}
\end{aligned}
\tag{6.2}
$$

线性轮胎模型计算车轮力如式（6.3），其中 C_s 为纵滑刚度，C_α 为侧偏刚度，s 为滑移率，α 为轮胎侧偏角：

$$
\begin{aligned}
F_x &= C_s s \\
F_y &= C_\alpha \alpha
\end{aligned}
\tag{6.3}
$$

联立式（6.1）、式（6.2）与式（6.3）可列出车辆的运动微分方程：

$$
\begin{aligned}
&C_{sf}s_f - k_f\left(\beta + \frac{1}{v_x}a\omega_r - \delta\right)\delta + C_{sr}s_r = m(\dot{v}_x - v_y\omega_r) \\
&(k_f + k_r)\beta + \frac{1}{v_x}(ak_f - bk_r)\omega_r + (C_{sf}s_f - k_f)\delta = m(\dot{v}_y + v_x\omega_r) \\
&(ak_f - bk_r)\beta + \frac{1}{v_x}(a^2k_f + b^2k_r)\omega_r + a(C_{sf}s_f - k_f)\delta = I_z\dot{\omega}_r
\end{aligned}
\tag{6.4}
$$

除了三自由度，还有四自由度、七自由度、十五自由度等经典动力学模型，考虑的自由度越多，模型越复杂。选用不同的车辆动力学模型和轮胎模型会对底盘控制的参数产生直接影响。因此，如何在模型的精度与计算效率之间取舍，搭建低自由度、高精度的动力学模型是研究的难点。模型的精度越高，对车载 ECU 的性能要求也会越高。如果模型过于复杂，会导致在线解算时间超过其控制循环的时间，这样就失去了实用意义。而如果模型简化过度，忽略掉过多的细节，估计的精度就会受模型局限，甚至无法达到应用标准。

6.2.2 状态估计方法介绍

车辆参数估计是指通过观测、测量和数据处理等手段，对车辆的一些关键参数进行预测或估计的过程。为了更好地理解和模拟车辆的行为，车辆参数估计在车辆控制领域具有重要的意义。首先，准确的车辆模型参数估计是控制策略的基础，能够提高对车辆行驶状态的预测精度，从而实现更有效的优化控制。其次，车辆参数的准确估计对于保持稳定性和鲁棒性至关重要，有助于确保控制系统在不同工况和外部扰动下的稳定性。此外，车辆稳定性控制系统、能量管理以及自适应控制等方面也都依赖于准确的车辆参数信息。因此，参数估计对车辆控制系统有着深远的影响，为控制策略提供基础，确保车辆在各种驾驶条件下都能够表现出卓越的性能。

（1）基于运动学模型的估计方法

基于运动学模型的估计方法（Estimation Method Based on Kinematics Model）通过运动学公式，直接积分得到汽车状态参数，该方法对车辆模型的精度要求较低，但对车载传感器的信号精度要求较高。以车辆侧向加速估计为例，车辆侧向加速度 a_y，横摆角速度 ω_r、纵向车速 v_x 侧向变化速率$\dot{v}_y$之间存在数学关系：$\dot{v}_y = -v_x\omega_r + a_y$，通过对侧向速度变化率进行积分即可得到车辆侧向速度$v_y = \int \dot{v}_y = \int(-v_x\omega_r + a_y)\mathrm{d}t$。如例所示，由于积分方法在计算时同时对噪声信号进行积分，会对估计值的精度产生影响。

（2）基于动力学模型的估计方法

基于动力学模型的估计方法（Estimation Method Based on Dynamics Model）利用车辆动力学原理和运动方程进行参数估计。通过对车辆的运动状态和输入信号进行分析和建模，从而推断出车辆的相关参数。一般步骤包括：

1）建立车辆动力学模型：根据车辆的运动特性和动力学原理，建立数学模型描述车辆的运动情况。

2）输入和输出数据：通过车载传感器、操纵输入设备和惯导系统等，收集车辆运动过程中的输入和输出数据。

3）参数估计算法：基于采集的输入和输出数据，利用参数估计算法推断车辆模型中的未知参数。

4）优化和验证：对估计得到的参数进行优化和验证，以验证其准确性和可靠性。

其中，卡尔曼滤波方法是最常用的方法之一。卡尔曼滤波方法是一种递归的状态估计方法，广泛应用于汽车行驶状态参数估计。该算法是一种具有数值解的预估－校正算法，包括预估时间更新方程和校正测量更新方程，整个滤波估计算法结构原理如图 6-17 所示。

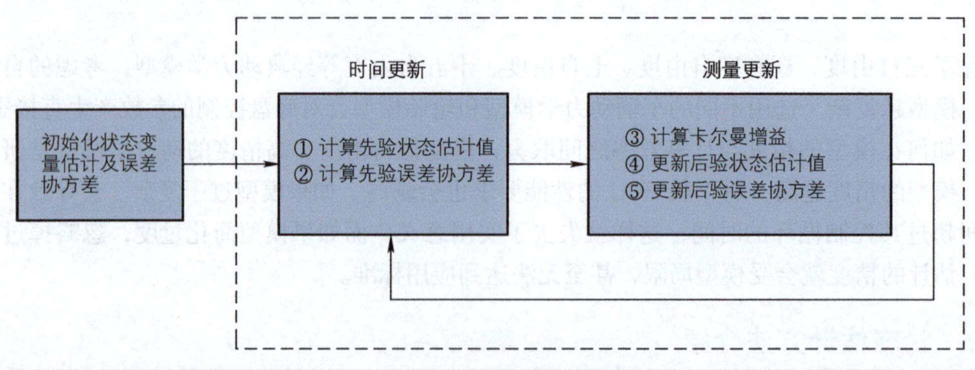

图 6-17　卡尔曼滤波原理

自 20 世纪 60 年代提出以来，卡尔曼滤波算法得到了广泛研究和应用，并发展出许多变体算法，例如扩展卡尔曼滤波（EKF）、无迹卡尔曼滤波（UKF）、粒子滤波（PF）、最小二乘卡尔曼滤波（LSEKF）等。这些变体算法的发展涵盖了非线性系统、非高斯噪声和非线性观测模型等方面的扩展，提高了算法的适用性和性能。

（3）机器学习的估计方法

基于机器学习的汽车行驶状态估计方法是在传统的估计方法基础上结合智能方法而产生

的。这种方法通常将常规方法与机器学习的方法相结合，极大地推动了汽车行驶状态参数估计技术的发展。该方法具有强大的自学习能力、自适应能力和复杂关系映射能力，适合处理只知道输入输出数据的非线性对象。例如：通过图像分类网络，实现路面类型辨识，得到当前路面附着系数的范围值。在汽车行驶状态参数估计方面，该方法取得了较好的试验结果，尤其是在汽车运行的非线性区域。

（4）融合的估计方法

融合估计是通过一定的融合策略，充分利用各种信息源，可以克服单一方法的局限性。传统的基于运动学与动力学模型的参数估计虽然能得到较为稳定与准确的估计结果，并允许将先验知识融入参数估计过程中，但依赖于高精度的建模与迭代计算。机器学习的估计方法虽然需要大样本的数据进行预训练，且得到的数据可能不稳定，但该方法响应速度快，并具有一定的预测能力。综合两种方法的优缺点，融合估计方法能够更好地实现准确迅速的参数估计。例如，融合动力学模型与图像识别的路面附着系数估计，能够更好地适应路面状况突变的情况，具有更快的收敛速度和更好的结果稳定性。当然，融合估计方法势必会增加算法模型的复杂度，增加计算成本和实现难度，但随着车载计算机算力的发展，该方法仍有相当理想的发展前景。

6.2.3 智能车辆状态估计

车速作为车辆稳定性、参数估计及控制的核心要素之一，其精确测量至关重要。尽管车速传感器能够比较准确地测量车辆的速度，却受限于价格昂贵与复杂的安装要求，限制了其在量产车型上的应用。因此，开发高效且经济的车速估计算法成为研究热点。在众多车速估计算法中，最大轮速法以其简单有效而备受关注。该方法基于四轮独立监测，当所有车轮均未发生打滑时，取四个车轮中最大的轮速，并乘以车轮滚动半径，从而估算出当前车速。这种方法适用于多数正常行驶工况，能有效减少因车轮滑移导致的车速估算误差。此外，为了应对更复杂多变的行驶条件，还发展出了斜率法、综合法、基于车辆动力学模型的车速估计算法以及多传感器数据融合估算法等多种技术手段。实际应用中，可根据车辆的具体行驶状态、传感器配置及成本考虑，灵活选择或组合使用上述算法，以实现车速的精确、实时估算，为车辆的安全行驶与性能优化提供有力支持。

车身侧倾角是评估车辆侧倾运动的关键参数，其动态变化直接映射了车身侧倾程度，尤其在侧翻风险评估中扮演了重要角色。通常，配备六轴惯性测量单元（Inertial Measurement Unit，IMU）系统的车辆中，其车身侧倾角速度可以通过 IMU 的角度传感器测量获得，并借助先进的滤波算法对测量值进行去噪提升测量精度。然而，在成本控制较为严格的车辆上，并没有配备六轴 IMU 单元，因此直接通过传感器获取侧倾角变得极具挑战性。为了克服这一限制，需要依赖复杂的模型观测器技术，通过综合分析侧向加速度、横摆角速度等可测参数，以及考虑车辆的动力学特性，间接观测并估算出车身的侧倾角，从而实现有效的侧倾状态监测与风险评估。

轮胎力是研究车辆行驶、加速、减速和转向的核心要素，涵盖了轮胎在动态过程中受到的多种力学作用，具体包括纵向力（推动或制动车辆）、侧向力（影响车辆的转向与稳定性）、垂直力（支撑车辆重量）、翻转力矩（关联车辆的翻滚倾向）、滚动阻力力矩（阻碍轮胎滚动的力）以及回正力矩（使车轮自动回正至直线行驶位置的力矩）。这些轮胎力参数对于确保汽车的操纵稳定性、行驶安全性及驾驶舒适度至关重要。鉴于轮胎结构的复杂性和其动力学特性的高度非线性，选择合适的轮胎模型以准确反映这些力学特性，是构建车辆动力学模型时不可或缺的关键步骤。在众多轮胎模型中，魔术轮胎公式（Magic Formula Tire Model）因其能够较好地平衡模型精度与计算效率，同时便于实际应用与调整，成为业界广泛采用的经典模型之一。该模型通过一系列拟合参数和数学表达式，能够较为准确地模拟轮胎在不同工况下的力学响应，具体公式表示为

$$F = D\sin\{C\arctan\{Bx - E[Bx - \arctan(Bx)]\}\} \tag{6.5}$$

式中，F 是轮胎的纵向力、侧向力或回正力矩等输出变量；x 是轮胎的输入变量，如滑移率或侧偏角；B、C、D、E 是模型的拟合参数，分别代表刚度因子、形状因子、峰值因子和曲率因子。在车辆运动控制状态参数估计过程中，借助轮胎模型实时准确地估计轮胎力是非常关键的一步。这不仅为路面附着系数、道路坡度等关键道路参数的估算提供了必要的基础，而且直接关乎汽车控制的精准性与车辆性能的持续优化。

滑移率（滑动率）是指汽车车轮滑移成分所占比例的多少，常用滑移率 s 来表示，其定义为

$$s = \frac{u_w - r_{r0} w_w}{u_w} \times 100\% \tag{6.6}$$

式中，u_w 是车轮中心的速度；r_{r0} 是没有地面制动力时的车轮滚动半径；w_w 是车轮角速度。滑移率的数值反映了车轮运动中滑动成分所占的比例，滑移率越大，滑动成分越多。根据滑移率的定义，获取车辆速度和车轮速度是关键。车辆速度根据前文提到的车速估计方法获得，而车轮速度依靠车轮转动角速度和车轮滚动半径计算得到，从而估算获得车辆的滑移率。

质心侧偏角，作为描述车辆质心相对于其行驶方向侧向偏移程度的关键参数，在车辆转弯或受到侧向力作用时尤为显著。鉴于高成本、高精度且安装复杂的传感器直接测量质心侧偏角存在诸多限制，因此通过构建车辆状态估计器是目前获取车辆质心侧偏角的主要措施。质心侧偏角的估计方法主要分为两类，即基于运动学的估计方法和基于动力学的估计方法。运动学估计方法对车辆参数、路面附着条件和驾驶操纵方式都有很好的鲁棒性，但严格依赖传感器信息，对传感器安装、标定和精度要求很高，而且随着时间增加会产生累积误差。动力学方法目前是质心侧偏角估计的主要方式，它巧妙地利用低成本传感器组合，通过复杂的数学模型和算法处理，实现了对质心侧偏角的准确估计。质心侧偏角的计算公式为

$$\beta = \arctan(v_y / v_x) \tag{6.7}$$

式中，v_x、v_y 分别是纵向车速和横向车速，联立三自由度动力学模型式（6.4），并使用卡尔曼滤波的方法估计出横向速度，通过上述数学变换即可得出质心则偏角。

路面附着系数是指路面与车辆轮胎之间的摩擦力的比值，通常表示为一个介于 0~1 之间的数字，直观反映了路面的物理特性如粗糙度、湿度等如何影响车辆的牵引与制动能力。具体来说，路面附着系数越高，表示路面能为车辆提供的牵引力和制动力越大，反之则越小。路面附着系数对车辆的操控性、制动距离以及车辆在不同路况下的性能都有直接影响。高附着系数可以提高车辆的稳定性和安全性，减少打滑和制动距离，而低附着系数则可能导致车辆失控、打滑或制动失效。为准确评估路面附着系数，业界广泛采用动力学模型、轮胎模型与扩展卡尔曼滤波器相结合的估计方法，其估计原理如图 6-18 所示，该方法通过复杂的数据处理与模型预

测，实现对路面条件的动态监测。此外，随着技术的进步，还探索了将机器学习方法中的图像识别算法融入这一领域，旨在通过捕捉路面视觉特征，进一步提升估计的实时性与适应性，构建出响应更迅速、泛化能力更强的算法模型。

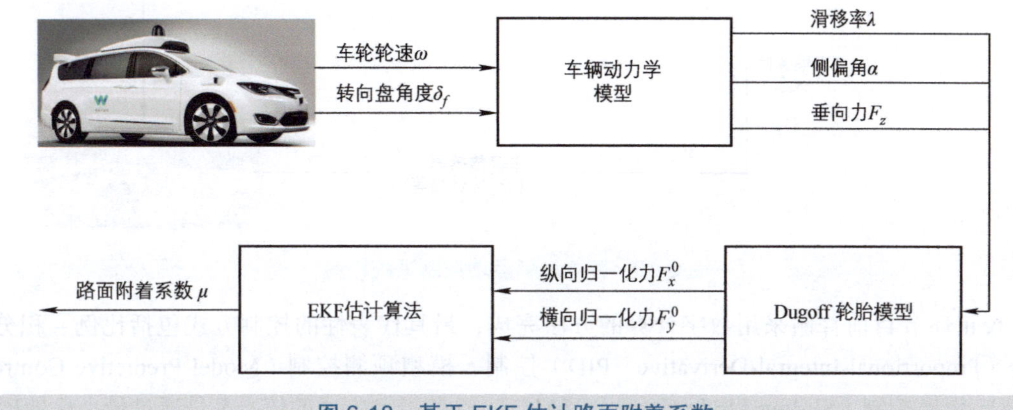

图 6-18 基于 EKF 估计路面附着系数

6.3 智能车辆动力学控制

6.3.1 控制基础理论

自瓦特发明蒸汽机以来，控制技术就无处不在。控制简单定义为某主体使某客体按照期望的指令执行或工作。例如，当某人驾驶一辆小汽车去北京天安门游玩时，这实际上就实现了一种控制。这个例子中，人是主体，小汽车是客体，去北京天安门是主体的目的。因此可以说上述行为是一个主体（人）为了一定的目的控制了一个客体（汽车）。我们通常把主体是人的控制称为人工控制（如人驾驶汽车），把主体是机器的控制称为自动控制（如自动驾驶）。如果主体是由人和机器共同组成，则称为半自动控制。

智能车辆集成了环境感知、决策规划和运动控制，运动控制是根据规划决策层的指令请求，主动向转向系统、制动系统、驱动系统和悬架系统执行器分别或同时发送动作指令，在保证车辆安全与稳定运行的前提下，智能车辆能够准确、快速地跟踪期望的转向、制动、驱动和悬架系统的指令操作，实现诸如自适应巡航、自动紧急避障、车道保持等功能控制。

以图 6-19 为例，介绍智能车辆的控制系统原理及设计。控制系统一般包含校正环节、执行元件、被控对象和反馈 / 测量元件。校正环节主要通过输入给定信号与反馈测量信号的差进行偏差（如图 6-19 中 e）调整，输出控制信号使反馈信号接近给定信号（实际的横向坐标 X_s、纵向坐标 Y_s 和纵向速度 v_s 能够分别跟踪期望的坐标位置 X_d、Y_d 和与速度 v_d）；执行元件是动作单元，根据校正环节的指令产生期望的动作指令（如图 6-19 中的转向系统和制动系统为执行元件，根据校正环节的转向与制动请求提供转向角 θ 和制动减速度 a），这些指令作用于被控对象（智能车辆），使车辆在不同方向上产生运动响应，车辆的状态通过传感器进行测量，测量信号回传给校正环节，经过校正环节完成智能车辆的下一个操作指令，从而构成连续运行的闭环控制系统，实现既定轨迹的跟踪控制。

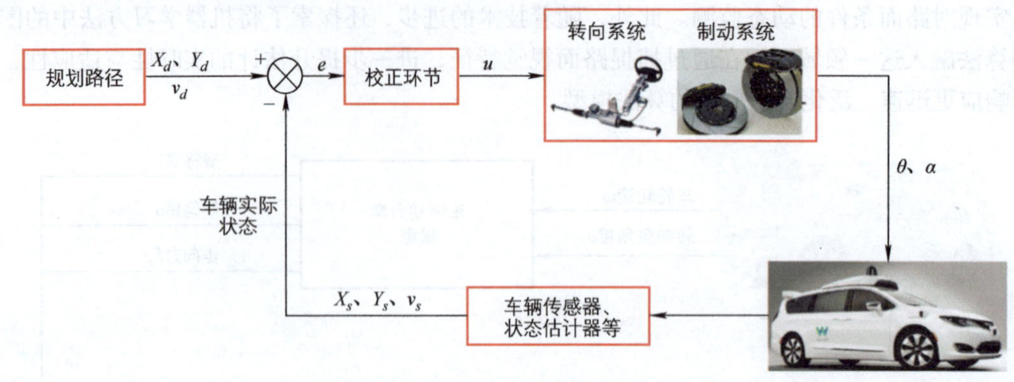

图 6-19　智能车辆运动控制系统框图

校正环节目前普遍采用数字计算的方法完成，最具代表性的控制方式包括比例 - 积分 - 微分（Proportional-Integral-Derivative，PID）控制、模型预测控制（Model Predictive Control，MPC）、滑模控制（Sliding Mode Control，SMC），这些控制方式的核心都是通过最小化期望值与实际值之间的差值设计校正环节。

最具代表的 PID 控制设计原理的控制公式为

$$u = K_{\mathrm{P}}e(t) + K_{\mathrm{I}}\int_0^t e(t)\mathrm{d}\tau + K_{\mathrm{D}}\dot{e}(t) \tag{6.8}$$

式中，K_{P}、K_{I} 和 K_{D} 分别是比例、积分和微分增益；e 是期望值与实际值的误差。校正环节通过适当地设定 PID 三个增益，可以实现系统的快速响应、稳态误差与动态响应特性。其中 K_{P} 可以提高系统的响应性，其值越大，系统响应越快；K_{I} 可以改善系统的稳态误差，其值越大，系统稳态误差越小，但同时可能加大系统的超调；K_{D} 可以改善系统的动态响应，其值越大，会减缓系统的动态响应，减少系统的超调。详细内容可参考自动控制原理书籍。

相比 PID，MPC 具有能够处理多变量系统等特点，一般遵循模型预测、滚动优化和反馈校正三个环节的基本原理。预测模型是预测控制的基础，它通过被控对象提供的当前系统状态信息，加上对未来的控制输入变量的预测，来预测未来被控对象的状态；滚动优化采用滚动式有限时域优化策略，在每一个采样时刻，根据该时刻的性能优化指标，求解从该时刻起有限时段的最优控制率；反馈校正根据系统的实际输出对预测输出进行修正，使滚动优化不仅基于模型，而且利用反馈信息，构成闭环优化控制，控制原理如图 6-20 所示。在控制过程中，存在一条期望的参考轨迹。在整个控制时域中，令 k 时刻为当前时刻。控制器结合当前系统的测量值和预测模型，预测未来一段时域内 $[k,k+N_p]$（也被称为预测时域）系统的输出。通过求解满足目标函数以及各种约束的优化问题，得到 $[k,k+m]$（这段时间为控制时域，控制时域的时间段要比预测时域时间段要短）时域内的一系列控制变量序列，并将该时控制系列中的第一个元素作为被控对象的实际控制量，当来到下一时刻 $k+1$ 时重复上述过程。如此滚动地完成一个带约束的优化问题，实现对被控对象的持续控制。

系统离散时间的状态空间模型表示为

$$\begin{aligned} x(k+1) &= Ax(k) + B_u u(k) \\ y_c(k) &= C_c x(k) \end{aligned} \tag{6.9}$$

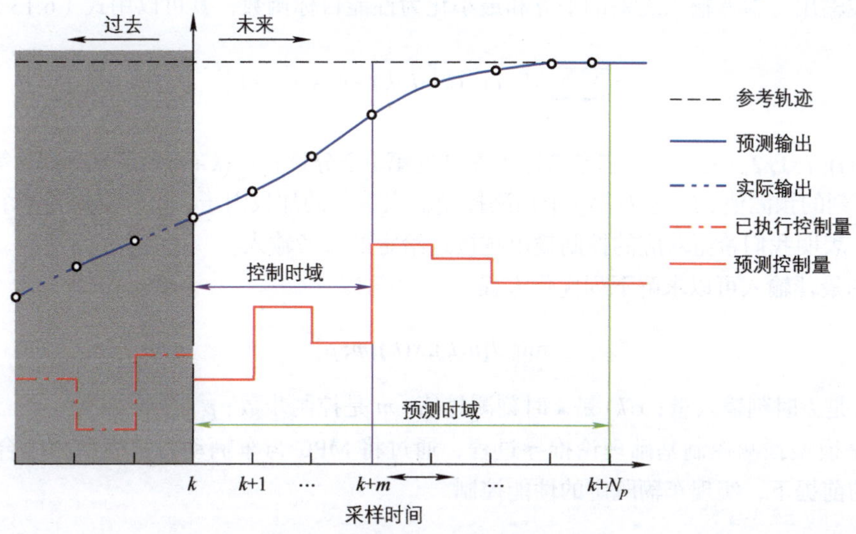

图 6-20 模型预测控制基本原理

以当前时刻 k 测量值 $x(k)$ 作为预测系统未来动态的起始点，根据上式我们可以预测未来时刻系统的状态

$$\begin{aligned}
&x(k+1|k)=Ax(k)+B_u u(k)\\
&x(k+2|k)=Ax(k+1|k)+B_u u(k+1)=A^2x(k)+AB_u u(k)+B_u u(k+1)\\
&x(k+3|k)=Ax(k+2|k)+B_u u(k+2)=A^3x(k)+A^2B_u u(k)+AB_u u(k+1)+B_u u(k+2)\\
&\cdots\\
&x(k+m|k)=Ax(k+m-1|k)+B_u u(k+m-1)=A^m x(k)+A^{m-1}B_u u(k)+A^{m-2}B_u u(k+1)\cdots+\\
&\cdots B_u u(k+m-1)
\end{aligned} \tag{6.10}$$

进一步，由输出方程可以预测被控系统的输出

$$\begin{aligned}
&y_c(k+1|k)=C_c x(k+1|k)=C_c Ax(k)+C_c B_u u(k)\\
&y_c(k+2|k)=C_c x(k+2|k)=C_c A^2x(k)+C_c AB_u u(k)+C_c B_u u(k+1)\\
&y_c(k+3|k)=C_c x(k+3|k)=C_c A^3x(k)+C_c A^2B_u u(k)+C_c AB_u u(k+1)+C_c B_u u(k+2)\\
&\cdots\\
&y_c(k+p|k)=C_c x(k+p|k)=C_c A^p x(k)+C_c A^{p-1}B_u u(k)+C_c A^{p-2}B_u u(k+1)\cdots\\
&+\cdots C_c B_u u(k+p-1)
\end{aligned} \tag{6.11}$$

定义 p 步预测输出向量和 m 步输入向量为

$$Y_P(k+1|k)=\begin{bmatrix} y_c(k+1|k)\\ y_c(k+2|k)\\ \vdots\\ y_c(k+p|k)\end{bmatrix},u(k)=\begin{bmatrix} u(k)\\ u(k+2)\\ \vdots\\ u(k+m)\end{bmatrix} \tag{6.12}$$

以被控输出与参考输入之差的平方和最小化为性能目标函数，其可以用式（6.13）表达：

$$J=\sum_{i=1}^{P}\sum_{j=1}^{n_c}\left\{\Gamma_{yj}[y_{cj}(k+i\mid k)-r_j(k+i\mid k)]\right\}^2 \tag{6.13}$$

式中，$r_j(k+i)$, $i=1, 2, \cdots, p$ 是给定参考输入序列的第 j 个分量；$y_{cj}(k+i\mid k)$是 k 时刻下第 j 个分量的第 $k+i$ 时刻的预测值；Γ_{yj} 是对第 j 个预测控制输出误差的加权因子；n_c 为控制变量个数。加权因子越大，表明我们希望对应的控制输出越接近给定的参考输入。

控制的最佳输入可以求解下列优化方程

$$\min_{u(k)} J[u(k), x(k), m, p] \tag{6.14}$$

式中，$u(k)$ 是 k 时刻输入量；$x(k)$ 是 k 时刻测量值；m 是控制步数；p 是预测步数。

上述是模型预测控制基础理论推导过程，通过将 MPC 与车辆动力学模型相结合，在保证车辆稳定的前提下，实现车辆既定的性能控制。

6.3.2 智能车辆纵向控制技术

汽车纵向指的是汽车前后运动的方向，图 6-21 展示了智能车辆纵向控制的原理。智能车辆纵向控制主要通过纵向控制器对加速踏板和制动踏板进行控制，实现对车辆纵向（加）速度的调节，良好的纵向控制能够提高车辆的驾驶性能和安全性能。

图 6-21　智能车辆纵向控制原理图

智能汽车的纵向控制对于智能汽车的发展至关重要，目前许多辅助驾驶系统都是在纵向控制的基础上开发的，例如自适应巡航控制系统（Adaptive Cruise Control，ACC）和自动紧急制动系统（Autonomous Emergency Braking，AEB）。自适应巡航控制系统又称为智能巡航系统，它是在传统巡航控制基础上发展起来的新一代驾驶员辅助驾驶系统，能够根据实际路况对车辆速度进行自适应调节，保持与前车的安全距离，提高车辆安全性和驾驶舒适性。图 6-22 所示为 ACC 工作示意图和流程图。ACC 工作时首先将传感器采集的前车车速、自身车速以及车间距离上传到上层控制器．上层控制器对相关信息进行处理得出期望加速度，然后下层控制器通过控制驱动系统或者制动系统对加速度进行响应，最后实现车辆的跟车行驶。

自动紧急制动系统是一种车辆安全技术，在检测到前方存在碰撞危险时，该系统对危险进行预警或自动制动，以避免碰撞或减轻碰撞程度，从而保证驾驶安全性。图 6-23 所示为 AEB 工作示意图和流程图，车辆行驶过程中首先通过车辆自身传感器对周围环境进行感知，并将前方障碍物信息上传给上层控制器，当车辆距离障碍物较近且驾驶员没有踩下制动踏板时，下层控制器控制制动系统使车辆自动制动，避免交通事故的发生。

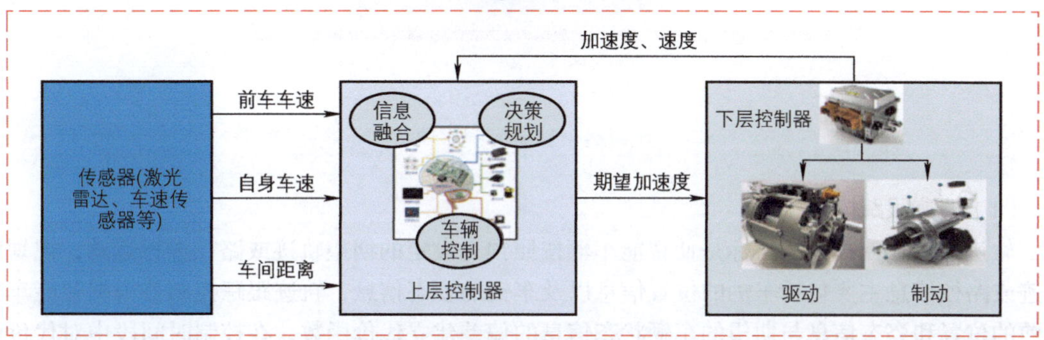

图 6-22 ACC 工作示意图和流程图

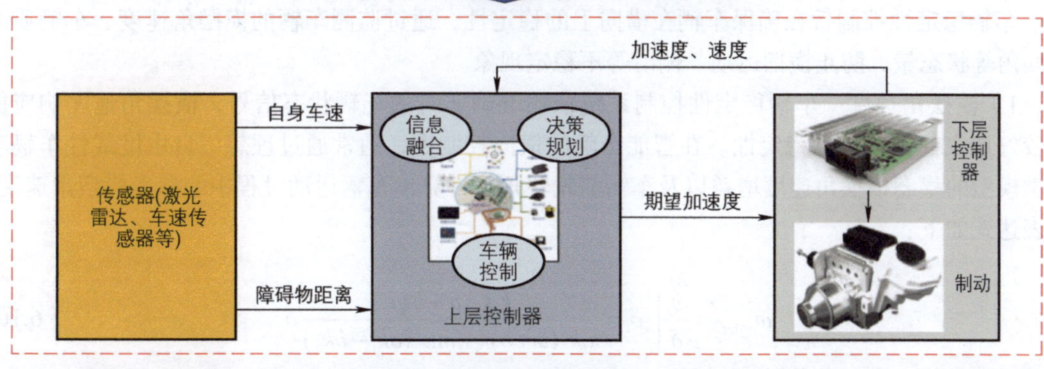

图 6-23 AEB 工作示意图和流程图

6.3.3 智能车辆横向控制技术

1. 横向控制技术原理

智能车辆的横向控制主要是指汽车在行驶过程中横向运动控制，即控制汽车在车道内的左右位置与行驶轨迹，分为轨迹跟踪控制和车辆稳定性控制，通过对智能车辆的前轮转角或转向盘转角进行控制，可以实现智能车辆转向、姿态控制以及避障等功能，提升智能车辆的稳定性和安全性，如图 6-24 所示。

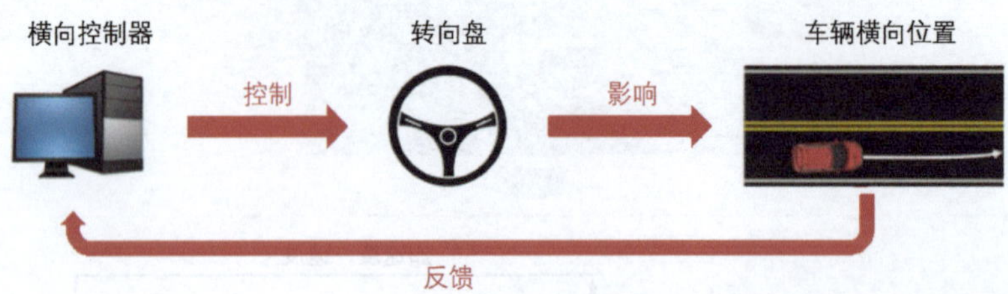

图 6-24　横向控制原理图

（1）轨迹跟踪控制

轨迹跟踪控制技术的目标是使智能车辆按照预先设定的期望轨迹或路径进行运动，规划的轨迹或路径信息主要包括车辆的位置信息以及车辆的姿态信息，轨迹跟踪控制器根据智能车辆当前的位置和姿态信息与期望的车辆状态信息的偏差建立代价函数，在控制时间段中对代价函数进行最小化求解，得到最优前轮转角，通过将前轮转角施加于车辆的执行系统上，从而实现智能车辆横向位置的精确控制。

$$\min\sum_{i=1}^{T}\left\|\eta(t+i|t)-\eta_{\text{ref}}(t+i|t)\right\|_{Q}^{2} \tag{6.15}$$

式中，t 是当前控制时刻；T 是控制时间段；η 和 η_{ref} 分别是当前和期望的车辆运动状态；Q 是权重系数。

（2）车辆稳定性控制

车辆稳定性控制旨在确保车辆在横向上的稳定性，通过监测车辆的横摆角速度、车辆质心侧偏角等状态量，防止横摆运动、侧滑等不稳定现象。

1）横摆角速度。车辆稳定性控制系统依赖准确实时的车辆状态信号，横摆角速度响应能够较好地表征车辆操纵稳定性。在智能车辆的横向控制中，通常通过理想二自由度线性车辆动力学模型的稳态横摆角速度增益以及车辆前轮转角，计算出车辆运动过程中的参考横摆角速度，其表达式如下：

$$\omega_{r\_\text{ref}}=\left.\frac{\omega_r}{\delta}\right|_s\delta=\frac{k_1k_2(a+b)u}{k_1k_2(a+b)^2+mu^2(ak_1-bk_2)}\delta \tag{6.16}$$

式中，ω_{r_ref} 是参考横摆角速度；$\left.\frac{\omega_r}{\delta}\right|_s$ 是稳态横摆角速度增益；δ 是前轮转角；k_1 和 k_2 分别是前轮和后轮轮胎侧偏刚度；a 和 b 分别是前轴和后轴到质心的距离；u 是车辆纵向速度；m 是整车质量。

将车辆自身的横摆角速度响应与参考横摆角速度进行比较，当实际横摆角速度与参考横摆角速度差值超过阈值时，车辆将通过前轮转角补偿或者附加横摆力矩等方式进行稳定性控制。

2）车辆质心侧偏角。车辆质心侧偏角是描述车辆横向运动的一个关键参数，与车辆横摆角速度一样，车辆质心侧偏角可以通过理想二自由度线性车辆动力学模型得到其参考值，如下式所示：

$$\beta_{\text{ref}}=\left[\frac{b}{u}+\frac{mau}{k_2(a+b)}\right]_{\omega_{r\_\text{ref}}} \tag{6.17}$$

式中，β_{ref} 是参考的车辆质心侧偏角；ω_{r_ref} 是参考的横摆角速度。

当车辆的质心侧偏角处于较小范围内时，横摆角速度能够有效地描述车辆的运动状态；然而，当车辆处于侧滑、甩尾等极限工况时，车辆的质心侧偏角会变大，此时横摆角速度无法准确表述车辆状态，因此需要对质心侧偏角进行控制，保证车辆行驶过程中的稳定性和安全性。

2. 辅助驾驶系统

随着智能车辆技术研究的不断深入，基于智能车辆的横向控制技术所形成的辅助驾驶功能也得到了充分的发展，主流的辅助系统有转向避撞辅助（EMA）系统、车道保持辅助（LKA）系统等。

（1）转向避撞辅助系统

转向避撞辅助系统（EMA）作为高级驾驶辅助系统（ADAS）中的一项重要技术，是对自动紧急制动（AEB）的避撞功能的扩展。EMA 系统通过摄像头、雷达等传感器对前方检测范围内的车辆进行监测，当系统检测到紧急碰撞风险时，如果外界因素无法通过紧急制动进行避撞，EMA 系统中的上层决策和规划模块将根据障碍物位置、速度以及自身的状态实时规划出一条避撞路径，EMA 控制系统将根据避障路径信息和车辆当前的位置信息得到最优的转向盘转角，并通过转向系统控制车辆沿着规划的避撞路径进行跟踪，实现车辆的避撞功能，从而有效提升车辆的安全性能。转向避撞辅助系统及其工作原理如图 6-25 和图 6-26 所示。

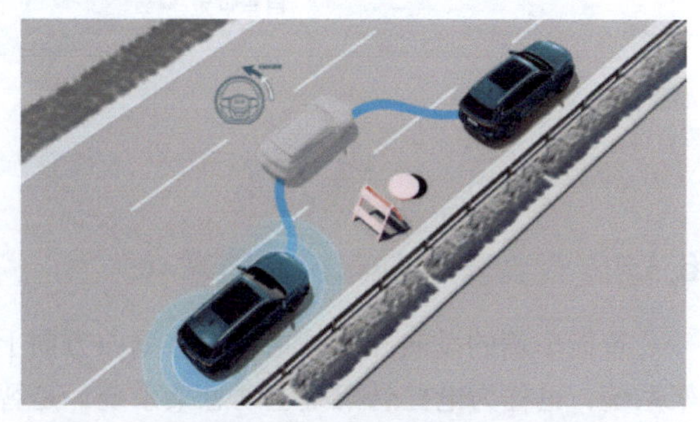

图 6-25 转向避撞辅助系统

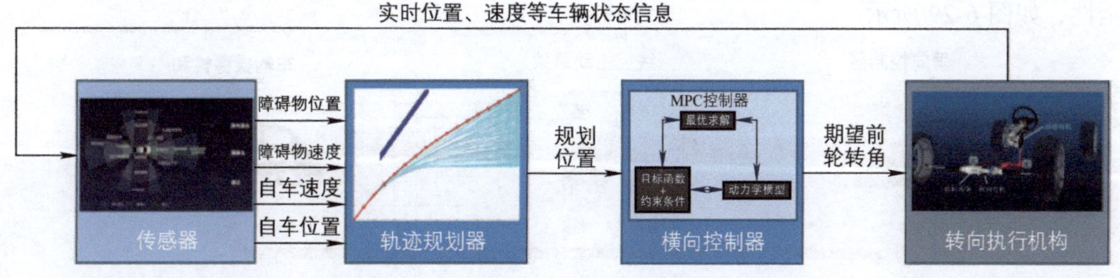

图 6-26 转向避撞辅助系统工作原理

（2）车道保持辅助系统

车辆保持辅助（LKA）系统是在车道偏离预警系统（LDWS）的基础上升级而来。LKA 系统通过摄像头、雷达等传感器对周围道路以及车道线进行实时检测，获取智能车辆在车道中的位置以及车道中心线的位置。如果智能车辆偏离了车道中心线或者有偏离的迹象，LKA 系统会通过语音播报、转向盘振动等方式提醒驾驶员。如果车辆在提醒后仍然发生无意识偏离车道，LKA 系统将根据车辆当前位置以及车道中心线的位置进行差值计算，并通过控制算法得到当前状态下最优的转向盘转角，使得车辆与车道中心线的位置误差最小，从而防止智能车辆偏离本车道，避免交通事故的发生，车道保持辅助系统及其工作原理如图 6-27 和图 6-28 所示。

图 6-27　车道保持辅助系统

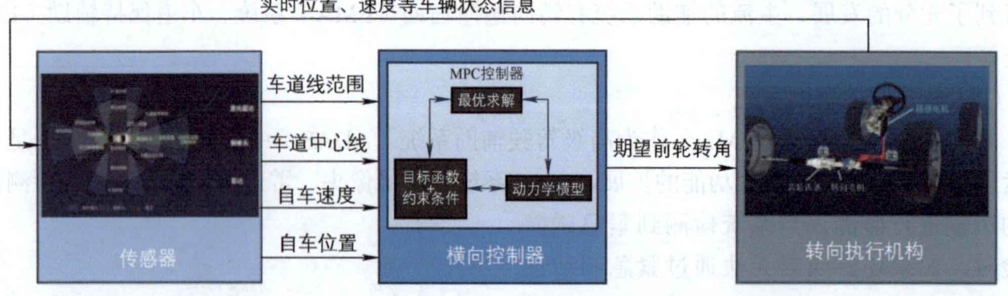

图 6-28　车道保持辅助系统工作原理

6.3.4　智能车辆垂向控制技术

智能车辆的垂向控制是指车辆在垂向方向上的运动控制，主要是车辆的悬架控制。线控悬架系统，也称为电控悬架或主动悬架系统，是智能网联车辆的重要组成部分。悬架负责承载并稳定汽车在垂直方向的受力，直接影响车辆操控性能以及驾乘感受。最典型的主动式悬架技术可以实现刚度和阻尼同时可调，常见的有液压悬架和空气悬架。智能车辆的垂向控制主要是通过对线控主动悬架的减振阻尼以及弹簧刚度进行控制，从而提升智能车辆乘坐舒适性以及行驶安全性，如图 6-29 所示。

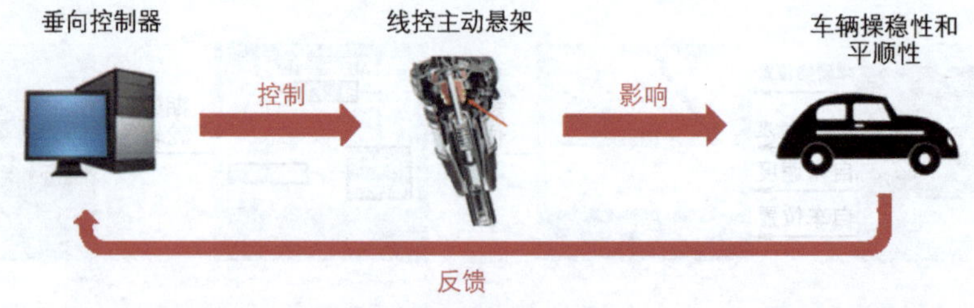

图 6-29　垂向控制原理

1. 智能主动悬架整体控制架构

智能主动悬架系统通常并行两套信息收集和控制系统，解决不同系统在不同路况情况下的控制耦合是其控制难点。当前主流的控制方案一般是利用线控弹簧在稳态下调节，利用线控减振器实时调节。智能主动悬架中，线控弹簧和线控减振器通常协调运作。它们通常共用一套传感器，但控制系统是分开的，主动悬架控制架构如图 6-30 所示。

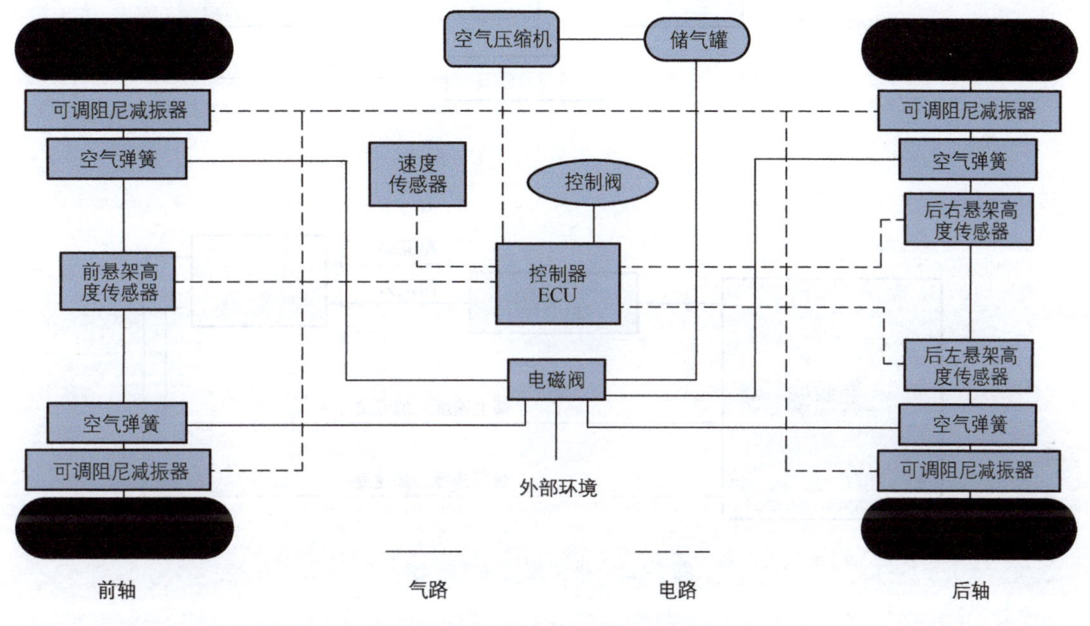

图 6-30 主动悬架控制架构

主动悬架系统作为车辆簧载质量和非簧载质量之间的调节系统，应最大限度地减少由道路激励和车辆动力学引起的垂直加速度和车辆振动，以提高车辆的操控性和稳定性。其控制逻辑为：通过安装在车辆上的车身高度传感器、车速传感器和转向盘转角传感器来收集外部路面输入信息，提供给悬架系统控制器，同时，ECU 结合驾驶员的控制指令向悬架高度执行器与阻尼减振器发送调节指令，以调节悬架性能，使得车辆具有更优良的操纵性和稳定性。

2. 智能主动悬架功能

智能主动悬架系统主要由线控弹簧、线控减振器、ECU 和执行机构、传感器、模式选择开关、线控防倾杆等部分组成。通过智能主动悬架系统，可实现对车身高度和悬架刚度、阻尼的调节以及车身姿态的保持等。

（1）车身高度、悬架刚度的调节

车身高度和悬架刚度的调节主要通过线控弹簧实现。目前，可变刚度弹簧的实现方式主要是“空气弹簧”，在密闭的压力缸内充入惰性气体或者压缩空气，通过空气泵打入气体即可实现对悬架刚度和车身高度的调节。空气悬架系统主要包括储气罐、电磁阀、管路、空气泵、可调阻尼减振器、传感器及空气弹簧子系统。其中空气弹簧有膜式和囊式两种。在汽车中，四个车轮均有高度传感器，接收信号传送给 ECU，ECU 判断车身高度变化，通过控制进排气阀，调节弹簧的高度和刚度（图 6-31）。

（2）悬架阻尼的调节

悬架阻尼的调节主要依靠线控减振器，线控减振器对优化 NVH 性能有很大帮助。传感器实时监测车辆状态，控制器根据控制算法计算目标阻尼力，减振器调节阀门开度等内部参数，实现阻尼力调节，如图 6-32 所示。典型的线控减振器有 CDC 型和 MRC 型。

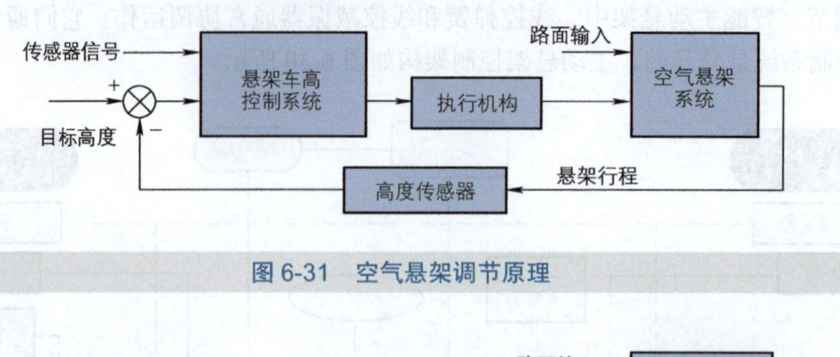

图 6-31　空气悬架调节原理

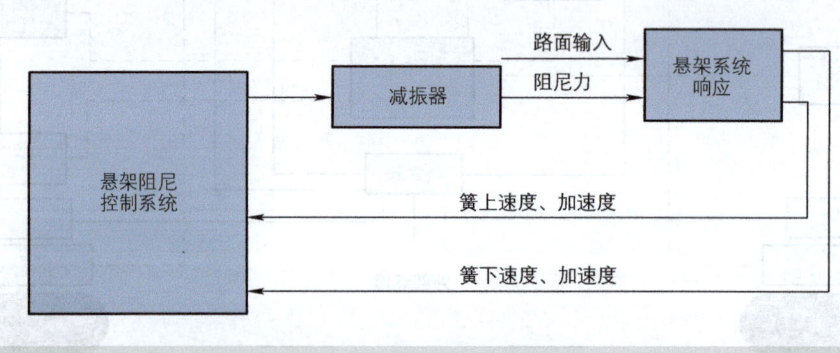

图 6-32　悬架阻尼控制系统

（3）车身姿态的保持

针对车辆在行驶过程中产生的车身姿态失衡的问题，可以通过主动悬架的整车车身姿态控制策略进行姿态补偿。其主要原理是根据状态观测器估计的各信号求解各个悬架的垂向控制力，从而衰减车身垂向振动。然后，以模糊算法或 PID 控制为基础设计车身姿态补偿控制策略，使智能主动悬架的电磁直线作动器产生反作用力，以抑制车身姿态失衡恶化。

6.3.5　智能车辆横纵 / 横纵垂多向协同控制

由于智能车辆在运动过程中，各个方向上的动力学之间是相互影响、相互耦合的，因此智能车辆的多向协同控制能够充分协调发挥驱动系统、制动系统、转向系统以及悬架系统等执行系统的性能，是智能车辆实现自主驾驶的关键环节。

1. 横 - 纵向协同控制

智能车辆的横 - 纵向动力学系统具有强非线性、不确定性及耦合特性，因此单一方向上的横向或纵向控制难以满足自动驾驶的需求。如何构建能够处理智能车辆横 - 纵向耦合效应的运动控制方法，是实现车辆横 - 纵向协同控制的重点和难点。目前，车辆的横纵向协同控制方案主要分为集中式控制和分解式控制两种。

（1）集中式控制

集中式控制是将智能车辆的横 - 纵向协同控制视为一个多输入多输出的控制问题，充分考虑智能车辆的横、纵向之间的耦合特性，根据车辆当前时刻的状态，得到最优的前轮转角控制量和纵向加速度控制量，从而有效提升智能车辆在复杂工况下的控制性能，如图 6-33 所示。由于集中式控制系统充分考虑了智能车辆的运动特性，具有控制精度高、结构紧凑等优点，但其结构复杂、计算量大、实时性较差。

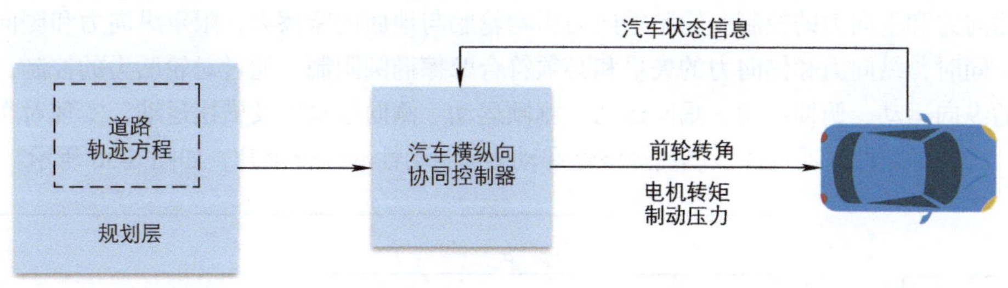

图 6-33 集中式控制原理

（2）分解式控制

分解式控制是指通过将智能车辆的横、纵向运动解耦，根据车辆的实际状态与期望状态得到横向误差和纵向误差，将横向和纵向分开控制，分别设计相应的子系统控制器，对前轮转角、电机转矩以及制动压力进行控制，如图 6-34 所示。由于分解式控制削弱了车辆在运动学和动力学方面的耦合约束，控制精度相对于集中式控制较差，但是分解式系统相对简单，更有利于控制系统开发，并且系统响应速度快，控制系统可靠性高。

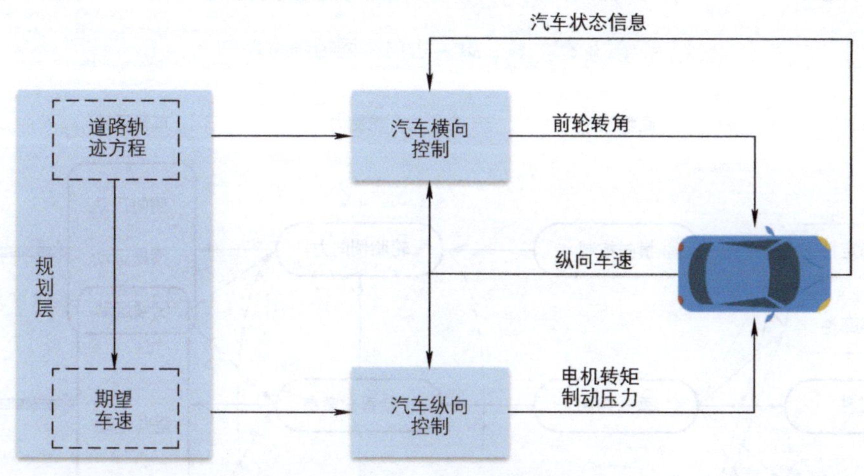

图 6-34 分解式控制原理

目前，对于智能车辆的横纵向协同控制技术，通常采用纵向双 PID 控制器与横向 LQR 控制器相结合的控制方案，如图 6-35 所示。纵向双 PID 控制器根据轨迹规划器所规划的期望纵向位置、速度以及加速度等信息与车辆实时的纵向位置、速度以及加速度等信息比较，得到当前时刻需要对智能车辆纵向运动控制的电机转矩或者制动压力。横向 LQR 控制器则通过对智能车辆的实时横向位置、纵向位置、横摆角等位姿信息与轨迹规划器的期望位姿信息比较，构建一个目标代价函数，以最小化目标代价函数为目的，得到当前时刻下的前轮转角，从而控制车辆的横纵向协同控制。

2. 横 – 纵 – 垂向协同控制

前文的车辆纵横向协同控制仅能部分改善车辆动力学性能，为进一步提升车辆的各项性能，本小节旨在探讨和分析车辆横纵垂向联合控制系统的优化方法以提高汽车的性能和驾驶安全性。车辆的底盘电控系统是一个复杂的高度耦合的系统，其核心是对车辆动力学的控制，即对车轮纵

向力、侧向力和垂向力的控制。轮胎垂向力影响轮胎与地面的摩擦力，限定纵向力和侧向力的理论极值，同时，纵向力和侧向力的矢量和必须符合摩擦椭圆限制。通过对轮胎力的控制，直接影响车辆的纵向运动、俯仰运动、垂向运动、侧倾运动、侧向运动以及横摆运动，实现对车辆操纵稳定性、行驶平顺性、通过性、燃油经济性和动力 / 制动性的综合提升，如图 6-36 所示。

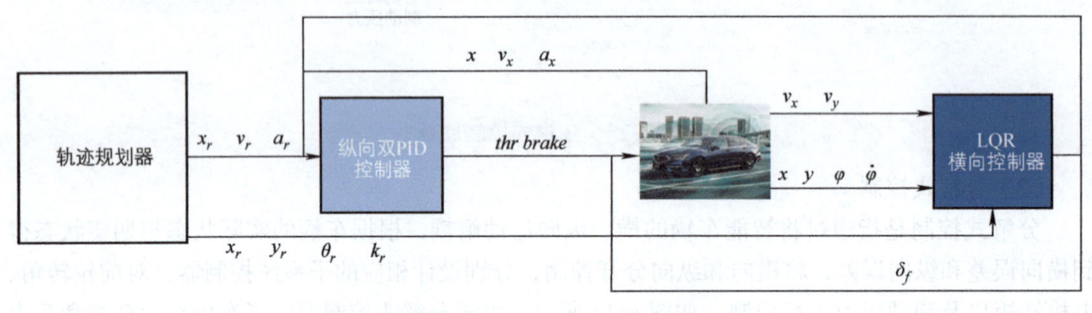

x_r：期望纵向位置	a_r：期望纵向加速度	φ：实时横摆角	a_x：实时纵向加速度
y_r：期望横向距离	k_r：期望曲率位置	$\dot{\varphi}$：实时横摆角速度	δ_f：前轮转角
θ_r：期望航向角	x：实时纵向位置	v_x：实时纵向速度	*thr*：电机转矩
v_r：期望纵向速度	y：实时横向位置	v_y：实时横向速度	*brake*：制动压力

图 6-35　横 – 纵 – 垂向协同控制原理

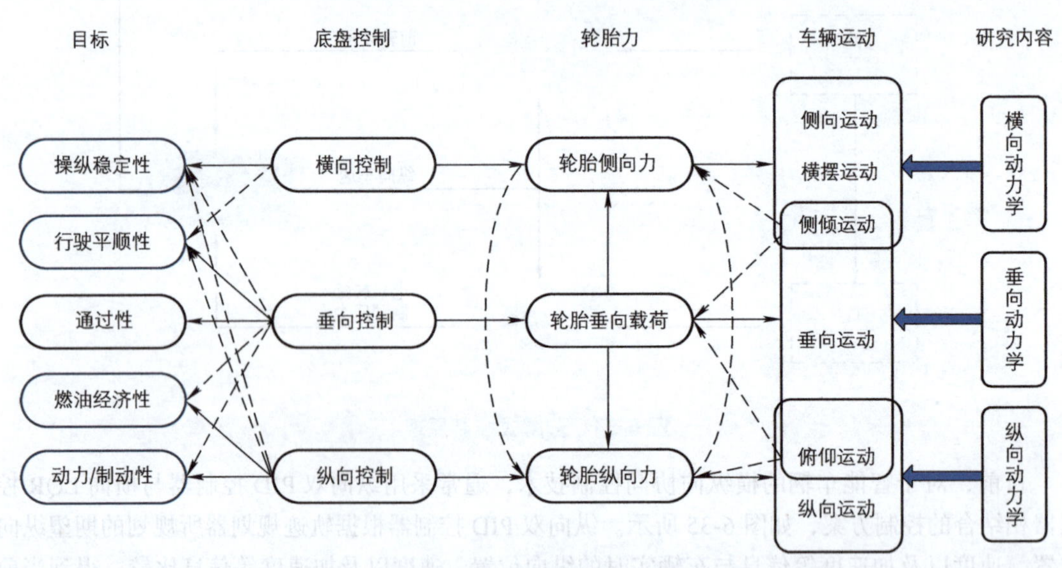

图 6-36　车辆底盘控制系统关系

目前行业对车辆的横 – 纵 – 垂三向协同控制进行了初步研究，其控制系统主要是分层式协同控制系统。在该分层控制系统中，上层具体讨论了基于驾驶员输入、车辆状态参数和道路信息确定车辆预期行驶状态的策略，并制定了实现预期行驶状态所需的期望合力和力矩；中层具体讨论了轮胎横 – 纵 – 垂向力优化分配方法，包括优化目标函数选取、轮胎力约束条件制定和优化问题求解算法设计，将上层制定的期望合力与力矩优化分配为各轮横、纵、垂向力；下层讨论了执行部件的控制策略，通过控制电机驱动、制动、主动转向和主动悬架系统，使各个轮胎力的最优分配得以实现。具体结构如图 6-37 所示。

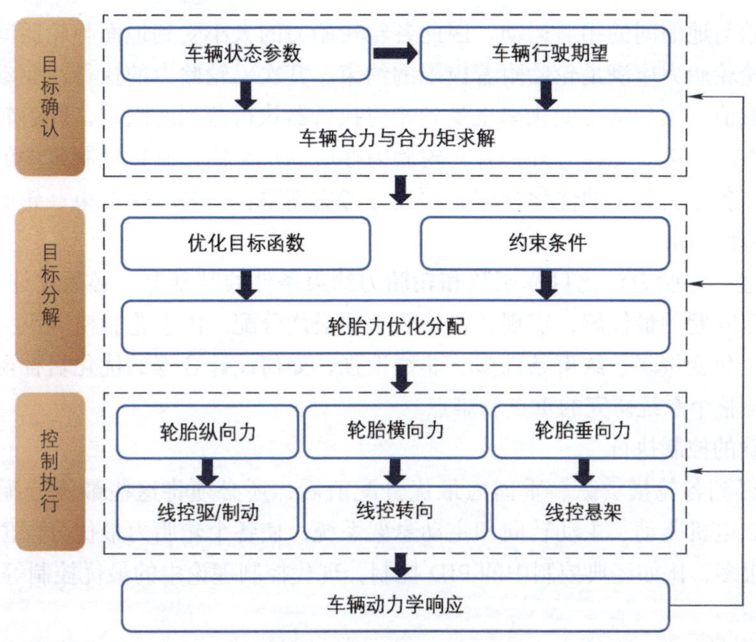

图 6-37 分层式协同控制系统

采用该分层控制系统对车辆横、纵、垂向力进行协同控制，需要解决的具体研究问题包括：

（1）车辆控制目标确认

车辆横－纵－垂向协同控制系统的核心目标是协同控制各个子系统，提升车辆动力学性能。针对行驶中的车辆，首先应明确车辆预期的横、纵、垂向行驶状态，包括实现期望的纵向加速度、按预期行驶轨迹转向、较小的车身垂向加速度以及合理的车身横摆／侧倾／俯仰运动姿态等。为此，首先要根据驾驶员输入、车辆状态参数和道路信息，确定包括横、纵、垂向加速度需求以及横摆、侧倾、俯仰运动需求在内的车辆期望行驶状态。在确定期望行驶状态的基础上，需进一步将横、纵、垂向加速度和横摆、侧倾、俯仰等运动学需求转化为力学需求，通过横－纵－垂向力协同控制改变车辆受力状态，实现期望的车辆运动状态。为此，需要根据车辆期望行驶状态制定相应的控制目标，包括期望的横、纵、垂向合力和期望的横摆、侧倾、俯仰力矩。

（2）轮胎横－纵－垂向力优化分配

车辆期望合力与力矩是所有轮胎横、纵、垂向力共同作用的结果，必须将其分配为各轮横、纵、垂向力，才能进行控制和执行。为实现轮胎力的优化分配，需要建立统一的车辆横、纵、垂向力约束条件，设计合理的优化目标函数，将多维力的协同优化问题归结可求解的数学模型，并设计有效的优化求解算法，求解得到最优的轮胎横、纵、垂向力。具体研究问题包括以下三个步骤：选取轮胎力优化目标函数、确定轮胎力约束条件以及优化问题求解算法。

首先对车辆动力学性能进行分析，车辆有 12 个轮胎力分配对象，包括 4 个轮胎的纵向力、横向力和垂向力。然而，车辆期望的合力和力矩，即横、纵、垂向合力以及横摆、侧倾、俯仰力矩，仅提供 6 个约束方程。这导致存在多种分配方案，因此需选择最优方案以最大化车辆性能。为此，需建立轮胎力优化目标函数和评价体系。

其次各轮轮胎力并非单纯的数学变量，其取值范围受到实际物理系统的限制。首先，轮胎力产生于轮胎与地面间的相对运动，因此各轮轮胎力的大小受到地面与轮胎间的最大摩擦力的限制，即各轮轮胎力应满足轮胎附着极限的约束。其次，轮胎力的执行由驱动、转向和悬架系统实现，其取值范围和动态变化率也受到相应执行器执行范围的限制，即各轮轮胎力应满足执行器系统特性的约束。除此之外，各轮轮胎力亦应满足车辆控制目标制定中的期望合力和力矩约束。总之，各轮轮胎力的优化分配必须充分考虑期望合力和力矩约束、轮胎附着极限约束和执行器系统特性约束。

最后在建立轮胎力优化目标函数和轮胎力约束条件的基础上，必须设计有效的求解算法，以得到该优化问题的最优解，实现各轮轮胎力的最优分配。由于轮胎横－纵－垂向力优化分配问题涉及的优化变量多、约束条件多、非线性强，如何设计合理的优化目标函数和有效的优化求解算法，是整个系统研究的重点和难点。

（3）精确的控制执行

在求解得到各轮横、纵、垂向力最优分配值后，还必须将这些最优分配值转化为控制目标，精确控制电机驱动、主动转向和主动悬架系统，使各个轮胎力最优分配值得以实现。其中控制算法有很多，比如经典控制中的 PID 控制，现代控制理论中的最优控制等。

习　题

一、选择题

1.（　　）是通过传感器采集加速踏板信号，将信号发送给电机控制器，控制电机转矩输出实现车辆纵向控制？

A. 线控驱动系统　B. 线控制动系统　C. 线控转向系统　D. 线控悬架系统

2. 以下零部件中（　　）不属于线控制动系统。

A. 真空助力器　B. 踏板感觉模拟器　C. 电子助力器　D. 轮毂电机

3. 线控转向系统主要由转向盘模块、控制器、________构成。

A. 转向管柱　B. 转向电机　C. 转向轮　D. 转向执行器

4. 下列（　　）不是影响线控悬架系统性能的关键因素。

A. 车辆速度　B. 路面状况　C. 驾驶员体重　D. 车载传感器精度

5.（　　）与地面直接接触，保证与路面的附着力，是车辆能够运动的原因。

A. 车身　B. 轮胎　C. 悬架　D. 制动器

6. 下列（　　）不属于基于动力学模型的估计方法的优点。

A. 能对输入输出的关系进行理性解释　B. 能对非线性系统进行估计

C. 不需要大样本的数据进行训练　D. 对车辆模型的精度要求低

7. 下列不属于滑移率估计需要的参数的是（　　）。

A. 车轮中心的速度　B. 路面附着系数　C. 车轮滚动半径　D. 车轮角速度

8. 采用 PID 进行智能车辆主动制转向控制时，如果发现转向盘转角在期望转角附近周期性振荡，此时应该调整 PID 中参数（　　）来减缓这种振荡现象。

A. 比例项 P　B. 积分项 I　C. 微分项 D　D. 无法减缓

9. 在自适应巡航控制过程中不需要获取的信息是（　　）。

A. 与前车的距离　　B. 前车车速　　C. 自身车速　　D. 前车轮速

10. 横 – 纵 – 垂协同控制的本源是对（　　）的控制。

A. 速度　　B. 轮胎力　　C. 垂向载荷　　D. 转向

二、填空题

1. 线控驱动系统是由________、电机控制器、加速踏板和________等构成。

2. 线控制动系统按照结构组成主要分为________和________。

3. 线控转向系统作为线控底盘的关键执行系统，取消了传统转向系统的中间轴，通过________与________之间的电气连接，使得底盘与车身的设计完全解耦，实现了底盘与车身相互独立设计。

4. 与传统悬架相比，线控悬架的主要优点之一是提高了车辆的________和乘坐舒适性。

5. 轨迹规划问题可以解耦成为________和________两个子问题。

6. 车辆的运动过程中轮胎所受的力包括________、________、侧向力、________、________以及回正力矩。

7. 卡尔曼滤波方法是一种递归的状态估计方法，是汽车行驶状态参数估计的一种基本方法。整个滤波器由________方程和________方程构成。

8. PID 控制由________、________、________构成。

9. 汽车横向运动控制主要可以分为________和________控制。

10. 车辆的横纵向协同控制方案主要可以分为________和________控制。

三、简答题

1. 请简述 EHB 系统和 EMB 系统的组成架构并分析二者的优缺点。

2. 请简述线控转向系统的工作原理。

3. 请简述线控悬架系统是如何提高车辆操控性能的。

4. 请简述为什么要进行车辆状态估计。

5. 请简述基于动力学模型的估车辆参数估计的一般步骤。

6. 请阐述控制方法 PID 与 MPC 在控制原理上的区别。

7. 请简述自动紧急制动系统（AEB）及其工作过程。

8. 请简述转向避障辅助系统的基本原理。

9. 请分析横 – 纵向协同控制两种方案的区别。

10. 车辆期望合力与力矩为所有轮胎横、纵、垂向力共同作用的结果，必须将其分配为各轮横、纵、垂向力才能予以控制和执行，简要描述如何实现轮胎力的优化分配。

第7章 智能座舱系统交互设计

智能座舱系统是指配备传感器、控制器、显示终端、通信终端、环境终端等设备，并运用云服务、网络传输、操作系统、芯片等基础技术来实现人车智能交互，具备信息娱乐、人机交互、安全提醒、网联服务、智能舒适体验等功能，打造"安全、舒适、便捷、个性"的智慧空间。作为现代汽车技术的重要组成部分，智能座舱系统通过不断的技术革新与迭代，引领着汽车内部环境向更高级别的智能化方向发展。

智能座舱系统在汽车内部起着至关重要的作用，它通过多种技术实现了丰富的功能和应用场景，具体功能应用如图7-1所示。在显示交互方面，智能座舱提供出行服务和生活社交功能，包括导航、路况信息、社交媒体等。在语音交互方面，智能座舱通过声源定位、自动语音识别（Automatic Speech Recognition，ASR）、自然语言处理（Natural Language Processing，NLP）等技术，实现了语音控制功能。在监测识别方面，智能座舱通过驾驶员监测系统（Driver Monitoring System，DMS）和乘员监控系统（Occupancy Monitoring System，OMS）实现对驾驶员和乘客的监测。在手势识别方面，智能座舱支持二维和三维手势，实现更加直观的交互操作。在多模交互方面，智能座舱结合语音、视觉和触觉等多种方式，提供更灵活的交互体验。在环境交互方面，智能座舱通过智能灯光、空气质量监测等功能，提升了车内舒适度。最后，在万物互联方面，智能座舱支持手机投屏、数字钥匙等功能，使得用户与车辆之间的互动更加便捷。总体而言，智能座舱系统为驾驶员和乘客提供了安全、舒适、便捷、个性化的智慧空间体验，引领着汽车内部环境向更高级别的智能化方向发展。

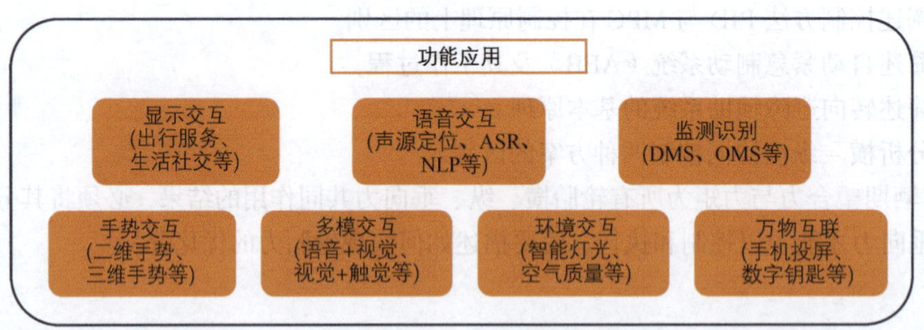

图7-1 智能座舱功能应用

智能座舱系统经历了几个关键阶段的发展，如图7-2所示。最初是机械式座舱，以机械式仪表盘和物理按键为核心，提供基础的行车信息和音响娱乐功能。随着科技进步，座舱逐渐电子化，引入了触屏显示和中控屏幕，实现更丰富的功能（如导航和媒体播放）。进入网联化阶段，座舱具备一定的人机交互能力和网络内容服务。智能驾驶阶段着重提升智能化水平，通过监测驾驶员和乘客实现智能化和个性化交互体验。最新阶段是第三生活空间阶段，智能座舱与自动驾驶技术深度融合，为用户提供高度个性化、场景化的服务和娱乐体验，全方位满足用户

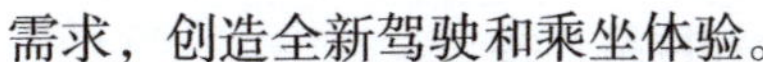
需求，创造全新驾驶和乘坐体验。

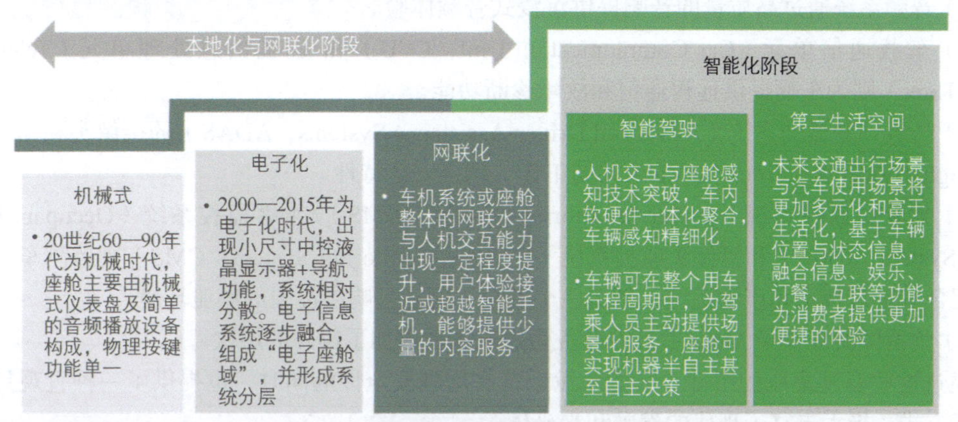

图 7-2　智能座舱系统发展历程

智能座舱系统作为现代汽车技术革新的核心，不仅仅是单一的部件，而是一个由多个高度集成的子系统构成的复合体，致力于实现高度自动化和智能化的驾驶环境，提升驾驶员和乘客的行车体验。通常，智能座舱系统包含车载信息娱乐（In-Vehicle Infotainment，IVI）、抬头显示（Head-Up Display，HUD）、座舱监控以及车载声学等多个子系统。图 7-3 中展示的智能座舱系统架构详细地描绘了这一目标的实现路径。

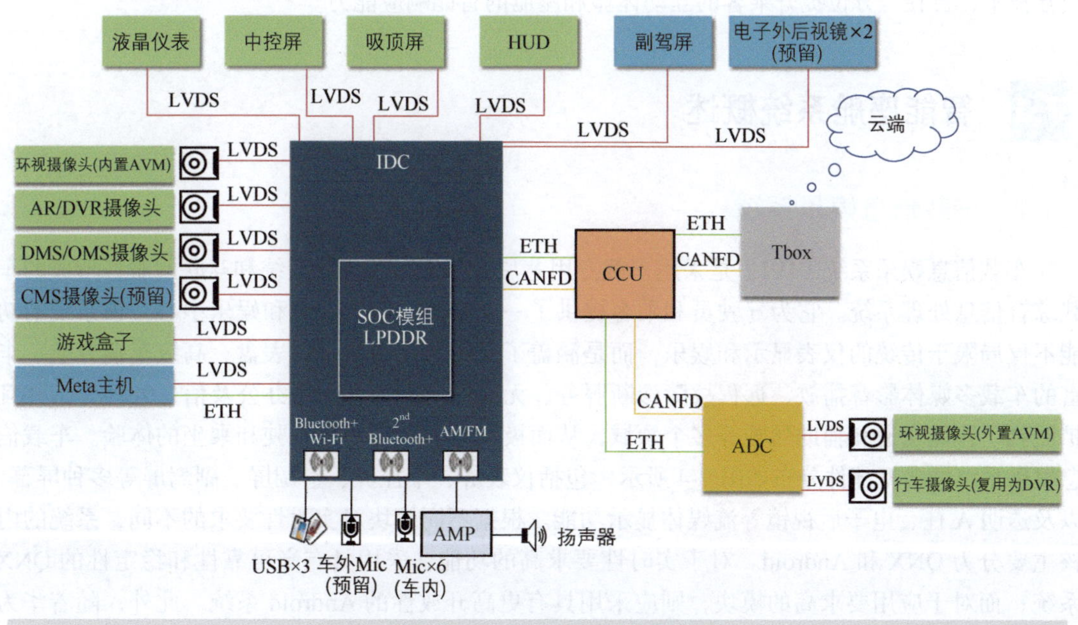

图 7-3　智能座舱系统架构

1）中央处理单元（Intelligent Driving Computer，IDC）扮演着车载信息娱乐系统（In-Vehicle Infotainment，IVI）的“大脑”角色，集成了处理器和内存，处理各子系统的数据并执行复杂计算。

2）显示组件如液晶仪表盘、中控屏及抬头显示器提供丰富的驾驶和娱乐信息。

3）同时，IVI 系统通过蓝牙、WiFi 等方式支持多媒体播放和网络连接。

4）音频系统通过高质量的音响提供沉浸式音频体验。

5）车载通信单元（Car Communication Unit，CCU）和远程信息处理单元（Telematics Box，Tbox）则为车辆提供远程通信和故障诊断功能。

6）高级驾驶辅助系统（Advanced Driver-Assistance Systems，ADAS）的摄像头和车载摄像头（Digital Video Recorder，DVR）共同工作，增强安全特性。

7）驾驶员监控系统（Driver Monitoring System，DMS）/ 乘客监控系统（Occupant Monitoring System，OMS）和摄像头监控系统（Camera Monitoring System，CMS）则监测车内外环境，配合氛围灯技术和声学系统，创造一个安全、舒适且响应性强的座舱环境。

8）预留的游戏盒子 Meta 主机等设备为娱乐体验添加了额外的层次。

通过这些高度集成的组件，智能座舱系统在增强安全性的同时，也提供了一种直观且灵活的交互方式，极大丰富了现代的驾驶和乘坐体验。

除了这些可视的交互界面和功能，智能座舱系统的深层次集成还包括了先进驾驶辅助系统、高精定位系统，以及未来可能集成的车对外界通信技术。这些技术的融合为自动驾驶提供了精准的导航定位，以及对周围环境的敏锐感知。

本小节主要介绍智能座舱系统的定义、功能应用、发展历程和系统架构，后续将在 7.2 节中分模块概述智能座舱系统，基于智能座舱未来以人工智能为核心的个性化发展趋势，7.3 节、7.4 节和 7.5 节将深入探讨智能座舱内的各类交互技术，这包括语音交互、视觉交互以及多模态交互技术，旨在全方位提升乘客的互动体验和座舱的智能响应能力。

7.1 智能座舱系统概述

7.1.1 车载信息娱乐系统

车载信息娱乐系统（IVI）是采用车载专用芯片，基于车身总线系统和互联网服务形成的车载综合信息处理系统。它为驾驶员和乘客提供了一个全面的信息处理和娱乐中心。该系统的功能不仅局限于传统的仪表显示和娱乐，而是涵盖了全图形化的数字仪表盘、高级车辆导航、丰富的车载多媒体影音播放、远程故障诊断服务、无线通信能力、网络办公及信息处理等，并且扩展到了智能交通和辅助驾驶等多个领域，从而极大地丰富了现代驾驶和乘坐的体验。车载信息娱乐系统的典型部件分布如图 7-4 所示，包括仪表屏、中控屏、空调屏、副驾屏等多种屏幕，以及透明 A 柱、电子后视镜等流媒体显示功能。根据不同模块对实时性要求的不同，系统的内核主要分为 QNX 和 Android。对于实时性要求高的功能，采用具有高可靠性和稳定性的 QNX 系统；而对于应用要求高的模块，则应采用具有更高开放性的 Android 系统。此外，随着华为鸿蒙操作系统的崛起，其在车载系统中的应用也越来越普遍。鸿蒙系统采用微内核，对于分布式产品只需要较少硬件资源就可以支持，响应速度较快，可以支持仪表等高实时稳定要求的部件工作。鸿蒙系统以其高效的跨终端协同能力，为用户提供了更为连贯和一体化的操作体验，具有轻量化、安全性高、天生流畅、生态共享等优势，有望在未来的车载信息娱乐系统中发挥更大的作用。

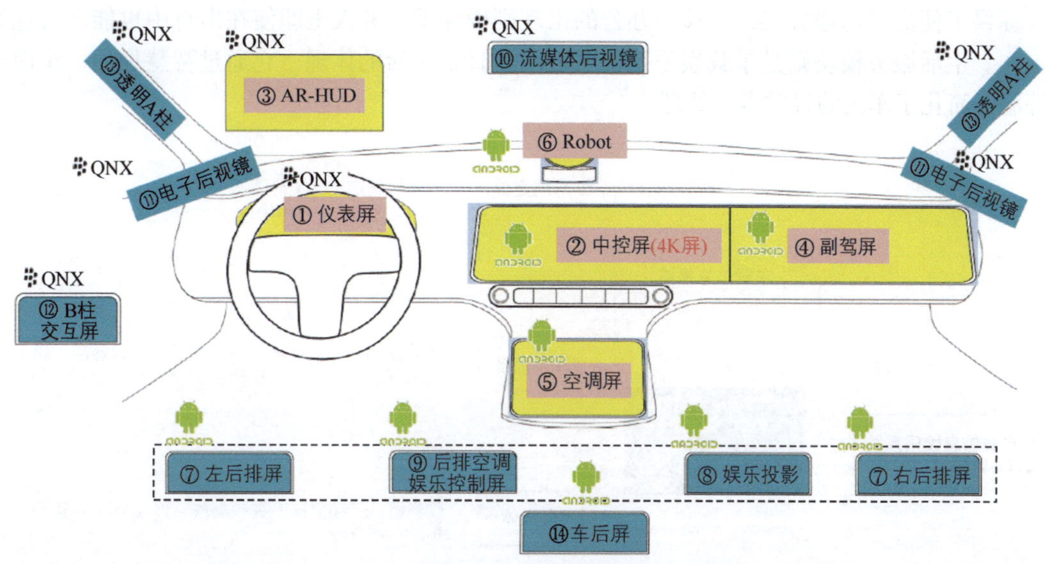

图 7-4 车载信息娱乐系统的典型部件分布

车载信息娱乐系统按照功能可划分为车载信息系统和车载娱乐系统，如图 7-5 所示，其中车载信息系统包括导航定位和车辆服务模块，车载娱乐系统包括多媒体、通信社交和生活服务模块。车载信息系统是智能交通系统的重要组成部分，它通过先进的计算和通信技术为驾驶员提供实时、精确的导航定位服务及全面的车辆管理功能。导航定位模块具备同步精确定位能力，这是通过与全球定位系统（GPS）的连续通信实现的，保证在各种行驶条件下都能够获得车辆准确位置的能力。此外，该模块还能处理实时路况数据，根据道路拥堵情况推荐最佳行驶路径，减少驾驶员在路上的停滞时间。3D 路线指引通过先进的图形渲染技术实现的，这些技术为驾驶员提供了如同现场视觉般的导航体验。地图精确导航功能则在确保行驶安全性的同时，提高了驾驶的直观性和方便性。车辆服务模块则涵盖了从监控防盗到远程诊断的一系列智能服务。监控防盗系统通过车辆内置的传感器和通信模块，实时监控车辆状态，一旦检测到异常活动，便能立即通过移动设备向车主发出警报。呼叫服务和道路救援功能为驾驶员提供了一键求助的便捷性，确保在紧急情况下能够迅速获得支援。远程诊断功能则通过收集车辆的运行数据，并将其发送至远程服务器进行分析，从而提前发现潜在问题，并引导驾驶员及时进行维护。辅助驾驶功能则通过车载传感器和控制系统，实现车道保持、自适应巡航等高级驾驶辅助系统功能，大幅提升行车安全。车辆保险服务提供了一种经济保障，以应对可能发生的事故或损失。座椅及空调控制功能则通过人机界面，允许驾驶员和乘客根据个人喜好调节座椅位置和车内温度，进一步增加驾驶和乘坐的舒适性。

车载娱乐系统作为智能座舱技术的一大亮点，通过其综合性的多媒体模块、通信社交功能和生活服务应用，提升了驾驶和乘坐的体验。在多媒体模块方面，系统具备先进的音频和视频处理能力，支持各种格式的媒体播放，包括但不限于收音机、移动电视以及电子相册，这些功能允许用户在移动中享受丰富的视听内容。游戏应用的加入进一步增强了娱乐的多样性，使长时间的旅行更加轻松愉快。通信社交方面的设计考虑了现代人沟通的多样需求，整合了蓝牙和 WiFi 技术，实现了高速且稳定的网络连接。车载短信、电子邮件功能以及与社交媒体的接口为用户提供了便捷的沟通方式，而移动办公的出现则确保了商务人士即使在出行中也能高效地处理工作。生活服务模块则是车载娱乐系统贴近用户日常生活的体现，它通过智慧加油、车内支付等服务简化了车主的日常事务处理。

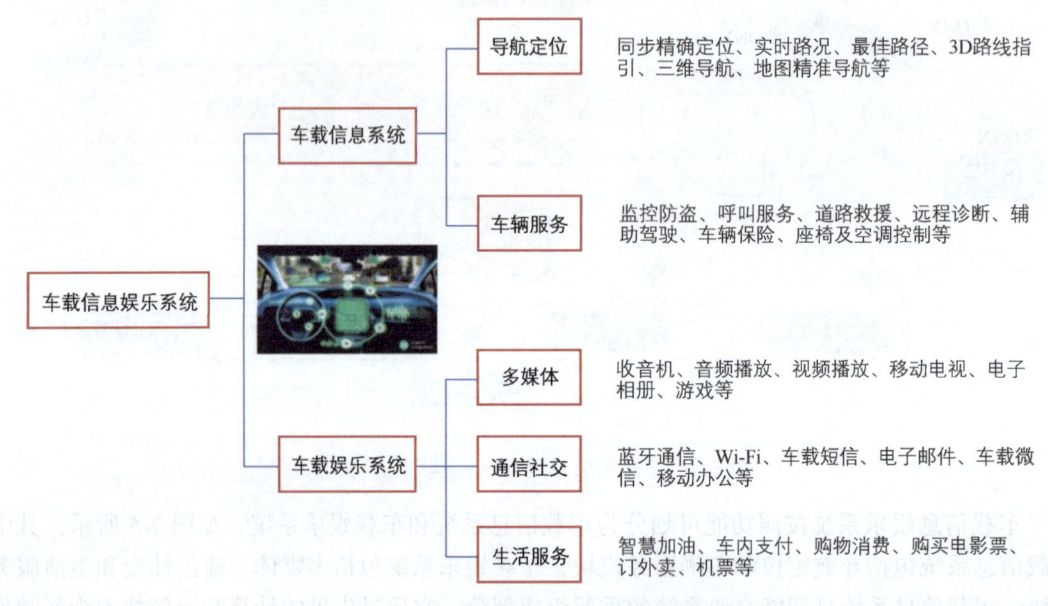

图 7-5 车载信息娱乐系统功能构成

7.1.2 抬头显示系统

抬头显示系统将关键的驾驶信息直接投影在驾驶员的视野前方，通常是前风窗玻璃，从而允许驾驶员在保持视线前方的同时及时获取必要信息，如速度、导航指令、油耗和电耗等。HUD 系统的发展起源于军用飞机，旨在协助飞行员无须改变视点即可提供飞行数据，而其在汽车领域的应用则始于 20 世纪 80 年代。随着技术进步和成本降低，HUD 现已成为现代汽车设计中的常见配置。

如图 7-6 所示，HUD 系统的架构由四个主要部分构成：①信息采集单元负责从车辆的各种传感器和信息源收集必要的数据，如速度、GPS 导航指令、油耗、电耗和胎压等；②数据处理单元对采集到的数据进行分析和处理，转换成适合显示的信息；③图像生成单元（Projection Generating Unit，PGU）将处理过的数据转换成图像，并准备投影；④显示界面将这些图像呈现给驾驶员，显示界面通常设计为风窗玻璃的一部分或者位于驾驶舱内的专用屏幕上，确保了驾驶员可以在不转移视线的情况下获取信息。随着技术的不断进步，HUD 系统正在成为现代汽车中不可或缺的一部分，它的集成和应用体现了智能汽车设计理念的发展趋势。

根据图像成像位置的不同，HUD 系统可以分为几种类型：组合型（Combiner HUD，C-HUD）、风窗型（Windshield HUD，W-HUD）和增强现实型（Augmented Reality HUD，AR-HUD），每种类型都具备特有的功能和优势。

C-HUD 是 HUD 的基本形式，它通过将关键车辆信息（例如车速、转速和燃油状态），投影到驾驶员视线前方的一个透明显示面板上，从而允许驾驶员无须低头就能够接收到这些信息。

C-HUD 还提供导航简报、车辆的状态指示和在特定情况下的警告信号。W-HUD 在 C-HUD 的基础上更进一步，它不仅显示基础的驾驶信息，还包括更全面的数据，如导航地图和高级驾驶辅助系统（Advanced Driver-Assistance Systems, ADAS）的警告信息。W-HUD 将这些信息直接投影到汽车的前风窗玻璃上，这种集成化的设计允许驾驶员直接在前风窗玻璃上看到相关信息，这在中高端车型中尤为常见。最新的 AR-HUD 代表了 HUD 技术的发展趋势。它不仅展示车辆的基本信息，而且能将这些信息与实际道路场景相结合，通过实时道路感知功能，将车辆数据、ADAS 信息以及导航指示与驾驶员的真实视野集成。这意味着驾驶员在行驶中可以获得精确的导航辅助和高级辅助功能，提供了更加逼真的视觉效果，大幅增强了驾驶的安全性和便捷性。

综上所述，不同类型的 HUD 各有其独特的功能和特点，它们的效果对比可参见图 7-7。从 C-HUD 的经典设计到 W-HUD 的丰富信息显示，再到 AR-HUD 的增强现实技术，这些 HUD 类型在不断提升驾驶员的驾驶体验和安全性方面发挥了重要作用。随着技术的不断进步，未来的 HUD 将引领更智能、更高效和更安全的驾驶新时代。

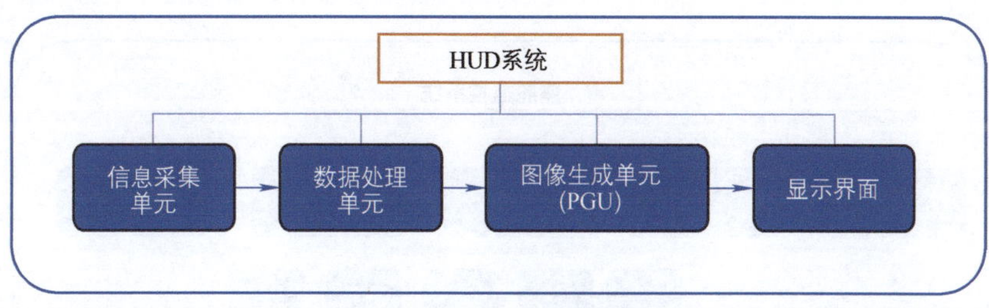

图 7-6　HUD 系统架构

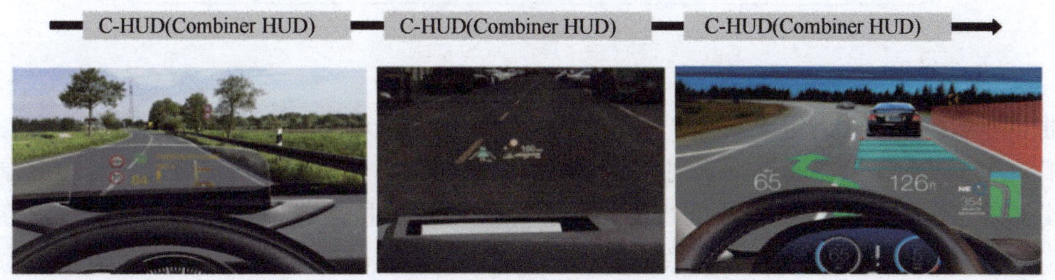

图 7-7　三种 HUD 效果图

7.1.3　座舱监控系统

座舱监控系统是一套集成在汽车内部的智能系统，旨在通过监测、调节和优化驾驶舱的各项环境因素提高驾驶安全性和乘坐体验。该系统运用先进的传感器和控制技术，实时监控驾驶员和乘客的状态，调整内部环境以适应个人需求，同时配备视觉辅助和安防服务功能，确保乘员的全方位安全与舒适。

如图 7-8 所示，座舱监控系统由驾驶员监测系统（Driver Monitoring System，DMS）、乘客监测系统（Occupant Monitoring System，OMS）、环境舒适调节模块、视觉辅助系统以及安防服务功能共同构成。其中，DMS 是一种基于计算机视觉技术的车载系统，通过捕捉驾驶员面部参数，判断驾驶员的状态和行为，从而保障驾驶安全。DMS 摄像头通常安装在驾驶员正上方顶棚或A柱上，也可以隐藏在转向盘和仪表盘之间。DMS可以检测驾驶员的疲劳和分心状况，及时发出警告或采取控制措施，是商用车的必备功能之一。同时，DMS还可以与HUD产品、透明A柱等应用相结合，提供更加全面和智能的驾驶辅助功能。需要注意的是，DMS摄像头可能会引发隐私泄露问题，因此需要采取相应的措施保护个人隐私。OMS则基于计算机视觉、红外传感等多种技术，通过座舱内的摄像头、红外传感器等设备，实时采集座舱内乘客的图像和数据。这些图像和数据经过处理后，可以识别出乘客的头部、身体等部位的姿态、动作以及位置信息，并提供必要的安全干预。环境舒适控制系统通过空调控制、智能照明和智能座椅系统，共同工作来调节车内温度、光线亮度和颜色，以及座椅设置，为驾驶员和乘客营造出适宜的乘坐环境。系统根据外部环境和驾驶需求的变化自动调整，提高舒适性和安全性。视觉辅助系统则通过智能电子后视镜和透明A柱技术减少传统驾驶视野的盲区，提供更广阔且清晰的视野，确保行车安全。最后，安防服务等功能为车辆提供防盗和紧急情况下的响应措施，这些模块协同工作，共同提升了驾驶的安全性和乘坐的舒适性。

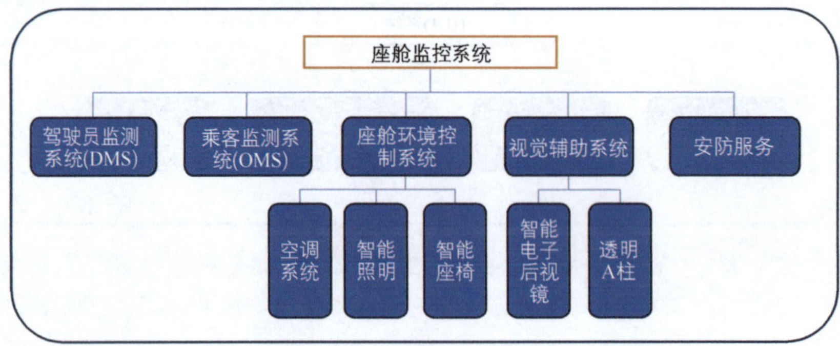

图7-8 座舱监控系统

根据座舱监控系统的组成划分，其功能包括以下几个部分。

1）DMS：DMS旨在通过一系列复杂的功能提高驾驶安全性。该系统通过内置的摄像头和智能分析算法，实时监控驾驶员的行为和状态。DMS能够检测各种异常行为，包括疲劳驾驶（如频繁眨眼、打哈欠）、注意力分散（如目光游离）以及驾驶员离开驾驶位置等异常行为。此外，它还具备人脸识别功能，能够确认驾驶员的身份；手势识别功能，用于理解和响应驾驶员的非语言指令。在检测到潜在的安全风险，如疲劳或分心驾驶时，系统会通过声音警报或其他警示方式，提醒驾驶员采取相应措施，从而有效降低事故风险，保障行车安全。

2）OMS：OMS结合了计算机视觉和红外传感等先进技术，通过车内安装的摄像头和红外传感器实时采集并处理座舱图像和数据，以监测和评估车内乘客的状态。OMS能够识别乘客的数量、位置和姿态，包括头部、身体的动作，从而判断乘客是否处于正常乘坐、睡眠状态或有异常行为。系统还能通过分析面部表情和眼神获取乘客的情绪状态。安全带检测功能通过传感器或摄像头识别乘客安全带状态，如有未系安全带情况，系统将发出警告。OMS在智能座舱中的应用广泛，包括检测车内是否有儿童或宠物遗留、监测安全带是否使用并发出提醒，以及与车内娱乐系统互动，根据乘客状态和喜好调整娱乐内容和设置，确保乘客的安全和舒适。

3）空调系统：空调系统不仅提供基本的温度调节功能，而且具备高度智能化的特性，以增强乘客的舒适体验。智能空调系统能够自动根据车内外的温度、湿度和空气质量，以及乘客的偏好和生理反应，智能调节空调的模式、温度和风速。一些更高级的系统甚至可以通过连接到智能手机应用或车辆信息系统，允许乘客在进入车辆之前远程调节温度，确保进入车内时即刻享受到舒适的环境。这些智能化的功能不仅提升了乘坐舒适度，还有助于节能减排，提升整体驾驶体验。此外，空调系统可与 OMS 结合以解决儿童或宠物被遗留在车内无人看管时，导致中暑引发的受伤和死亡的问题。

4）智能照明：通过集成传感器和人工智能算法，智能座舱能够根据车辆内外的环境条件（如光照强度和天气状况）以及乘客的偏好和活动，智能调节车内照明的亮度、颜色和方向。例如，它可以在夜间或低光环境下自动增强照明，以提高驾驶安全性，或在日间通过调节颜色和亮度来创建更舒适的环境。智能照明系统还能与车辆的其他系统（如娱乐或导航系统）同步，以创造沉浸式的体验，如根据播放的音乐或导航指示改变照明的颜色或强度。此外，一些智能照明系统甚至能够识别乘客的情绪和生理状态，相应地调整照明设置，如在检测到驾驶员疲劳时减少暖色调照明，以提振精神。

5）智能座椅：智能座椅融合了高度定制化和自动调节功能，旨在提供极致的舒适性和支持驾驶安全。这些座椅配备了传感器和人工智能技术，能够实时监测和响应乘客的生理状态和偏好。例如，座椅可以自动调整其硬度、角度和高度，以适应乘客的体型和坐姿，确保最佳的支撑和舒适度。智能座椅还具备温度控制功能，能够根据车内外环境条件和乘客的需求，自动加热或通风。此外，高级智能座椅还提供按摩、疲劳缓解和健康监测等功能，如监测驾驶员的心率和呼吸频率，以防止疲劳驾驶。在安全方面，智能座椅能够在发生碰撞时自动调整位置，以减轻乘客受伤的风险。

6）智能电子后视镜：通过高分辨率摄像头代替传统的后视镜，提供更广阔且清晰的视野。这些电子后视镜能够捕捉并显示车辆后方和侧面的实时图像，消除传统后视镜存在的盲区，大幅提高驾驶安全性。智能电子后视镜还具备自动调节亮度的功能，能够根据外部光照条件调整显示屏的亮度，减少夜间行驶时后方车辆灯光的眩光，确保驾驶员视线清晰。此外，一些高端型号还能集成车道变更预警、后方接近车辆警告等高级驾驶辅助系统（ADAS）功能，进一步增强行车安全。在便利性方面，电子后视镜的视角和放大倍率可以根据驾驶员的需求进行调整，提供更加个性化的驾驶体验。总体而言，智能电子后视镜通过技术创新，不仅扩展了驾驶员的视野，也为提升行车安全性和用车的便利性提供了重要的支持。

7）透明 A 柱：该技术旨在解决传统汽车 A 柱导致的视线盲区问题。通过在 A 柱位置安装高分辨率摄像头或采用先进的显示技术，透明 A 柱系统能够捕捉并显示 A 柱可能遮挡的区域的实时图像。这意味着驾驶员在行车时可以通过这些显示屏清晰地看到原本由 A 柱遮挡的行人、车辆或其他障碍物，从而提高车辆在转弯、路口穿越或其他复杂驾驶场景中的安全性。透明 A 柱技术不仅增强了驾驶员对周围环境的感知能力，还降低了事故风险，从而提升了整体行车安全。此外，这种技术的应用也展示了智能座舱在增强驾驶体验和提高安全性方面的创新潜力。

8）安防服务：该功能提供全面的车辆安全保障，结合了多种智能技术以应对各种紧急情况。这些功能包括自动紧急求助系统，在发生事故时能迅速联系救援服务，并提供车辆的精确位置和状态信息，加速救援过程。此外，系统还包括防盗监控，能够实时监控车辆是否遭受非法闯入或移动，一旦检测到异常，就立刻触发报警并通知车主。安防服务还可能包括远程车辆控制功能，如远程锁车和发动机启停，以及车辆健康状态监测，定期检查重要车辆系统的运行状态。

这些功能综合起来，不仅提升了车辆的安全性，也为驾驶员和乘客带来了更加安心的驾驶和乘坐体验，展示了智能座舱在车辆主动安全管理方面的先进性和创新性。

7.1.4 车载声学系统

车载声学系统是汽车内部的一个综合性多媒体和安全系统，它结合了高端的音频组件和智能技术，为驾乘员提供了一个沉浸式的听觉体验，同时也确保了行车安全。该系统的核心组成部分如图 7-9 所示，包括汽车音响系统、中央主机、车载传声器、提示音系统（Acoustic Vehicle Alerting System，AVAS）以及语音交互服务系统。

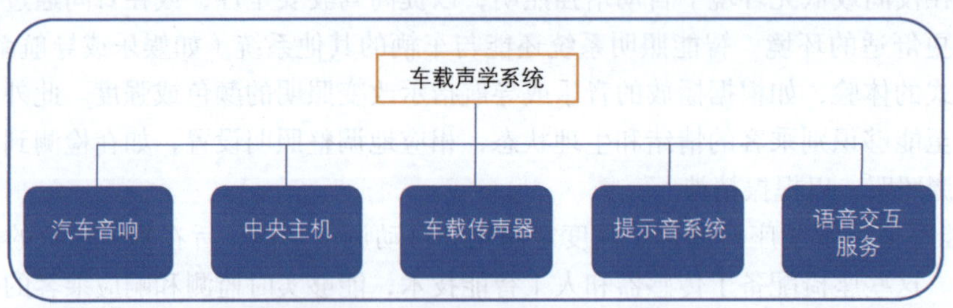

图 7-9 车载声学系统组成

车载声学系统是一种集成在车辆内部的高端音频系统，用来提供卓越的听觉体验并增强驾驶和乘坐的舒适度。

首先，它通过环绕音效和立体声配置，利用车内多个扬声器单元扩散声音，营造出沉浸式的音频环境，增强驾驶员对周围声音的空间感知，提升安全性。以广汽集团 ADiGO Sound Pro 音响系统为例，其扬声器布置如图 7-10 所示。

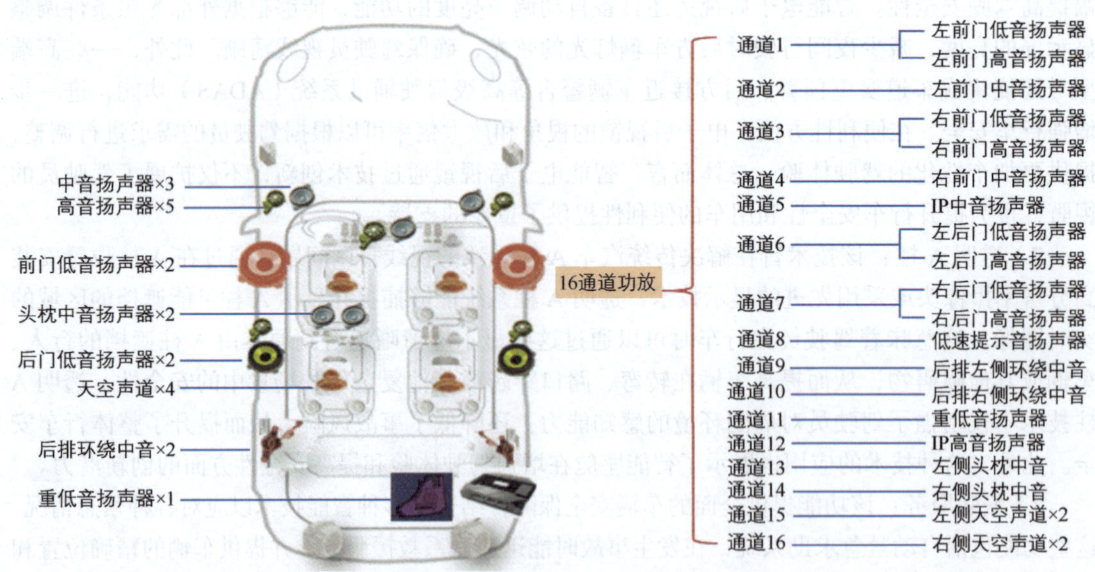

图 7-10 ADiGO 中的扬声器布置

其次，智能噪声控制功能通过噪声传感器和智能算法，主动抑制环境噪声，打造安静的车内氛围。系统还集成了语音识别和语音助手技术，允许驾驶员通过语音命令控制娱乐和通信设备，并获取交通信息与天气预报，进一步提高驾驶便利性和安全性。个性化音频配置使得驾驶员和乘客能根据个人偏好调整音效设置，满足不同听觉需求。智能音频导航提示则以语音形式播报导航指令，减少驾驶员视线移动，提高驾驶专注度。车内通信和电话集成通过蓝牙连接手机，实现无须手动操作的通话功能，保证驾驶安全。智能音频响应功能根据车内乘员的状态智能调整音频输出，确保关键信息传达的清晰度。最后，多功能车内娱乐系统支持多种媒体源播放，为驾驶员和乘客提供丰富的娱乐内容，增强整体乘车体验。总之，车载声学系统通过其综合的声音管理和智能互动功能，不仅提升了音质和听觉享受，也强化了驾驶的安全和舒适性。

7.1.5 未来发展及挑战

在未来的智能座舱系统中，个性化和自适应功能将通过人工智能技术达到新的高度。这种智能座舱将能够详细记录每位乘客的偏好设置，包括座椅调整、气候控制选项和多媒体系统配置，并且具备预测能力，能够根据驾驶员的情绪和生理状态动态调整内饰环境。例如，如果系统检测到驾驶员出现疲劳迹象，则可以调低车内照明，播放提神音乐，或者自动调整座椅到更为舒适的位置。此外，随着乘客频繁互动，系统将不断学习并优化其个性化体验，从而在每次乘车时提供一致的舒适感和便利性。

智能座舱将成为一个高度互联的信息枢纽，无缝连接车辆、驾驶员、乘客以及外部世界。通过5G和物联网技术的高速网络，智能座舱将能与城市交通基础设施进行实时沟通，接收关于交通流、天气状况和路况的最新信息。它还将实现与其他车辆的V2V通信，以及与智能家居设备的连接，从而在行驶前预热或预冷车内环境，甚至从车内控制家中的智能设备。在紧急情况下，智能座舱能够独立触发求助信号，直接与紧急服务系统通信，传送关键的位置和车辆状态信息，以便快速响应。同时，安全性的加强将通过实时监控和自动化功能实现，其中包括先进的驾驶员监控系统，这些系统将实时追踪驾驶员的注意力集中度和健康状况，如有需要，还可以自动采取行动确保驾驶员和乘客的安全。

随着技术的进步，自动驾驶的集成将在智能座舱中扮演更加重要的角色。将来的座舱系统将提供多个自动化驾驶选项，使驾驶员在长途行驶中可以选择放松，或在复杂的城市环境中得到必要的辅助。情感智能的整合将使系统能够更准确地识别乘客的情绪状态并提供相应的环境调整，例如播放轻松音乐或更改照明色调，以提升乘车体验。此外，智能座舱将更加注重环保，采用可持续材料，并通过智能能源管理系统优化能源利用、减少排放，这不仅体现了对乘客舒适度的关怀，也反映了对地球未来可持续发展的责任感。综合来看，未来智能座舱将成为一个综合化、反应迅速、用户友好和环境负责的空间，为乘客提供安全、舒适、个性化且环境友好的全新驾乘体验。

7.2 语音交互技术

智能座舱系统中的语音交互技术是一套集成的技术解决方案，旨在通过语音指令和反馈实现人机交互。这一技术允许驾驶员和乘客通过自然语言与车辆的智能系统进行沟通，实现功能控制和信息查询，而无须手动操作。例如，驾驶员和乘客可以通过简单的语音指令实现车辆控制（如调整空调、导航目的地等）、信息查询（如查询车辆状态、路况等）、娱乐功能（如播放音乐、收听广播等）、智能助手功能（如发送消息、制定行程等），这些功能显著提高了驾驶和乘坐的便捷性和安全性。

语音交互技术包含语音增强、语音唤醒、语音识别、自然语言处理、语音命令和反馈、语音合成等多个环节，整个系统的各个模块通过通信协议相互连接，如图 7-11 所示，确保信息的快速、准确传递，从而提供一个协调一致、高效率的用户交互环境。通过这种综合的技术配置，智能座舱的语音交互系统为驾驶员和乘客创造了一个更智能、更便捷、更人性化的交互体验。

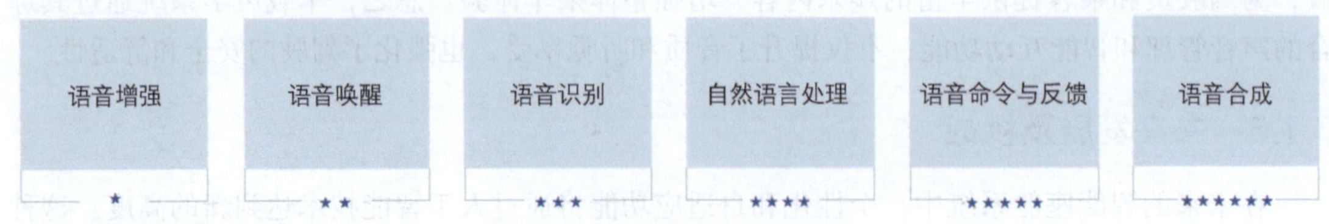

图 7-11　语音交互技术链路

具体来说，语音交互的基础是车载传声器，它们分布于车内的各个位置，如图 7-12 所示，通过精心设计以从不同方向捕捉语音信号。这些传声器可以是成本效益高的传统 ECM 传声器，也可以是具有更强抗干扰能力的数字传声器，或者是为提高拾音质量而设计的传声器阵列。捕捉到的语音信号随后会经过一系列先进的处理步骤，包括噪声抑制和语音增强，为后续的语音识别打下坚实基础。语音识别模块能将处理过的语音信号转换为文本，这一过程涉及复杂的声学和语言模型，以确保不同的口音、语速和说话方式都能被准确理解。文本指令随后被传递给自然语言处理模块，这一模块的任务是深入分析用户的意图，并将其转化为具体的操作命令。这个过程不仅包括语义分析，还涉及上下文理解和情感分析，以确保系统不只是理解用户的字面意思，还能把握用户的真实意图。在成功解析并执行了用户指令之后，语音合成模块负责将系统的反馈转换成自然且流畅的语音输出，同时，系统可能还会提供视觉反馈，如显示屏上的文本或图标，以增强交互体验。

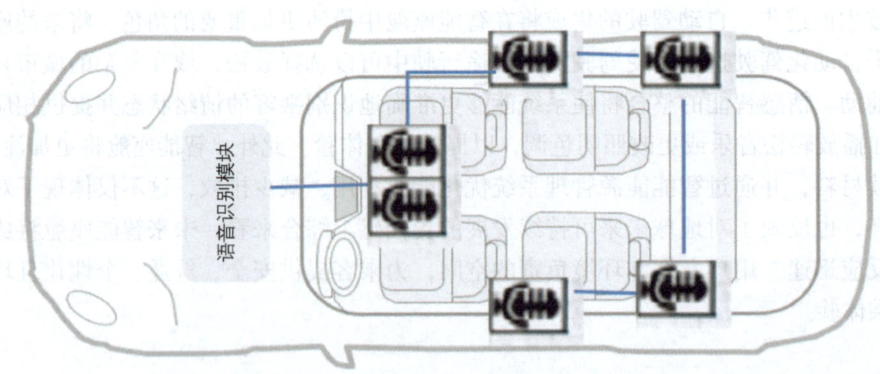

图 7-12　车内传声器阵列分布

7.2.1　语音增强技术

语音增强是智能座舱系统中的一项关键技术，其通过一系列复杂的处理流程提高语音信号的质量，从而确保语音识别的准确性和效率。车辆内部存在多种噪声源，如发动机噪声、胎噪、风噪、周围车辆的噪声、转向灯声音以及媒体播放声等，这些噪声源可能与语音信号混杂，导致语音识别的可靠性降低。因此，语音增强模块的任务是有效抑制这些环境噪声，提取清晰的语音信号，以提高整个语音交互系统的准确性和质量。

在智能座舱系统中，语音增强模块采用融合信号处理及人工智能技术，如回声消除、声源定位、波束形成、去混响、降噪、增益控制和活动语音检测（Voice Activity Detection, VAD）技术等，以提高语音识别的准确性，如图 7-13 所示。通过精心设计流程，确保从车内复杂噪声环境中提取出清晰的语音信号。

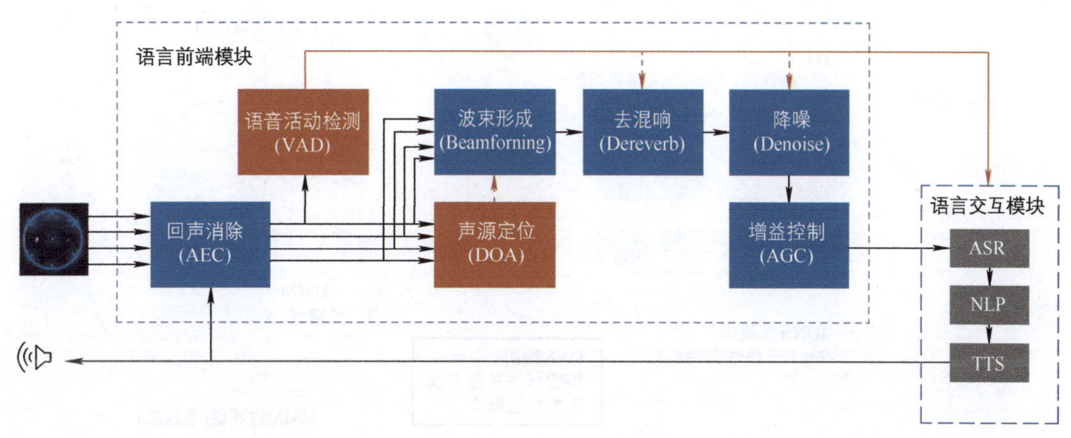

图 7-13 语音增强流程

7.2.2 语音唤醒技术

语音唤醒技术在智能座舱系统中是实现人机交互对话的关键环节，它允许用户通过特定的唤醒词激活语音交互系统。该技术的核心在于能够在连续的语音流中实时检测出特定的语音片段，即唤醒词，如“车载助手”或“嗨，车子”。这种技术要求具有高实时性和低功耗特性，使得用户在车内通过说出预设唤醒词即可激活系统并开始对话。

语音唤醒技术的发展经历了多个阶段。在初期阶段，系统采用了基于简单模板规则的方法，通过设定固定的语音模板来进行匹配。这种方法的局限性在于它只能识别固定的唤醒词，灵活性较低。随着技术的发展，语音唤醒系统开始采用更为复杂的算法和模型。例如，隐马尔可夫模型（Hidden Markov Model，HMM）和高斯混合模型（Gaussian Mixture Model，GMM）被引入来提高唤醒的准确性和适应性。这些模型能够更有效地处理语音的变化和复杂性，从而提高系统的识别率。当前，语音唤醒技术已经进入大规模产业化阶段，当前最新的技术方案是基于深度学习和神经网络。这些先进的模型通过大量的数据训练，能够实现高度精确的语音识别。它们不仅能识别更多的语音变体，还具备更强的泛化能力，从而大幅提高了语音唤醒的准确率。深度神经网络 – 隐马尔可夫混合模型（Deep Neural Network-Hidden Markov Model，DNN-HMM）是目前广泛使用的一种方法，如图 7-14 所示，其通常包括多层感知机（Multilayer Perceptrons，MLPs）或其他更复杂的神经网络结构，如卷积神经网络（CNNs）或循环神经网络（RNNs）。这些网络用于从原始语音信号或预处理后的特征中学习高级表示。DNN 能够从数据中自动学习到区分关键词和非关键词的复杂模式，相比传统的声学模型如 GMM，它们能够更有效地处理语音信号中的非线性特征和复杂变化。HMM 部分则用于对语音信号的时间序列结构进行建模。在语音唤醒的场景中，HMM 用于表示关键词的不同发音阶段，并建模这些阶段之间的转移概率。HMM 的这种序列建模能力使得它能够有效地捕捉语音信号中的时间动态，从而提高关键词识别的准确度。

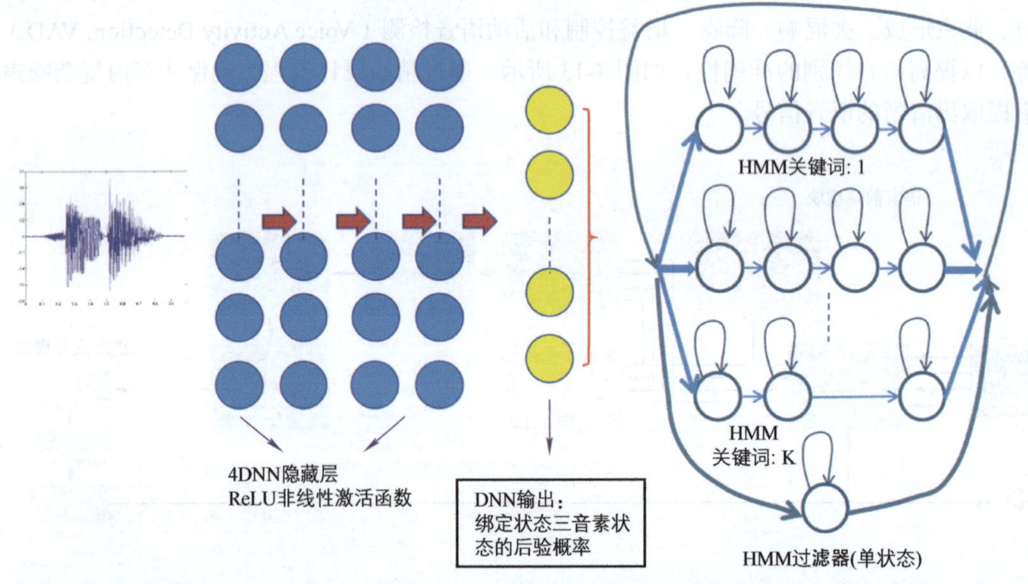

图 7-14　基于 DNN-HMM 的语音唤醒技术

此外，在语音唤醒模块中，声源定位技术的应用为系统带来了额外的优势。这一技术可以确定语音信号的方向，从而识别说话者在车内的位置。结合声源定位信息，语音唤醒模块能够更精确地确定唤醒指令来自车内的哪个区域，如主驾驶位、副驾驶位或后排座椅。这种能力提高了唤醒的准确性和可控性，使得语音唤醒在车内的适用范围更加广泛。

总体来看，语音唤醒技术的不断演进为智能座舱中的语音交互提供了更为灵活和智能的方式。从最初的简单规则模板到现在基于神经网络的高级模型，这项技术的发展极大地丰富了用户的交互体验。同时，与声源定位技术的结合进一步扩展了其在车内多个音区的应用，满足了不同使用场景的需求。

7.2.3　语音识别技术

语音识别技术在智能座舱的设计中起着至关重要的作用，它将用户的口头语音指令转化为机器可理解的文本，从而实现人机交互。这项技术的关键在于能够精准地解析并理解用户的语音输入，为智能座舱系统提供一种智能化、人性化的交互方式。通过语音识别，用户可以方便地控制车辆的各种功能，如导航、音乐播放或电话通话，而无须分散驾驶注意力。

在智能座舱中应用语音识别技术面临一系列的挑战。首先，车辆内部的噪声环境复杂多变，包括发动机噪声、风噪、道路噪声以及乘客谈话等。这些噪声源可能会干扰语音识别系统的性能，因此系统必须具备强大的噪声抑制和过滤能力，以确保在这些复杂的声音背景下仍能准确捕捉和识别用户的语音指令。其次，与家庭或办公环境不同，智能座舱中的语音交互需要与车辆的关键功能如控制系统和导航紧密集成。这要求语音识别技术不仅要具有高准确性，还需要足够的可靠性，以确保车辆操作的安全性和准确性。

智能座舱中的语音识别框架如图 7-15 所示，通常包括以下几个阶段：①通过传声器等设备捕获用户的语音信号；②利用语音活动检测（Voice Activity Detection, VAD）技术识别出有效的语音部分，并过滤掉非语音区域，以降低后续处理的计算负担；③语音信号经过一系列的预处理步骤，如预加重、滤波等，以提升语音信号的质量和清晰度。在特征提取阶段，处理过的语音信号被转换为适合深度学习模型训练和推理的特征表示。常见的特征提取技术包括梅尔频率倒谱系数（Mel-Frequency Cepstral Coefficients, MFCC）和声谱图。这些特征能够有效捕捉语音信号的重要特性。深度学习神经网络作为声学模型的核心，通过学习这些特征来对语音进行建模。神经网络能够将输入的语音映射到音素或子词单元的概率分布，实现对语音信号的深层次理解。这些神经网络可能包括卷积神经网络（CNNs）、循环神经网络（RNNs）、长短时记忆网络（LSTMs）等。语音识别系统还包括一个词典，其定义了系统能识别的词汇及对应的发音。而语言模型则利用单词之间的关系和顺序规则来提高系统整体识别的准确性。语言模型通过学习词与词之间的关联，使得系统能够更好地适应不同语境。最后，在解码阶段，系统综合声学模型、语言模型和词典信息，通过动态规划等算法推理出最可能的文本序列，从而完成数据从声音到文本的转换。这一高效的语音识别流程为智能座舱提供了快速而准确的语音交互能力，极大地提升了用户体验和车辆的人机交互性能。

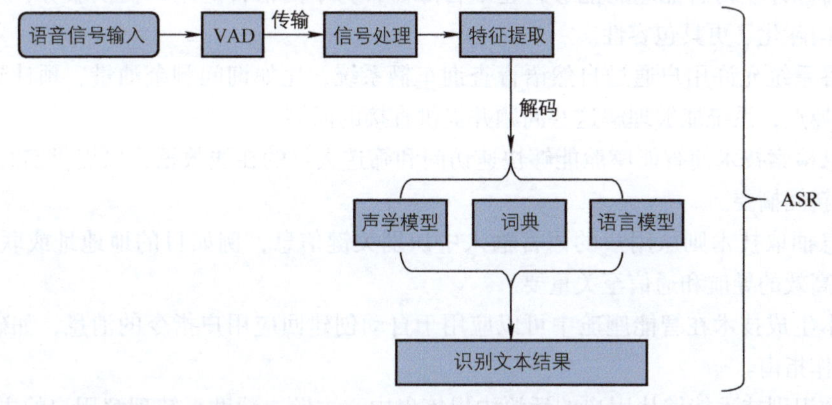

图 7-15　智能座舱中的语音识别框架

综上所述，智能座舱中的语音识别技术不仅是提高驾驶安全性和便利性的关键工具，也是实现高级语音交互功能的核心。随着技术的进步，这些系统将持续优化，为驾驶员和乘客提供更为智能、友好的语音交互服务。

7.2.4　自然语言处理技术

自然语言处理（Natural Language Processing，NLP）作为智能座舱技术的核心，致力于打破人与智能车辆之间沟通的障碍。NLP 的应用使得车辆不仅能够接收和理解来自驾驶员和乘客的指令，而且能够处理这些信息并做出智能响应。这项技术的深度整合，确保了智能座舱系统能够提供一种更为安全、直观且自然的交互体验。

如图 7-16 所示，NLP 技术可以分为基本技术和核心技术两大类。其中基础技术主要负责处理语言的基础层面的处理，包括对词汇、语法、语义以及篇章结构的理解和分析。这些技术要求系统不仅能够识别语言元素（如单词和短语），还需要理解它们如何组合以表达复杂的命令和请求。例如，系统必须能够辨别指令中的关键动作词，如“打开”“设置”“导航到”，并将其与

目标对象或功能相匹配，如“空调”“音量”或“家”。同时，系统还需要理解命令中的上下文信息，比如“降低音量”和“提高音量”中的“降低”和“提高”对系统操作的具体指示。

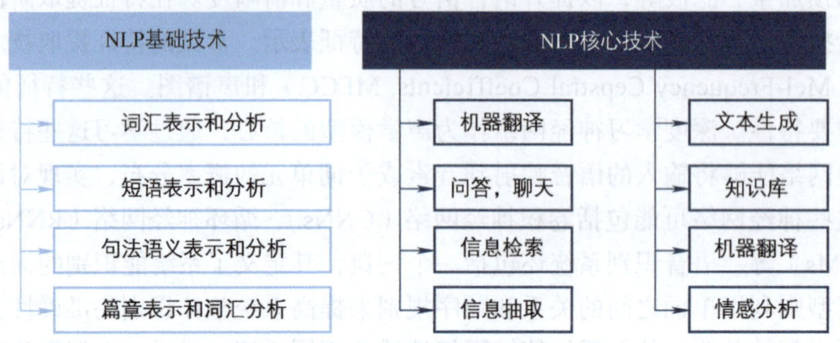

图 7-16 NLP 技术构成

NLP 核心技术包括机器翻译、问答系统、信息检索和抽取、文本生成、话题识别、知识库构建以及情感分析。

1）机器翻译使得智能座舱能够跨越语言障碍，为不同语言的用户提供服务，从而使得车辆系统更加国际化、更具包容性。

2）问答系统允许用户通过自然语言查询车辆系统，比如询问剩余油量、预计到达时间或者附近的兴趣点，系统能够理解这些问题并提供直接的回答。

3）信息检索技术使智能座舱能够快速访问和筛选大量的在线数据，以提供实时路况更新、天气预报或新闻摘要。

4）信息抽取技术则从用户的语言输入中识别关键信息，例如目的地地址或联系人姓名，这对于实现高效的导航和通信至关重要。

5）文本生成技术在智能座舱中可以应用于自动创建回应用户指令的消息，如确认设置更改或提供操作指南。

6）话题识别技术能够从用户的话语中提炼出中心主题，帮助系统理解用户的主要关注点，例如用户讨论关于车辆维护的话题时，系统可能会提供相关的服务信息或预约提醒。

7）知识库是智能座舱中一个重要的资源，它存储了大量关于车辆功能、操作指南和常见问题的信息，这使得 NLP 系统能够基于存储的知识提供更准确的回答和建议。

8）情感分析技术则使系统能够捕捉并理解用户语音中情绪的细微差别，如满意、沮丧或紧急等，这能够使智能座舱更加人性化，通过调整其回应以更好地适应用户的情感状态。

综合这些核心技术，NLP 为智能座舱提供了强大的语言处理能力，使车辆能够以更自然、更智能的方式与用户进行互动。随着这些技术的持续进步，智能座舱的用户体验将越来越丰富，更加个性化，并将极大提升现代汽车的人机交互功能。

7.2.5 语音合成技术

语音合成技术，也称文本到语音（Text To Speech, TTS）转换，是智能座舱中不可或缺的交互组件。它允许智能座舱系统将文字指令和信息转换成口头语音，让驾驶员和乘客以一种直观、自然的方式与车辆沟通，提供语音反馈和操作确认，使得驾驶过程中的多任务处理更为安全和便捷。

如图 7-17 所示，智能座舱中的 TTS 系统包含一系列精细的处理步骤，以确保语音的自然度和准确性。

1）在文本预处理阶段，系统将接收到的文本命令和信息进行归一化，转换特殊字符和缩写，确保文本信息准备就绪以进行进一步的分析。

2）在文本分析阶段，系统通过句法分析确定句子结构，通过语义分析理解指令的含义，同时通过韵律分析来设定语音的节奏、强调和语调。这些分析结果将直接影响合成语音的自然性和可理解性。

3）声学模型阶段是智能座舱 TTS 系统的核心，它负责将处理后的文本转换为声音信号的详细声学参数。采用深度学习算法的先进声学模型，如 Tacotron 和 Deep Voice 系列，从大量真实语音数据中学习，以准确模拟人类的语音特征，包括语调、节奏和发音方式。这些模型捕捉到的细节远超传统的声学模型，能够合成更加自然流畅的语音，提升交互体验。

4）声码器处理是将声学模型生成的抽象参数转换成实际可以听见的语音波形的技术环节。它使用如 Griffin-Lim、WaveNet 和 WaveGlow 等技术，这些声码器能够生成清晰、连贯且自然听感的语音，即便在车辆行驶时背景噪声条件变化的情况下也能保持稳定性。

5）经过声码器处理后的语音输出通过车辆的音频系统传递给驾驶员和乘客。智能座舱利用这一技术为用户提供导航提示、系统状态更新、媒体控制指令反馈以及紧急警报等关键信息。

随着 TTS 技术的进步，智能座舱将越来越多地支持个性化和情感化的语音交互，使得与车辆的沟通变得更加人性化和情感丰富。

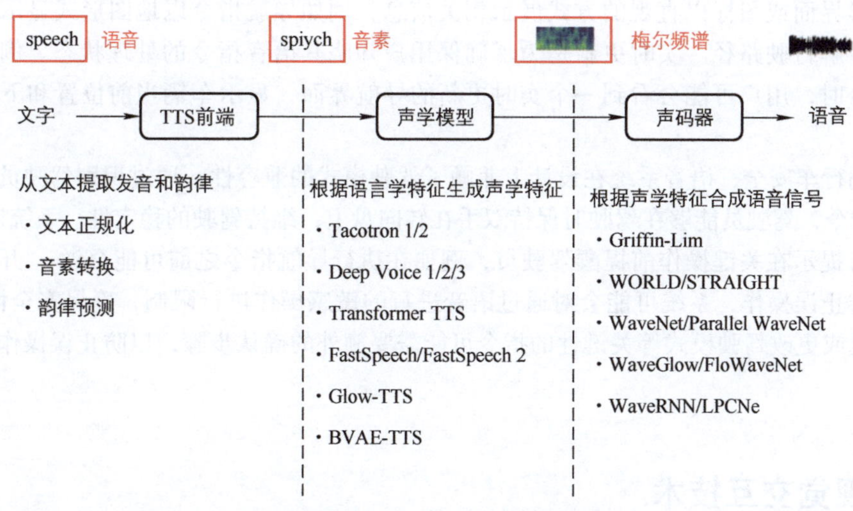

图 7-17 TTS 技术流程

未来的智能座舱中，TTS 技术的持续发展将不断提升用户体验，使得语音指令不仅局限于简单的功能操作，还将扩展到复杂的车辆控制和细致的情境交互中，例如适应用户情绪和偏好的个性化响应，以及能够理解和参与到用户对话的上下文中的语音系统。这些进步将带来一个更加安全、舒适且互动性更强的未来驾驶环境。

7.2.6 语音命令与反馈

在智能座舱中，语音命令覆盖的功能主要包括导航、娱乐系统控制、电话和消息管理以及车辆信息查询等功能。通过语音命令，驾驶员能够轻松实现复杂的导航功能，例如规划驾驶路线并避开高峰时段的交通。这种自然语言识别技术不仅能理解用户对目的地的指定，还能考虑交通状况，为驾驶员提供最佳的行车路线建议。在娱乐系统方面，语音命令系统涵盖了车辆娱乐系统的广泛控制功能。用户可以通过简单的口令调整音量、切换音乐源或播放特定的歌曲，使驾驶员能够在行驶过程中保持专注并享受愉悦的驾驶体验。语音命令也不仅限于导航和娱乐系统，还包括对电话和消息的智能管理。通过语音指令，用户能够轻松拨打电话、发送短信或查看最新的消息，而无须分散驾驶注意力。例如，驾驶员可以简单地说："给办公室打电话"或"读取最新一条短信"。此外，语音命令系统使驾驶员能够通过自然语言进行车辆信息查询。用户可以直接向车辆提问有关车况、油耗统计或任何车辆警告的详细信息，例如："告诉我油箱的剩余油量"或"检查发动机健康状况"。

在进行语音命令控制时，用户可能连续给出多条命令，因此语音系统被设计成具有上下文感知能力，能够理解先前的对话，确保对话的连贯性。这种设计允许用户更自然地与系统交互，例如，用户可以说："带我去市中心，然后找一家好吃的餐厅"，系统能够理解这两个指令之间的逻辑关系。为了更好地理解用户的意图，语音系统具有主动询问以澄清问题的功能。这有助于解决模糊的语音指令或需要更多信息的情况。例如，当用户说："带我去超市"时，系统可能会主动询问："您要前往哪家超市？"语音命令反馈不仅包括语音回应，还涉及可视化反馈，例如文本显示、图形界面和实时更新。文本形式的反馈将用户的语音指令以文字显示在车辆屏幕上，增加了用户对系统操作准确性的信心。执行语音命令后，系统通过车辆屏幕上的图形界面或图标以直观的方式展示相关信息，例如导航指令以地图形式显示，使用户更清晰地了解行驶路径。实时更新是为了确保用户知晓其语音指令的处理状态。例如，在执行导航指令时，用户可能会看到一个实时更新的导航界面，显示车辆当前位置和下一步的转向指示。

考虑到行车安全，语音系统在设计上兼顾了驾驶模式的兼容性。通过识别驾驶员的声音并执行语音指令，驾驶员能够在驾驶时保持双手在转向盘上，维持驾驶的稳定性。系统通过清晰、明了的声音提示在关键操作前提醒驾驶员，例如在执行导航指令之前可能会说："开始导航"。此外，为防止误操作，系统可能会对通过语音进行的敏感操作进行限制，确保安全性。例如，关闭发动机或更改驾驶模式等关键性的指令可能需要额外的确认步骤，以防止误操作带来的安全风险。

7.3 视觉交互技术

视觉交互技术构筑了一座沟通的桥梁，它通过集成的摄像头和传感器精确捕捉驾驶员和乘客的动作与意图，并借助先进的显示技术和图像处理算法，将其转化为车辆的智能响应。这一交互方式不仅提升了操作的便捷性，还极大增强了驾驶的安全性，为驾驶员和乘客提供了一个直观且响应迅速的沟通环境。智能座舱的视觉交互技术代表了当代车辆人机界面的最新发展，该系统由几个关键的组成部分构成，如图 7-18 所示，包括 HUD 技术、驾驶员监测系统（DMS）、乘客监测系统（OMS）以及手势识别功能。这些技术均基于先进的图像处理算法和人工智能技术，通过对摄像头捕捉到的图像进行分析和识别，从而实现对驾驶员、乘客动作和意图的准确捕捉和响应。

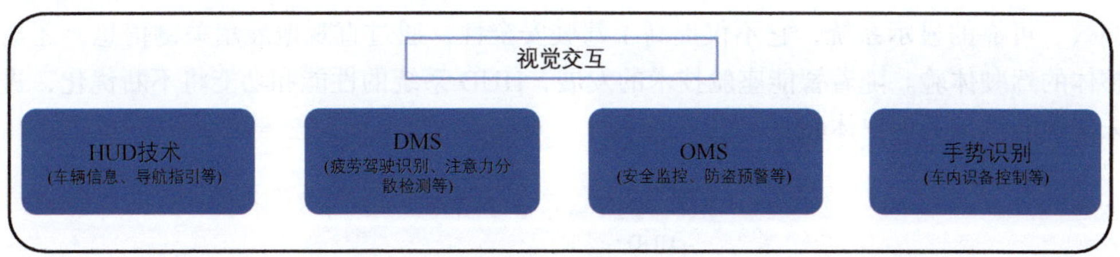

图 7-18　视觉交互模块

通过 HUD，关键信息可以无缝地呈现在驾驶员的视线中，减少了视线转移，使得驾驶员能够更专注于道路情况。这项技术不仅显示基础的驾驶信息，如速度和导航，还能够在复杂的交通情况下提供增强现实辅助，如突出显示道路标识和安全距离，实时增强驾驶员对路况的认知。DMS 技术的应用则确保了驾驶安全，通过连续监测驾驶员的面部表情和眼睛活动，系统能够及时发现驾驶员疲劳或分心的迹象，并通过警告或介入措施促使驾驶员纠正。OMS 技术监测车内每个人的姿态和位置，确保车辆内部的安全措施，如安全气囊部署与乘客状态相匹配。此外，车内环境调节，如空调和座椅加热或冷却，也可以通过 OMS 的监测自动调整，以适应乘客的舒适需求。手势识别则是视觉交互系统中的一项创新功能，它为驾驶员提供了一种无须物理触碰即可控制车辆功能的方式。通过简单直观的手势（如滑动或挥动），驾驶员就可以执行各种操作，这不仅减少了驾驶过程中的分心风险，也增加了交互的趣味性。

整体而言，智能座舱的视觉交互技术是一种集安全、便捷和创新于一体的交互方式。它不仅反映了当前的技术进步，也指明了未来智能座舱发展的方向。随着技术的进一步成熟和普及，可以预见，视觉交互技术将更加深入地融入驾驶和乘坐的每一个细节，提供更加个性化和智能化的用户体验。

7.3.1　抬头显示（HUD）技术

1. 技术方案

HUD 系统驾驶员提供了一个无须转移视线就能获取关键信息的显示解决方案，以确保其功能的高效性和稳定性。图 7-19 详细地展示了 HUD 系统中的系统架构方案。

系统的电源管理模块连接到车辆的电池（BAT）和地线（GND），为 HUD 系统提供稳定的电源，并协调分配至内部模块。这一模块确保即便在电源波动的情况下，HUD 系统也能持续平稳运行。背光控制模块是 HUD 的一个关键部件，它通过精确调节 LED 背光源的亮度，使得 HUD 投影的虚拟图像在不同的光照条件下都能保持最佳的可视性。数据传输和通信的核心是低电压差分信号（LVDS）和串行通信协议（I2C）模块。LVDS 模块负责处理高速的视频数据流，而 I2C 模块则管理内部模块之间的通信，保证数据传输的高速与稳定性。显示模块是 HUD 中的核心部件，它接收数据处理单元的信息，并将其转化为清晰、高分辨率的图像。这些图像随后通过 HUD 的光学系统投射到驾驶员的视野中，形成虚拟图像。HUD 系统通过控制器区域网络灵活数据速率的模块（CANFD）与车辆的座舱域控制器进行高速通信，这使得 HUD 系统能够实时接收来自车辆传感器和控制器的数据，如速度以及其他驾驶辅助信息。操作系统（OS）模块为 HUD 系统提供了软件平台和界面，管理各个硬件组件和执行环境，保证系统整体的稳定性和响应速度。此外，该模块还与座舱监控系统的高级功能进行交互，如通过 Hypervisor 监控系统性能，保证 HUD 系统的最佳性能。HUD 系统的这些精心设计的模块共同工作，形成了一个高效、可靠的显示系统，它不仅提高了驾驶安全性，通过直观地展示关键信息，还显著提升了整体的驾驶体验。随着智能座舱技术的发展，HUD 系统的性能和功能将不断优化，进一步提升未来智能汽车的用户体验。

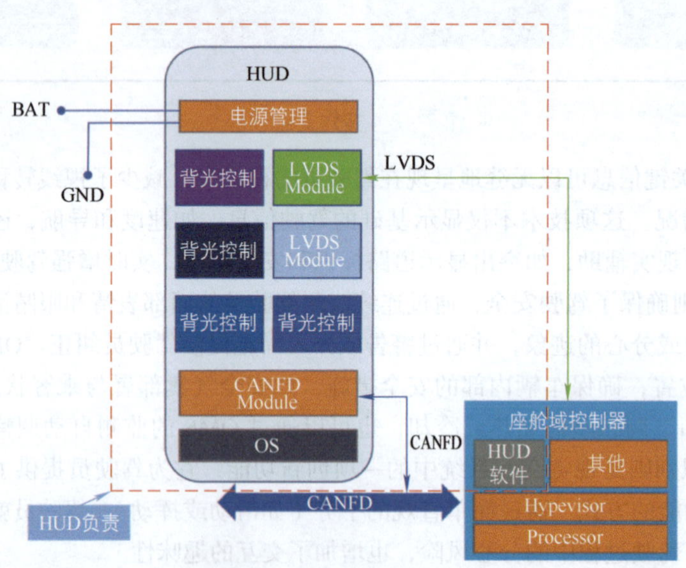

图 7-19　HUD 系统架构方案

HUD 系统的内部构造如图 7-20 所示。该系统从底部的 PCB 和保护后盖开始，确保电路板的安全与功能性，并有效遮挡光线与防尘。电机组件负责调节大曲面镜的角度和位置，确保图像投射的准确性。大遮光罩位于顶部，屏蔽内部杂光，保障图像质量。双面胶与防尘板组合作用于 HUD 的透光部分，防护性能卓越，防尘防水。HUD 上盖同样具备透光及防尘防水的属性。底壳则为系统提供结实的基础，固定并整合内部零件，与车内的其他部分稳定连接。小曲面镜和大曲面镜加翻转支架组成系统的成像单元，负责光线的精确反射和图像的形成，翻转支架则用于微调图像，以适应不同的视角需求。PGU 组件位于系统核心，承担图像生成的关键任务，是最终视觉输出的来源。整体上，这些组件共同确保 HUD 系统的高性能输出和驾驶员的视觉体验。

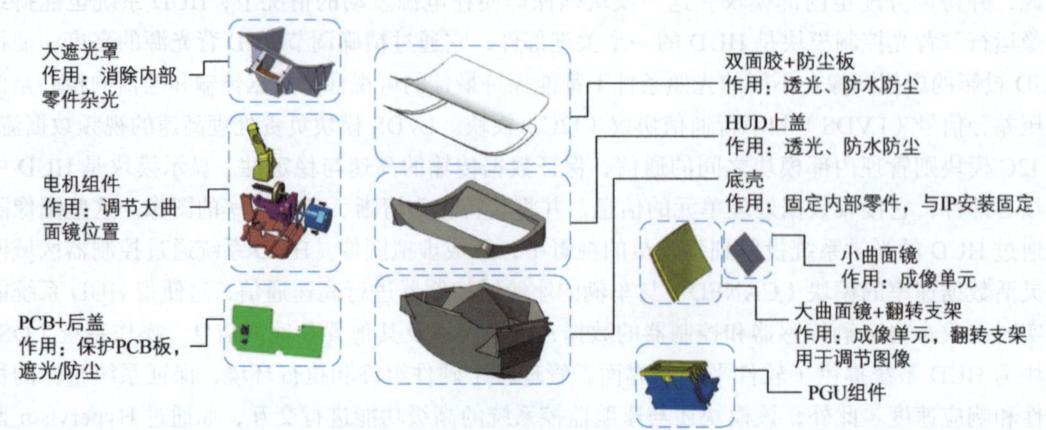

图 7-20　HUD 系统的内部构造

2. PGU 成像方式

在智能座舱的 HUD 系统中，图像生成单元（Picture Generation Unit，PGU）是一个关键的组件，负责生成最终展示在风窗玻璃上的虚拟图像。PGU 是 HUD 的核心，因为它直接影响到信息显示的质量和驾驶员的视觉体验。PGU 的成像技术具有多样性，根据影像源的硬件与原理不同，可将目前主流的成像方式分为四种：TFT-LCD 成像技术、DLP 成像技术、LCOS 成像技术和 LBS-MEMS 激光投影技术。如图 7-21 所示。

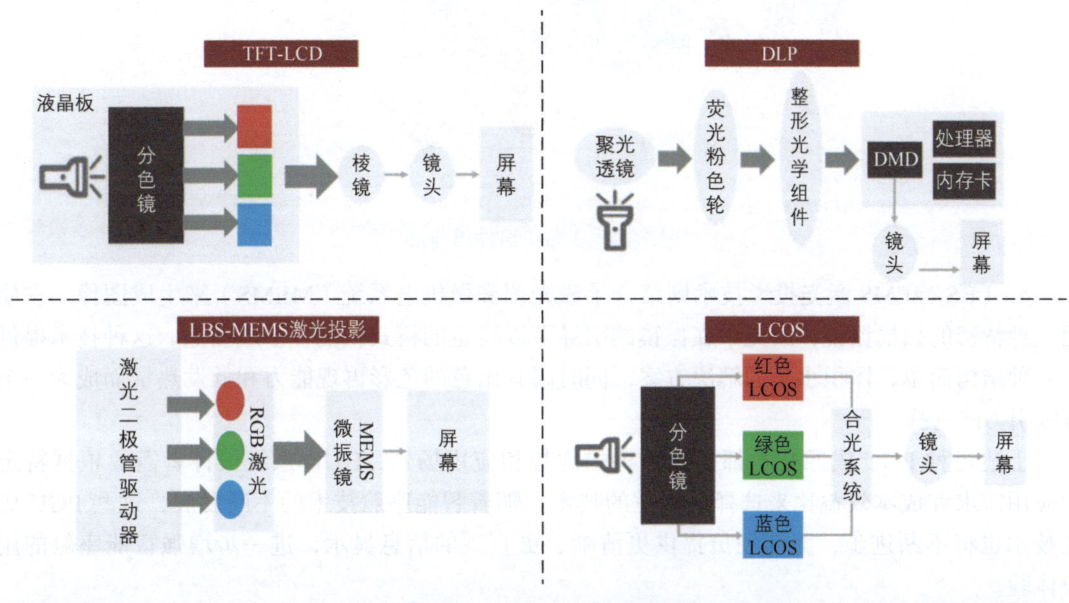

图 7-21 PGU 四种成像技术

1）TFT-LCD 方案采用了多层液晶显示技术，其背光源通常由高亮度的 LED 构成，以及一系列的偏振片、液晶层和彩色滤光片。这些层次协同工作以控制穿过的光线，产生清晰的图像内容。准直透镜和复眼透镜的配置进一步优化了这些光源的角度和均匀性，使得最终投射到风窗上的虚拟图像即使在日光直射的情况下也能保持高对比度和清晰度。以图 7-22 为例，该方案通过准直透镜对 LED 灯板的光束进行角度约束，实现能量分布更集中的效果。此外，通过复眼透镜处理 LCD 屏入射的光束，使其更加均匀且能量集中度更高，起到扩束匀光的作用。为了提高散热效率，灯板采用铝基板，并通过热仿真计算优化内部散热设计，散热块选取 ADC12。这一设计的优势在于减少了背光光学元件，有效降低了成本。采用准直透镜加复眼透镜模式，其均匀性优于其他透镜模式，如 TIR 透镜模式及反光碗模式，降低了对匀光片的要求，同时有效提高了虚像的亮度。

2）DLP 成像技术则通过一组微型反射镜，即数字微镜器件（DMD），来处理光源。这些微镜以极高的速度翻转来反射光线，生成精细的图像内容。DLP 技术的优势在于其能够提供出色的色彩表现和亮度，同时简化了整个光学系统的设计，提高了在各种光照条件下的可读性。LCOS 技术则利用液晶在硅基上的反射方式来合成图像。这种方法通过精确控制反射的光线，使得图像在小尺寸的液晶上生成，然后通过合光系统放大并投射出去。

3）LCOS 技术的主要优势在于其较低的功耗和紧凑的体积，使其特别适合于空间受限的应用。

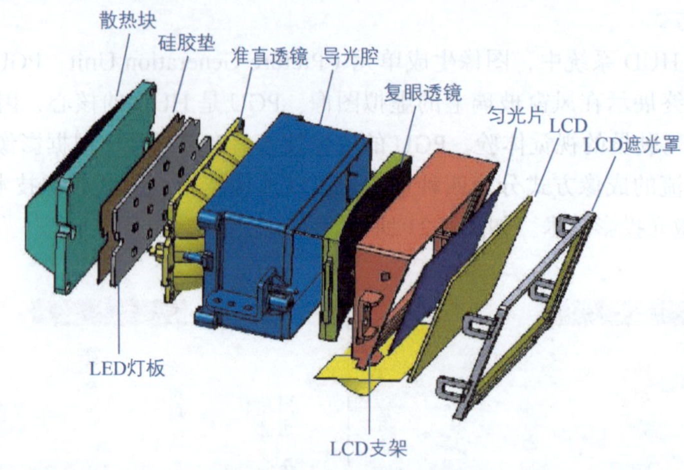

图 7-22　PGU 组件爆炸图

4）LBS-MEMS 激光投影技术则结合了激光源和微机电系统（MEMS）来生成图像。它使用一种精密的扫描振镜，激光束在振镜的引导下以特定的模式扫描，形成图像。这种技术提供了一种结构简单、体积小巧的解决方案，同时因其出色的色彩再现能力和低发热量而成为一个有吸引力的选择。

上述每种 PGU 成像技术都有其独特的优势和应用场景，HUD 系统设计者需要根据特定的应用需求和成本效益比来选择最合适的技术。随着智能座舱技术的不断发展，这些 PGU 成像技术也将不断进步，为驾驶员提供更清晰、更直观的信息显示，进一步增强智能座舱的用户体验。

3. 高级驾驶辅助系统信息显示

高级驾驶辅助系统（Advanced Driver Assistance Systems，ADAS）是一组电子系统，它们在车辆上使用多种传感技术，如雷达、摄像头、激光和超声波，以及详细的算法来协助驾驶员。ADAS 的目标是提高驾驶的安全性和便捷性，通过减少驾驶压力和避免人为错误来提高舒适性。这些系统通过分析传感器数据提供实时的关键信息和驾驶辅助，帮助驾驶员更好地理解车辆周围的环境，并预警潜在的危险。

ADAS 系统包含一系列的功能，如表 7-1 所示，从基本的车道偏离预警（LDW/LKS，用于警告驾驶员他们正在无意中偏离行驶道路），到前碰撞预警系统（FCW，能够检测前方的车辆并在即将发生碰撞时提供警告）。自适应巡航控制（ACC）则能够自动调整车辆的速度，以保持与前车安全的距离。W-HUD 系统作为一种主流的平视显示技术，通过将驾驶信息直接投影到风挡玻璃上，使驾驶员能够在不转移视线的情况下查看速度、导航指示和 ADAS 警告等信息。这种显示方式不仅提高了驾驶安全性，还增强了驾驶舒适性。AR-HUD 系统则进一步发展了 HUD 技术，将增强现实技术与 ADAS 系统相结合。通过在驾驶员的视野中叠加辅助信息，AR-HUD 为驾驶员提供了一个更加直观的操作界面。例如，AR-HUD 可以在实际路况视图上叠加导航提示，或者通过图形和符号直观显示车道偏离或碰撞预警，增强驾驶员对车辆当前状态的理解。集成式巡航辅助系统（ICA）和限速标志识别（TSR）等功能通过 AR-HUD 为驾驶员提供即时反馈，提高驾驶的响应性和精确性。ADAS 中对应的信息显示示例可参见图 7-23。

表 7-1 ADAS 显示内容

显示类别	显示内容	编号
ADAS 信息	车道偏离预警（LDW/LKS）	A
	前碰撞预警系统（FCW）	B
	自适应巡航系统（ACC）	C
	集成式巡航辅助系统（ICA）	D
	限速标志识别（TSR）	E
	智能限速 ACC（iACC）	F
	盲区侦测报警（BSD）	G
	紧急车道保持（ELKA）	H
	自动变道辅助系统（HWA-ILC）	I
	前方车辆穿行辅助（FCTA）	J

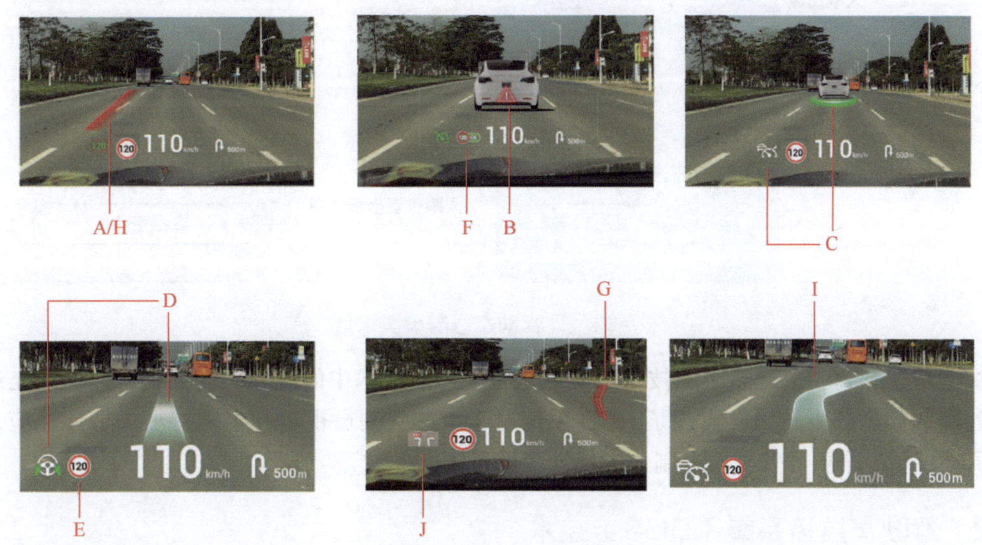

图 7-23 ADAS 信息示例

综合来看，ADAS 系统通过先进的技术和算法，提供了一个全面的驾驶辅助平台，显著提升了安全性和驾驶体验。随着技术的不断进步，ADAS 系统在智能座舱中的角色越来越重要，逐渐成为现代智能车辆不可或缺的一部分。

4. 驾驶人动态跟随

在智能座舱的 HUD 系统中，驾驶人动态跟随技术是一项集成了先进图像识别和实时数据处理的功能，旨在优化驾驶员的视觉体验。这项技术通过精确监测驾驶员的眼球位置并实时调整头显信息，确保增强现实（AR）图像与驾驶员的视角精确对齐，即使在驾驶过程中头部位置发生变动，也能保持信息显示的准确性和连续性。

驾驶动态跟随模块设计如图 7-24 所示。该模块首先利用车载摄像头，通过高精度的图像捕捉算法，实时地识别驾驶员的眼部位置，从而获得眼球的三维坐标。这一步涉及对驾驶员头部运动的六自由度（6DoF）跟踪，包括平移（x、y、z 轴方向移动）和旋转（绕 x、y、z 轴的旋转）。处理单元随后接收眼球位置数据，并通过动态算法实现 HUD 内容的实时调整。这些算法

对眼球坐标进行转换和计算，以确定虚拟图像在 HUD 上的最佳显示位置。该过程考虑了个体生理特征差异，如头部尺寸、眼睛到 HUD 的距离以及眼睛的运动范围，保证虚拟图像在驾驶员视野中的最佳适应性。HUD 系统的显示单元随后根据算法输出的数据，调整虚拟图像的显示参数，包括位置、大小、亮度等，以便虚拟图像与外部世界的视觉参照物完美叠加。这样不仅提升了 AR 图像的视觉效果，也使得与外部环境的交互更为直观。通过这项技术，驾驶员能够在保持视线前方的同时，接收到车道偏移预警、前碰撞预警、自适应巡航控制等 ADAS 功能的关键信息。这种高度个性化的视觉输出不仅提高了驾驶的安全性，也提升了信息获取的舒适度和直观性。

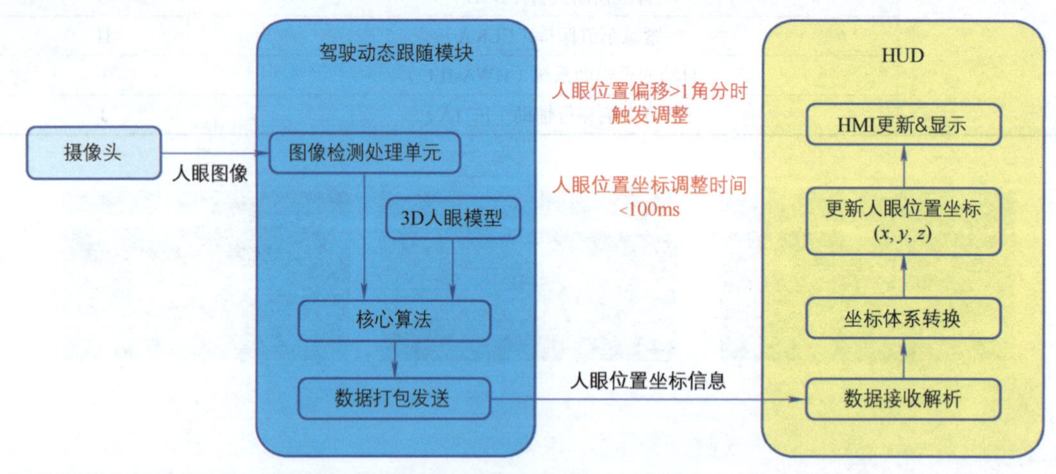

图 7-24　驾驶动态跟随模块设计

综上所述，驾驶人动态跟随技术的实施是智能座舱技术中的一项关键创新，它通过先进的图像处理和数据分析技术，实现了 HUD 系统对于个体驾驶员视觉和生理特征的智能适应，为驾驶员提供了一个更为安全、定制化的驾驶辅助系统。

7.3.2　驾驶员监控系统（DMS）技术

1. 原理及技术方法

DMS（驾驶员监控系统）是一种车载系统，采用计算机视觉技术，旨在通过捕捉驾驶员的面部特征来评估其状态和行为，以增强驾驶安全。通常，DMS 摄像头被安装在 A 柱上，也可以巧妙隐藏在转向盘管柱和仪表盘之间，不仅美观，而且节省空间。DMS 的主要功能包括检测驾驶员的疲劳和分心状态，当检测到问题时，系统会发出警告或采取控制措施，这已成为智能商用车和乘用车的必备功能之一。此外，DMS 还可以与其他驾驶辅助系统如 AR-HUD 产品和透明 A 柱相结合，提供更全面和智能的驾驶辅助功能。

DMS 的核心在于对驾驶员的生物特征进行实时监控和分析，包括面部特征、头部姿态、视线方向、面部表情和情绪。

1）面部特征分析利用高分辨率摄像头和高级图像处理技术，精确地捕捉驾驶员面部的微小特征，例如眼睛、鼻子、嘴巴等特征及其位置分布。通过将这些特征与数据库中的标准特征进行比对，DMS 可以识别驾驶员的身份，甚至能够判断其情绪状态和生理特征，如佩戴眼镜或化妆。

2）头部姿态追踪技术通过分析驾驶员头部的姿态变化，确定驾驶员是否正在注视前方道路或是否转头观察侧面盲区等行为。这项技术有助于检测驾驶员的注意力是否集中以及视线是否偏离正常行驶方向。系统通过分析头部姿态的角度和方向，结合车辆的运动状态和道路环境，可以准确判断驾驶员的视线方向和注意力状态。

3）视线方向追踪技术利用特殊的图像处理算法，实时分析驾驶员眼球的运动轨迹和瞳孔的变化，以确定驾驶员是否在不同区域注视，例如仪表盘或中控屏幕。这有助于发现分心驾驶问题，如长时间注视手机等。系统结合车辆的运动状态和道路环境，准确判断驾驶员的视线方向和注视区域。

4）面部表情和情绪识别技术运用人工智能和机器学习算法，分析面部肌肉的运动和微表情的变化，以判断驾驶员的情绪状态，如高兴、悲伤、愤怒等。这有助于发现驾驶员的情感变化和心理状态，从而评估其驾驶能力和安全意识。系统通过实时分析面部表情的变化，结合驾驶员的行为特征和车辆的运动状态，可以准确判断驾驶员的情绪状态和心理状态。

图 7-25 展示了利用卷积神经网络（ConvNet）来实现对驾驶员行为的实时监控和分析方法。该系统从捕获驾驶员面部和手部的图像开始，通过面部检测和手部检测两个模块来定位和识别图像中的关键区域。接着，肤色分割模块进一步处理图像，提取出肤色特征，以便进行更深入的生理特征分析。处理后的图像数据被送入一系列专门设计的卷积神经网络，每个网络都针对不同的特征和分析目的进行优化。原始图像由原始 ConvNet 处理，提取基础特征。面部图像由面部 ConvNet 处理，用于细致分析面部特征，而手部图像则由手部 ConvNet 处理，识别手部位置与动作。面部和手部结合的图像由面部 + 手部 ConvNet 处理，可用于评估驾驶员的整体行为模式。最后，基于肤色的 ConvNet 专注于分析肤色分割后的图像，以识别驾驶员的生理反应。这些不同的网络产生的输出被送入一个集成分类器中，这个集成系统通过遗传算法学习到的权重来综合考虑每个网络的分析结果，以实现对驾驶员状态的准确评估。这种集成方法允许系统在不同情境下权衡和优化这些特征，以识别和评估驾驶员的身份、情绪状态、疲劳程度以及注意力分散等问题。整个系统的设计显示了高度的集成和智能化，能够实时监控驾驶员的多种生物特征和行为模式，并及时响应潜在的安全风险。

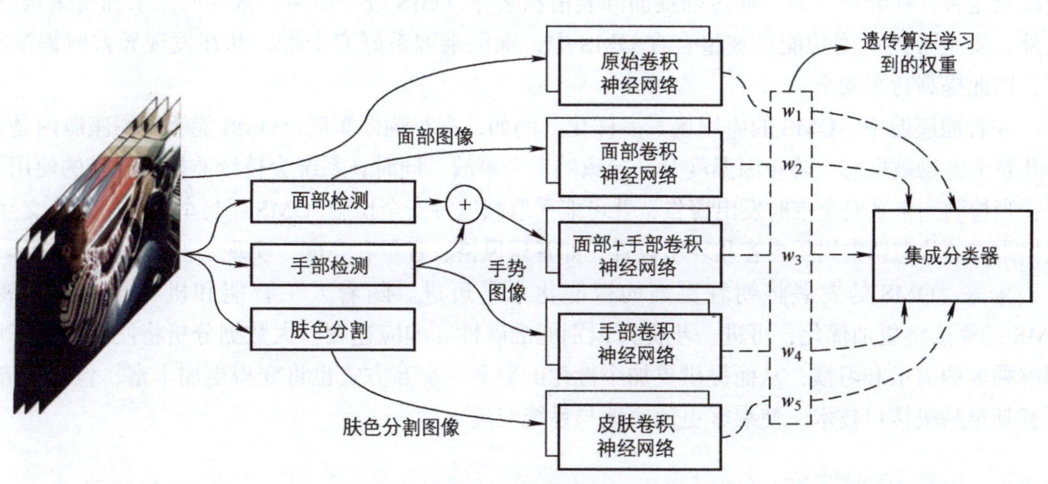

图 7-25　基于 ConvNet 的驾驶员监控方法

2. 未来发展趋势

随着科技的进步，驾驶员监控系统（DMS）的未来发展前景十分广阔。

1）在智能化方面，未来的 DMS 将更深入地融合人工智能和机器学习技术。这意味着系统将能够更自动化地进行操作，更准确地识别驾驶员的生物特征、行为模式以及情绪状态。借助于深度学习，DMS 不仅能够在现有的基础上识别疲劳和分心状态，还能够预测驾驶员的行为趋势，并在必要时自动介入控制车辆或者提供及时的反馈和警告，提升安全辅助系统的主动性和预判能力。

2）在交互方式上，随着语音识别和自然语言处理技术的成熟，未来的 DMS 将提供更加自然和直观的交互体验。驾驶员能够通过语音与 DMS 进行沟通，控制系统功能或获取行驶信息。同时，DMS 能够通过语音、视觉提示甚至触觉反馈等多模态方式，以更加符合人类习惯的形式与驾驶员进行互动，提供紧急信息或导航提示。通过集成更多的车载传感器数据和外部交通信息，DMS 将能够提供更加全面的驾驶辅助。例如，通过融合车辆内外的摄像头、雷达和其他传感器，DMS 可以实时监测车辆周围环境，识别潜在的碰撞风险，并及时提醒驾驶员采取避险措施。

3）随着数据分析技术的进步，未来的 DMS 可能会成为个性化服务的提供者。通过分析驾驶员的行为模式和习惯，DMS 可以提供定制化的驾驶辅助方案，甚至能够根据驾驶员的情绪和健康状态提出建议，如推荐休息时间或提供紧急医疗联系。然而，在实现这些高级功能的同时，必须考虑到数据隐私和安全的问题，确保驾驶员的个人信息得到妥善保护，防止数据滥用或泄露。

总而言之，未来的 DMS 将是一个多功能、高智能化和强互动性的系统，它将在提升道路安全、增强驾驶体验以及推动智能交通系统发展中发挥重要作用。

7.3.3 乘员监控系统（OMS）技术

乘客监控系统（OMS）作为智能汽车领域的一项关键技术，其基本原理在于综合利用计算机视觉技术。通过在车舱内安装摄像头和传感器，OMS 实时采集座舱内的图像和多模态数据，经过高级算法处理，能够识别乘客的姿态、动作和位置信息。系统能够监测乘客数量、位置和姿态，利用图像处理和模式识别技术分析乘客的头部和身体动作，判断乘客是否正常乘坐或睡眠以及是否存在异常行为。通过捕捉面部表情和眼神，OMS 进一步洞察乘客的需求和情绪状态。此外，安全带的检测功能也被整合在 OMS 中，确保乘客系好安全带，并在发现异常时提醒乘客，以此提高行车安全。

在智能座舱中，OMS 的应用场景多样化。例如，在车辆停车后，OMS 能够检测座舱内是否有儿童或宠物被遗忘，防止因温度升高导致的安全事故。同时，系统会持续监控安全带的使用状况，当检测到未系安全带时发出警告，并可能采取减速等安全措施。OMS 还与车内娱乐系统交互，根据乘客的状态调整娱乐内容和环境设置，如音乐风格、音量和亮度，实现个性化的乘车体验。

未来，OMS 的发展将朝着更高的智能化水平迈进。随着人工智能和机器学习的发展，OMS 的算法将更加优化，可进一步提升识别的准确性和响应速度。大数据分析将使系统更好地理解乘客的需求和习惯，从而提供更加个性化的服务。交互方式也将变得更加丰富，包括手势、语音甚至脑机接口技术，使乘客更便捷地与系统交流。

7.3.4 手势识别技术

手势识别技术在人机交互的领域中扮演着愈加重要的角色，尤其是随着计算机视觉和深度学习的快速发展，它为智能系统带来了一种更为直观和自然的交互模式。在智能座舱的环境下，手势识别技术不仅丰富了乘客的交互体验，也提高了操作的便捷性和安全性。

手势识别的基本原理涉及四个关键步骤：首先是图像的采集，这一步骤通常通过安装在座舱内的摄像头完成，用于捕获乘客的手势动作；其次是图像的预处理，包括去噪声和对比度增强，以确保手势的特征能够被清晰地识别；再次是特征提取，这一步骤关键在于从图像中识别出与手势相关的关键特征，如手的形状、运动的轨迹和变化的速度。最后是分类识别，利用机器学习算法，如卷积神经网络，对提取的特征进行分析，以识别和解释手势的具体含义。

二维手势识别，主要处理的是在二维平面上的手势动作，例如平面的滑动、轻敲和旋转等。这些动作可以通过智能座舱内的触摸屏或其他二维传感器来捕捉。乘客可以通过这些简单的手势来控制车内音响、调节座椅和改变灯光强度等功能。这种交互方式使得驾驶员在不必移开视线的情况下操作车辆功能，从而提高了行车过程中的安全性。而三维手势识别技术，则是通过 3D TOF 摄像头捕获深度信息，从而识别更为复杂的手势动作。在智能座舱中，三维手势识别技术使得乘客能够通过更自然的手势，如挥手或者点头，来进行更复杂的操作，比如激活语音助手、控制导航系统或是调节座舱的氛围设置。这增加了乘客与车辆互动的维度，使得体验更加丰富和直观。

基于 PointNet 的三维手势识别方法框架如图 7-26 所示，该方法首先将手势表示为一组包含手部关键点的 3D 点云数据，其中每个点表示手的一个关键点。这组点云数据作为输入，经过输入变换（Input Transformation）和特征变换（Feature Transformation）操作，将每个点的特征进行转换和提取，以获得更具有区分性的表示。接着，通过最大池化（Max Pooling）操作将这些特征进行聚合，得到整个手势的全局特征。在分类网络中，全局特征被送入多层感知器（mlp），在最后一层 mlp 中使用了 Dropout 层，以减少过拟合的可能性。这个 mlp 输出每个类别的分类分数，从而实现对手势的分类识别。与此同时，在分割网络中，全局特征与局部特征（Concatenated Global and Local Features）结合，然后再经过 mlp 处理，输出每个点的分割分数。这样就可以对每个点进行分类，实现对整个手势的分割识别。整个过程中，BatchNorm 被用于所有层以提高训练速度和稳定性，而 ReLU 则被用作激活函数。通过这种基于 PointNet 的方法，可以有效地识别和分割三维手势，为人机交互提供了新的可能性。

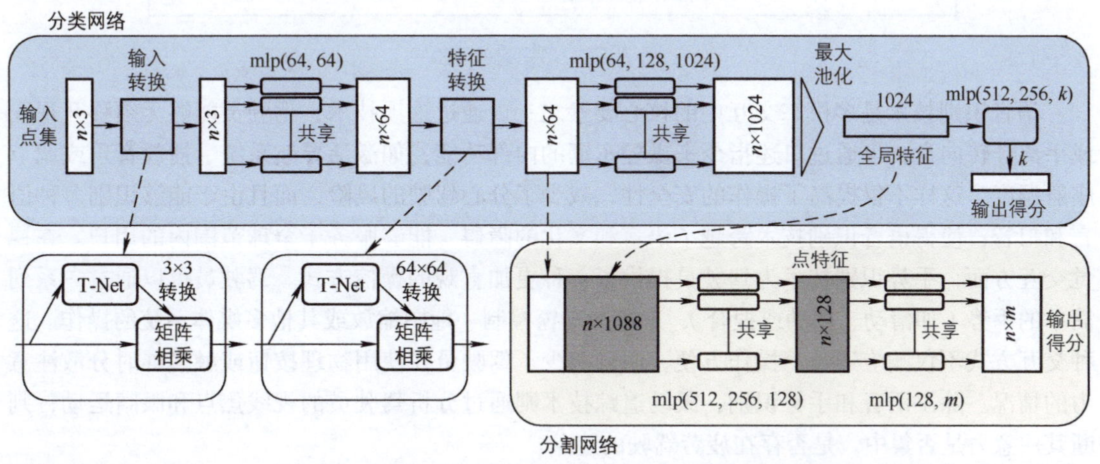

图 7-26 基于 PointNet 的三维手势识别方法框架

未来，手势识别技术预计将在算法的优化、性能的提升以及交互方式的丰富性上取得显著进展。算法层面，通过深度学习的持续演进，手势识别的准确度将大幅提升，能够更快速和准确地响应复杂的手势指令。硬件方面，随着传感器技术的提升和计算能力的加强，手势识别系统将变得更加小型化和更为节能，便于集成到各种移动设备和车辆中。在交互方式上，手势识别将与语音、眼动追踪甚至情绪识别等其他交互技术相结合，形成一种多模态交互体系，为用户提供更为全面和深入的交互体验。

7.4 多模态交互技术

7.4.1 多模态交互概述

智能座舱的多模态交互是一种利用多种感知通道和交互方式与车辆进行信息交流的方式。这种交互方式能够提升驾乘人员的体验，同时提高驾驶安全性。这种交互方式集成了语音交互、视觉交互和触觉交互（图 7-27），其中视觉交互又包含手势识别、眼动追踪等技术，每种技术都针对不同的感官通道，以确保信息的有效传达和处理。

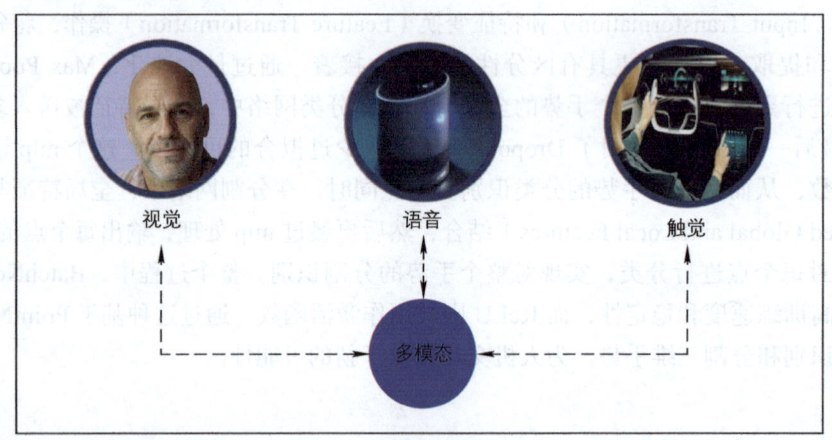

图 7-27　多模态交互

语音识别技术是多模态交互中的核心要素之一。通过这项技术，驾驶员能够无须移开视线或手离开转向盘，仅通过口述指令来操控车辆的内部功能，如激活导航系统、播放音乐或调节座舱温度。这样不仅提高了操作的安全性，减少了分心驾驶的风险，而且由于能够识别多种语言和口音，使得语音识别技术跨越了语言和文化的障碍，能够服务于全球范围内的用户。在视觉交互方面，手势识别技术为驾驶员提供了一种更加直观的操控方式。驾驶员可以通过一系列简单的手势（如滑动、挥动或捏合），来进行车窗控制、地图缩放或其他多媒体系统的操作。这种交互方式不仅响应迅速、操作方便，而且减少了驾驶员在使用物理按钮或触摸屏时分散注意力的情况。除了语音和手势识别，眼动追踪技术则通过分析驾驶员的视线焦点和眼睛运动，判断其注意力是否集中，是否存在疲劳驾驶的迹象。

智能座舱中的多模态交互还可能包括其他感官的交互方式，如触觉反馈，这通过座椅的振动来警示驾驶员潜在的风险或提醒，如行人接近或车辆偏离车道等场景。这种多感官的融合使得驾驶员能够在不同的情境下接收和处理信息，提高了驾驶的安全性和舒适性。

总之，多模态交互在智能座舱中是一种理想的交互方式，它能够提供更加智能、舒适和便捷的驾乘体验。首先，多模态交互能够提高驾驶员的效率和安全性。根据多重资源理论和态势感知模型，多模态交互可以有效地降低驾驶员的工作负荷，避免单一通道信息过载，提高驾驶员发现和响应安全风险能力，从而减少驾驶过程中的失误和分心。其次，多模态交互能够提供更加自然和直观的交互方式。人类在自然环境中通常会通过多种感知通道来获取和交流信息，多模态交互正是模拟了这种自然交互方式，使得驾驶员能够更加自然和直观地与车辆进行交互，提高了交互的效率和便捷性。此外，多模态交互还可以通过对驾驶员行为的监测和提示，提高驾驶员的态势感知能力，降低驾驶中的风险。例如，通过分析转向盘的转向、行驶轨迹、车辆的加减速等数据，可以判断驾驶员是否处于疲劳、分心等状态中，及时给出相应的提示和警告。综上所述，智能座舱中的多模态交互能够提高驾驶员的效率和安全性，提供更加自然和直观的交互方式，以及通过对驾驶员行为的监测和提示，降低驾驶中的风险。因此，多模态交互在智能座舱中具有非常重要的应用价值。随着技术的不断进步和应用场景的不断拓展，相信未来多模态交互将会更加成熟和完善。

7.4.2 多模态交互数据融合

在智能座舱设计的多模态数据融合技术中，将各种感官信息流整合成一个统一的信息处理和理解框架，对于提升用户体验和安全性至关重要。这一综合过程不仅要求各个传感器数据在时间和空间上的精确同步，还需要通过先进的算法对数据进行对齐、特征提取、映射以及时序整合和优化，以确保信息在系统中流动和处理的连贯性和准确性。

数据同步与对齐作为基础，确保了如摄像头、超声波传感器、GPS 模块等来源的信息在相同的时间点上能够被对准和整合。时空同步通常依赖于精确的时间戳和全球定位数据，而对齐策略则可能涉及动态时间规整算法，用于调整数据流的时间标记，以匹配不同传感器采集数据的时间差异。特征提取与映射则进一步处理这些同步的数据。通过深度学习模型，系统能够从各种模态中提取重要的特征。例如，卷积神经网络专门处理视觉数据，以识别和解释图像中的手势动作；而循环神经网络则分析语音模式，理解命令的语义内容。这些特征接着被映射到一个共享的嵌入空间，其中多模态自编码器等融合网络允许不同模态的特征在此空间内进行互动和联合解释。时序整合与优化关注于数据的时间关系和连续性。例如，连续手势的流动性和语音的节奏性是通过滑动窗口和长短时记忆网络来处理的。在这个过程中，多模态注意力机制发挥着至关重要的作用，它根据当前情境动态地分配资源，调整对不同模态输入的关注度，从而优化综合信息的质量和响应速度。

以多模态情感识别为例，图 7-28 所示为一个基于音视频的多模态情感识别系统流程，该系统通过对视频和音频信号的综合分析来识别人的情绪状态。该方法的核心在于利用深度学习技术分别处理视觉信息和听觉信息，然后将两种模式的数据融合以提高情感识别的准确性。

1）视频处理部分从一系列面部图像开始，逐帧提取面部表情的特征。每一帧图像首先通过 AffectNet-EE 神经网络进行处理，该网络针对每一帧生成一个 512 维的特征向量，编码了图像中的情绪相关信息。紧接着，AFtWild2-EE 网络进一步加工这些特征向量。

2）处理后的特征被组织到定时窗口中，每个窗口持续 2s，并且每 1s 滑动一次窗口以捕获新的数据。在这些时间窗口中，通过统计方法对特征进行了功能性转换。

3）利用长短时记忆网络（LSTM）对序列特征进行学习和记忆，以捕捉情绪随时间的动态变化。

4）通过支持向量机（SVM）对每个视频窗口内的情绪进行分类预测。

5）音频处理部分则对原始的音频信号进行分析。音频数据被分割成4s宽的片段，每1.6s滑动一次以覆盖整段音频。这些音频片段通过一维卷积神经网络（1D CNN）和长短时记忆网络（LSTM）的结合来提取情绪特征，并进行情绪状态的预测。预测结果通过多通道加权滤波（MCWF）技术进行综合和优化，以产生最终的音频情绪预测。

6）在多模态融合的最后阶段，视频和音频预测的结果结合在一起，提供了一个基于视觉和听觉信息综合分析的情绪状态预测。这种融合策略充分利用了视觉和听觉通道在情感表达上的互补性，增强了系统对复杂情绪状态的识别能力，从而在多模态情感识别任务中实现了更高的准确性和可靠性。

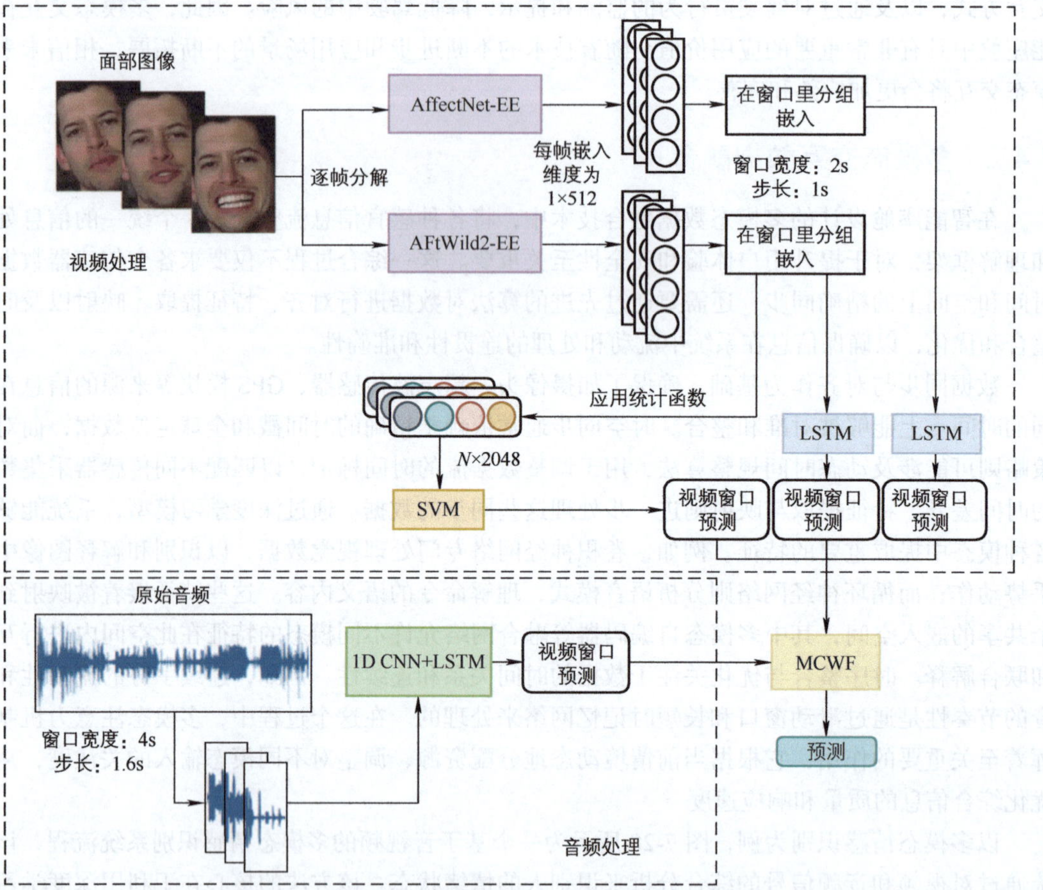

图 7-28　基于音视频的多模态情感识别系统流程

通过多模态数据融合技术的应用，智能座舱不仅能够理解用户发出的语音命令和手势动作，还能够根据用户的视线走向和触觉反馈来预测和响应用户的需求。这种技术的深入应用，使得智能座舱能够提供一个无缝的、高度互动的驾驶环境，极大提升了安全性和驾乘舒适性。随着算法和传感器技术的不断进步，多模态数据融合将使智能座舱更加智能化，为未来的交通系统带来更深远的变革。

7.4.3 多模态交互应用场景与案例

1. 语音 + 视觉

在智能座舱中，结合语音和视觉的多模态交互为用户提供了一种更为丰富和直观的交互体验。一个创新的应用场景是利用唇语识别来增强语音识别技术的准确性，尤其在嘈杂的环境中或是当语音命令不够清晰时。想象在繁忙的交通中，驾驶员希望通过语音命令激活导航系统，但周围的噪声使得语音识别系统难以准确捕捉指令。在这种情况下，智能座舱中的摄像头可以捕捉驾驶员的面部和嘴部动作，利用唇读技术来辅助语音识别。系统将驾驶员的唇动与声音信号同步处理，使用深度学习模型结合这两种信息进行识别，从而大幅提高命令解析的准确率。

通过将唇语识别技术与语音识别相结合，智能座舱中的多模态交互不仅为驾驶员提供了更为高效和准确的控制方式，也显著提升了驾驶环境的智能化水平。这种应用案例展示了未来智能座舱技术的发展方向，其中多模态交互将发挥越来越重要的作用。

2. 视觉 + 触觉

在现代汽车的智能座舱设计中，结合视觉和触觉的多模态交互技术正变得越来越普遍。这种交互方式通常利用车辆的中控屏幕和转向盘等物理接口，为驾驶员提供车辆状态和系统响应的直观反馈。

例如，当车辆接近或偏离车道边缘时，智能座舱会通过转向盘的细微振动来警告驾驶员，这种触觉反馈立即而直观，无须驾驶员转移视线，即可感知潜在的行驶风险。同时，中控屏幕会显示相应的视觉图标和动态效果，如车道图形的变化或颜色警示，进一步强化驾驶员对情况的认识。在与车辆的交互过程中，例如调节音乐或温控系统时，驾驶员可以通过语音命令操作。而为了确认系统已正确理解并执行了命令，中控屏幕会显示相应的视觉信号，如高亮显示当前激活的功能或显示一个动画效果，提示命令已被接受。除此之外，智能座舱中的视觉和触觉交互还可以扩展到个性化设置。例如，一旦系统通过内置的面部识别技术识别到驾驶员，它可以自动调整座椅、转向盘、后视镜的位置以及内部环境设置，如氛围灯光的颜色和亮度，提供个性化的驾驶环境。这些调整会伴随着视觉上的确认，如个性化配置文件的名称显示在屏幕上，以及通过触觉反馈确认设置已完成。

总之，通过视觉和触觉的紧密结合，智能座舱为驾驶员提供了一种更为全面的交互体验。这种多模态交互方式不仅提高了操作的便捷性和驾驶的安全性，也提升了整体的驾驶体验，使得驾驶员与车辆的沟通更加直观和自然。随着技术的发展，这种多模态交互将继续改进，为用户带来更高水平的便捷性和安全性。

7.4.4 多模态交互的未来趋势及挑战

随着技术的不断进步，多模态交互在智能座舱中的应用将越来越广泛和深入。未来的多模态交互将会更加自然、智能和个性化，让驾驶员和乘客的交互体验更加便捷和舒适。例如，通过眼动追踪和手势识别技术，驾驶员可以直接在车内进行各种操作，无须动手或开口。此外，多模态交互还将更加注重与用户的情感交流，通过语音、表情、姿态等方式与用户进行情感沟通，让驾驶员和乘客感受到更加人性化的服务。

然而，多模态交互也面临着一些挑战和难点。首先，不同模态之间的融合是一个技术难题。由于不同模态的数据来源和特征不同，需要将它们有效地融合在一起，实现多模态信息的协同作用。其次，由于多模态交互涉及多种感知通道和计算任务，因此需要大量的数据和算力资源来支持其运行和处理。此外，多模态交互涉及用户的多种信息，如何保障用户隐私和数据安全是一个重要的问题。最后，如何设计出符合用户习惯和期望的交互方式和界面，以及如何提供更好的用户体验也是多模态交互的一大挑战。

总之，多模态交互在智能座舱中的未来趋势是向着更加自然、智能和个性化的方向发展，但同时也面临着技术、数据、隐私和安全等方面的挑战，需要不断进行技术创新和研究探索，以推动多模态交互在智能座舱中的发展和应用。

习 题

一、选择题

1. 智能座舱系统主要包含以下（　　）内容。

A. 硬件设计、软件开发、用户界面设计　　B. 用户界面设计、交互模式、传感技术
C. 软件开发、用户行为分析、硬件维护　　D. 交互模式、用户界面设计、硬件维护

2. 语音交互技术的核心环节不包括（　　）。

A. 语音识别　　B. 自然语言处理　　C. 手势识别　　D. 语音合成

3.（　　）能够通过分析驾驶员的视线焦点和眼睛运动来判断其注意力。

A. 语音识别技术　　B. 手势识别技术　　C. 眼动追踪技术　　D. 面部识别技术

4.（　　）不属于智能座舱系统中常用的传感技术。

A. 红外线传感器　　B. 摄像头　　C. 激光雷达　　D. 温度传感器

5. 智能座舱中的 DMS 和 OMS 分别用于监测（　　）。

A. 驾驶员和车辆　　B. 乘客和外部环境　　C. 驾驶员和乘客　　D. 车辆和乘客

6. 在智能座舱的语音交互设计中，最重要的是确保（　　）。

A. 高保真音响效果　　B. 语音识别的准确性和响应速度
C. 语音合成的自然度　　D. 语音交互的多样性

7. 手势识别技术的四个关键步骤是图像采集、图像预处理、特征提取和（　　）。

A. 图像重建　　B. 数据存储　　C. 分类识别　　D. 运动检测

8.（　　）在驾驶过程中最能降低驾驶员的分心程度。

A. 触摸屏交互　　B. 手势交互　　C. 语音交互　　D. 物理按键交互

9. 智能座舱系统的核心技术不包括（　　）。

A. 语音识别　　B. 生物识别　　C. 信息娱乐系统　　D. 自动驾驶算法

10.（　　）主要用于监测驾驶员的面部表情和疲劳状态。

A. 语音识别　　B. 面部识别　　C. 手势识别　　D. 触摸屏交互

二、填空题

1. 面部识别技术在智能座舱中通过分析驾驶员的________来监测其状态。

2. 语音交互系统的语音合成部分用于提供________。

3. 智能座舱中的信息娱乐系统不仅提供音乐和视频播放功能，还可以集成________和________等信息服务。

4. 眼动追踪技术通过分析驾驶员的________来判断其注意力集中程度。

5. 使用摄像头进行手势识别时，需要考虑的一个主要问题是____________。

6. 在智能座舱中，HUD 技术的全称是____________。

7. 手势识别技术的图像预处理步骤包括噪声去除和____________。

8. 智能座舱中的 DMS 系统主要依赖于计算机视觉和________传感技术。

9. 智能座舱中的________技术可以在驾驶员的视线范围内显示重要信息，从而减少驾驶员的视线转移。

10. 为了提高智能座舱系统的交互精度，通常会采用________技术来处理多传感器数据。

三、简答题

1. 简述多模态交互技术在智能座舱中的重要性。

2. 简述智能座舱中面部识别技术的工作原理和应用。

3. 简述智能座舱中使用的 AR 导航技术的工作原理和优势。

4. 讨论手势识别技术在智能座舱中的应用场景和技术优势。

5. 未来智能座舱系统的发展趋势是什么？请结合技术和用户需求进行分析。

6. 简述多模态交互技术如何提高智能座舱系统的鲁棒性和用户体验。

7. 简述智能座舱中语音交互系统的组成部分及其功能。

8. 讨论智能座舱中的 DMS 系统如何通过红外传感技术监测驾驶员状态。

9. 简述智能座舱系统中的多模态交互技术如何提升用户体验。

10. 简述眼动追踪技术如何提高驾驶安全性。

第 8 章 智能车辆控制系统安全设计

在汽车产业朝着智能化、网联化、电动化趋势不断深入发展的背景下，汽车电子电气系统的复杂度和集成度不断提高，新的功能越来越多地涉及系统安全工程领域。安全是智能车辆持续健康发展的前提，智能车辆的安全是一个多方面、多层次和多维度的集合体。随着智能化、网联化、电动化的推进，智能车辆安全体系的内涵和外延也在不断变化，安全范畴从传统车辆的被动安全和主动安全，进一步扩展到智能车辆控制系统的功能安全、预期功能安全和信息安全。功能安全是防止智能车辆控制系统发生系统性失效和随机硬件失效的必要保障；预期功能安全则是确保智能车辆控制系统设计能够满足预期安全标准的关键环节；信息安全是维护智能车辆控制系统网络和数据安全的基本要求。这三者共同构成了智能车辆控制系统，特别是自动驾驶系统的安全要素。通过整合功能安全、预期功能安全和信息安全，智能车辆不仅能够提升驾驶体验和操控性能，还能够提高系统的可靠性和安全性，全面满足智能驾驶的高标准安全要求。

本章旨在深入探讨智能车辆控制系统的安全设计。在 8.1 节中，我们将对智能车辆控制系统的整体安全性进行概述。8.2 节将聚焦于车辆功能安全，通过 EPS 系统的案例，探讨功能安全设计和测试评估方法，包括安全需求确认、系统架构分析、硬件与软件设计等，以满足系统可靠性和安全性的要求。8.3 节将探讨预期功能安全的设计和测试验证方法，涵盖风险事件和风险场景划分、功能规范设计以及测试评估验证等内容，避免因功能不足引起的危险或不合理风险的缺失。8.4 节将介绍信息安全的设计和测试评估方法，涉及安全管理体系、安全防护体系、网络信任体系及安全运营体系的构建，以满足智能车辆的安全防护需求。

8.1 智能车辆控制系统安全概述

智能车辆控制系统的安全问题可以从两个方面来理解：一是智能车辆自身的安全设计，包括其机械结构、电子系统和软件架构的安全性；二是智能车辆在实际道路运行过程中的安全性能，这涉及交通环境适应性、应对突发事件的能力以及与用户的交互安全等。与传统车辆相比，智能车辆集成了更多的自动化功能和复杂的电子系统。这些高级功能固然提升了驾乘的便捷性和效率，但也相应增加了发生故障的可能性。同时，智能车辆的安全性不仅关乎车内乘员，还影响到周围的行人和其他车辆。因此，智能车辆的安全是一个多维度、多层次的问题，确保智能车辆在各种环境下的安全运行至关重要。

硬件设备的升级和感知决策控制算法的成熟，为智能车辆控制系统的发展带来了全新的安全挑战，这些挑战超越了传统车辆主被动安全的范畴，涉及功能安全、预期功能安全和信息安全等更为错综复杂和多维度的问题。随着车辆控制系统功能的增加，系统的复杂性也随之提升。这种复杂性使得故障模式变得更加多样化和难以预测，极大地增加了功能安全设计的难度。同时，智能车辆控制系统依赖于复杂的控制算法和硬件传感器，如何确保软硬件在各种情况下协同控制的高效性和实时性是极大的挑战。在预期功能安全方面，智能控制系统严格依赖传感器感知环境，当传感器受到天气、光线等外部因素影响时，会严重影响感知信息的准确性，导致行为决策出现偏差或错误。此外，由于当前自动驾驶技术尚未完全成熟，在复杂场景下的感知和决策，以及突发事件的应对上仍存在诸多问题。如何正确处理人机共驾下驾驶员和智能系统的冲突决策也是当前面临的难题。在信息安全方面，智能车辆控制系统收集了大量数据，包括位置、行驶路线和地理数据等敏感信息。一旦这些数据泄露，会带来影响国家安全和个人隐私的严重问题。同时，智能车辆系统极易成为黑客攻击的目标，攻击者可以通过网络入侵车辆控制系统，导致车辆失控或被远程操控，给乘客带来安全威胁。因此，智能车辆控制系统面临着多方面、多层次和多维度的安全挑战，现有的安全理念和标准面临着严峻考验。如何正视并处理智能车辆控制系统的功能安全、预期功能安全和信息安全问题，已成为迫在眉睫的课题。

如图 8-1 所示，功能安全、预期功能安全和信息安全是智能车辆控制系统的核心。随着电动化、智能化、网联化技术发展和应用，车辆功能安全、预期功能安全和信息安全技术和标准在国际上日益受到广泛关注，国际标准化组织不断完善功能安全（ISO 26262）、预期功能安全（ISO 21448）和信息安全（ISO 21434）标准的同时，联合国、欧盟及美国等相关组织和国家也陆续将功能安全、预期功能安全和信息安全的理念及管理体系引入相关技术法规，特别是自动驾驶汽车安全相关法规。我国相继出台的多项政策和规划已将功能安全、预期功能安全和信息安全技术及标准研究上升至国家战略层面。功能安全、预期功能安全和信息安全技术和方法论为确保智能车辆在故障、非故障情况下的安全运行和网络安全运营提供了根本保障。

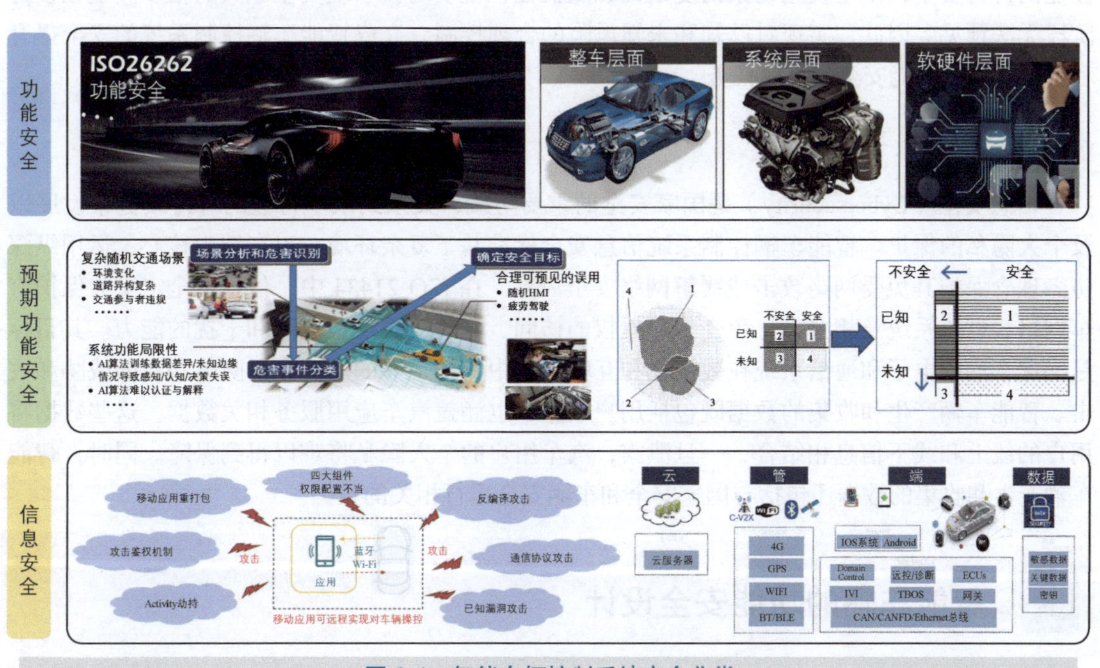

图 8-1　智能车辆控制系统安全分类

8.1.1　车辆功能安全

功能安全（Functional Safety）是自动驾驶技术发展的客观要求，贯穿智能车辆控制系统的全生命周期，起到指引、规范和控制的作用。明确的功能安全要求、技术方案和规范的开发流程能够有效降低和避免系统性失效和随机硬件失效带来的风险。在 ISO 26262 中，功能安全被定义为：避免因电气 / 电子系统故障而导致的不合理风险，即将风险降低到可接受的水平，并减少其负面影响。随着自动驾驶技术的迅猛发展，功能安全要求变得愈发严格。通过系统化的方法和严格的流程，功能安全能够识别和应对潜在风险，保护乘客和行人的安全，提高车辆的整体性能，促进了自动驾驶技术的广泛应用。功能安全涉及多方面的工作，包括功能安全分析、设计开发要求、测试评价方法等，确保车辆在各种使用场景下的安全性和可靠性。同时，它要求软件和硬件的高度集成和协调，确保在复杂的驾驶环境中，系统能够快速响应和处理各种突发情况。因此，功能安全已成为智能车辆设计和制造的核心要素，是实现自动驾驶技术的基石。

8.1.2　车辆预期功能安全

预期功能安全（Safety of the Intended Functionality），重点关注“预期的功能”的安全性，即：满足预期设计要求的功能所具有的安全水平。因智能车辆运行场景条件的复杂性和未知性，自动驾驶功能即使满足设计要求，仍可能存在大量的安全运行风险。如何避免预期的功能所引发的安全风险，即为预期功能安全所做的工作。在 ISO 21448 中，预期功能安全的定义为：不存在因设计不足或性能局限引起的危害而导致不合理的风险，也就是将设计不足、性能局限导致的风险控制在合理可接受的范围内。与传统车辆重点关注系统失效预防、探测与减轻不同，智能车辆因替代了人类驾驶员的部分或全部驾驶操作行为，更需要关注运行过程中自身功能和性能的行为安全，由于使用场景的复杂性和随机性，自动驾驶系统安全相关的很多问题在设计阶段无法预见。因此，实现对已知和未知风险的合理控制，完成智能车辆控制系统的安全提升和发布是预期功能安全的首要任务。

8.1.3　车辆信息安全

信息安全（Cybersecurity）是国家安全的重要防线，关系到汽车行业的可持续健康发展以及个人隐私的保护。智能车辆控制系统信息安全标准基于复杂环境，以车端为核心，运用纵深防御理念保护其免受网络攻击或缓解网络安全风险。在 ISO 21434 中，信息安全定义为保护汽车网络、电子系统及相关信息免受未经授权的访问、修改、破坏、泄露和干扰的能力。其目标是确保车辆的电子和通信系统在数字化和互联环境中具备足够的防护，以防范潜在的威胁和攻击。智能车辆产生和收集的数据既包括用户数据，也涵盖汽车应用服务相关数据，这些数据将用户的线上和线下信息相结合，一旦泄露，汽车用户的个人隐私将难以得到保障。同时，智能车辆产生和收集的数据还包括与国家安全和车辆安全运行相关的数据。

8.2　智能车辆的功能安全设计

8.2.1　功能安全概述

ISO 26262 是目前国际公认的道路车辆功能安全的标准。该标准基于通用的功能安全标准 IEC 61508 发展而来，专门针对道路车辆的安全相关的电气和电子系统。ISO 26262 涵盖了从概念阶段到车辆报废的整个生命周期，包括需求分析、系统设计、实现、验证和运行维护等各个阶段。它强调在整个产品开发过程中识别和评估安全相关的风险，并采取措施来控制这些风险。ISO 26262 将车辆功能安全的要求细分为多个等级，即安全完整性等级（ASIL）。这一分级体系基于潜在危害的严重性、发生概率和可控制性来评估风险，并据此确定适当的安全措施。ASIL 分为 A、B、C 和 D 四个等级，其中 A 是最低的等级，D 是最高的等级。通过确定每个组件或功能的 ASIL 等级，可以确保针对不同的风险采取相应级别的安全措施。

功能安全明确定义了安全生命周期，要求将安全生命周期要求融入到自身的流程体系中，建立安全文化，满足 ISO 26262 中对流程活动的要求。如图 8-2 所示，功能安全生命周期包括概念阶段、产品研发、生产、运行、服务和报废等阶段。概念阶段包括相关项定义、危害分析和风险评估、功能安全概念的确定。系统层面的产品开发基于V模型，包含技术安全要求定义、系统设计、相关项集成和测试、安全确认、功能安全评估和生产发布。硬件层面的开发过程也是基于 V 模型，包括硬件安全要求定义、硬件设计、硬件架构度量的评估、随机硬件失效导致违背安全目标的评估、硬件集成和验证。软件层面的开发过程包括软件安全要求定义、软件架构设计、软件单元设计和实现、软件单元测试、软件集成和测试和软件安全要求验证。生产、运行、服务和报废阶段的计划以及相关要求规范是在系统层面的产品开发阶段开始的，并且与系统层面的产品开发、硬件层面的开发、软件层面的开发同步进行。此阶段确保相关项或要素的生产、运行、服务和报废的功能安全。

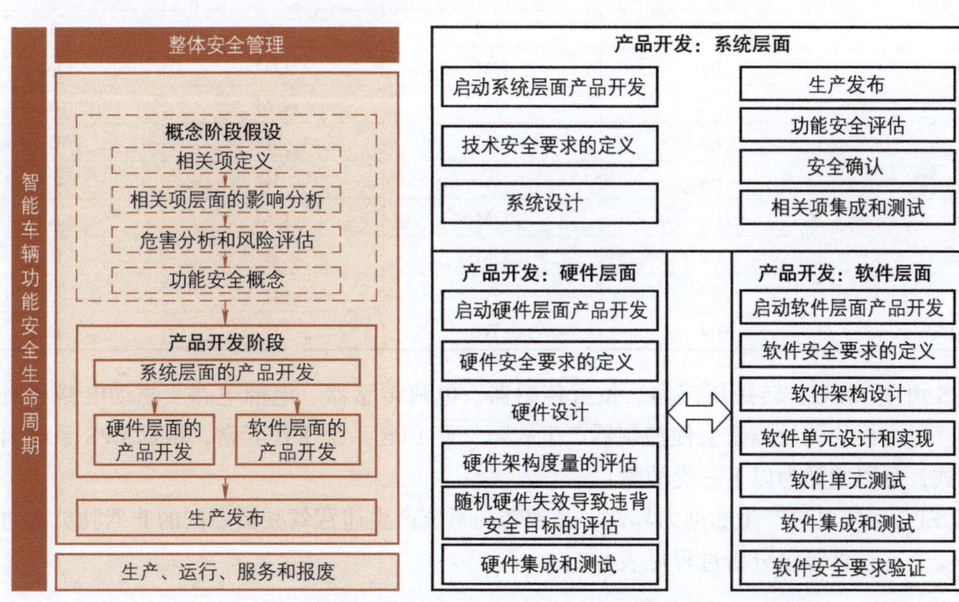

图 8-2 ISO 26262 描述的汽车安全生命周期和产品开发流程

8.2.2 基于 EPS 的功能安全设计案例

智能驾驶技术在现代交通系统中扮演着日益重要的角色，智能驾驶可以有效提高行车安全，降低交通事故发生率，实现车辆与车辆、车辆与环境之间的有效通信。然而，随着智能车辆系统复杂度的增加，其潜在的安全风险也相应提高，因此确保系统的功能安全至关重要。电子助力转向系统（EPS）作为智能驾驶系统的核心组成部分，直接影响汽车的操纵性，是实现精准驾控的关键。因此，开展 EPS 的功能安全设计，确保其在各种操作条件下都能可靠工作，对于实现智能驾驶的安全性目标至关重要。本节将以 EPS 为案例，探讨功能安全设计的流程，涵盖从需求分析到系统、硬件与软件设计的每个关键步骤。

1. EPS 系统功能安全目标和功能安全需求确认

危害分析与风险评估（Hazard Analysis and Risk Assessment，HARA）给出一种功能失效的危害及风险的评估方法，需要对系统的风险进行评估分析，识别及分类，最终确定相关项的汽车安全完整性等级。HARA 要求对于每个危害事件从严重度（S）、暴露度（E）、可控度（C）3 个维度进行分析。严重度 S 是指危害事件对驾驶员、乘客或行人造成的人身伤害的程度，分为 S0、S1、S2、S3 4 个等级；暴露度 E 是指危害事件在运行场景中的暴露概率，分为 E0、E1、E2、E3、E4 共 5 个等级；可控度 C 是指危害事件发生时驾驶员、乘客或行人能够充分控制危害事件以避免伤害的可能性，分为 C0、C1、C2、C3 共 4 个等级。然后依据风险矩阵确定 ASIL，见表 8-1。

表 8-1 汽车安全完整性等级确定表

严重度等级	暴露度等级	可控度等级		
		C1	C2	C3
S1	E1	QM	QM	QM
	E2	QM	QM	QM
	E3	QM	QM	A
	E4	QM	A	B
S2	E1	QM	QM	QM
	E2	QM	QM	A
	E3	QM	A	B
	E4	A	B	C
S3	E1	QM	QM	A
	E2	QM	A	B
	E3	A	B	C
	E4	B	C	D

EPS 由主 MCU、转矩传感器、位置传感器、电流传感器、电源电路、驱动电路和通信电路组成。每个模块的故障都会使控制器产生故障，使 EPS 系统工作异常，根据 EPS 系统出现的故障形式，可以归类为以下三类故障：

1）EPS 系统电机产生的助力异常，导致转向系统产生违背驾驶员意向的非驾驶员意向转向故障。安全完整性等级分析过程见表 8-2。

表 8-2 非驾驶员意向转向风险评估

危害		非驾驶员意向转向
驾驶场景		汽车起动后低速、中速、高速且在任何道路上转向时都可能发生
可控度	分类说明	驾驶员在车上，无法控制转向，不具备可控性
	分类值	C3
严重度	分类说明	汽车不按照驾驶意向转向，对驾驶员、行人、乘客都有危害
	分类值	S3
暴露度	分类说明	汽车起动后低速、中速、高速且在任何道路上转都可能发生
	分类值	E4
ASIL		D

2）EPS 系统电机助力消失，无法提供助力，导致驾驶员转向手感变沉，安全完整性等级分析过程见表 8-3。

表 8-3　EPS 系统无法提供助力风险评估

危害		无法提供助力
驾驶场景		汽车起动后低速、中速、高速且在任何道路上转向时都可能发生
可控度	分类说明	驾驶员在车上，还有机械连接，可以进行转向
	分类值	C2
严重度	分类说明	转向变沉，汽车可以进行转向，对驾驶员行人没有伤害
	分类值	S1
暴露度	分类说明	汽车起动后低速、中速、高速且在任何道路上都可能发生
	分类值	E4
ASIL		A

3）EPS 能产生助力，但是在转向时转向盘可能会发生抖动。安全完整性等级分析过程见表 8-4。

表 8-4　EPS 系统转向盘抖动风险评估

危害		转向盘抖动
驾驶场景		汽车起动后低速、中速、高速且在任何道路上转向时都可能发生
可控度	分类说明	驾驶员在车上，机械连接正常，具备可控性
	分类值	C1
严重度	分类说明	汽车能转向，对驾驶员、行人、乘客都没有危害
	分类值	S1
暴露度	分类说明	汽车起动后低速、中速、高速且在任何道路上都可能发生
	分类值	E4
ASIL		QM

由以上三种 EPS 系统故障风险等级分析可见，转向系统对 ASIL 要求最高的故障形式是“非驾驶员意图转向”，风险等级是 ASIL-D 等级。而“EPS 系统无法提供助力故障”和“EPS 系统转向盘抖动故障”是 ASIL-A 等级和安全要求无关的系统故障，最终可以得到 EPS 系统的安全完整性能等级为 ASIL-D。根据 ISO 26262 标准中对 ASIL-D 等级的硬件设计要求，确定 EPS 控制器的硬件设计指标见表 8-5。同时，针对功能安全目标，对 EPS 系统提出功能安全需求如下。

1）EPS 系统应当采取措施尽量避免发生“非驾驶员意愿转向”。

2）EPS 系统应当能够探测到“非驾驶员意图转向”故障的发生。

3）“非驾驶员意图转向”故障发生后，EPS 系统应当在 20ms 时间内切换到安全状态。

表 8-5　EPS 控制器的硬件设计指标

硬件架构指标		随机硬件失效指标
单点故障指标	潜在故障指标	$<10^{-8}/h$
≥ 99%	≥ 90%	

2. EPS 系统架构分析

EPS 系统的 ECU 主要由双核单片机、看门狗、预驱动芯片、功率桥和电机继电器等构成，如图 8-3 所示。单片机采集转向盘力矩和转角信号并通过 CAN 总线获得车速信号，按照既定的助力控制策略计算出助力需求，传递给电机控制算法，电机控制算法生成栅极驱动信号，通过预驱动芯片来控制功率桥 MOSFET 开闭，产生三相电流，驱动电机产生助力力矩。同时，相电流信号、电机转子位置信号回采到单片机，做电流跟随控制，以便产生理想的助力力矩。

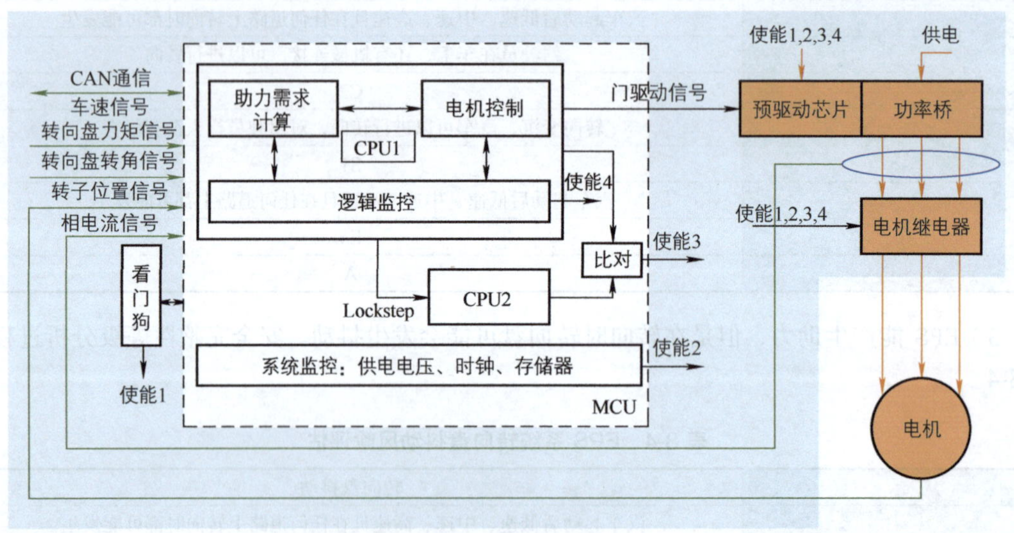

图 8-3　EPS 系统架构

3. EPS 系统硬件设计

在控制器设计时，选择可靠的 MCU 架构是满足 ISO 26262 中 ASIL 等级的前提，是系统功能安全性最直接的体现。系统 MCU 架构结构通常用 moonD（m out of n，n 取 m 架构）表示，意思是控制系统中有 n 个独立输入通道，若这些通道中有 m 个能正常工作，即表示系统能正常工作，“D”代表有诊断（Diagnose）或者检测机制，表示 n 个通道之间有对应的安全机制。由于 1oo2D 双核架构具有显著的优势，因此能够有效地减少由于硬件内部造成失效，同时，双核架构能够减少器件数量，降低成本。如果再结合相关的看门狗设计，双核架构设计不仅能够达到更高的诊断覆盖率来满足架构指标的要求，还能够降低复杂度。因此本节采用 1oo2D 的双核结构方案来对 EPS 控制器进行设计。

本节采用的德州仪器公司生产的 TMS570LS3137 双核微控制器作为主芯片。该单片机基于 ARM 架构，并集成多项安全特性，包括以 Lockstep（锁步）模式运行的双核 CPU、存储器内置自检（Build In Self Test，BIST）逻辑、存储器 ECC 校验以及时钟电源监控逻辑等。在资源接口方面符合电动助力转向系统的需求，能满足 ASIL-D 等级的功能安全性需求。在转矩信号、位置信号、电流信号采集上采用平行冗余电路设计，驱动电路预驱芯片监测三相桥 MOSFET 的源极和电压，并和主芯片进行 SPI 通信。EPS 控制器硬件架构如图 8-4 所示。

在确认 EPS 控制器的硬件设计后，需要对控制器电路进行功能安全分析。首先，按照标准对 EPS 控制器进行 FMEA（Failure Modes Effects Analysis）分析和 FTA（Fault Tree Analysis）分析，先进行系统定性分析，再进行定量计算。然后将计算结果与 ISO 26262 标准中对 ASIL-D 等级的安全目标进行对比分析，以验证系统的各项指标。最后，利用分析结果改进硬件电路设计。

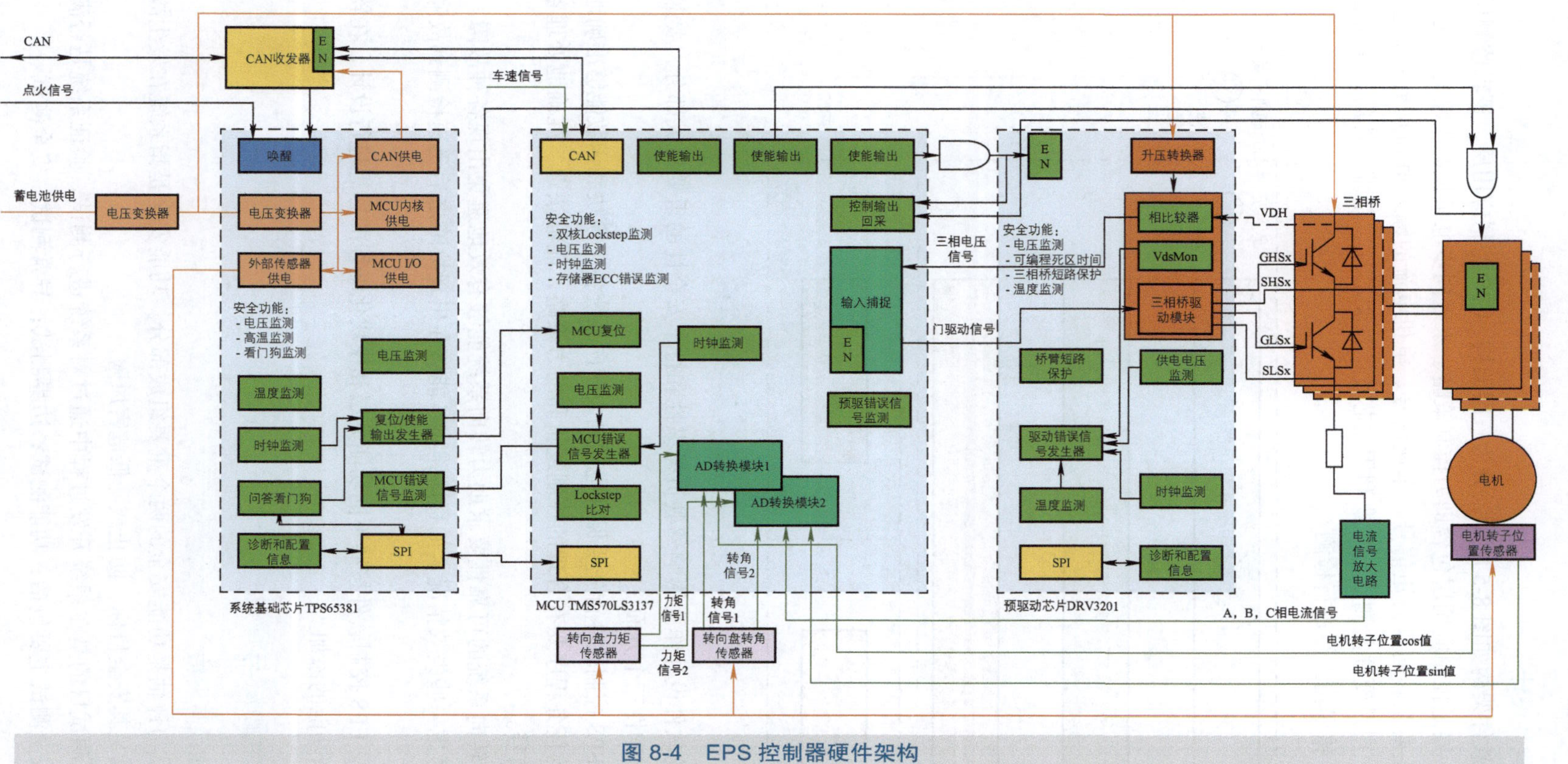

图 8-4 EPS 控制器硬件架构

4. EPS系统软件设计

整个ECU的软件架构如图8-5所示，分为三层架构：EPS控制应用层、逻辑监测层、硬件监测层。其中第一层是控制应用层包含助力控制策略、永磁同步电机控制策略的实现；第二层是逻辑检测层，主要是转向盘力矩信号、车速信号、电机电流的输入值和冗余关系进行检测，并进行限制；第三层是硬件监测层，主要利用主芯片、预驱芯片、基础芯片的工作状态，对系统的供电、时钟、错误输出等进行检测。

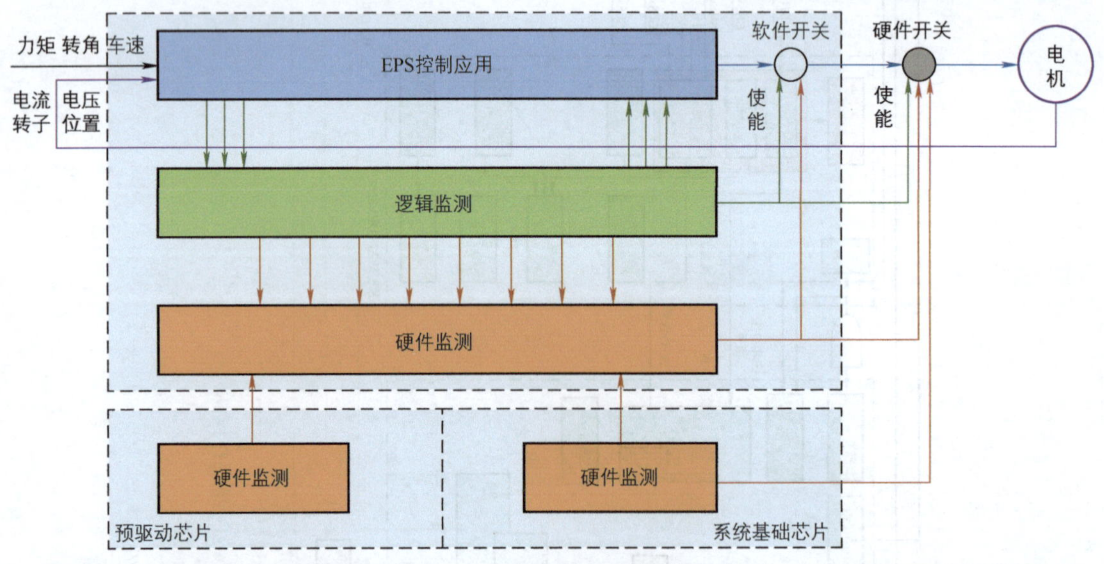

图8-5　EPS系统安全软件架构

EPS控制器的软件设计作为影响驾驶员操纵性和行车安全性的重要组成部分，要兼顾可用性、可靠性、可维护性三个方面。

1）可用性。EPS控制软件首先要保证电动助力转向系统各个模块和函数能够准确地实现其预设功能。软件的任务程序要有合理的控制逻辑和助力策略，能够快速、准确地处理各I/O接口的电压、电流信号。

2）可靠性。转向系统的可靠性要求助力转向系统能够有效地避免出现各种故障。在软件编写的过程中要考虑一些失效情况，如程序跑飞，能够在出现故障之后迅速检测到故障并且切换到安全状态下。

3）可维护性。EPS控制软件按照不同功能分层和模块化编程的思想进行设计，在软件开发过程中能够方便新功能的添加。

8.2.3　功能安全测试与评估

1. 功能安全测试与评估

功能安全测试与评估是功能安全的两个重要组成部分。功能安全是指系统在发生故障或异常情况下，仍能满足其安全目标，防止或降低危害风险。

1）功能安全测试目的是在系统开发过程中通过对系统进行测试，验证系统是否满足功能安全要求。功能安全测试主要包括：功能测试；边界测试；异常测试；安全测试。

2）功能安全评估的目的是在系统开发过程中通过对系统进行评估，评估系统的功能安全水平。功能安全评估主要包括：安全目标评估；安全完整性等级评估；安全措施评估。

2. 硬件测试与评估

1）硬件架构度量的评估。其目的是基于硬件架构度量，提供关于检测和控制安全相关随机硬件故障的项目硬件架构设计适用性证据，用于评估项目架构应对随机硬件故障的有效性。

2）随机硬件故障的概率度量评估。"随机硬件失效率"（PMHF）是一种定量分析，评估硬件元件的随机故障是否违反所考虑的安全目标，将定量分析结果与目标值进行比较。ASIL 不同等级对应的随机硬件故障目标值见表 8-6。

表 8-6 ASIL 不同等级对应的随机硬件故障目标值

ASIL	随机硬件故障目标值
D	$<10^{-8}/h$
C	$<10^{-7}/h$
B	$<10^{-7}/h$
A	$<10^{-6}/h$

3）硬件架构度量的评估。其目标是确保开发硬件符合硬件安全需求。测试对象包括针对硬件单板、集成硬件要素和测试硬件设计，以验证硬件设计符合 ASIL 等级的硬件安全要求。

硬件集成测试的测试用例导出的常用方法如下：

① 需求分析，适用于所有 ASIL 等级。

② 内外接口分析，适用于所有 ASIL 等级，对 B、C 和 D 等级尤为重要。

③ 基于知识或经验的错误猜测，适用于所有 ASIL 等级，可以基于经验教训数据或专家判断，并得到 FMEA 的支持。

硬件集成验证活动应验证硬件安全需求实施的完整性和正确性。应考虑表 8-7 中列出的方法。不同 ASIL 等级对不同方法的推荐度不一样，其中"++"为特别推荐，"+"为推荐，"○"为不推荐。

表 8-7 验证硬件安全需求实现的完整性和正确性的硬件集成测试

序号	方 法	ASIL			
		A	B	C	D
1	功能测试①	++	++	++	++
2	故障注入测试②	+	+	++	++
3	电气测试③	++	++	++	++

① 功能测试的目的是验证该项目是否达到了规定的特性。

② 有关半导体元件故障注入的更多详细信息，参阅 ISO 26262-11：2018，4.8。

③ 电气测试旨在验证固定的电压范围内是否符合硬件安全需求。现有标准包括 ISO 16750 和 ISO 11452。

硬件集成和验证活动应验证硬件对环境和操作压力因素的耐久性和鲁棒性，方法见表 8-8。

4）测试要求：应验证针对硬件安全要求的安全机制实施的完整性和正确性；应验证硬件在外部应力下的鲁棒性；测试设备应符合对应的标准要求（如 ISO 17025）。

表 8-8　验证耐久性、鲁棒性和压力下运行的硬件集成测试

方　法		ASIL			
		A	B	C	D
1a	基本功能验证的环境测试①	++	++	++	++
1b	扩展功能测试②	○	+	+	++
1c	统计检验③	○	○	+	++
1d	最坏情况测试④	○	○	○	+
1e	超限测试⑤	+	+	+	+
1f	机械测试⑥	++	++	++	++
1g	加速寿命测试⑦	+	+	++	++
1h	机械耐久性测试⑧	++	++	++	++
1i	EMC 和 ESD 测试⑨	++	++	++	++
1j	化学测试⑩	++	++	++	++

① 在进行基本功能验证的环境测试期间将硬件置于各环境条件下评估硬件需求。ISO 16750-4 可适用。

② 扩展功能测试检查项目的功能行为，以响应预期很少发生的输入条件，或超出硬件规范。

③ 目的是根据实际任务剖面的预期统计分布选择输入数据来测试硬件元件。

④ 最坏情况测试旨在测试在最坏情况分析中发现的情况。

⑤ 本测试的目的是确定被测元件相对于所需性能的鲁棒性裕度。

⑥ 机械测试适用于机械性能，如抗拉强度。ISO 16750-3 可适用。

⑦ 加速寿命测试旨在预测产品正常运行条件下行为演变，方法是使产品承受高于其运行寿命预期压力。

⑧ 目的是研究元件能够承受的平均失效时间或最大循环次数。测试可以进行到失效或通过损伤评估。

⑨ ISO 7637-2、ISO 7637-3、ISO 11452-2 和 ISO 11452-4 可用于工头测试；ISO 10605 可用于 ESD 测试。

⑩ 对于化学测试，ISO 16750-5 可适用。

3. 软件测试与评估

1）软件单元验证：软件单元设计和实现的软件单元通过适当的验证措施进行验证。软件单元验证方法大致可分为评审、分析、测试 3 大类。为满足单元验证的完整性和充分性，通常会在不同大类中选择所有无重复项目的“++”项进行组合测试。常用的验证方法如下：

① 检查，对开发文档、代码和设计的一致性、代码执行标准的情况、代码逻辑表达的正确性、代码结构的合理性以及代码的可读性等进行检查。

② 静态代码分析，在不运行应用程序的情况下，对软件的源代码的语义、结构和行为进行分析，由此找出程序中的不规范、不合理或者可能造成程序运行异常的代码。

③ 基于需求的测试，通过分析各接口具有的意义、值的范围及算法，确认需求的输入值和预期值，对单元代码进行测试，从而实现基于设计需求的单元测试。

④ 接口测试，根据所测单元代码被调用的输入参数与该单元的形式参数在个数、属性、量纲、顺序上是否一致等方面设计测试用例进行测试。由于需求的测试和接口测试范围存在重叠，因此通常以基于需求的测试为主，接口测试进行查缺补漏。

按照为软件单元测试提供适当的测试用例规范，应使用表 8-9 中列出的方法导出测试用例。

验证要求：证明软件单元满足软件单元设计规范；证明软件单元符合软硬件接口的定义；证明软件单元具有一定的鲁棒性；证明软件单元不包含非期望的功能。

2）软件集成验证：

① 目标：定义集成步骤并集成软件组件；确认由软件架构级别的安全分析产生的已定义安全措施是否得到正确实施；提供集成软件单元和软件组件满足其需求的证据；证明集成软件既不包含不需要的功能，也不包含与功能安全有关的不需要的属性。

表 8-9 软件单元测试的测试用例

方 法	ASIL			
	A	B	C	D
需求分析	++	++	++	++
等价类的生成与分析①	+	++	++	++
边界值分析②	+	++	++	++
基于知识或经验的错误猜测③	+	+	+	+

① 等价类可以基于输入和输出的划分来识别，这样就可以为每个类选择一个代表性的测试值。

② 此方法适用于接口、接近和跨越边界的值以及超出范围的值。

③ 错误猜测测试可以基于通过“经验教训”过程和专家判断收集的数据。

② 测试对象：软件单元拼接集成后的软件，针对各个模块的交互接口以及集成起来的功能进行验证测试。

③ 软件集成测试常用方法如下：

a）基于需求的测试，分配给架构元素的软件需求是基于需求的测试的基础。b）故障注入试验，在软件集成测试中，故障注入测试是指将故障引入软件，测试与安全机制有关的软硬件接口的正确性。c）模型和代码之间的背靠背比较测试，需要模拟软件组件功能的模型，通过仿真比较模型和代码的结果。

④ 验证要求，证明软件实现与软件架构设计的符合性；证明软件与软硬件接口规范的符合性；证明软件实现已定义功能；证明软件具有一定鲁棒性，证明软件使用资源与预期消耗资源一致；应满足在软件架构层面对要求的覆盖率要求。

3）嵌入式软件的测试：

① 目标：在目标环境中执行时满足安全相关需求；确保其既不包含非预期功能，也不包含关于功能安全的不需要的特性。

② 测试目标是验证嵌入式软件符合软件安全需求；软件安全需求实现的测试需要在目标硬件平台上完成。

测试环境见表 8-10。

表 8-10 进行软件测试的测试环境

方 法	ASIL			
	A	B	C	D
硬件在环	++	++	++	++
电子控制单元网络环境①	++	++	++	++
车辆	+	+	++	++

① 一个例子包括部分或完全集成车辆电气系统的试验台以及“总线其余部分”模拟。

嵌入式软件的测试应使用表 8-11 中列出的方法进行。

表 8-11 嵌入式软件的测试方法

方 法	ASIL			
	A	B	C	D
基于需求的测试	++	++	++	++
故障注入测试①	+	+	+	++

① 故障注入测试是指通过向软件注入错误（例如损坏校准参数）来测试软件。

8.3 智能车辆的预期功能安全设计

8.3.1 预期功能安全

1. 概述

智能汽车不仅要求在其功能设计范围内不会出现安全性问题，而且在功能实施过程中不会因任何因素而产生不合理的风险，包括由故障或规范不足等引起的危险，即预期功能安全。在ISO 21448标准中，预期功能安全（Safety of The Intended Functionality，SOTIF）可以定义为：在特定操作情况下，由功能不足引起的危险或不合理风险。这些功能不足可能包括设计规范上或功能实施上的不足。特别是一些与使用机器学习相关的功能、系统或算法，例如：功能算法无法正确感知环境；功能、系统或算法在传感器输入变化或不同环境条件下缺乏鲁棒性；决策算法导致的与人类期望不一致的意外行为。

预期功能安全和功能安全是智能车辆在安全性领域互补的两个方面，预期功能安全更加强调了功能在“预期情况”下的安全性，对于基于复杂传感器和处理算法的自动驾驶系统尤为重要。为解决预期功能安全，通常可以从以下阶段采取措施以减少或消除风险。

1）功能规范定义阶段。根据预期功能安全确定系统的不足或危险场景，修改车辆功能或传感器性能要求。

2）测试和验证阶段。如增加特殊场景的测试用例、注入潜在触发条件、选择与预期功能安全相关的场景进行各类在环（如软件在环、硬件在环、模型在环）测试。

3）运营阶段。对预期功能安全事故进行大数据场景分析。包括驾驶员与功能交互行为分析、功能误用场景下的驾驶员逻辑判断、驾驶员注意力检测机制有效性评估。

2. 预期功能安全的风险事件模型

通常，预期功能安全的风险事件模型可以用图8-6来表示。其中，触发条件包括合理可预见的误操作，对危险事件无法进行控制也属于此类误操作。例如，驾驶员对系统操作模式的错误理解，即使功能已被停用，驾驶员仍以为功能处于活动状态。在这种情况下，若系统人机界面未能提供有效反馈，也可以被视为系统的危险行为。

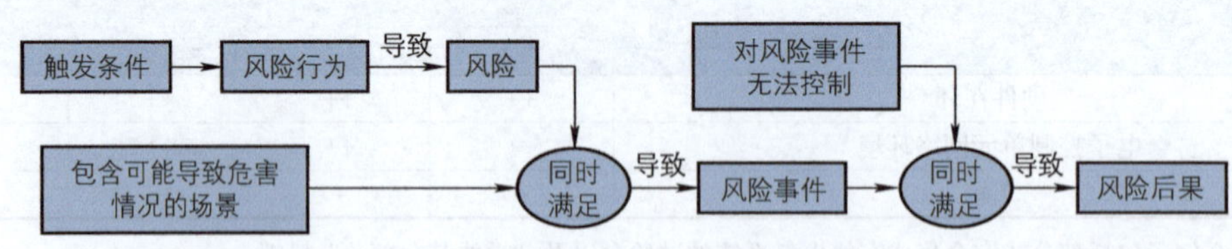

图8-6　预期功能安全风险事件模型

3. 风险场景的划分

对预期功能安全的场景划分，通常将其分为4部分，各种场景之间的关系如图8-7所示。

对于上述4种场景分类，也可以根据场景已知和未知、有无风险分为4部分，如图8-8所示。

其中，区域1为已知的风险场景；区域2为已知的非风险场景；区域3为未知的风险场景；区域4为未知的非风险场景。区域4中的场景不会造成伤害风险，一旦被发现，即可被移动到区域 1 中。预期功能安全设计的最终目的，就是最大化已知的非风险场景，同时最小化未知的风险场景。

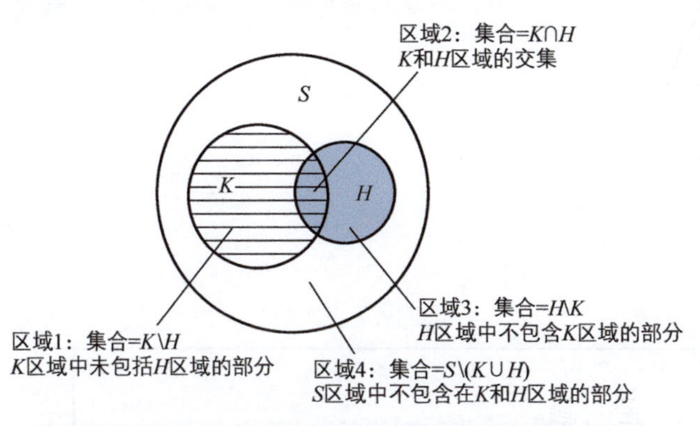

图 8-7 4 种风险场景的划分

S—表示所有可能场景的集合 K—已知场景的集合
H—风险场景的集合

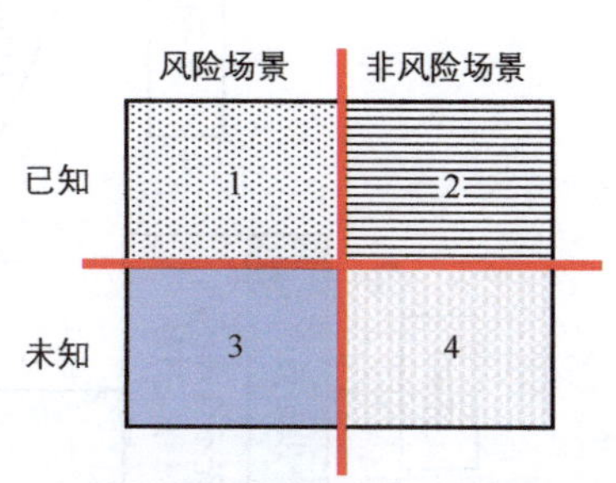

图 8-8 4 种风险场景的另一种划分方式

8.3.2 预期功能安全设计

1. 预期功能安全规范考虑的因素

预期功能安全的规范设计是一个复杂的系统性工作，需要考虑各个方面的因素。例如，自动化驾驶等级、车辆级别的功能规范、零部件级别上的功能规范。一般而言，预期功能安全规范设计工作内容应该包括但不限于以下方面。

1）对预期功能安全及其子系统功能的具体描述。包括操作设计域（Operational Design Domain，ODD）、车辆动力学的控制权限的细节描述、车辆级别的预期功能安全策略等。

2）预期功能安全相关的子系统的预期功能安全设计。

3）车辆安装的传感器、控制器、执行器等性能目标。

4）预期功能与其他系统、功能或对象的依赖、交互或接口关系。如驾驶员，人机交互接口，远程后台操作员，道路参与者如乘客、行人，相关道路的环境条件如天气、光照、温度、湿度、海拔等，道路基础设施和设备，与云端服务器、其他车辆或通信基础设施之间的数据诊断、交换和更新，车载软件的远程升级等。

5）直接或间接可预见的功能误使用。

6）功能警告和降级策略。包括功能警告的策略和方案、功能降级以及车辆控制权移交的条件和方案、功能失效但驾驶员未接管时的最小风险处理方案。

2. 预期功能安全规范设计流程

一些潜在的功能不足、触发条件和对应的策略一般在预期功能安全设计之前已经在功能安全设计中考虑了，而其他策略则是需要在预期功能安全设计中单独考虑，特别是预期功能规范的系统设计。系统设计能够使已知的功能不足对整体系统的影响得到缓解。由于与预期功能安全设计相关的系统设计更新都会导致在任何层次上设计规范的变更，因此预期功能安全的系统设计需要有一个合理且规范的流程。为此，ISO 21448 制定了预期功能安全开发流程，并定义了 9 个关键的开发节点，如图 8-9 所示。

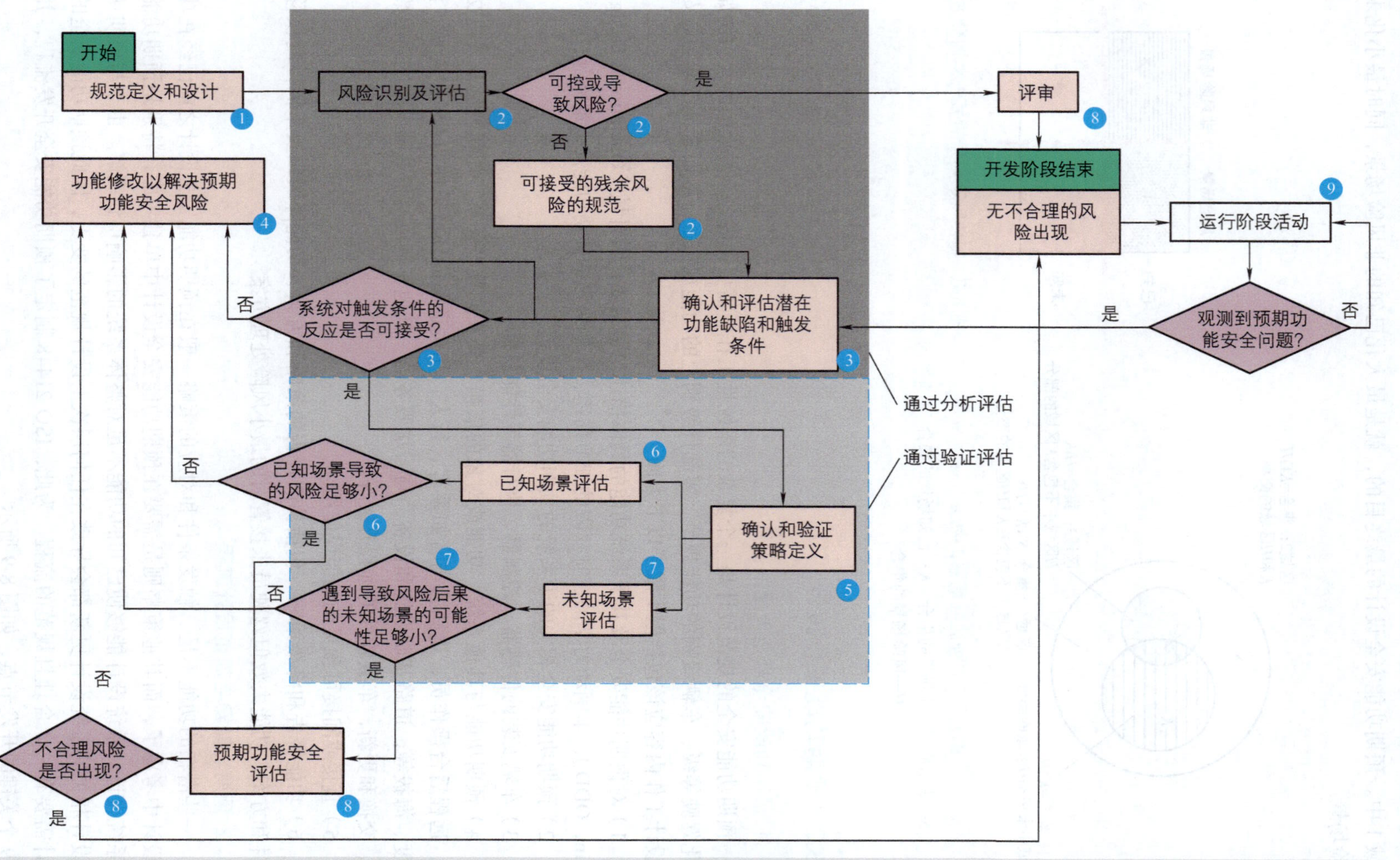

图 8-9 预期功能规范设计开发流程

其中，随着图中第③步增加了功能的不足和触发条件，并在第④步中修改了功能以减小预期功能安全风险，预期功能安全的规范设计在整个开发周期中完成了一次更新。在多次开发周期中，为了确保预期功能安全设计规范的可追溯性和完整性，一般需要收集以下阶段的工作文档。

1）相关的设计文档。

2）第②步的风险评估报告。

3）第③步中对触发条件下系统反应的评估报告。

4）第④步和第⑥步中对已知风险场景的验证结果。

5）第⑤步和第⑦步中对未知风险场景的验证结果。

6）第⑧步中对预期功能安全规范设计的评审。

7）第⑨步中对运行阶段的监控报告，例如发现了新的风险场景。

3. 预期功能安全设计案例

在预期功能安全设计中，导致性能不足的因素是由系统输入值引起的，可能导致车辆级的风险。如下是 3 种典型的预期功能安全设计案例。

案例 1：高速公路车道边界检测算法可能由于道路上的杂物误判车道边界（图 8-10）。解决办法：

① 使用高精度地图提供额外的信息来确认车道。

② 将车辆轨迹与前车轨迹进行对比，保持与其他车辆的间隔，确保一致性，并根据其他车辆的行为调整车道确定。

③ 通过避免碰撞的算法来保持与其他车辆的间隔，允许车辆暂时偏离所感知的车道。

案例 2：目标检测算法识别到滑板上的行人，因检测到的行人速度超出合理阈值而过滤该对象（图 8-11）。解决办法：

① 在目标检测算法和传感器处理算法之间引入一个功能模块，进行合理性检查和额外的验证步骤。

② 引入多维度验证机制，例如通过分析对象随时间的行为或与其他传感器输入进行交叉参考来确认对象的存在。

案例 3：道路上绘制的三维视觉错觉人行横道（如立体斑马线），导致视觉系统检测到一个不存在的对象（图 8-12）。解决办法：

① 实施基于光流的分析机制，以避免在遇到此类光学幻象时发生误制动，光流分析可以区分真实移动对象和光学幻象。

② 使用基于雷达的环境识别作为补充方案，它可以提供额外深度信息，帮助区分存在真实的目标和虚幻目标。

图 8-10　案例 1

图 8-11　案例 2

图 8-12　案例 3

8.3.3 预期功能安全测试与评估

系统的功能不足是 SOTIF（Safety of the Intended Functionality）问题的根源，而 SOTIF 测试旨在验证智能汽车预期功能在各种道路条件和环境中的可靠性。完成 SOTIF 的设计、分析评估和功能改进后，需要通过验证确认来证明 SOTIF 是否得到了充分保障。这种验证确认策略涵盖了多个方面，包括评估传感器和感知算法的环境建模能力、决策算法在已知和未知场景下的处理能力、系统或功能的稳定性以及人机交互避免合理可预见误操作的能力。

1. SOTIF 验证

SOTIF 验证的目的是提供客观的证据，证实规定的满足程度，主要用于评估已知的危险情况。常用的验证方法包括基于需求的测试，例如在相关场景中进行环路测试或车辆实地测试等。不同的对象（如传感器、感知算法和决策算法等）需要不同的要求和特定的验证方法来进行 SOTIF 验证。

除了基于需求的测试，也可利用模拟和仿真技术来验证 SOTIF。通过虚拟环境和场景的运用，可以模拟出复杂的道路条件及交通状况，从而评估智能汽车在不同情境下的反应。这种方法有助于揭示系统的潜在安全隐患，并对其进行优化改进。

此外，根据不同的验证对象，也可以采用一些特定的技术手段。例如，针对传感器的 SOTIF 验证，可以检验其精度、鲁棒性和灵敏度等性能指标；对于感知算法的 SOTIF 验证，则可以检查其目标检测、障碍物识别和环境理解能力。

2. SOTIF 确认

SOTIF 确认的目标是通过制定适当的目标并采用特定方法，评估已知及未知危险情况下的剩余风险是否可接受。对于已知的危险场景，应结合 SOTIF 验证结果证明危险行为的发生概率符合目标，并且车队中无子集暴露在不合理的风险下。对于未知的危险场景，应通过充分的探索和评估，证实实际操作过程中遇到此类场景的风险能满足目标。

为量化满足接受标准的条件，我们使用 SOTIF 确认目标。接受标准代表不存在不合理的风险水平，可考虑事故统计数据、人类驾驶员表现等因素。例如，基于人类的事故率和安全系数，假设事故发生遵循泊松分布，我们可以制定相应的确认目标以安全置信度的形式。ISO 21448 标准中提供了针对已知场景和未知场景的残余风险评估方法。

进行残余风险评估时，有多种可能的确认方法。开放道路测试可以反映智能汽车在实际环境中的表现，有助于发现未知危险场景，从而突破经验、模型以及封闭场地的限制。然而，这种方法的高成本不可忽视：一项美国统计研究发现，部分确认至少需要 160 万 km 的测试里程，而完全确认则需至少 110 亿 km。以 40km/h 速度全天候运行的 100 辆车分别需要 1 个月和 500 年的时间。考虑到实车测试的时间、资金和人力成本，以及每次系统软硬件更新后的重复测试需求，仅依赖开放道路测试进行 SOTIF 确认是不现实的。

尽管噪声注入测试、系统架构分析和对比现有系统等方法可以提供辅助或过程优化，但它们难以作为核心方法进行 SOTIF 确认。近年来，基于场景的测试方法在学术界和工业界受到广泛关注并得到应用。该方法利用仿真环境、在环平台及试验场等资源，有效配置并节约成本。同时结合覆盖度评价、重要性采样及危险行为识别等技术，进一步降低测试量。此外，以场景为核心的测试方法既可对已知触发条件的 SOTIF 进行验证，也可通过提取真实交通参数分布及针对性或随机测试来确认 SOTIF。因此，基于场景的测试有望成为进行 SOTIF 验证及确认的关键方法。

3. 基于场景的验证确认

下面将按照图 8-13 所示的基本流程，分别从场景生成 / 提取、场景库建立、场景选择、测试执行及评价指标等方面，总结与 SOTIF 验证确认相关的研究工作，并进一步阐述基于场景的测试在保证对已知及未知危险场景充分覆盖方面所面临的挑战和研究方向。

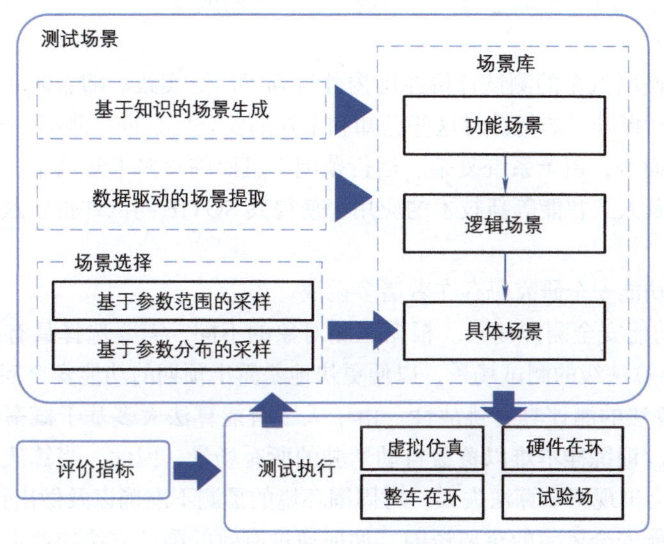

图 8-13　SOTIF 验证流程

基于不同的信息源，场景生成或提取可分为基于知识的场景生成和数据驱动的场景提取。前者结合了专家知识、标准、指南以及实践经验来产生场景。数据驱动方法指的是从特定的数据源中提取场景。典型的数据源包括自然驾驶数据集和事故数据库。这些数据集可以用于提取真实交通场景的参数分布，但它们对 SOTIF 关键场景的覆盖度较低。一些研究还针对智能汽车可能面临的功能不足场景进行了数据采集工作，比如福特的多车季节性数据集 A6、赫瑞 – 瓦特大学在恶劣天气条件下采集的雷达数据集等。

上述基于知识和数据驱动的场景生成 / 提取方法各有优劣，实践中常采用两者结合的方式进行。现有的场景库规模有限且缺乏针对 SOTIF 问题的开放场景库，仍需进一步深化该领域的研究。从场景库中选取特定场景进行测试是确定测试场景代表性、覆盖度及成本的关键步骤。考虑到场景参数的复杂性和连续性，可采用采样等方法进行场景选择。根据场景参数先验信息的不同，可分为基于参数范围的采样和基于参数分布的采样。前者的方法包括组合测试、交互式实验设计、随机化技术等；后者则包括如蒙特卡洛采样等，通过适当采样以减少总体测试量，从而加快评估速度。

基于场景的测试主要包括虚拟仿真、硬件在环、整车在环和试验场测试等方式。由于虚拟仿真成本低且可扩展性强，因此被广泛采用。但是大多数仿真软件主要用于验证给定感知输入下的决策和控制算法，难以准确建模触发条件下的感知功能不足；而硬件在环测试通过部分接入硬件来提高相应功能的真实性。整车在环测试则结合了真实车辆和虚拟环境，可用于评估软硬件功能不足等对整车造成的影响和危险，同时可用于驾驶员合理可预见误操作的测试；试验场测试则进一步引入了真实环境，可以设置更贴近实际的雨雪雾、特殊道路条件等环境条件，提高测试准确性，但也会耗费更多时间和经济成本。综上所述，SOTIF 验证确认需要根据具体情况合理分配不同形式的测试任务，优先选择成本更低的仿真和在环测试方案。

评价指标的制定是判断系统或组件满足指定规范或残余风险足够低的关键。常用的评价指标包括近端替代指标、驾驶行为和违反规则等。选用合适的指标有助于提高测试效率，比如适当考虑危险行为发生率可以加速测试。此外，除上述以整车表现为评价对象的指标外，还可以引入功能级评价指标以减少测试总量，从而进一步提升测试效率。

4. 研究与挑战

近年来，智能网联汽车的测试评价在国内外得到了广泛实践。随着时间推移，预期功能安全问题的重视度逐渐提升。如何针对这些已知和未知的安全场景进行测试，已成为研究的重点。对于高级自动驾驶而言，由于系统复杂、运行范围广且面临众多未知场景，加上缺乏统一成熟的系统架构标准以及人工智能等新技术的应用，使得其 SOTIF 测试评价实践更多还停留在理论层面。

测试评价预期功能安全研究仍存在着诸多挑战。

1）确定预期功能安全测评场景。根据被测对象的不同，需要选择具有高覆盖度和典型性的整车级 / 部件级 / 算法级的测试场景，以便更快地暴露出预期的功能安全问题。

2）人工智能算法的测评具有挑战性。由于人工智能算法大多基于概率统计，而在模型的训练和测试过程中，训练样本难以覆盖自动驾驶的所有场景，因此，当算法遇到未曾训练过的关键场景时，可能会出现感知算法失误、对周围环境的预测不准确以及做出错误的决策等问题。这些问题是预期功能安全风险的重要诱因，如何通过有效的测试方法快速揭示人工智能算法的性能不足并制定出合理的评价指标，是预期功能安全测试评价面临的一项典型难题。

3）精准高效的工具链尚未完善。在智能网联汽车的测试评价中，主要依赖虚拟仿真和硬件在环等工具链。然而，对于测试感知系统所需的高保真模拟工具链，仍未能取得突破性进展。此外，对物理传感器的模型建立也未达到理想的效果。这些问题直接导致预期功能安全测试的效率较低且真实性不足。

8.4 智能车辆的信息安全设计

智能车辆不仅需要通过 CAN 总线、LIN 总线、FlexRay 总线等进行车载 ECU 之间的信号传输，满足整车信息传输需求，还将使用 V2X 技术和 TSP 技术与外界通信，完成 OTA 升级、云端数据上传等操作。可以说，在智能化背景下，智能汽车是实现人、车、路和云端智能通信的重要信息载体，是新一代大型移动终端。在人、车、路和云端智能通信过程中，一旦某个环节遭受黑客攻击，就会严重影响行车安全、社会安全甚至国家安全，带来毁灭性的灾难，所以确保智能车辆的信息安全至关重要。

8.4.1 信息安全概述

智能车辆信息安全主要可以分为内外两套安全体系，分别是“云 – 管 – 端”的车外网络信息安全和“车载端、车内网关 – 车内网络、ECU 节点”的车内网络信息安全，随着汽车智能化和网联化的增长，内外体系的数据交互会逐渐增加，信息安全需要建立在汽车内部网络架构的基础上，安全保障体系也需要与智能网联汽车应用同步部署。

V2X 技术是实现“云 – 管 – 端”（“云平台 – 超宽带网络 – 智能硬件终端”）车外网络信

息安全的主要技术，主要包括 V2V（Vehicle to Vehicle）、V2I（Vehicle to Infrastructure）、V2N（Vehicle to Network）和 V2P（Vehicle to Pedestrian）。V2V 通信完成车与车之间的信息传输，每辆车能够监测附近车辆状态，实现变道辅助、碰撞预警等功能；V2I 通信是指车辆与路测智能交通设备之间的车路协同技术，能够从路侧设备获得激光雷达、毫米波雷达等感知数据，实现路况预警、交通信号灯提醒、出行天气预警、车速推荐、停车位和充电桩寻位等应用；基于 V2P 通信，能实现车对行人智能设备的通信，检测行人位置、方向和速度，防止车辆与行人发生碰撞；基于 V2N 通信可实现实时交通路线规划、地图更新、OTA 升级等服务。V2X 是汽车外部网络进行沟通的桥梁，其在带来巨大优势的同时也面临极大的信息安全风险。V2X 能直接与他车、路侧设备、云端服务器进行通信，一旦遭受攻击，极有可能影响车辆行驶路线，引发交通事故。因此，需要通过加强系统的管理能力、完善防护措施，进行有害信息的筛选，设计防护性强的智能辨识系统，以此来防止信息遭到篡改，避免被不法之徒乘虚而入。一般而言，V2X 设备为了确保通信信息的准确性和完整性，会在通信过程给信息加上电子签名，然后交由受信任的证书颁发机构（Certificate Authority，CA），CA 作为信任方，收到信息后，会给信息颁发证书和密钥，待接收端收到信息后会对证书和秘钥进行验证，分别确认信息来源的合法性和在传输过程中的完整性，以确保通信安全。

对于“车载端、车内网关 - 车内网络、ECU 节点”的车内网络信息安全，要保障智能通信系统的安全性，就必须通过 CAN 总线构建车辆系统，同时还要对车辆多种控制节点出现的数据进行控制。CAN 总线技术已经拥有 20 多年的开发历史，在车辆的通信系统中能够起到维护系统平衡的作用。现有的 CAN 总线内置安全功能主要是为了保证通信的可靠，而不是网络安全，因此，CAN 无法防止车载网络免受网络攻击，预判 CAN 会面临的网络攻击意义重大（例如，预判会危及驾驶员和乘客安全的安全气囊或 ABS 系统受到攻击）。另外，CAN 中缺乏加密技术，数据未加密，会严重影响个人数据隐私。根据设计，CAN 是一个广播网络，允许节点捕捉通过网络的报文。由于广播的数据没有加密，攻击者可以获得所需的数据，从而侵犯车主隐私。除了 CAN 总线之外，还有 LIN 总线、FlexRay 总线等总线通信和蓝牙、WiFi 等无线通信方式，都需要进行通信加密，提高信息安全。然而，由于车内网络处于车内的封闭空间，信息安全威胁也可能来源于乘客使用的不安全设备，如果乘客在不知情的情况下使用被黑客入侵的设备，如被控制的智能终端，则可通过蓝牙连接到车内网络，进而影响车辆安全，因此，确保车内网络信息安全还需要加强车载网络入侵检测技术。

8.4.2 信息安全设计

与其他电子设备相比，智能车辆的运行系统规模更为庞大，内部网络结构也更为复杂。此外，智能车辆与外界进行数据交换的形式更为多样，涉及本地与云端、有线与无线、近场与远程等多种通信方式。然而，车载连接终端的复杂性、多样化导致智能车辆的信息安全防护策略变得异常复杂，传统信息安全设计方案已无法有效满足智能车辆的安全防护需求。针对此问题，本节从企业及产品等多个角度对智能车辆信息安全设计要点进行详细介绍，旨在帮助读者深入理解智能车辆信息安全设计的技术要求，指导新形势下的智能车辆信息安全防护。

1. 构建信息安全管理体系

智能车辆信息安全管理体系如图 8-14 所示。针对组织管理、内部管理涵盖项目管理、概念阶段、产品研发阶段、生产阶段、运营与维护阶段、报废阶段及外部管理（供应商、消费者），诊断信息安全管理流程现状，并依据调研结果为后续体系的落地建设输出方针、规范类文件。结合智能车辆信息安全准入指南要求和 ISO/SAE 21434 标准要求，构建基于标准法规的全生命周期车联网信息安全管理体系，包含针对目标组织的组织管理和外部管理支持以及汽车产品在概念、设计研发、生产运营、维护报废等阶段的内容。此外，体系搭建过程中，一方面，依据标准法规要求以及差距分析输出，从整体管理、外部管理、全生命周期出发，定义具体信息安全活动，确定责任单元、输入输出、衔接关系，将文件、通用流程作用于产品全生命周期各个阶段，打磨体系运转流程，同时强化内控机制，使管理体系有效运行。另一方面，进一步优化现有安全管理体系，以适应智能车辆信息安全不断发展的需要。

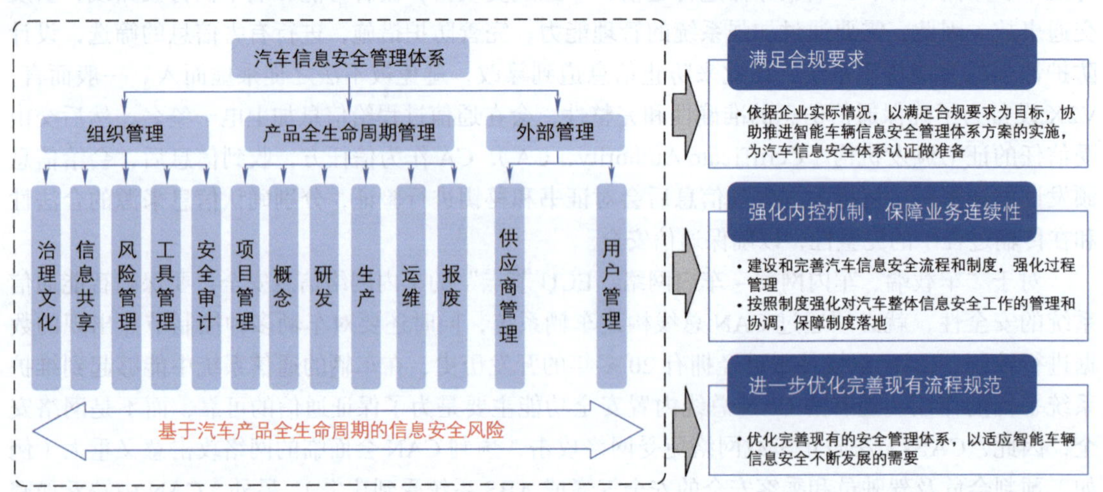

图 8-14　智能车辆信息安全管理体系

2. 构建信息安全防护体系

智能车辆信息安全防护体系如图 8-15 所示。开展智能车辆信息安全威胁分析和风险评估，利用大数据、人工智能等技术对风险进行自主识别与管理，追溯攻击的源头。对信息安全进行有效评估，包括信息传输风险、隐私协议及其风险、操作风险、运维风险等，进而形成贯穿全生命周期的风险评估与管理机制，构建信息安全防护 / 开发体系框架，持续监控安全威胁带来的风险，保障产品的安全性。此外，从整车众多零部件出发，开展针对性防护，全方位保护零部件信息安全。利用安全分级、访问控制、加密技术、入侵检测技术和安全审计保障技术建立覆盖车载智能终端、移动智能终端、车联网服务平台及多模式网络通信协议等多个模块的多级分域防护系统，构建贯穿全生命周期的层次分明的纵深防御体系，实现智能车辆内部感知域、控制域、决策域等不同域之间的隔离与分域保护。同时，改变过去单点防御或被动防御的方法，结合动态感知安全检测与主动安全管理，构建综合防御系统。建立自主可控的信息安全检测平台，集成安全测试系统，能够完成车辆系统、车联网系统、自动驾驶系统的信息安全验证工作，同时建立自主可控的信息安全试验室。

3. 构建车联网网络信任体系

车联网安全信任体系作为车辆支撑汽车信息安全的重要组成部分，可充分解决网联通信过程中信任孤岛、加密算法应用等应用问题。智能车辆联网通信的主要问题如图 8-16 所示。

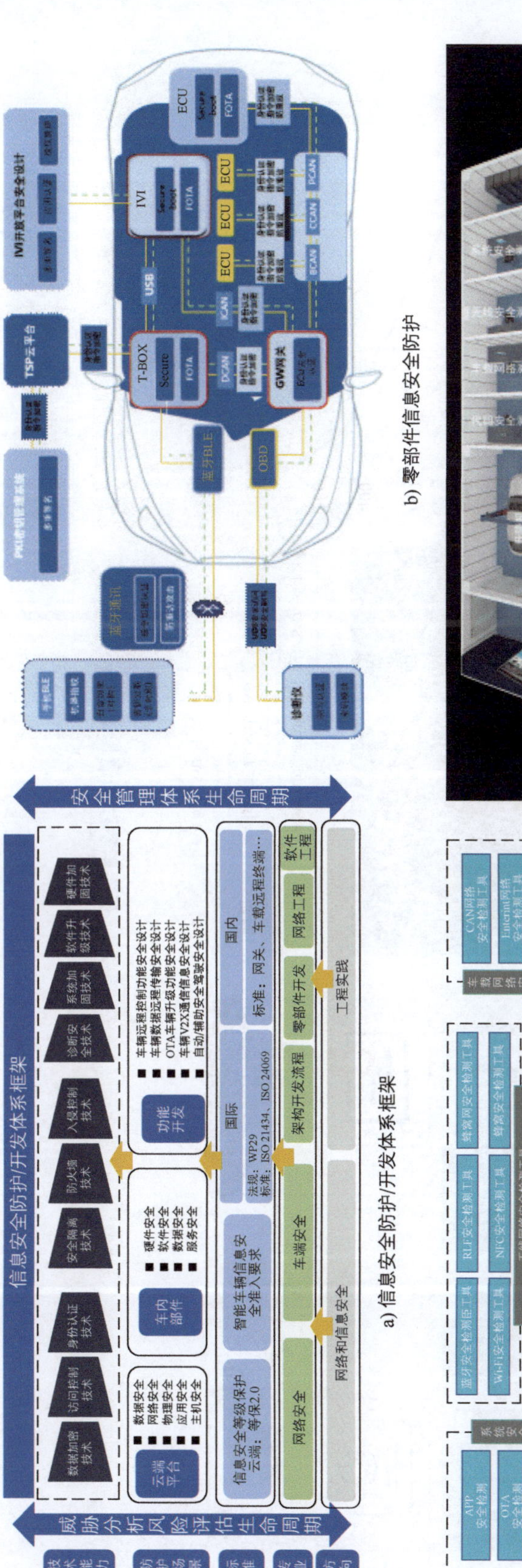

a) 信息安全防护/开发体系框架

b) 零部件信息安全防护

c) 信息安全检测平台

d) 信息安全实验室

图 8-15 智能车辆信息安全防护体系

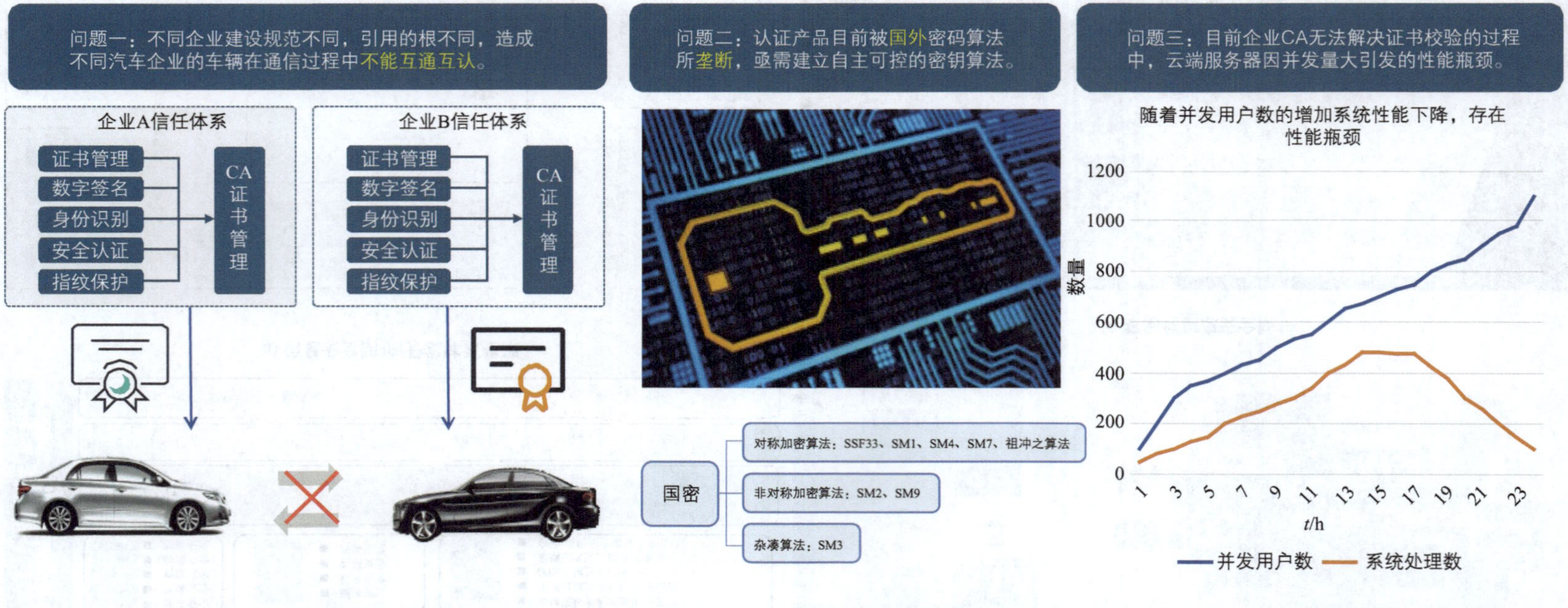

问题一：不同企业建设规范不同，引用的根不同，造成不同汽车企业的车辆在通信过程中不能互通互认。

企业A信任体系

证书管理
数字签名
身份识别
安全认证
指纹保护
CA证书管理

企业B信任体系

证书管理
数字签名
身份识别
安全认证
指纹保护
CA证书管理

问题二：认证产品目前被国外密码算法所垄断，亟需建立自主可控的密钥算法。

国密

对称加密算法：SSF33、SM1、SM4、SM7、祖冲之算法
非对称加密算法：SM2、SM9
杂凑算法：SM3

问题三：目前企业CA无法解决证书校验的过程中，云端服务器因并发量大引发的性能瓶颈。

随着并发用户数的增加系统性能下降，存在性能瓶颈

数量
1200
1000
800
600
400
200
0
1 3 5 7 9 11 13 15 17 19 21 23
t/h
并发用户数
系统处理数

图 8-16　智能车辆联网通信的主要问题

为了解决智能车辆通信问题，保证车辆通信环境的安全，智能车辆信息安全设计应重点考虑以下方面。

1）利用密码技术与可信计算体系完善智能车辆的可信环境，提高智能车辆的安全水平，提高车辆防御未知风险与恶意攻击的能力与效率。

2）基于 PKI 技术构建涵盖人 – 车 – 路 – 云的网联通信安全信任体系，确保广域通信和直连通信两种不同网联通信场景下的端端通信安全。

3）建立汽车行业车联网网络信任支撑平台，构建行业统一的车联网通信身份认证体系，支持 V2X CA 证书、X509 证书两种证书在不同场景中的应用。

4. 构建信息安全运营体系

建立集成态势感知平台、应急响应平台以及漏洞管理平台等在内的企业级安全应急响应中心，如图 8-17 所示。态势感知平台涵盖态势总览、资产管理、运营监控、应急响应和系统管理等功能，包含了各种在汽车日常信息安全运营中存在的功能需求，构建车联网信息安全的量化跟踪、分析、评估、预测等能力。应急响应平台通过建立信息安全应急响应机制，制定信息安全事件应急预案，可及时处置安全威胁、网络攻击、网络侵入等信息安全风险。漏洞管理平台包括前端门户和后端处理平台，负责日常工作中对漏洞信息的收集、整理、查询、分析和追踪，并管理各零部件的信息安全需求和评测。

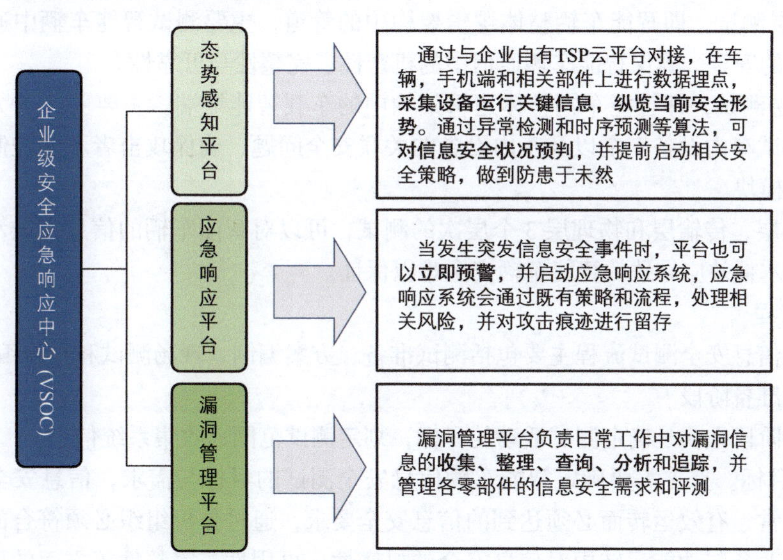

图 8-17 企业级安全应急响应中心

8.4.3 信息安全测试与评估

智能车辆信息安全测试与评估技术是汽车安全水平提升的重要驱动因素。通过专业的信息安全测试与评估，能够有效发现汽车信息安全存在的问题、规避因信息安全问题而给汽车企业带来的经济损失，从而提升汽车信息安全水平和能力。本节基于现有智能车辆的发展现状提出智能车辆信息安全测试的测试定义、测试对象、测试流程以及测试方法等，并提出具体信息安全测试案例进行论述，同时针对智能车辆的信息安全评估机制进行介绍，有助于读者开展智能车辆的信息安全测试及评估工作。

1. 测试定义

本节介绍一种基于全生命周期的车辆信息安全测试方法，定义如下：从车载信息服务安全（包括 App、云、T-BOX、OTA）、车载网络安全（包括车内以太网、CAN、FlexRay、CAN FD）、通信安全（蓝牙、WiFi、NFC、5G、DSRC、PC5）、外设安全（包括充电桩、换电站）、ADAS 安全（包括毫米波雷达、超声波传感器、激光雷达、视觉传感器）5 个方面对汽车信息安全进行测试。通过功能测试、性能测试、渗透测试、安全评估等步骤来确保汽车信息安全。

2. 测试对象

根据智能车辆“云 – 管 – 端”整体逻辑架构，可以将智能车辆信息安全测试的对象划分为 3 个层次，即服务层、传输层和物理层。其中，服务层指云端，功能是给下层提供相应服务，实现对海量涉车数据的存储、计算、管理、监控、分析、挖掘及应用，是系统互联与智能的核心；传输层指管道，负责信息的传输，包括云端与车端的通信、车端与用户端的通信、用户端与云端的通信；物理层指各种车载智能终端以及用户的使用终端（如手机 App 和 PC 客户端等）。各个层次的具体测试对象如下。

1）服务层测试，即智能车辆整体逻辑架构中的云端，主要考虑云端服务的设备、系统以及其他相关方面的测试，包括汽车信息服务终端的通信认证、数据传输安全、身份鉴别和安全审计等内容，确保云端服务可靠性。

2）传输层测试，即智能车辆整体逻辑架构中的管道，主要测试智能车辆中通信网络协议及其相关机制的安全，确保智能车辆通信中的机密性、完整性与可靠性。

3）物理层测试，即智能车辆整体逻辑架构中的车载智能终端。主要关注点为电子单元的相关测试，测试车内设备安全以及车内设备的关联安全问题，确保攻击者不能控制汽车关键功能或潜在风险模块。

通过服务层、传输层和物理层 3 个层次的测试，可以对智能车辆的信息安全水平做出全面的评估，避免木桶效应导致的智能车辆安全难以保证。

3. 测试流程

智能车辆信息安全测试流程主要包括测试准备、方案编制、现场测试和报告编制 4 个阶段。

（1）测试准备阶段

测试准备阶段主要是确定测试活动的目标，划定测试范围，收集系统信息。

1）确定目标。首先需要确定智能车辆信息安全测试的目标与需求，信息安全需求是为保证智能车辆正常、有效运转而必须达到的信息安全要求，通过分析组织必须符合的相关法律法规以及在具体业务与功能运转中对信息安全的机密性、可用性、完整性等方面的要求，来确定智能车辆信息安全测试的目标。

2）划定范围。在进行现场测试之前，需要确定测试的范围。测试范围包括智能车辆内部与信息处理相关的各类软硬件资产、智能车辆外部与信息处理相关的各类软硬件资产、外部的服务提供商等方面。由于信息安全测试的范围根据目标与需求确定，所以既可以对智能车辆生产商、服务商以及相关软硬件资产进行全面的系统测试，也可以仅对智能车辆的关键业务或者关键功能进行测试。

3）系统调研。在确定了智能车辆信息安全测试的目标和范围之后，就需要专业人员来进行系统调研，并根据系统调研的结果决定将采用的测试方法等技术手段。其中，系统调研的内容包括：智能车辆主要功能和相关安全要求；车联网与智能车辆内部网络结构、网络环境（包括内部和外部连接）；车联网系统边界；主要的软、硬件资产（包括智能车辆内部和外部资产）；智能车辆系统和数据的敏感性；智能车辆使用人员；其他。

（2）方案编制阶段

以系统调研的结果为依据，根据被评估信息的具体情况来确定测试的依据和方法。依据相关信息安全标准、智能车辆信息系统安全要求、智能车辆系统本身的实时性和性能要求等，综合考虑测试的目的、范围、时间等因素，选择具体的风险计算方法，并且依据对智能车辆信息系统安全运行的需求，确定相关的测试依据，使智能车辆系统环境能够达到信息安全要求。测试方案主要包含信息安全目标、测试对象、测试指标、测试方法、测试计划、测试工具以及测试内容等。

（3）现场测试阶段

测试方案编制工作完成之后，进一步确认测试活动的时间，开展现场测试活动。现场测试活动主要包括资产、威胁、脆弱性和现有控制措施的识别和评估、风险评估等步骤。

首先开展信息系统的资产梳理及重要性评价，包括数据、软件、硬件、文档、人员等，以资产的机密性、完整性、可用性3个方面的属性为基础进行重要性衡量。接着进行威胁分析及发生可能性评估，包括人为因素和环境因素带来的安全威胁，从威胁主体、资源、动机、途径等多种属性来描述，根据过去安全事件报告中威胁的出现频率、国际组织发布的对整个社会或者特定行业的威胁以及其频率的统计等确定威胁发生的可能性。进一步识别系统存在的安全脆弱性，针对每一项需要保护的资产，采用问卷调查、工具检测、人工核查、文档查阅、渗透测试等方法，识别可能被威胁利用的脆弱点，并对脆弱点的严重程度进行评估。根据对资产的损害程度、技术实现的难易程度，采用等级方式对已经识别的脆弱性的严重程度进行赋值。接着确认已有安全措施，包括预防性安全措施和保护性安全措施。一般来说，安全措施的使用将减少系统技术或者管理上的弱点，预防性安全措施可以降低威胁利用脆弱性导致安全事件发生的可能性，保护性安全措施可以减少因为安全事件发生对系统造成的影响。对已经采取的安全措施的有效性进行检查，检查安全措施是否有效发挥作用，即是否真正降低系统脆弱性、抵御安全威胁。最后在完成资产识别、威胁识别、脆弱性识别以及对已有的安全措施确认后，考虑威胁出现的频率和脆弱性并综合攻击者技术能力、脆弱性被利用的难易程度和资产吸引力等因素来判断安全事件发生的可能性，根据资产价值以及脆弱性的严重性程度，计算安全事件一旦发生后的损失，并采用矩阵法或相乘法计算出风险值。

（4）报告编制阶段

在现场测试活动完成之后，进行分析报告编制活动，在此阶段将会对资产配置文件、威胁分类文件、脆弱性分类文件等文档进行分析，得出威胁分析结果、脆弱性分析结果和风险分析结果。在风险分析结果中将会对风险评估的结果进行等级化处理。根据所采用的风险计算方法，计算每种资产面临的危险值，根据风险值的分布情况，为每个等级设定风险值范围，并对所有风险计算结果进行等级处理，每个等级代表了相应风险的严重程度。综合考虑风险控制成本与风险造成的影响，提出一个可接受的风险范围。如果风险评估值在可按受范围内，则该风险是可接受的，应保持已有的安全措施；如果风险的评估值在可接受范围外，即风险计算值高于可接受范围上限值，则需要采取安全措施以降低、控制风险。

4. 测试方法

在智能车辆测试工作中主要使用的方法有访谈、检查、现场测试等。这三种测评方法的具体细节如下。

（1）访谈

从最接近资产的人员了解资产相关的各种信息，主要是为了获取详细资产清单和关键资产清单，了解测试对象的具体情况。访谈的对象可以是资产的拥有者、管理者或使用者。

（2）检查

检查主要是指有效性测试，检查信息安全产品、系统或者它们的模块、子系统是否完成了所设计的功能。有效性测试既包括对已有安全措施的确认，也包括对非安全产品的测试（即有些产品本身可能与安全不相关，但是如果其功能出现问题却可能导致安全问题）。因此为了使测试结果更全面、准确地反映实际安全情况，测试方法需要包括典型的应用实例或输入数据，其中对输入数据往往还需要考察边界值等极端情况。

（3）现场测试

进行现场测试活动时，应严格遵循测试基本原则，按照预先设定好的测试流程开展测试工作。由于智能车辆结构复杂，且零部件数量众多，为保证测试工作的全面性和有效性，可将测试车辆划分为服务层、传输层和物理层，并针对各层不同产品和模块，选取相应工具及测试方法开展测试活动。

5. 信息安全测试案例：CAN 总线安全

攻击者通过注入 CAN 总线恶意指令，可导致车辆出现加速、制动、档位异常、转向盘助力失效等问题。此外，攻击者可通过对 CAN 总线发送报文，造成车辆系统崩溃，对车辆本身以及车主的人身安全造成巨大的影响。因此，针对 CAN 总线缺乏认证加密导致的信息安全风险，具体测试过程如下。

1）威胁建模和分析。对 CAN 总线系统进行威胁建模，分析可能存在的威胁和潜在的安全漏洞。包括 CAN 总线资产识别、威胁识别以及脆弱性分析，识别可能存在的攻击面和风险点。

2）物理接入测试。尝试物理接入 CAN 总线，并通过物理访问来尝试监听、篡改或注入 CAN 消息。

3）网络抓包分析。使用网络抓包工具监视 CAN 总线上的数据流量，分析其中的通信内容和结构，以便发现潜在的安全隐患。

4）恶意注入测试。通过发送伪造的 CAN 消息，包括尝试发送伪造的控制命令或错误数据，验证系统对异常消息的过滤和处理能力。

5）身份认证测试。尝试伪造其他节点的身份信息，包括尝试访问受限资源或发送受限制消息，验证系统对节点身份认证的有效性。

6）加密通信测试。测试 CAN 总线加密算法的安全性，包括密钥管理和通信内容的机密性。

7）权限控制测试。测试系统对于不同节点的权限控制机制，验证系统是否能够有效地防止未授权的节点对 CAN 总线进行访问。

8）安全漏洞验证。针对已知的 CAN 总线安全漏洞进行验证测试，确认系统是否存在相应的安全风险。

9）安全性能评估。对系统在受到安全攻击时的响应能力进行评估，包括系统的稳定性和恢复能力。

10）报告撰写和总结。撰写安全测试报告，总结测试过程中发现漏洞的详细信息及风险，提出改进建议和安全加固措施。

6. 信息安全测试评估机制

汽车信息安全测试与评估是汽车安全水平提升的重要驱动因素。随着国内外标准法规的相继出台，行业中已出现 CSMS 认证、ISO/SAE 21434 审计、CACC 认证、5StarS 认证以及 TISAX 认证等认证评估机制。

（1）CSMS 认证

汽车信息安全管理体系（Cyber Security Management System，CSMS）是对汽车信息安全风险进行独立分析和评估的程序，主要审查 OEM 是否在车辆完整生命周期内制定了信息安全相关的流程，以确保车辆全生命周期中都有对应的流程措施用以控制相关风险，属于管理体系维度。联合国世界车辆法规协调论坛（UN/WP29）发布的 R155 法规《信息安全与信息安全管理系统》中，指出汽车制造商对于信息安全的管理应涵盖研发、生产、后生产等阶段，并明确提出具备 CSMS 合格证是进行产品型式认证的前置条件。

（2）ISO/SAE 21434 审计

ISO/SAE 21434《道路车辆 信息安全工程》是规定车辆在整个生命周期信息安全风险管理要求的国际标准，它从安全风险管理、产品开发、生产、运营 / 维护、跨产品或者组织层面的保障流程等方面来保障车辆网络安全工程工作的开展，使得依据该标准设计、生产、测试的产品具备网络安全防护能力，免受车辆电子电气组件及其功能相关威胁场景的危害。该标准为信息安全的工程开发和管理流程提供了一个框架，使车辆制造商和供应商能够使用通用的语言交流信息安全要求，但该标准未对信息安全相关的特定技术或解决方案进行限制。

（3）CACC 认证

中国汽车信息安全认证（China Automotive Cybersecurity Certification，CACC）属于汽车信息安全自愿性认证，是基于车辆安全设计理念，针对汽车的控制器软件、通信架构、信息传递等方面进行的综合性认证。该认证提出从网络架构、ECU、无线电、T-BOX、IVI、云平台、App 这 7 个方面对汽车产品进行权威公正的信息安全性能评价，结合汽车的智能化功能配置和企业的应急响应能力，最后确定认证单元的信息安全综合评分。

（4）5 StarS 认证

5 StarS 保障体系是由 5 StarS 联盟搭建的互联和自动驾驶汽车信息安全保障体系。5 StarS 保障体系于 2019 年 6 月正式发布，针对整车产品开展认证，属于自愿性认证范畴，由 HORIBA MIRA 实施开展具体认证评估工作。该认证通过评估车辆在面对网络威胁和攻击时应对攻击或漏洞的能力，从而帮助市场建立对整车厂产品的信任。该认证旨在反映车辆信息安全的保障水平，为消费者选购汽车提供依据，为保险公司提供信息，帮助其评估车辆潜在的信息安全风险。

（5）TISAX 认证

TISAX（Trusted Information Security Assessment Exchange）是指由 VDA 和 ENX 联合为 VDA ISA 创建的信息安全评估和交换机制。其主要目标是在安全管理方面确保整个汽车行业的高水平标准，以保护敏感信息、防止数据泄露。该标准涵盖了信息安全管理的各个方面，包括组织安全策略、物理安全、系统和网络安全、供应商和合作伙伴管理等。通过实施 TISAX，企业可以提高其信息安全管理能力，并为客户和合作伙伴提供可靠的保证。

习　题

一、选择题

1. 智能车辆控制系统的安全包括（　　）。

A. 功能安全　　B. 预期功能安全　　C. 信息安全　　D. 以上全部

2. ISO 26262 标准主要基于以下（　　）通用的功能安全标准发展而来。

A. ISO 9001　　B. ISO 14001　　C. IEC 61508　　D. ISO 45001

3. 在预期功能安全设计中，下列（　　）不属于其考虑的范畴。

A. 车辆用户信息泄露　　B. 车辆执行器的性能

C. 系统与驾驶员的交互　　D. 功能的退出及降级策略

4. 在 ISO 26262 中，车辆功能安全的要求被细分为多个等级，这些等级被称为（　　）。

A. 安全级别　　B. 安全完整性等级（ASIL）

C. 风险评估等级　　D. 安全控制等级

5. 下列（　　）表示最高的安全要求。

A. ASIL-A　　B. ASIL-B　　C. ASIL-C　　D. ASIL-D

6. 在预期功能安全设计流程中，下列（　　）是不包括的。

A. 风险场景的评估　　B. 规范定义与设计

C. 确定功能缺陷的触发条件　　D. 制定测试用例

7. 在预期功能安全测试与评估中，SOTIF 验证手段一般不包括（　　）。

A. 验证感知传感器的精度、鲁棒性和灵敏度

B. 利用 SIL 验证软件算法的缺陷

C. 在不同环境下对系统进行测试

D. 确定传感器安装支架的图纸

8. 在 V2X 技术中，（　　）可实现实时交通路线规划、地图更新、远程 OTA 升级等服务。

A. V2V　　B. V2I　　C. V2N　　D. V2P

9. 以下内容中，构建信息安全防护体系不包括（　　）。

A. 信息安全威胁分析和风险评估　　B. 零部件信息安全防护

C. 完善智能网联汽车的可信环境　　D. 构建综合防御系统

10. 智能网联汽车信息安全测试的对象包括（　　）。

A. 网络层、传输层、应用层　　B. 服务层、传输层、物理层

C. 服务层、应用层、物理层　　D. 应用层、网络层、物理层

二、填空题

1. 智能车辆的安全设计包括其机械结构、________和________的安全性。

2. 根据 ISO 26262 标准，汽车安全完整性等级（ASIL）基于潜在危害的严重度、暴露度和________来评估风险。

3. 硬件架构度量的评估目的是基于硬件架构度量，提供关于检测和控制安全相关随机硬件故障的项目硬件架构设计适用性证据。用于评估________的有效性，以应对________。

4. 硬件测试应验证①针对硬件安全要求的安全机制实施的完整性和正确性；②硬件在外部应力下的________；③测试设备应按照________。

5. 预期功能安全场景的划分，通常可以划分为 4 个独立的部分：________、________、________、________。

6. 预期功能安全设计的最终目的，就是要________已知的非风险场景，同时________未知的风险场景。

7. 为解决预期功能安全问题，通常在________、________、________阶段采取措施以消减少或消除风险。

8. 智能汽车信息安全可以分为________和________两套安全体系。

9. 信息安全设计主要包括构建________、________、________和________四个方面。

10. 随着国内外标准法规的相继出台，行业中已出现________、________、________、________以及________等认证评估机制。

三、简答题

1. 为什么智能车辆需要特别强调安全性？

2. 简要解释 ISO 26262 标准的主要目的是什么。

3. 什么是汽车安全完整性等级（ASIL）？它的作用是什么？

4. 请简述软件集成验证的目标、对象及测试方法。

5. 请简述智能汽车预期功能安全的定义和预期功能安全设计的目的。

6. 请简述影响预期功能安全性能的至少三种因素及其影响的结果。

7. 请简述预期功能安全规范设计流程的核心步骤。

8. 请简述 V2X 技术的主要内容。

9. 智能网联汽车链接通信问题主要包括哪些方面？针对这些问题，应如何开展智能网联汽车信息安全设计？

10. 简述智能网联汽车信息安全测试流程。

第9章 智能车辆测试与评价技术

9

随着智能车辆技术的发展，低阶智能驾驶功能逐步实现了车端搭载和应用。同时，全球各大 OEM 和供应商也加紧高阶智能驾驶技术的研究和开发，高阶智能驾驶技术逐步走向商业化应用。在实际交通环境中，智能车辆易受到天气、道路、障碍物等因素的影响，且大部分行驶路段交通环境复杂，导致智能车辆交通事故频发。为加快推进智能车辆技术落地，避免因智能驾驶导致的交通事故，国家相关部委和地方政府相继推出了 ICV 车辆准入规则及地方性法规，要求智能车辆应满足相应的法规才能销售和运营，从而促进智能驾驶技术研发。

测试评价是智能车辆技术研发和应用的关键。智能车辆测试评价包括测试和评价两个方面：测试是对智能驾驶功能确认和逻辑检查，主要集中在智能驾驶功能层面；评价是对智能车辆系统性能表现的优劣进行评价，主要集中在智能车辆系统的性能层面。早期针对智能驾驶系统的测评依据主要集中在智能驾驶系统的安全运行里程，如一种观点认为安全运行里程应大于 50 亿英里，但该方法被证明是不切实际的。研究人员和汽车研发工程师通过大量的工程实践总结出了智能车辆测评的三种主要方法，分别为虚拟仿真测试、封闭道路测试和开放道路测试。图 9-1 所示为测试方法中人 – 车 – 路系统的虚实状态。模拟仿真和在环仿真都属于虚拟仿真，在环仿真是在仿真系统中逐步引入真实的人、车系统，以提高仿真的真实性和可信度，但本质仍是仿真。

测试方法	人	车	路
模拟仿真测试 	虚拟	虚拟	虚拟
在环仿真测试 	真实/虚拟	真实/虚拟	虚拟
封闭道路测试 	真实	真实	虚拟
开放道路测试 	真实	真实	真实

图 9-1 智能车辆的主要测试方法中人 – 车 – 路系统的虚实状态

智能车辆仿真测试是通过对车辆动力学、其他交通参与者行为（行人、其他机动车和非机动车等）、道路环境、天气、交通流和传感器等进行建模，构建虚拟的交通环境，对智驾环境感知、数据融合、路径规划和控制执行算法进行验证。借助虚拟仿真测试方法，可以实现 7 × 24h 连续不间断测评。仿真测试可实现测试场景、测试用例和评价标准复用，相对于实车道路测试，其具有安全性高、可重复性强、测试成本低和测试效率高等优点。按照汽车软件开发 V 模式流程，如图 9-2 所示，软件编码完成后即进入软件测试阶段，主要包括单元测试（白盒测试）、集成测试（SIL/MIL 测试）、系统测试（HIL 测试）和验收测试（实车测试）。根据智能车辆虚拟仿真测试方法中被测对象的真实程度、测试环境真实程度以及测试实时性，虚拟仿真测试方法可分为模型在环测试（MIL）、软件在环测试（SIL）、硬件在环测试（HIL）和车辆在环测试（VIL）。需要说明的是，图 9-2 与图 3-3 关于车辆软件开发流程的内容在表述上略有不同：图 3-3 关注重点是车辆软件系统的开发，强调功能架构和系统架构设计，而图 9-2 关注的是智能车辆软件的开发过程。

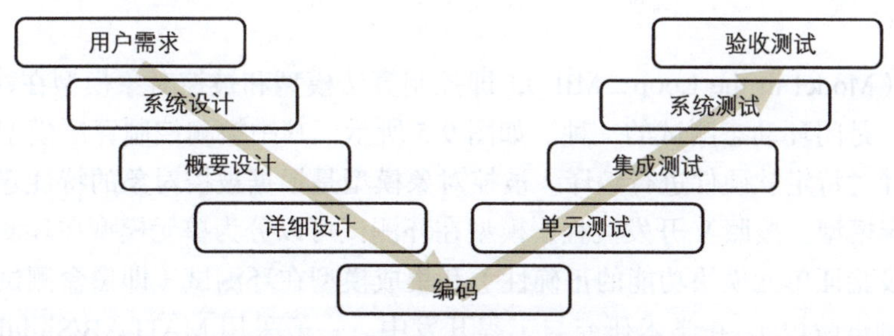

图 9-2　智能驾驶软件开发 V 模式

封闭道路测试相对于虚拟仿真测试而言，真实度和可靠性更高。封闭道路测试分为两种：一种是由汽车专业测评机构和权威媒体在封闭道路或者空旷场地，基于真实交通场景和常见事故场景，通过各类交通指示信号识别及响应、左右转车辆冲突行驶、并道超车、两轮车及行人避让等多达数十个城市道路场景，来测试车辆在复杂综合城市道路场景中的智能驾驶表现，如图 9-3 所示。另一种是在政府或研究机构建立的封闭智能驾驶测试区或示范园区内的测试。为促进我国智能车辆产业发展，多地政府、企业和相关事业单位开始规划和建设智能网联汽车测试示范区，如京冀智能汽车与智慧交通产业创新示范区、上海国家智能网联汽车示范区、湘江新区国家智能网联汽车（长沙）测试区、重庆智能汽车与智慧交通应用示范区、重庆中国汽研智能网联汽车试验基地等。图 9-4 所示为 2018 年建成的湘江新区国家智能网联汽车（长沙）测试区。该测试区建设了越野道路测试区、高速公路测试区、乡村道路测试区、城市道路测试区，设置 78 个常规智能系统测试场景和 228 个智能网联测试场景，拥有测试道路 8 条，测试区内测试道路里程达 12km，其中 3.6km 的双向高速测试环境、无人机测试跑道、越野测试环境相结合的多元化场景在国内独具特色。

图 9-3　智能驾驶测评机构的封闭道路测试

图 9-4　湘江新区国家智能网联汽车（长沙）测试区

在智能车辆系统完成虚拟仿真测试和封闭场地测试后，即可有序开展开放道路测试。为了支持和促进我国智能车辆技术发展及社会生态系统升级，2018 年 4 月，工业和信息化部、公安部和交通运输部联合发布了《智能网联汽车道路测试管理规范（试行）》，对智能网联汽车道路测试申请、审核、管理以及测试主题、测试驾驶人和测试车辆的要求进行明确和规范。

9.1 开发测试流程与方法

9.1.1 模型在环

模型在环（Model in the Loop，MIL），即控制算法模型和被控对象模型在建模 / 开发环境中进行的测试，是闭环动态测试的一种。如图 9-5 所示，其中被测控制算法模型采用通用建模语言构建，未针对特定软硬件进行编译。被控对象模型是根据被控对象的特性建立的在输入激励下的输出响应模型。按照 V 开发流程，模型在环测试可以分为单元模型在环测试（即白盒测试，在开发阶段验证单元模块功能的正确性）和集成模型在环测试（即黑盒测试，在应用层控制模型合格性测试阶段）。在学术研究与工程开发中，一般采用 MATLAB/Simulink 或者 MATLAB/Simulink 与 Carsim、AmeSim 等物理系统建模软件构建 MIL 测试环境。在智能车辆控制系统开发中，智能车辆环境感知融合算法多采用手工编码，此类开发方式无法应用 MIL 测试。而规划控制算法有应用基于模型的设计方法开发，故可在仿真环境下进行 MIL 测试。

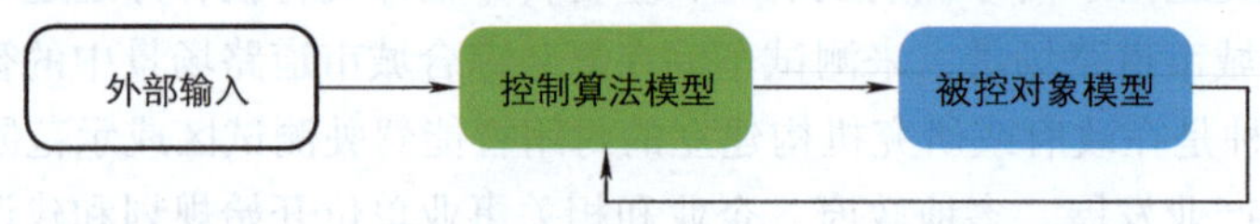

图 9-5 MIL 测试

9.1.2 软件在环

软件在环（Software in the Loop，SIL）测试，即被测算法模型编译生成的目标代码和被控对象模块在建模 / 开发环境中进行的测试，同样属于闭环动态测试。早期自动代码生成技术不成熟，SIL 测试作为背靠背测试手段，开发人员将每条测试用例 SIL 测试结果与 MIL 测试结果进行对比，以此来验证自动生成代码的正确性或者排查自动生成代码的错误。随着自动生成代码技术的成熟，传统 SIL 测试在开发测试中应用逐渐减少。近年来，随着 AUTOSAR 标准在控制器软件开发中的推广，传统的 MIL/SIL 测试应用范围逐渐减小。单元级 MIL 可以针对单个软件组件（Software Components，SWC）进行测试，但集成级的 MIL/SIL 无法进行。其具体原因为：在传统的开发模式中，控制算法模型的 SWC 之间可以直接进行通信，如图 9-6 所示；而在基于 AUTOSAR 标准的控制器软件开发中，SWC 之间的交互以虚拟功能总线（Virtual Function Bus，VFB）的形式通过 RTE 进

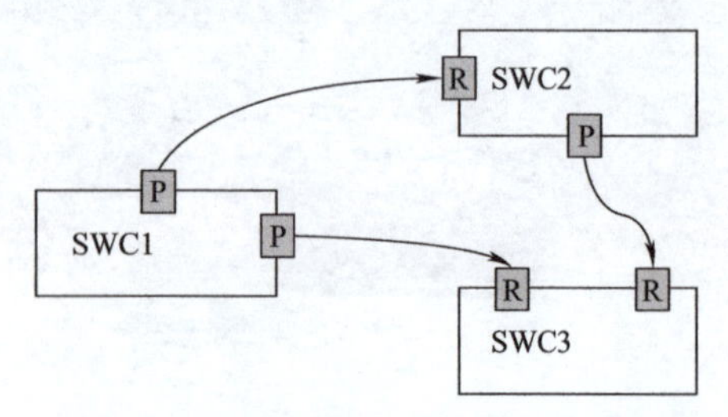

图 9-6 传统开发模式下 SWC 交互

行（图 3-18），因此传统集成的 MIL 和 SIL 测试均无法实施。

对于遵循 AUTOSAR 标准开发的汽车控制软件，V-ECU（Virtual ECU）验证逐渐成为必要的软件合格性测试手段，其原理如图 9-7 所示。被测控制器模型和被控对象模型 / 环境模型各自编译后，生成的被测控制器应用层代码结合 AUTOSAR 标准底层，随后进行集成编译，生成 V-ECU，并在仿真平台与被控对象 / 环境模型进行集成，随后采用自动化测试软件在仿真平台对被测 V-ECU 进行测试和验证。借助 V-ECU 验证解决方案可以实施应用层功能测试，并可实现高并发云端部署，即云 SIL 仿真。

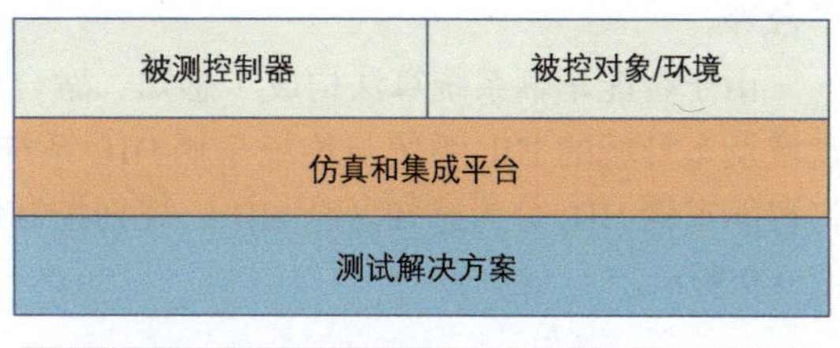

图 9-7 V-ECU 验证框架

在智能车辆测试中，因 SIL 测试具有高并发、云端测试、场景自动泛化、测试效率高等特点，逐渐成为智能车辆开发和验证的主要手段，主要应用于感知和规划控制算法的验证。智能车辆 SIL 测试的关键在于交通流仿真、场景仿真、传感器建模以及车辆动力学仿真。

9.1.3 硬件在环

硬件在环（Hardware in the Loop，HIL）测试，是在一个由被测对象模型（整车、发动机、电池、电机等）、传感器模型（如普通物理传感器和智驾感知传感器）、执行器模型以及真实控制器构成的虚拟闭环环境中进行的测试。被控对象模型、传感器模型以及执行器模型运行于 HIL 测试设备的实时处理器中，真实控制器通过 I/O 板卡与处理器进行实时通信。上位机与 HIL 设备通过以太网进行通信，利用上位机软件，如自动化测试软件、实验管理软件、I/O 接口配置及编译软件、模型参数化软件等对被测控制器进行手动 / 自动化测试、过程数据监控 / 记录、总线 / 模型信号标定等（图 9-8）。HIL 测试可用于功能测试、总线和通信测试、故障诊断测试、控制器压力测试和多控制器集成测试等，具备高测试效率（相比实车测试）、高安全性、早期测试能力以及测试复用性（与 SIL 复用功能测试用例 / 场景）等优点，被广泛应用于底盘域、动力域、智驾域以及车身域控制器开发验证和验收测试。

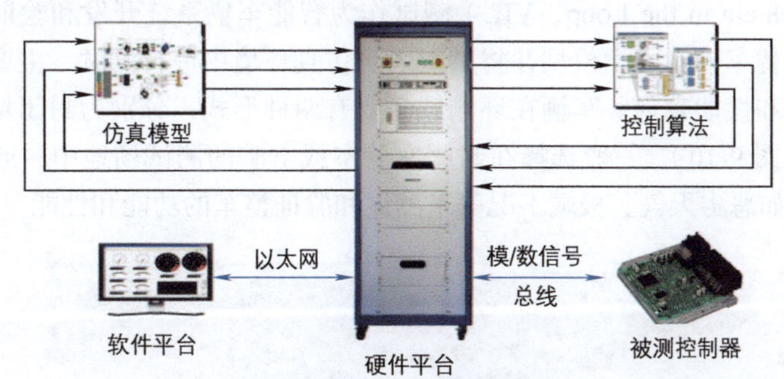

图 9-8 HIL 系统组成

HIL 工具链技术成熟且市场占有率较高的有 dSPACE 公司的 HIL 系统（Scalexio 实时系统）、NI HIL、ETAS HIL。我国 HIL 测试技术起步较国外晚，在硬件稳定性和软件功能 / 可扩展性层面还需要进一步完善，已实现商业化应用的有恒润 HIL 系统、昆易 HIL 系统等。

HIL 测试流程包括 HIL 系统搭建及调试（开环调试及闭环调试）、HIL 测试用例 / 场景开发及泛化、HIL 测试脚本开发 / 生成及调试、HIL 自动化测试及问题闭环管理等。其中，HIL 测试中关键点为开发 HIL 测试各环节所需的工具链，如脚本生成工具、建模自动化工具、测试管理平台等。

由于智能车辆系统算法构成（感知、融合、规划和控制）的特殊性，智能车辆动力域、底盘域及车身域的 HIL 系统与传统车辆 HIL 系统存在明显差异。根据智能车辆 HIL 测试的范围，将智能车辆 HIL 分为感知融合 HIL、规划控制级 HIL、智驾系统级 HIL 以及数据回灌 HIL，如图 9-9 所示。

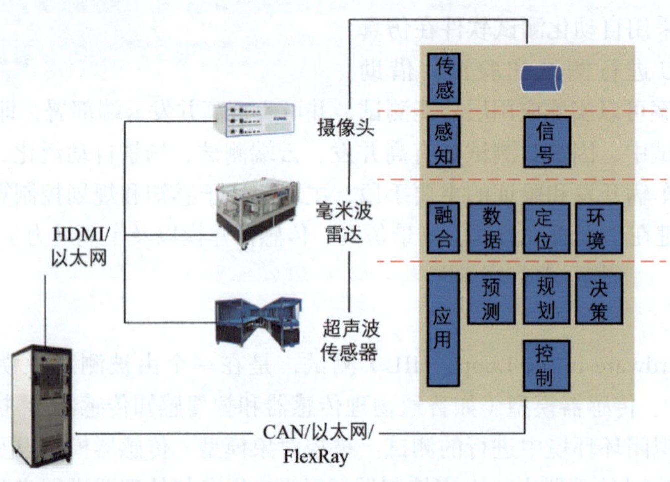

图 9-9　智能车辆 HIL 测试范围及分层

智能车辆 HIL 测试的关键在于以下核心技术：传感器建模及仿真技术（如视频注入技术）、虚拟测试场景库建设及管理、虚拟测试场景标准化（多种场景仿真软件间场景数据的转化）以及车辆动力学仿真等。

9.1.4　车辆在环

车辆在环（Vehicle in the Loop，VIL）测试作为智能车辆系统开发和验证中不可缺少的环节，其通过实车代替车辆动力学模型并将其引入至仿真环境中进行测试，主要目的是验证被测功能在整车的功能和性能表现。车辆在环测试主要有两种形式，分别为封闭场地车辆在环和转毂平台车辆在环（图 9-10）。一般选择在封闭实验室或空旷的测试场地中，通过构建多种复杂的虚拟驾驶场景，如恶劣天气、极端工况等来测试和验证整车的功能和性能。

图 9-10　车辆在环测试系统

智能车辆在环测试系统是一个联合测试系统，包括真实车辆和虚拟环境仿真，能够满足大部分的真实测试需求，并可以对 2D 和 3D 感知环境进行精确仿真控制。智能车辆在环测试作为 HIL 测试环节后对功能验证的重要补充，若自动泊车功能测试时，因车辆动力学模型无法完全匹配真实车辆，车辆在环可实现在真实环境下对该功能标定量的修正和验证，进一步提升智能驾驶车辆功能的可靠性和安全性。车辆在环测试的优势在于能在封闭场地内还原开放道路的场景，从而降低实际道路测试的风险和难度，同时降低测试的成本和时间，减少对场地、真实交通和测试车辆的需求。智能车辆在环测试的关键在于实时模拟器、车辆接口与控制、场景模拟等技术。

9.1.5 道路测试

道路测试为智能车辆系统验证和面向市场的关键一步。道路测试包括封闭道路测试和开放道路测试两种形式，如图 9-11 所示。封闭道路测试分为两种类型：一种是基于场景对智能车辆功能进行验证和测评，如行人横穿马路、前车突然制动停车等，另一种是在封闭测试场内对智能车辆系统的各项功能进行连续测试。开放道路测试为最后阶段的测试内容，主要目的是评估实际道路上的智能驾驶对零部件、系统以及驾驶行为的影响。智能车辆系统供应商或者 OEM 需取得地方智能驾驶测试牌照后方可上路测试。

图 9-11 智能车辆实车道路测试

道路测试尤其是开放道路测试反映了人、车、道路交通环境相互耦合的结果。真实道路环境下可以对更多的场景，特别是连续场景进行测试。智能车辆实车道路测试存在诸多挑战，主要体现在两个方面：①道路环境和交通构成相对复杂，机动车驾驶员的行为多样化，实车测试过程中智能车辆如何应对突发状况；②有人驾驶车辆与各级别智能车辆混行时，智能车辆如何感知其他车辆并识别外界发出的声光信号，以及向外界发出正确的声光信号，与其他车辆协同行驶。

9.2 智能车辆仿真技术

智能驾驶仿真是智能车辆研发、制造、验证测试等环节不可或缺的技术手段，能有效缩短技术和产品开发周期、降低研发成本。完整的智能驾驶仿真体系包括仿真平台、场景库和评价体系，如图 9-12 所示。仿真平台包括交通流仿真、场景仿真、传感器仿真、车辆动力学仿真等，并能够方便地接入智能驾驶的感知融合与决策规划等算法。算法与仿真平台紧密结合、形成闭环，实现持续迭代和优化。

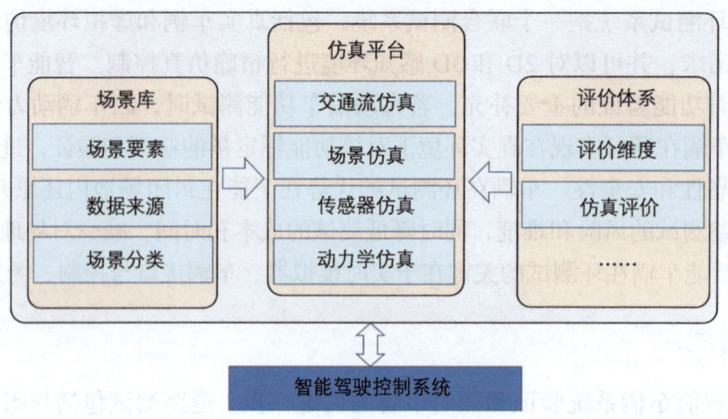

图 9-12　智能驾驶仿真体系

9.2.1　交通流仿真

控制本车运动的方法是使用关键帧。然而在模拟大规模交通场景时，如涉及交通拥堵、频繁地换道以及交通参与者的交互行为，关键帧方法的效率变得低下，且生成的车辆运动通常不符合物理规律。交通流仿真常采用微观交通流仿真方法，为智能车辆仿真提供随机、复杂、接近真实行为的动态交通环境。大多数智能车辆仿真平台都具有交通流仿真功能，如 Carla 中基于 PhysXVehicle 的交通流仿真。另外也有一些专门用于交通流仿真的软件，如 SUMO、PTV-Vissim 等，可与其他仿真软件一起构建联合仿真平台，最大化交通流仿真的优势。

1. SUMO

SUMO（Simulation of Urban MObility）是由德国国家宇航中心开发的开源软件，其界面如图 9-13 所示。SUMO 支持微观交通流仿真，也可用于车间通讯的仿真。SUMO 附带一个路网编辑器，也可以转换来自 Vissim，OpenDrive 的路网数据。用户可通过编辑路由文件的方式指定每辆车的路由，或使用参数来随机生成路由。此外，SUMO 还提供了针对 C++、MATLAB 等语言的开发接口，可通过对应的 API 进行交通流的控制。

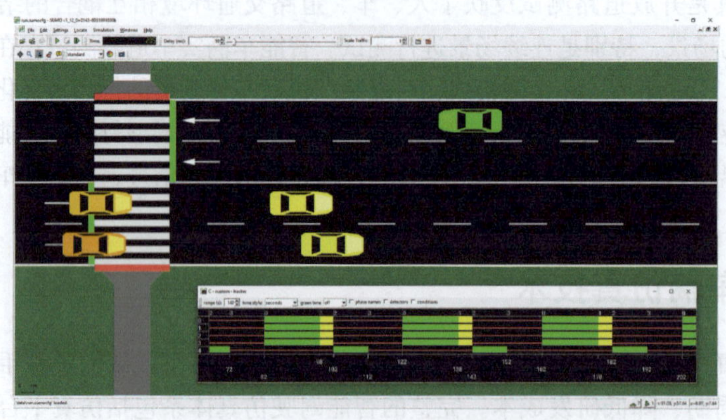

图 9-13　SUMO 交通仿真界面

2. PTV Vissim

PTV Vissim 是由德国 PTV 公司开发的交通流仿真软件，如图 9-14 所示。Vissim 可以模拟包括机动车、轨道交通及行人间的交互行为，如微观个体的跟驰行为和变道行为，以及群体的合作和冲突等。Vissim 支持与多个智能车辆仿真软件的联合仿真，如 Carmaker、Prescan、VTD、Carla、Carsim、dSPACE ASM 等。

图 9-14　PTV Vissim 交通仿真

9.2.2　场景仿真

场景仿真分静态场景还原和动态场景仿真两部分。静态场景还原用于构建交通场景中静止的要素，如道路、建筑物、交通设施、植物等，主要通过高精地图、手工三维建模搭建以及神经网络生成等方式实现。动态场景仿真用于构建交通场景中运动、变化的要素，如运动的交通参与者、天气、交通信号灯等，既可通过真实路采数据经过处理实现还原，也可通过算法生成，类似角色扮演游戏中的 NPC（非人类玩家）。动静场景结合，一起构成实际车辆的运行场景。

1. 静态场景仿真

（1）手工搭建场景

静态场景搭建主要基于游戏引擎，故智能车辆仿真的场景更显真实，包括接近真实的图形渲染和物理世界行为规律两方面。游戏引擎 Unreal、Unity 本身不是具体的场景建模工具，而更像一个装配工具。因此详细的模型素材仍然需要借助其他软件完成，如 3D Max、Maya 等。由于场景中所有的模型都需要设计人员手工搭建，手工搭建场景效率不高。

（2）基于高精地图的场景生成

基于高精地图的场景生成是将高精地图的结构化矢量图形进行 3D 渲染，场景生成流程如图 9-15 所示。具体步骤包括：

1）将高精地图的每一种矢量图形建立一一对应的标准模型素材库。

2）根据矢量图形的语义调用素材库中对应的资源进行重新渲染，完成对道路场景的建立。

3）对道路两侧添加建筑，植被、地形等要素，构成面向智能车辆仿真的静态三维场景。

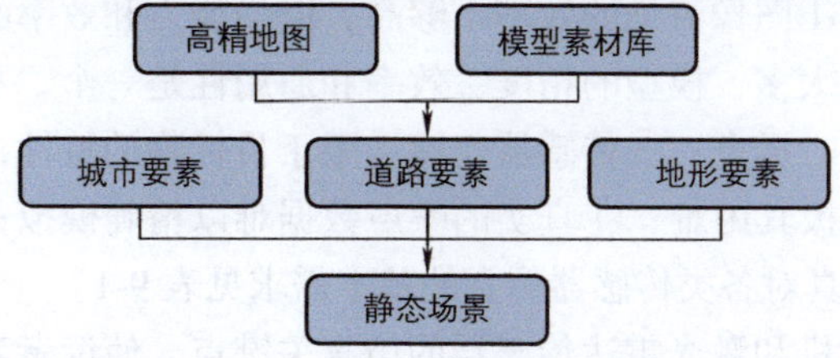

图 9-15　基于高精地图的场景生成流程

显然，相较于人工对道路建模，基于高精地图的道路生成方法更加高效、低成本，且构建的场景也能反映真实道路环境。该方法需要仿真软件支持统一的高精地图标准与场景标准，当前的主流标准是 OpenDrive。

（3）基于神经网络渲染的场景生成

基于神经网络渲染的场景生成基于实际采集的点云与图像数据，利用神经网络渲染自动生成 3D 虚拟场景，从而在各角度得到逼真的图像信息。该方法有两个显著优点：一是可以大幅度提升场景搭建效率，二是能够大幅提升场景渲染的真实性。生成的具体模型还可以作为资源库，用于构建新的场景或者更改已有场景。

2. 动态场景仿真

动态场景主要包括交通参与者行为，如机动车、非机动车、行人等实体，其次是环境气候变化。显然，对实体的动态行为建模需要描述的信息比静态场景多，包括每个实体在何时、何地发生何种动作，以及动作的触发时机、条件、轨迹等。OpenScenario 是当前主流的动态场景标准，大多数的场景编辑软件都是基于该标准进行动态场景设计，如 Road Runner Scenario，其动态场景编辑界面如图 9-16 所示。

图 9-16 Road Runner Scenario 动态场景编辑界面

9.2.3 传感器仿真

传感器仿真是指在虚拟环境中对智能车辆的传感系统进行重建。它主要用于测试智能车辆的感知系统，评估噪声、环境等对感知系统的影响，也用于对智能车辆系统整体的闭环测试与评价。影响传感器仿真的主要因素有两个方面：物理级传感器模型和基于物理模型的场景渲染。

1. 物理级传感器模型

传感器仿真需要基于物理模型，如激光雷达的仿真要还原激光发射 - 相交 - 反射的过程。传感器仿真的困难在于：①图像渲染的效率不够高，渲染能力和效率的差别则会影响到仿真的真实性；②传感器的类型太多，模型的精度、效率和通用性是一个“不可能三角”的关系，难以持续性地在三个维度同时提升；③传感器建模受限于目标物的特性，物理世界的复杂性使得建立详尽的目标属性描述极其困难；④真实的噪声数据难以精确模拟；⑤详尽的传感器物理模型难以获得。智能车辆仿真对各类传感器仿真的基本需求见表 9-1。

这里进一步讨论了相机和激光雷达传感器的仿真关键点，使读者对传感器仿真的困难及误差有更清晰的认识。

表 9-1 传感器仿真的基本需求

传感器	需 求
摄像头	支持外参、内参、物理参数、相机缺陷参数的仿真
激光雷达	基于 Ray Tracing，可以模拟真实的激光发射过程，并根据不同材质的反射强度模型输出带有噪声的点云
毫米波雷达	模拟 MIMO、FMCW 电磁波的传播，并且可对回波做数字信号处理
GNSS/IMU	支持 GNSS 信号丢失时主车的位置、速度、航向的累积误差，以及主车自身相关的 GNSS/IMU 信息
V2X	与路侧传感器相结合，仿真并下发路侧传感器的目标识别结果数据，根据周边动态环境仿真信号的传输效率和丢包率
理想传感器	返回在距离主车一定范围内探测到的 Ground truth

（1）相机仿真

相机仿真的基础首先是虚拟场景渲染，然后是对相机自身成像系统的模拟，包括镜头的投影过程模拟、CMOS/CCD 传感器模拟、DSP 模拟。

1）镜头投影仿真：镜头的仿真基于成像原理，根据相机外参，将世界坐标下的点转换到到相机坐标，再投影至归一化平面，最终投影到像素平面。此外，还需要对镜头存在的光学特性以及误差项进行仿真，如焦距、径向畸变、切向畸变、炫光、泛光、晕影等。

2）传感器和 DSP 模拟：对成像的传感器以及数据转换过程进行仿真，如光圈、快门、ISO、像素等拍照参数调节，Gamma 校正、白平衡、景深、HDR 调整、色彩空间等 DSP 的调节。

3）相机的仿真输出应包含 RGB 图，以及各种深度图、语义分割、实例分割、光流等结果。

（2）激光雷达仿真

激光雷达模拟的重点分别是基于 Ray Tracing 的反射模拟、不同材质反射率的模拟、多种激光雷达原理的模拟，其模拟过程如图 9-17 所示。

图 9-17 激光雷达模拟过程

1）基于 Ray Tracing 的反射原理：激光雷达仿真的思路是还原真实激光雷达扫描方式。以某 128 线激光雷达为例，其角分辨率为 0.1°，频率为 10Hz，这意味着每秒钟发射约 461 万条激光射线。对于探测范围内的每一个有效点，需要执行一次较为复杂的求交算法，通常利用 GPU 来负责激光雷达仿真的算力开销。受算力限制，仿真的激光雷达与真实的激光雷达存在重要差异。真实的激光雷达在采集过程中，车辆在连续运动，使得单帧点云中每个点的时间戳是不同的，导致点云发生畸变。而仿真激光雷达默认车辆停止在当前位置，直至采集完当前帧，因此其单帧点云中每个点的时间戳是相同的，点云没有发生畸变。当车辆高动态运行时，这种差异会产生显著的误差。

2）反射率的模拟：激光雷达仿真的一个难点在于对其反射信号强度的模拟。现实中，影响激光雷达信号强度的主要因素包括目标物体的物理材质、目标物体与激光源的距离以及激光反射的角度等。因此，在仿真前需要明确定义场景中所有物体物理材质的激光反射率。

3）不同类型激光雷达的模拟：激光雷达仿真的另一个难点在于激光雷达原理的多样性。目前，车用激光雷达有360°旋转的机械激光雷达、转镜式激光雷达、MEMS激光雷达、OPA光学相控阵激光雷达和FLASH激光雷达等。这些激光雷达在扫描原理和测距原理上存在差异，工作特性及误差模拟也有所不同，增加了激光雷达仿真的难度。

2. 基于物理模型的场景渲染

很多情况下，数据真实性的主要障碍并非传感器的仿真模型，而是在于场景渲染的真实性。所谓渲染，是计算机对真实世界的光学规律进行模拟，使计算机输出的光线在人眼中的成像更加趋近真实。如果场景渲染仅使用物体的RGB颜色信息，对其反射、折射特性等诸多影响外观的特性不做定义，那么即使相机的模型再精准，输出的图像仍然不会显得真实。在现实中激光射到不同材质、不同表面形态的物体上，其反射率也不同。如果不能对场景中所有物体的反射率、以及不同表面对反射率的影响做出详细描述，激光雷达仿真也同样不会真实。因此，基于物理模型的场景渲染是传感器仿真真实性的重要前提，其中两个比较重要的方面是微表面模型和光线追踪。

1）微表面模型：微表面模型将自然界中粗糙物体的宏观表面视作由若干微表面组成。微表面是完美的平面，朝向各不相同。微表面的法线越杂乱无章，宏观表面就越粗糙，反之则越光滑。

2）光线追踪：常见的虚拟成像有光栅化和光线追踪两种方式。光栅化是将可视区域内3D场景投影到2D表面，再计算2D表面的光照以及阴影，而不是根据实际的光线传播原理来计算，因此渲染不够真实。光线追踪则是根据光线传播路径来确定每一个像素的颜色信息，能够模拟各种光学效果，如反射和折射、散射和色散现象，从而产生高度的视觉真实感。

9.2.4 车辆动力学仿真

车辆动力学仿真是模拟在路面不平整、转向、驱/制动激励下车辆的纵横向及姿态的动力学响应。智能车辆测试时，需要使用车辆动力学仿真对决策、控制算法以及感知算法进行评估。智能车辆测试主要采用两种动力学仿真方法，一种是利用场景仿真软件内嵌的动力学模型仿真，另一种是采用联合仿真手段集成第三方车辆动力学软件进行仿真。

1. 内嵌车辆动力学模型

Carla、Airsim、LGSVL等开源平台的动力学仿真仅提供了简单的车辆动力学仿真功能。如Carla采用PhysXVehicles仿真车辆动力学，仅对发动机、传动系和车轮建模，采用稳态、线性模型，忽略轮胎附着力的饱和特性，也没有考虑车身姿态响应对转向特性的影响。所述动力学模型仅能够满足对动力学要求不高的仿真需求（如验证算法功能逻辑）。PanoSim、Carmaker等仿真软件的车辆动力学模型的自由度多，提供了非线性、动态的车辆部件模型，如发动机、底盘、悬架、传动、转向、车轮等，可以较为精准地模拟车辆动力学响应。

2. 联合仿真集成第三方动力学模型

目前智能车辆仿真软件重场景而轻动力学。在某些工况下需要准确的车辆动力学仿真，在高速、大侧向加速度、低附着等工况，如果车轮附着力发生饱和，线性模型仿真将产生较大偏差，无法正确评估规划、控制算法的合理性。此时可通过联合仿真集成第三方车辆动力学模型获得更加准确的车辆响应。第三方动力学模型有Carsim、Chrono等，以及采用MATLAB/Simulink建立的多自由度、非线性车辆动力学模型。

9.3 数据驱动的闭环仿真测试

智能车辆仿真测试场景的构建有两个基本方法：一是由人工基于一定规则搭建测试场景，得到的场景数据是合成数据，利用此合成场景的仿真测试称为 Worldsim；二是采集智能车辆在预设工作区域的交通流量数据，并将数据输入到交通仿真工具中产生交通流，然后使用该交通流作为智能车辆的交通环境，实现测试场景的自动生成。场景数据由真实数据回放获得，利用此回放场景的仿真测试称为 Logsim。Worldsim 和 Logsim 均存在一定局限。起初，Worldsim 和 Logsim 是两种各自独立的场景构建模式和仿真测试方法。近年来 Worldsim 和 Logsim 的界限进一步模糊，出现 Log2World 场景构建和仿真测试方法。

无论是 Logsim、Worldsim 还是 Log2Worldsim，其关键任务和重点都在于高效地生成关键边界场景以识别智能车辆的安全运行域，生成安全关键场景以发现智能车辆的设计缺陷并迭代优化算法。Worldsim 生成的关键场景质量取决于仿真工程师对道路交通的理解，方便生成在现实中低发生概率的长尾场景，以提高智能车辆的安全性和鲁棒性。然而对于低概率的长尾场景，业界也普遍存在争议——智能车辆是否需要考虑这些在实际交通中极少见的危险场景并设计得过于保守？Logsim 的支持者认为，从功能安全的角度，在大量的已获得的实际道路交通数据中没有发生或极低发生的事件，就没有考虑的必要，否则智能驾驶将裹足不前。为此，需要采用一些先进的场景生成方法来平衡发生率、危险度、效率等多因素。

9.3.1 Logsim

Logsim 是由路测数据提取的场景，提供复杂多变的障碍物行为和交通状况，使场景充满不确定性。Logsim 数据来源于真实的路测，是最真实且正确有效的。但 Logsim 数据的内容通常无法根据需求进行更改，只能对算法进行某种程度上的开环测试，即提供数据给算法作为输入，得到算法的实际输出。

尽管 Logsim 存在无交互、泛化难度大、需人工校核等问题，但 Logsim 场景是比较容易构造的，大量在道路上运行的智能车辆为数据采集提供了便利和可行性，因此众多厂商倾向使用 Logsim。图 9-18 给出了基于 Logsim 的智能驾驶数据闭环：①通过在道路上运行的量产智能车或研发车队，使用影子模式获取路测数据，利用关键场景筛选机制将有价值的数据上传；②云端数据平台对数据进行挖掘和自动化标注；③由人工对数据质检和精修，获得干净标签数据集，经适当场景抽象建立仿真场景库；④场景灌入智能车辆仿真平台，对算法模型进行迭代测试；⑤测试通过后将模型与车端其他系统集成，进行车端的算法迭代，最后形成正式功能，部署到车辆，形成闭环。

9.3.2 Worldsim

Worldsim 测试场景是在真实交通统计分析基础上人为设计的交通场景。测试场景分为功能场景 - 逻辑场景 - 具体场景三层体系，即：①通过真实道路数据采集和理论分析等方式，得到不同的场景类型（功能场景）；②分析不同场景类型中的关键参数，并通过真实数据统计和理论分析等方法得到这些关键参数的分布范围（逻辑场景）；③选取其中一组参数的取值作为一个测试场景（具体场景）。

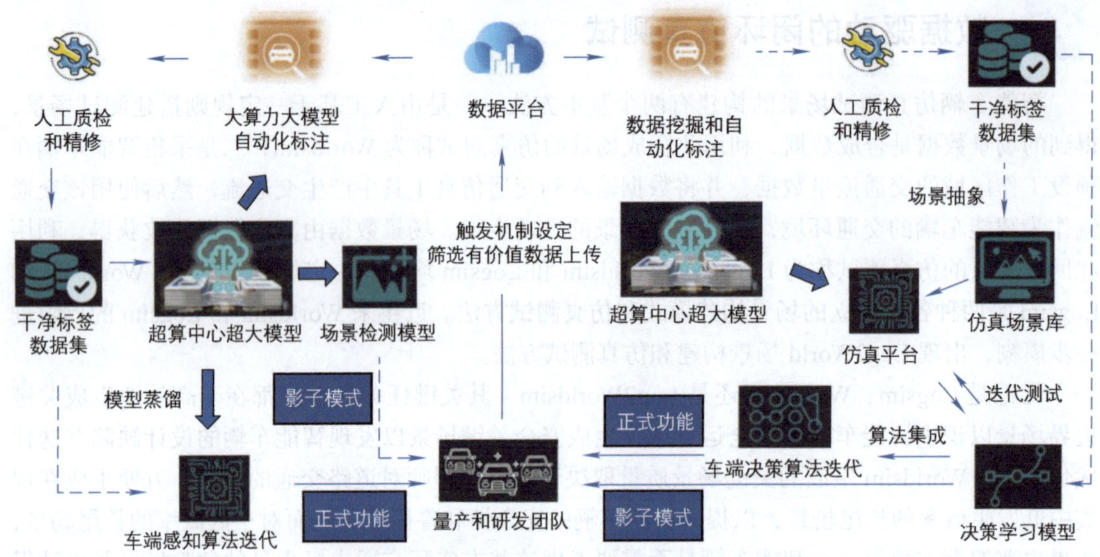

图 9-18　基于 Logsim 智能驾驶数据闭环

图 9-19 所示为 Worldsim 的测试场景产生与闭环测试结构。基本流程为：①利用雷达、相机、GPS 等采集自然驾驶数据，检测和识别交通设施信息、周围交通参与者的动态信息等，建立自然驾驶数据库；②提取和分类自然环境、交通环境、动态驾驶场景的组成因素以及相互间约束条件，并获得组成因素的离散样本，拟合得到连续概率分布，也即人工构建测试场景的先验知识；③抽样并组合生成代表自然驾驶特性的场景库，获得基于自然驾驶数据的测试场景；④测试场景输入到智能车辆仿真平台，对算法进行测试评价；⑤基于测试评价结构，优化场景生成的抽样和组合策略，提高生成的关键场景的测试效率。

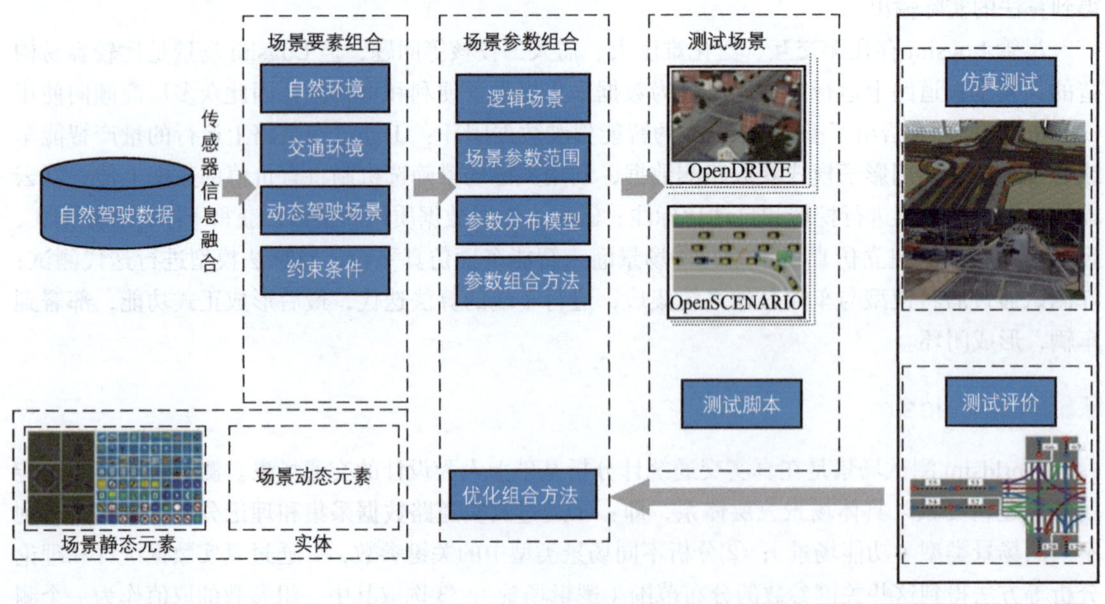

图 9-19　Worldsim 测试场景产生与闭环测试

9.3.3 闭环测试

当前许多量产车上都搭载了辅助驾驶系统，可以通过量产车的数据回传模式采集数据，故智能车辆的路测里程超过 1 亿 km 已非难事。随着芯片算力进一步增强，大模型开始被应用于感知系统，智能驾驶系统对大数据的消化成为可能。此外，云端技术的成熟使得智能驾驶开始进入数据驱动的时代。

实现智能车辆的落地需要经过大量的场景测试，同时也需要有可靠的大规模数据来源，再通过场景测试产生的新数据不断优化算法，从而形成一个从数据到场景，进而到仿真测试，最后迭代算法的研发闭环，流程如图 9-20 所示，前述的 Logsim 和 Worldsim 均体现了这一闭环特征。配备智能车辆硬件的车辆采集静态场景数据和动态场景数据，经过数据清洗后的数据被回传到云端进行储存。仿真工程师在云端用工具对数据做场景分类、统计分析，进行场景泛化和场景抽样，生成大量场景数据。在仿真平台中对场景进行解析和算法闭环测试，将测试数据进行可视化并进行记录。算法工程师对算法进行迭代优化，最后将经过验证的算法部署到车端开展测试。在这种模式下，新的数据不断回传，形成一个完整的由数据驱动的迭代开发循环。

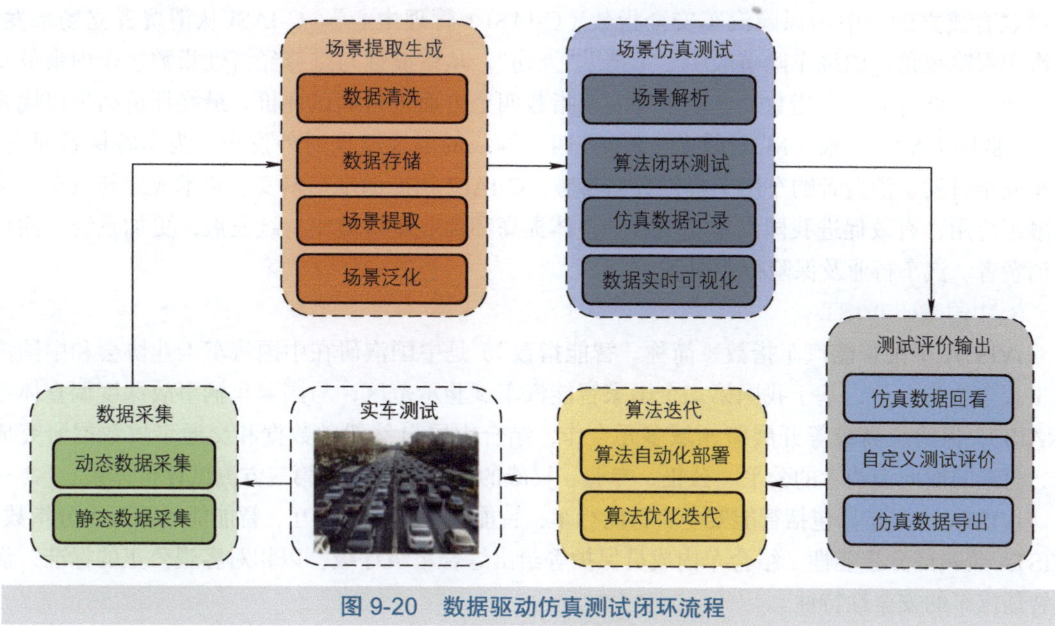

图 9-20 数据驱动仿真测试闭环流程

9.4 实车测试

9.4.1 概述

为满足法规要求，各整车厂在车型上公告前会组织测试部门、验收部门对实车开展全面测试。对于智能驾驶、智能座舱等智能化产品，整车厂通常将法规要求作为车型的强制准出标准，即最低标准，并在此基础上制定高于强制标准的企业标准，例如紧急制动功能的误触发率标准。虽然目前没有标准法规对误触发率进行管控，但误触发率的控制是衡量智能驾驶系统可靠性的重要指标。

新车型上市后，专业法规测评管理机构（中汽研、中保研、中国汽研）会组织新车型抽检和测评并公布得分情况，消费者可通过该抽检成绩，与其他车型进行横向对比。由于该类得分指数具备权威性和公信力，因此实车测试被认为是新车型上市必要条件之一。以下是国内几个重要的测评管理机构的基本情况。

1. 中汽研 C-NCAP

中汽中心汽车测评管理中心（简称“中汽测评”）是负责运营 C-NCAP、C-GCAP、C-ICAP 等测评项目的管理机构。中汽测评通过独立、公正、专业、开放的测试评价，促进汽车质量提升和新技术应用，助力中国汽车产品走向世界。

C-NCAP 主要测试内容包括乘员保护、行人保护、主动安全等。从 2006 年第一版到现在，已经经历 5 轮正式改版。主要评价内容包括 AEB C2C、AEB VRU_Ped、AEB_VRU_TW、LKA、BSD 等。

2. 中保研 C-IASI

隶属中国保险行业协会、中国汽车工程研究院股份有限公司、中保研汽车技术研究院有限公司联合成立的“中国保险汽车安全指数（C-IASI）管理中心”。C-IASI 从消费者立场出发，从汽车保险视角，围绕车险事故中“车损”“人伤”，从耐撞性与维修经济性指数、车内乘员安全指数、车外行人安全指数、车辆辅助安全指数四个方面进行测试评价。最终评价结果以优秀（G）、良好（A）、一般（M）、较差（P）等四个等级的形式定期对外发布，为车险保费厘定、汽车安全研发、消费者购车用车提供数据参考。C-IASI 积极助推车辆安全技术成果与汽车保险的融汇应用，有效促进我国汽车安全水平整体提高和商业车险健康持续发展，更加系统全面地为消费者、汽车行业及保险行业服务。

3. 中国汽研 iVISTA

iVISTA 中国智能汽车指数（简称“智能指数”）是中国汽研在中国汽车工业协会和中国汽车工程学会指导下，基于我国第二个国家智能汽车试验示范区，与国家车辆事故深度调查体系（NAIS）、保险、高校等开展跨领域多元合作，结合中国自然驾驶数据和交通事故数据研究成果，打造的面向消费者的公平、公正、专业、权威的智能网联汽车第三方测试评价体系。

iVISTA 主要指标包括智能安全、智能行车、智能泊车、智能交互、智能能效等五大分指数。iVISTA 兼顾部分智能性，结合车内成员保护等给出综合星级评级，以相对客观公正的标准，衡量智能汽车的安全性特性。

9.4.2 整车厂实车测试组织

整车厂实车测试的组织实施主要考虑测试策略、测试计划、测试团队、测试实施、测试标准等几方面。

1. 测试策略

测试策略由经验丰富的测试经理或领域专家给出。针对新平台化开发，在平台规划初期开展平台测试策划。针对新车型开发，在车型策划阶段开展相关测试策划。通过搜集和分析平台需求、车型需求、法规实施标准和版本、项目里程碑阶段、试制计划，匹配内部能力建设规划，明确各测试环节的测试策略。测试策略主要确定该平台或车型测试是由自有能力承接，还是采取委外测试方式承接，同时针对该项目展开风险识别和对策制定，以确保能够按照计划实施。

确定测试所需的资源，包括人员、工具链、测试车辆、测试场地、费用等，如图 9-21 所示。

2. 测试计划

研发阶段功能 / 性能开发是不断迭代的，因此车企所展开的实车测试，也随着研发节奏进行多轮次测试。

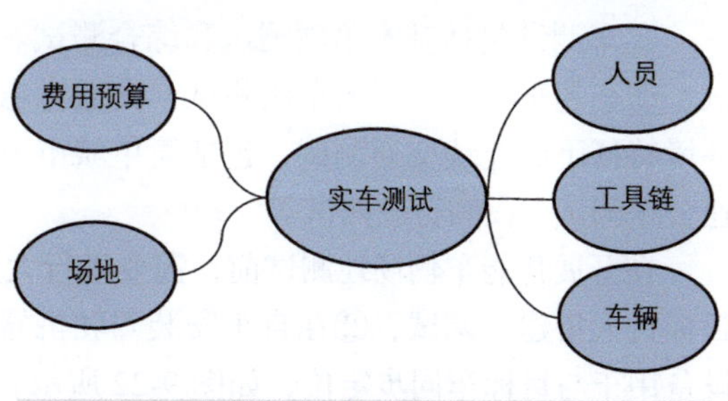

图 9-21 测试资源子要素拆解

1）在全功能达成之前，主要以功能 / 性能增长型测试为主，根据计划和实际释放范围，展开有边界的、有范围的测试工作，如静态实车功能测试、场地实车功能 / 性能测试，以及少量公开道路功能 / 性能测试。本阶段测试围绕发布范围作功能覆盖、回归测试、周边影响测试等，以快速验证发布功能和系统的完备程度。

2）全功能达成之后，开始开展面向所有需求的多轮次大版本系统测试。完成场地标定匹配后，开展在测试场地的标准化定量测试，本阶段主要以覆盖法规标准测试场景为主，如白天夜间场景，智能大灯场景等。在测试过程中不断发现功能 / 性能不足，推动标定匹配参数优化、性能优化，直到完全满足各指标法规测评标准要求，并获得目标得分。对智能泊车功能如 APA，RPA，在典型停车场进行，同样优先达成法规定义场景的测试，直到满足或超过法规要求。

3）性能达成之后，进一步开展公开道路测试。路试要综合考虑地区、气候特点、道路分布特点，如路试路段场景覆盖北方寒冷地区、南方高温多雨场景、山地、隧道、桥梁、城市、各城市的机场、火车站路段、高速道路、城市快速路、城区路段等。路试分两个阶段，第一阶段主要以真实道路工况下发现问题推动解决问题为主，第二阶段在软件功能 / 性能基本成熟的情况下，以监控长时间运行性能、覆盖高速场景为主，如针对 AEB 功能的误触发进行统计。

3. 测试团队

根据所要达成的各环节目标不同，测试实施的团队也不同。参与实车测试的团队一般包括：面向系统测试和标定的研发型测试团队、面向功能 / 性能验收的测试团队和面向整车性能 / 稳定性 / 耐久的测试团队。

4. 测试实施

测试实施过程是一系列的 PDCA（Plan Do Check Act）过程，在这个过程中往往存在同层级测试的并行测试和不同层级测试的并行测试。测试实施团队需要灵活应对，按正确的测试实施过程展开测试、问题管理、回归测试，确保任务达成。

5. 测试指标

智能驾驶类产品或功能大多涉及安全性、舒适性、效率性和交互性等产品设计目标。实车测试也主要围绕这些设计目标展开，通过行业对标竞品分析，确定各方向的细化指标，定义或引用成熟的评价标准和评价方法。

例如效率性，由于车辆具备智能化跟车或导航辅助驾驶能力，将任意 A 点到 B 点的特定时段的通行时间设定为评价指标。在测试足够组数后，得到平均通行时间，从而评价效率达成情况。例如拨杆变道功能的交互性，评价点包括：①具有足够而不过剩的人机交互，使驾驶员清晰地理解当前变道是否安全，是否有足够的空间可以变道，以及变道后自车周边的车流情况；②是否配合语音提示，或转向盘振动预警等交互手段。根据所设评价点，形成综合评价指标。在每轮测试过程中，应用评价指标展开测试，按照准出标准进行判定系统是否符合标准。

9.4.3 实车测试

实车测试包括基本单项测试和综合测试。基本单项测试包括直道测试、弯道测试、避障测试、动态超车测试、汇入车流测试、交通标志检测、听觉检测等测试项目。综合测试是在特定环境特征下的连续交通测试，包括简单城市道路测试、复杂城市道路测试、城际道路测试、高速公路测试、夜间行驶测试等。

在开展智能车辆场地测试前，需要进行大量的准备工作，包括：①目标车车模搭建、调试，目标行人搭建、调试；②在自车安装驾驶机器人用于控制加速踏板、转向盘等，安装差分定位设备用于与目标车同步定位，如图 9-22 所示；③调试场景测试系统工具软件，达到正常控制自车、目标车、目标行人，具备稳定的数据接收状态；④场地清理，具备完成全部测试所需要的长直跑道，路口人员车辆管控等；⑤车辆磨合，达到测试前置条件。完成准备工作后，按照测试规程逐项开展测试，对于测试失败的场景，按照规程进行重试或者排查。

图 9-22　实车测试的仪器设备准备工作

下面以场地单元测试为例，介绍几种典型测试项目的场景和测试过程。

1. C-NCAP CCR (car-to-car Rear)

白天工况下，自车以 40km/h 稳速行驶，与目标车以 –50% 的重叠率稳定驶向静止目标车。如果自车在目标车前刹停，本次测试成功，计算得分比例，结束本场景测试。当完成所有场景测试后，计算 CCR 场景的综合得分率，如图 9-23 所示。

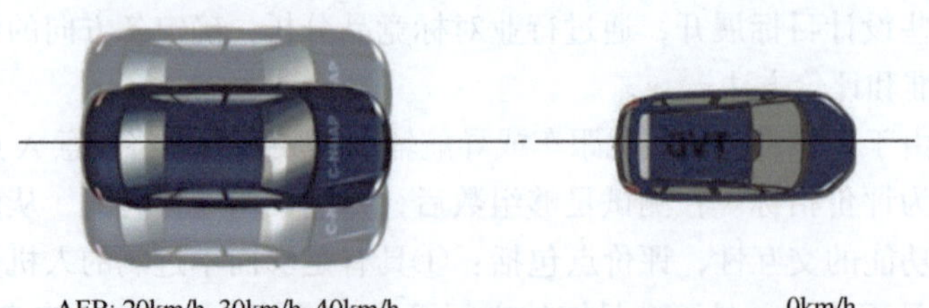

图 9-23　CCR 场景

2. C-IASI C2VRU CPNA-25

夜间工况下，自车以 60km/h 稳速行驶，前方 150m 以外，有横向从右向左横穿行人，前 1m 加速行进，后 4m 稳定保持 5km/h 速度行进，预计碰撞位置在 25% 碰撞点，如图 9-24 所示。在预计碰撞点之前，自车刹停，本次测试成功，计算得分比例，结束本场景测试。当完成所有场景测试后，计算场景的综合得分率。

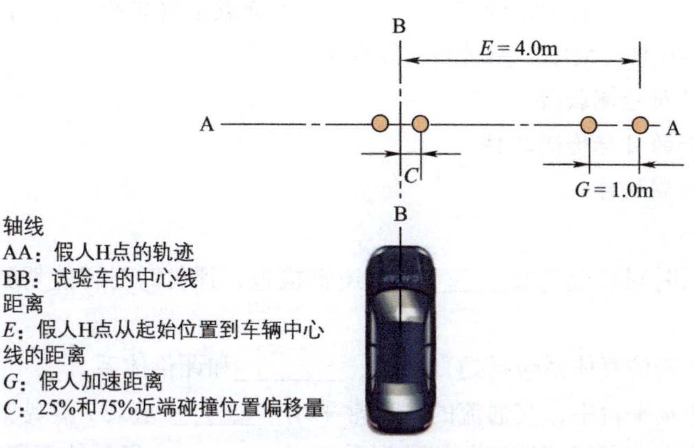

图 9-24　CPNA-25 场景

3. iVISTA 的第二目标车慢行

白天工况下，自车以 60km/h 稳速行驶，前方跟随同向同速目标车，目标车前方 150m 以外有一辆行驶速度为 15km/h、重叠率为 50% 的慢速快递车。第一目标车距第二目标车时距为 2.0s 时，第一目标车向左切出，如图 9-25 所示。自车接近慢速目标车后，稳定以 15km/h 跟车行驶，不发生碰撞，或者驾驶员未干预偏出其他车道，本次测试成功，计算得分比例，结束本场景测试。当完成所有场景测试后，计算场景的综合得分率。

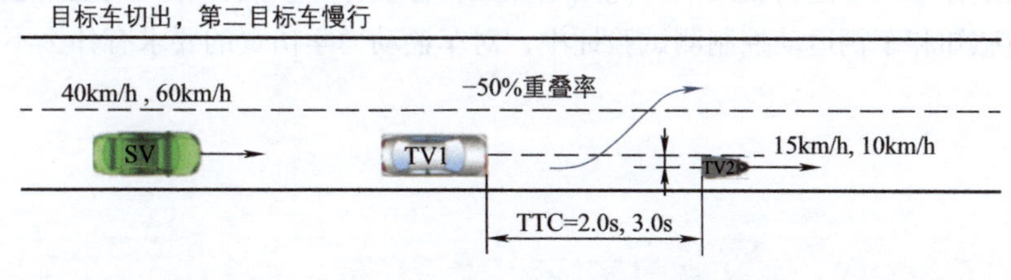

图 9-25　第二目标车慢行场景

习　题

一、选择题

1. 智能车辆测评的主要方法包括（　　）和（　　）。

A. 仿真测试　　B. 封闭道路测试　　C. 主观测试

2. 场景仿真中，属于动态场景仿真的有（　　）和（　　）。

A. 行人　　B. 植物　　C. 天气　　D. 道路

3. 由人工基于一定规则搭建的测试场景，得到的场景数据是合成数据，利用此合成场景的仿真测试称为（　）。

A. Worldsim　　B. Logsim　　C. log2World

4. 在湘江新区国家智能网联汽车（长沙）测试区道路上开展的智能车辆测试，属于（　　）。

A. 仿真测试　　B. 性能实验　　C. 开放道路实验　　D. 封闭道路实验

5. 适合采用模型在环（MIL）测试的软件有（　　）。

A. 基于视觉的目标检测软件

B. 基于激光点云的目标检测软件

C. 车辆动力学控制软件

二、填空题

1. 智能驾驶测试时对智能驾驶________和逻辑检查，评价时对智能驾驶系统________的优劣进行评价。

2. 完整的智能车辆仿真体系包括仿真平台、________和评价体系。

3. 在智能车辆仿真平台中，交通流的仿真常采用________（宏观 / 微观）交通流仿真方法。

4. 数据驱动的仿真测试闭环流程包括数据采集、________、场景仿真测试、测试评价输出、算法迭代等。

5. 对于遵循 AUTOSAR 标准开发的汽车控制软件，实施集成的 MIL 和 SIL 测试的难点在于________。

三、问答题

1. 在智能驾驶仿真平台设计时，传感器仿真的难点是什么？

2. logsim、Worldsim 和 Log2World 共同的难点是什么？

3. 请简述 Worldsim 测试场景生成的流程。

4. 依照法定标准的智能驾驶测试的优点是什么？存在什么缺点？（开放性问题）

5. 在环境感知和车辆运动控制测试验证中，对车辆动力学仿真的要求有什么不同？

参考文献

[1] 工业和信息化部 . 汽车驾驶自动化分级：GB/T 40429—2021 [S]. 北京：中国标准出版社，2022.

[2] 高惠民 . 汽车电子电气架构的“前世、今生和未来”（一）[J]. 汽车维修与保养，2023，(7)：50-54.

[3] 柳文斌，俞瑞华，陈铖彬，等 . 基于场景体验的汽车智能座舱创新方法探索 [J]. 汽车零部件，2022，(11)：82-85.

[4] 王建强，王昕 . 智能网联汽车体系结构与关键技术 [J]. 长安大学学报（社会科学版），2017，19（6）：18-25.

[5] 李庆玲，张慧祥，赵旭阳，等 . 露天矿无人驾驶自卸卡车发展综述 [J]. 煤炭工程，2021，53（2）：29-34.

[6] 宋瑞雪 . 组合导航系统初始对准的非线性滤波方法研究 [D]. 沈阳：沈阳理工大学，2016.

[7] 刘爽爽，于欣策，邹广奕 . 智能汽车执行控制技术研究 [J]. 时代汽车，2021，(16)：18-19.

[8] 全国道路交通管理标准化技术委员会 . 道路交通管理　机动车类型：GA802—2019 [S]. 北京：中国标准出版社，2019.

[9] 唐尧 . 面向特种车辆高级辅助驾驶系统的传感信息获取与传输技术研究 [D] 西安：西北工业大学，2020.

[10] THRUN S，MONTEMERLO M，DAHLKAMP H，et al. Stanley：The robot that won the DARPA Grand Challenge[J]. Journal of field Robotics，2006，23（9）：661-692.

[11] FAN H，ZHU F，LIU C，et al. Baidu apollo EM motion planner[J]. arxiv preprint：1807.08048，2018.

[12] BOJARSKI M，YERES P，CHOROMANSKA A，et al. Explaining how a deep neural network trained with end-to-end learning steers a car[J]. arxiv preprint：1704.07911，2017.

[13] HAWKE J，SHEN R，GURAU C，et al. Urban driving with conditional imitation learning[C]//2020 IEEE International Conference on Robotics and Automation（ICRA）. Seattle：IEEE，2020：251-257.

[14] GUAN Y，REN Y，SUN Q，et al. Integrated decision and control：toward interpretable and computationally efficient driving intelligence[J].IEEE Transactions on Cybernetics. 53，(2)：859-873.

[15] NATHAN L，LOUIS C，LEANDRO V W，et al. Illustrating reinforcement learning from human feedback（RLHF）[EB/OL].（2023-12-16）[2024-07-08]. https：//huggingface.co/blog/rlhf.

[16] R. S. SUTTON，A. G. BARTO，Reinforcement learning：an introduction in Adaptive computation and machine learning series. [M]. 2nd ed. Cambridge：MIT Press，2018.

[17] D. SILVER et al.，Mastering the game of Go without human knowledge[J] Nature，2017，550：354-359.

[18] CHEN X，WEI J，REN X，et al. Automatic Overtaking on Two-way Roads with Vehicle Interactions Based on Proximal Policy Optimization[J].2021 IEEE Intelligent Vehicles Symposium（IV），2021，7：1057-1064.

[19] WANG L，et al.Efficient reinforcement learning for autonomous driving with parameterized skills and priors.arXiv，May 07，2023. doi：10.48550/arXiv.2305.04412.